女性新概念

王 宇 主编

图书在版编目(CIP)数据

女性新概念/王宇主编. —北京:北京大学出版社,2007.1
(21世纪创新系列教材)
ISBN 978-7-301-11199-4

Ⅰ.女… Ⅱ.王… Ⅲ.妇女学-高等学校-教材 Ⅳ.C913.68

中国版本图书馆 CIP 数据核字(2006)第 128181 号

书　　　名:**女性新概念**
著作责任者:王　宇　主编
责 任 编 辑:魏冬峰
标 准 书 号:ISBN 978-7-301-11199-4/C·0434
出 版 发 行:北京大学出版社
地　　　址:北京市海淀区成府路 205 号　100871
网　　　址:http://www.pup.cn　电子邮箱:weidf@pup.pku.edu.cn
电　　　话:邮购部 62752015　发行部 62750672　编辑部 62752824
　　　　　　出版部 62754962
印　 刷　者:北京汇林印务有限公司
经　 销　者:新华书店
　　　　　　650 毫米×980 毫米　16 开本　25 印张　335 千字
　　　　　　2007 年 1 月第 1 版　2009 年 1 月第 2 次印刷
定　　　价:35.00 元

未经许可,不得以任何方式复制或抄袭本书之部分或全部内容。
版权所有,侵权必究
举报电话:010-62752024　电子邮箱:fd@pup.pku.edu.cn

《女性新概念》编写人员

主　编　王　宇
副主编　马英华　周乔木　王　晶
编　委　（以姓氏笔画为序）
　　　　马英华　王　宇　王　晶　王宜静
　　　　陆　岩　吴金秋　张桂华　张艳君
　　　　周乔木　宗丽华　郝秀艳　郭　砾
　　　　袁　敏　韩艳华

目　　录

第一章　绪论 …………………………………………………… (1)
　　第一节　女性问题的由来与发展 ……………………………… (2)
　　第二节　西方女权主义流派 …………………………………… (12)
　　第三节　女性学的基本问题 …………………………………… (23)

第二章　中国女性发展历史 …………………………………… (33)
　　第一节　男女不平等的历史演变 ……………………………… (34)
　　第二节　封建礼教与中国传统女性 …………………………… (38)
　　第三节　近代中国女性的觉醒与奋争 ………………………… (52)

第三章　性别差异与社会性别 ………………………………… (66)
　　第一节　生物学角度的性别差异 ……………………………… (67)
　　第二节　心理与行为角度的性别差异 ………………………… (73)
　　第三节　社会性别的概念及其意义 …………………………… (78)

第四章　女性社会角色 ………………………………………… (94)
　　第一节　个体社会化 …………………………………………… (95)
　　第二节　社会角色的形成 ……………………………………… (103)
　　第三节　女性角色冲突 ………………………………………… (113)

第五章　女性的政治权利与经济地位 ………………………… (125)
　　第一节　女性的政治参与 ……………………………………… (126)
　　第二节　女性的经济地位 ……………………………………… (136)
　　第三节　女性与家务劳动 ……………………………………… (147)

第六章　女性与法律 (159)
第一节　中国女性权利的历史演进 (160)
第二节　女性的法定权利 (164)
第三节　女性权利的维护 (185)

第七章　女性与健康 (192)
第一节　女性的生理特点 (195)
第二节　女性健康生活方式的养成 (200)
第三节　女性青春期常见疾病的防治 (207)

第八章　女性的优势与潜能 (224)
第一节　女性的优势 (225)
第二节　女性的潜能 (236)
第三节　女性与成功 (246)

第九章　女性与恋爱、婚姻和家庭 (257)
第一节　爱情的真谛 (258)
第二节　婚姻的调适 (263)
第三节　女性与家政 (268)
第四节　亲子教育 (274)

第十章　女性与审美 (284)
第一节　美的本质 (285)
第二节　女性的内涵美 (298)
第三节　女性的形象美 (303)

第十一章　女性与交往 (316)
第一节　女性交往的特征 (317)
第二节　女性的交往与友谊 (327)
第三节　女性交往的艺术 (333)

第十二章　女性职业生涯规划与设计 …………………（343）
　　第一节　职业生涯与价值取向 ……………………………（344）
　　第二节　科学定位与精心设计 ……………………………（359）
　　第三节　构建合理的知识结构与能力体系 ………………（372）

主要参考文献及相关网站 …………………………………（387）
后　记 ………………………………………………………（392）

第一章

绪　论

【名人名言】

　　每个了解一点历史的人也都知道，没有女性的酵素就不可能有伟大的社会变革。社会的进步可以用女性的社会地位来精确地衡量。

——马克思

【本章教学目的和要求】

- 了解女性学兴起的时代背景。
- 了解西方女权主义流派的不同主张以及它们的现实战略和局限性。
- 熟悉西方女性主义运动两次浪潮的历史演进。
- 掌握女性学的概念、特点及意义。
- 通过学习女性学的基本知识，树立社会性别意识，掌握社会性别分析方法，培养男女平等的价值观，善于应用性别平等的观点分析日常生活现象，解决学习、工作和生活中的相关问题。

有人说女性是本书,有人说女性是个谜,更有人说男人的一半是女人。古往今来,有多少仁人志士从生理学、心理学、社会学等不同角度研究女性,探索女性的奥秘。他们从各自的视角出发观察女性,得出的结论大相径庭,但无论理论家们的研究结论如何,大量事实证明,以往传承文化和掌握话语权的主体是男性,占人口数量二分之一的女性的智慧被压抑,没有得到很好的发挥。尽管当今女性的经济、社会地位有了一定程度的提高,但古今中外普遍存在的男女不平等的社会现象并没有彻底改变,还严重制约着当代女性的生存和发展,也影响着人类社会的进步。跨学科地研究女性问题,提出新世纪女性生存与发展的战略与策略,是历史行进到今天给我们提出的艰巨任务,女性学正是适应了社会的这一客观要求应运而生的。

第一节 女性问题的由来与发展

女性问题,古而有之。几千年来,尽管各国女性所处的地位和境遇不尽相同,但女性始终处于和男性不平等的地位,即女权主义思想泰斗波伏娃所说的"第二性"。我们学习女性学,就要学习女性主义的基本理论,了解西方女权主义的奋斗历程,汲取其精华,使之更好地服务于当代中国女性。

一、西方女性问题的历史渊源

女性问题是一个社会问题。早在15世纪,就可以听到一些具有女性主义思想的声音,法国的彼森就是当时具有代表性的人物之一。

16世纪的欧洲,随着市场经济体制的出现,早期的性别分工模式开始显现,家庭和工作场所开始分离,逐渐形成男性外出工作,女性一部分在家庭生儿育女、料理家务,另一部分则因生活所迫而进入工厂劳动。后一部分女性由于有了自主支配自己的劳动、赚取独立收入的能力,逐渐成为不依附于男性而独立生活的职业女性。

17世纪,被称为最激进、最系统的英国女性主义者玛丽·艾斯泰尔发出抗争,提出了颇具影响力的观点:女人虽然要服从丈夫,但并不一定要承认他高于自己;受过教育的女人应当避免家庭奴役,女人的生活目标不应当只是为了吸引到一个男人同自己结婚,更应当注重改进自己的灵魂,而不是一味追求美貌;男女有同等的理性能力,两性应当受到同等的教育,以便去运用其智慧。

18世纪,随着17世纪英国资产阶级革命的成功,市场经济不断发展壮大,经济基础和上层建筑的变革反映在意识形态领域,便是以法国启蒙思想家卢梭"天赋人权"思想为基础,产生了以《人权宣言》为代表的资产阶级革命纲领。中产阶级思想家在不满于等级森严的封建制度的同时,也表达了对女性的深切同情,提出了男女平等的主张,"天赋人权"思想为男女平等思想奠定了理论基础。

1775—1783年,在美国独立战争时期,无论是在前方或后方,都有女性投身于推翻英国殖民统治战斗的身影,涌现出了不少可歌可泣的女英雄。他们或者做好后勤工作,或者直接参加作战,为战争的胜利做出了积极的贡献。

在争取权利方面,女性也做出了大量的努力。1776年初,美国妇女活动家艾比盖尔·亚当斯等联名上书大陆会议,要求女性参战,并提出女性应享有选举权。她在给她丈夫——开国元勋之一、美国第二任总统约翰·亚当斯的信中说,在制定新的法典中"千万不要忘记妇女"。"要记住,所有男子,如果可能,都会成为暴虐者。如果不给予妇女以特别的关注,我们便决心酝酿一场起义,我们决不能把自己捆绑在一部听不到我们的声音或不代表我们的法律中去。"

1789年,在法国大革命中,女性在斗争中表现出特有的英勇和顽强。10月5日,成千上万的巴黎下层妇女上街游行,要求工作和面包。她们夺取武器,向凡尔赛进攻。10月6日晨,她们和男子一起冲进了王宫,迫使国王路易十六接受了《人权宣言》。在普鲁士、英国等国武装干涉法国革命的时候,妇女代表们积极要求参战。法国著名妇女活动家奥伦比·德·古日率领妇女举行武装示威,并发表演讲。法国女性在这一关键时刻,表现出极大的爱国热情,成立了妇女军团,和男性一道保家卫国、英勇作战。

与此同时,一些法国上层女性清醒地认识到,《人权宣言》是法国革命的重要成果,但却没有包含女性权利。她们通过各种形式,如结社、集会、游行、发表言论、出版报刊杂志,要求改革法律制度等,争取自己的权利。奥伦比·德·古日以《人权宣言》为蓝本,形成了著名的《女权宣言》,批判了当时的《人权宣言》其实是男人宣言,她有针对性地提出17条"妇女权利",主张女性和男性一样享有天赋的权利:"妇女生来就是自由人,和男人一样有平等的权利。社会的差异只能建立在共同利益的基础之上。"[1]这部宣言被誉为世界历史上第一部要求妇女权利的宣言,对以后的妇女运动发挥了积极的影响。法国大革命和轰轰烈烈的妇女运动,对人类的民主、自由产生巨大的推动作用。

尽管欧美女性进行了大量的抗争,却屡遭挫折,付出了血的代价,法国著名革命家罗兰夫人在写下《请子孙后代公断》以后被推上断头台,奥伦比·德·古日也牺牲了自己的生命。虽然女性的社会地位并没有明显的提高,但她们以自己特有的顽强精神继续斗争。这些社会生活的变革以及早期女性主义者和女性主义理论的出现,为女性主义第一次浪潮的兴起奠定了一定的思想基础和社会基础。

二、西方女性主义运动第一次浪潮

(一)第一次浪潮的起因

18世纪下半叶至19世纪初,欧美等国工业革命开始酝酿并得到了

---

[1] 闵冬潮:《国际妇女运动》,郑州:河南人民出版社1991年版,第28页。

迅速发展,由于劳动力短缺,大批女工进入工厂,成为工业化进程中一支不可忽视的生力军。她们在为社会做出很大贡献的同时,也付出了极其沉重的代价:每天工作十几个小时,劳动条件极差,不少人染上了多种疾病。女工得到的报酬十分低微,平均工资还不到男工的一半。工厂缺乏必要的劳动安全保障,女工不得不在炎热、潮湿、肮脏的环境下工作,许多人患上了严重的职业病。女工不满这些残酷的剥削和压迫,奋起反抗。自19世纪中后期起,英、法等国迫于压力相继通过了保护女工的立法,规定减少她们的劳动时间、改善工作条件、提高工资、保障福利。在这样的历史条件下,经过长期的酝酿,欧美女性掀起了女性运动的第一次浪潮。

（二）欧美女性运动的蓬勃兴起

女性运动第一次浪潮的时间段是19世纪中期至20世纪上半叶,在争取男女平等的各项权利的斗争中,最早奋起斗争的是西欧和北美的女性。在法国资产阶级大革命时期,由中产阶级思想家发起的启蒙运动在各国开展,以"自由、平等、博爱"、"天赋人权"等口号向封建专制统治发起挑战。受卢梭"天赋人权、自由平等"思想的影响,一部分先进女性走出家庭,投身到社会革命洪流中去。女性自觉地发起大规模的社会运动,它的目标是争取与男子平等的公民权利、受教育的权利以及劳动权利。一部分男性思想家在对女性表示同情的同时,又对女性持有很深的偏见。著名的启蒙大师卢梭虽然攻击社会中所有的不平等,被称为"近代女性运动的点火者",但他却把两性之间的关系看成例外。卢梭认为,大自然设计出男女的区别,是为了让他们分开生活。男性应当走上社会,去干一番大的事业,女性的最佳位置是在家庭。男女所受的教育应该是不一样的,女性受教育的目的是要使她们能够胜任将子女培养成理想公民的责任,而不是让她们到处抛头露面地出风头。尽管卢梭的这一理论充满对女性的歧视,但他"天赋人权"的理想还是激励着女性奋起追求自身的权利,投身争取自由与平等的事业。

美国女性受法国大革命的影响,为废除奴隶制,开展了大规模的社会运动，争取参政权利。1840年，著名废奴运动积极分子卢克丽霞·莫特和伊丽莎白·斯坦顿与她们的丈夫一起，以代表的身份去伦敦参加世界废奴大会，而英国政府以她们是女性、"不符合本国习惯"为由，将她们拒之门外。这件事激起了英、美女性的极大愤慨，更激发了她们对奴隶制以及男女不平等的不满和反抗。

1848年，美国第一届妇女权利大会在纽约州塞尼卡·福尔斯村的一个教堂中举行，会上通过了《观点宣言》，呼吁"自然法则"，主张维护推翻（男权）专制的权利。

19世纪60年代，英国女性主义运动广泛开展。杰出的思想家约翰·斯图亚特·穆勒发表了《女性的屈从地位》等一系列著作，批判了压迫、歧视女性的各种现象和思想，积极主张男女平等，认为女性参政是历史发展的大势所趋。

在英国的各大城市，纷纷建立"妇女参政协会"，1898年统一为"全国妇女选举权协会联合会"。除了中产阶级女性外，劳动妇女也开始加入参政运动的行列。1903年，英国妇女活动家爱弥琳·潘克赫斯特夫人组织成立"妇女社会和政治同盟"，其中就有不少女工。这个组织对议会把女性选举权议案一拖再拖表示强烈不满，采取各种激进的手段进行斗争。除了组织示威、游行、集会外，还闯入内阁，包围大臣，打碎商店橱窗，阻塞交通，火烧车站……大批女性被逮捕，但在狱中仍然通过绝食等方式坚持斗争。由于各种暴力活动有增无减，加上报纸杂志的宣传，女性选举权问题成为全国上下人人皆知的一个大事件。①

女性主义运动在欧洲迅速传播，19世纪末，在瑞典、挪威、芬兰等北欧国家，女性争取政治权利的运动广泛开展。这些国家起步要比英、美等国晚，但由于动员的范围广，很快就收到了效果，在20世纪初这些国家的女性就得到了法律上平等的政治权利。②

---

① 闵冬潮：《国际妇女运动》，郑州：河南人民出版社1991年版，第117—122页。
② 周乐诗：《女性学》，北京：时事出版社2005年版，第33页。

在第一次世界大战期间。女性不仅活跃在后方,也在前线为本国军队提供各种服务,为国家建立卓越功勋。这一时期,女性协会如雨后春笋般涌现,至此,女性运动的第一次浪潮进入了高峰。值得一提的是克拉拉·蔡特金,她是一位革命者,又是一位重视女性问题的领袖人物。她在担任共产国际女性书记处书记时提出吸引劳动女性参加革命和阶级斗争,她积极倡导"三八国际劳动妇女节",使全世界女性有了自己的节日。

文本链接

三八妇女节的由来

3月8日是国际劳动妇女节,又称三八节、妇女节、三八国际妇女节,是世界各国妇女争取和平、平等、发展的节日。一个多世纪以来,各国妇女为争取自身的权利做出了不懈的努力。

1909年3月8日,美国伊利诺斯州芝加哥市的女工和全国纺织、服装业的工人举行规模巨大的罢工和示威游行,要求增加工资、实行8小时工作制和获得选举权。这是历史上劳动妇女第一次有组织的群众斗争,充分显示了劳动妇女的力量。斗争得到全国乃至世界其他国家妇女群众的广泛同情和热烈响应,最后取得了胜利。

第一次世界大战前,战争的阴影笼罩着世界,帝国主义企图瓜分殖民地。1910年8月,在丹麦首都哥本哈根召开了国际社会主义者第二次妇女代表大会。出席会议的有17个国家的代表,会议讨论的主要问题是反对帝国主义扩军备战,保卫世界和平;同时还讨论了保护妇女儿童的权利,争取8小时工作制和妇女选举权问题。领导这次会议的著名德国社会主义革命家、杰出的共产主义战士克拉拉·蔡特金倡议,以每年的3月8日作为全世界妇女的斗争日,得到与会代表的一致拥护。从此以后,"三八"妇女节就成为世界妇女争取权利、争取解放的节日。

1911年的3月8日为第一个国际劳动妇女节。

我国于1922年开始纪念"三八"节。中国妇女第一次群众性的纪念"三八"节活动是1924年在广州举行的。

1949年12月,中央人民政府政务院规定每年的3月8日为妇女节。联合国从1975年国际妇女年开始庆祝国际妇女节,确认普通妇女争取平等参与社会的传统。1977年大会通过了一项决议,请每个国家按照自己的历史和民族传统习俗,选定一年中的某一天为联合国妇女权利和世界和平日。对联合国而言,国际妇女节定为3月8日。

女性主义运动第一次浪潮表现出明显的特征,即一个目标、两个焦点和四个特点。一个目标是为女性争取选举权。两个争论焦点是女性受教育的权利和女性就业问题。四个特点为:一是要求净化社会,赞同书刊审查、删改制度,反对卖淫。二是对家庭价值和女性道德水平的强调,认为女性的高尚道德可以改造男权制的政治世界。三是为女性争取在婚后保留自己财产的权利、保留自己工资的权利、不受丈夫虐待的权利;四是为女性争取儿童抚育费,提高女孩同意性交的年龄线等。

在女性运动的第一次浪潮进入尾声时,女性在争取选举权、教育和就业方面取得了很大的成功,表现为有越来越多的女性获得选举权,女性教育广泛开展,女性就业人数增加。但是,还应该看到,传统的性别角色规范仍然没有得到根本的改变。

三、西方女性主义运动第二次浪潮

(一)第二次浪潮的起因

第二次世界大战之后,随着世界经济、政治和文化的发展,特别是受到两次科技革命的影响,在20世纪60年代,西方女性主义运动又掀起新的高潮。女性主义运动的第二次浪潮源起于美国,很快传播到北美、欧洲以及其他国家和地区,其规模之宏大,涉及范围之广泛,远远超过了女性主义运动的第一次浪潮。

"二战"结束后,特别是美国1920年选举权修正案通过之后,与19世纪末20世纪初欧美妇女为争取选举权而进行的大规模的运动相比,国际妇女运动进入了一个相对沉寂期。在美国,男性外出工作,女性被要求回到家里照料家务。影视作品、广告等大众传播媒介的宣传与战争年代形成鲜明对比,不再展示女性在岗位上辛勤劳作、为国分忧的公民形象,而是全力描绘住在别墅、生两个孩子、会使用新式家用电器的"快乐的家庭主妇"形象。许多年轻的女大学生退学嫁人,当起了小康之家的贤妻良母。进入20世纪60年代,所谓"快乐的家庭主妇"之类的舆论导向,同当时的女性的现实生活之间冲突不断加剧,一些被生活所迫外出工作的女性,只能做一些办事员、图书管理员等辅助性工作,待遇偏低,社会声望不高,而且还被当时的社会舆论认为做职业女性不符合女人的天性。许多女性对自己的现实生活极度不满,心中充满了痛苦和矛盾,生活于迷茫和困惑之中。

20世纪60年代中期,美国黑人运动和社会运动风起云涌,美国黑人争取民权运动对女性运动起到了极大的促进作用。妇女运动首先由白人中受过良好教育的中产阶级女性发起。在运动的早期,以知识女性为主力,她们从自身的发展过程中深切感到,女性在接受教育、寻找工作以及婚姻家庭等各个方面,经过斗争取得的诸如选举权等所谓的平等权利,并没有给她们带来平等的机遇,女性的社会地位没有根本改变。在政治、经济和社会等诸多领域,女性仍然面对不同程度的性别歧视,有些甚至是对她们权利的践踏和对她们劳动的剥削。

弗里丹的《女性的奥秘》就在这种情况下问世了,她揭穿了社会上长期盛行的"快乐的家庭主妇"的神话,在女性中引起了强烈反响。《女性的奥秘》对20世纪女权主义的发展起到了积极的作用,而女权主义至今仍然是美国社会、政治和文化舞台上的一个有力的声音。

在第二次浪潮蓬勃发展时期,早在1949年出版的法国哲学家西蒙·

波伏娃的名著《第二性》也在女性中间广泛传播。"女性不是天生的,而是造就的"这句名言,对女性运动的再次兴起到了推波助澜的作用。

（二）美国女性主义运动再掀高潮

1966年,美国成立了全国女性组织(National Organization for Women,简称NOW),弗里丹任主席,这一组织成为西方最大的女性组织,她们的宣言是:献身于这样一种信念,即女性首先是人,是和我们社会中其他人一样的人,女性必须有机会发展她们作为人的潜能;立即行动起来,使女性充分参与到美国社会的主流当中去,享有真正平等伙伴关系的一切特权和责任。1974年,美国58个工会的3300多名女性在芝加哥召开会议,她们代表了40个州的数百个地方工会,会上成立了第一个全国性的女性工会组织——工会女性联盟,奋起反对歧视和排斥女工的做法。1975年,全国性的黑人女性组织"黑人女性联合战线"又在底特律成立,美国黑人和其他各阶层女性也都投入到这次运动中来。她们结合本民族、本阶级的实际情况,既批判白人中产阶级妇女活动家对少数民族和劳工女性的沙文主义态度,也批判本民族、本阶级内部的大男子主义,争取和维护自己作为女性的权利。1977年,代表50个州和地方议会的1400多名代表举行了第一次全国女性大会,通过了争取女性平等权利的25项重要决议。截止到20世纪80年代末,美国全国女性组织已拥有15万名成员,176个分会,她们的努力明显地拓展了妇女运动的视野,增加了它的广度和深度。这些女性群众性组织,为推动女性解放运动做出了突出贡献。①

这一时期,许多女性自发组织起各种妇女小组,共同学习相关理论,交流生活经验,相互启发和提高觉悟,并通过开会、讨论、游行示威等方式宣传自己的政治主张,影响舆论,形成了新的大张旗鼓的妇女运动。由于在这一时期,西方国家妇女接受高等教育已经十分普遍,大量知识妇女的加入,既为妇女运动增添了理论色彩,也为这一运动从校园之外走进校园

---

① 李银河:《女性主义》,济南:山东人民出版社2005年版,第31页。

之内、从游行队伍走进课堂、走进研究领域奠定了基础。

随着参与妇女运动的知识女性对妇女所面对的剥削与压迫的深层社会原因和政治原因的探索,在20世纪70年代初,有关妇女问题的出版物大量出现。到1971年,美国已经有超过100种与妇女解放运动有关的杂志和报纸,还出版了为数众多的女性研究理论著作。

(三)世界各国的女性主义运动波澜壮阔

女性主义运动的第二次浪潮规模宏大,涉及了各主要发达国家。由于各国国情的不同,女性运动也表现出不同的特点。

在英国,劳动妇女率先行动,举行罢工和抗议活动,要求男女同工同酬,反对歧视女性。1969年,全英男女平等权利委员会成立,妇女运动开始在英国范围内轰轰烈烈地展开。到20世纪70年代末,仅英国就拥有了9000多个女性协会。

在德、法等国家,"新左派"运动的妇女活动家组织了各种自治团体和"提高觉悟"小组,提出争取和维护自身权利的要求并付诸实践。

北欧等国的妇女运动以比较温和的方式开展,这些国家的女性团体把主要力量用在对政党、议会和政府做工作上,促使他们给予女性各项平等的权利。

从第二次大战后到20世纪70年代中期,日本女性运动得到了很大发展。日本战败带来了女性的解放——第一次获得了参政权。但是日本的社会构造并未改变,在性别角色和社会分工等方面明显地存在着性别歧视。在这样的背景下,日本的女性运动分为三种:一是以家庭妇女为中心的保护生活、消费者权利的运动;二是劳动女性的运动;三是和平运动。

韩国建立了社会性别主流化机制。1983年设立了"韩国妇女发展机构",负责对妇女进行研究、教育和培训。经过近20年的努力,到2001年,韩国政府成立了性别平等部,其主要职能是在政府相关部门间进行整合、协调,推动社会性别主流化。2006年,经韩国总统卢武铉提名并获得国会批准,韩明淑担任韩国新总理。这位女权主义者成为韩国建国近60

年来的首位女总理,由此也将成为男性主导的韩国政坛最亮丽的风景线。

第三世界女性主义研究强调的是,女性主义应以来自不同国家、地区、阶级、种族的妇女为对象,给她们表达自己利益的政治舞台,多元化是讨论妇女之间不同需要和利益的保证,是妇女反抗性别压迫、争取男女平等的政治行动的起点。

从女性主义运动第二次浪潮出现到现在,已经过了半个世纪时间,女性在很多方面发生了变化:出现了许多优秀的女科学家、女政治家、女企业家、女艺术家,甚至女军事家;更多的女性进入了社会的工作岗位,特别是长期由男性独占的行业;一些女性从事技术性很强的工作,不少人走上了独立创业的道路。还有一些国家通过立法,把男女平等和女性发展纳入政府的议事日程等等。但是,我们还应清醒地看到,女性的问题还没能从根本上得到解决,在现实社会生活中,许多涉及女性切身利益的问题仍很严峻,实现真正男女平等的道路还很长。

第二节　西方女权主义流派

西方女权主义思潮在长期妇女运动的发展过程中,形成了众多的流派。根据20世纪60年代以来各派对妇女发展研究的主要观点,可以大致划分为三个主要流派,即自由主义女权主义流派、社会主义女权主义流派及激进女权主义流派。各派内部还有分支流派,各派之间又有分化和重组。在这里,我们重点介绍三大流派。

一、自由主义女权主义流派

自由主义女权主义流派产生的背景是法国革命和西欧的启蒙运动,其思想脉络发源于16、17世纪的社会契约理论,在19世纪反对奴隶制运动基础上发展起来,受20世纪60年代美国女权运动的影响,迅速席卷欧美等许多国家。在自18世纪到现在的200多年里,自由主义女权主义流派一直为女性的平等权利而不懈地努力。

(一)主要观点

1. 提倡理性,人人生而平等

这一理论假设人们具有同等的理性潜能,主张人人生而平等。在自由主义的思想传统中,平等主要被解释为机会均等。基本立场可以被表述为一种社会正义的观点,认为男女两性应当拥有同等的竞争机会,反对照顾弱者或弱势群体。

2. 两性之间在理性上的差异是教育机会不均等造成的

自由主义女权主义认为,两性生理差异虽然存在,但性别心理差异是教育机会不均等造成的,这一理论特别强调女性受教育的权利。自由主义女权主义关注的是那些拒绝了女性个人利益和选择的不公正的法律与教育体制,主张纠正这些不公正。

3. 反对强调性别差异

自由主义女权主义反对强调性别的差异,强调男女两性的相似性。认为女性在攻击性、抱负、力量和理性等方面拥有同男性相同的能力。

(二)代表人物

1. 玛丽·沃尔斯通克拉夫特

英国女教师、记者兼翻译家。1792年发表了《为女权辩护》,批判了卢梭的女性观,揭露了男性的专横和女性所遭受的屈辱,要求社会将女性也当成人来看待,让她们同样享有和男性平等的人权,特别是受教育的权利。她强调家庭不应该与社会公共生活分开,国家和社会应该提高个人和家庭的质量等等。

2. 约翰·斯图亚特·穆勒

早期女性主义运动的主要代表人物之一,是女性主义运动第一阶段最著名的具有女性主义思想的男性学者,在其名著《女性的屈从地位》中全面地阐述了他自由主义女权主义的观点。他指出:在早期,男性的大多数以及女性的全体都是奴隶。许多时代逝去了,其中也有高度文明的时代,没有一个思想家有勇气对这一种或那一种奴役状态的合理性和绝对的社会需要提出过质疑。后来,人类终于废除了对男性的奴役制,对女性的奴役也逐渐变成了一种较温和的依附形式,但是它并未失去其残酷无情的渊源的污点。

穆勒痛恨那种"男人从小就可以不凭任何本事凌驾于女性之上"的状况,认为这是一种不公平、不正义的状况。他所期待的现代社会理想的两性关系是:"人不再是生而即有其生活地位,并不可改变地被钉在那个位置上,而是可以自由地运用其才能和有利的机会去获取他们最期望的命运。"穆勒的女性主义思想是当时自由主义思想家能够达到的最高境界。他身为男性,本已享有了这个特权阶层的一切便利,却能够为当时很难发出自己声音的弱势群体仗义执言,这是十分难能可贵的。

3. 贝蒂·弗里丹

被誉为"博士家庭主妇",在1963年出版了《女性的奥秘》一书。她对美国家庭主妇的生活进行了深入调查,获得了大量第一手资料,以理论研究和统计数据研究为基础,对女性表面上生活安定、应有尽有,实际上精神空虚、不知如何适从的状况进行了探讨,揭穿了社会上长期盛行的"快乐的家庭主妇"的神话,在女性中引起了强烈反响。弗里丹认为,女人和男人一样,也要发现自我,要认识到女人首先是人,她应有作为人的一切权利。女人应该像男人一样有人的自尊、独立和自由。号召女性走出家庭"这个舒适的集中营",但她又不赞成把家庭生活与社会生活完全对立起来的激进观点。她还主张在实现男女真正平等的基础上重塑我们的社会制度。

该书出版后在美国白人中产阶级妇女中引起很大震动,对60年代女权运动再掀高潮起到了推动作用,在世界各国也产生了很大的影响。鉴于她在著述与实际活动方面的影响,有人把她同著名黑人领袖相提并论,称她为"妇女界的小马丁·路德·金"。

（三）对自由主义女权主义的批评

1. 不承认非性别形式的其他种类的压迫

把女性受压迫的根源，归于没有平等的公民权利和受教育的机会，而不是从历史发展的角度和现存的社会政治制度中去考察为什么女性缺少平等机会和权利，不承认阶级压迫的存在。

2. 对家庭生活与社会生活之间的关系采取折中态度

在两性关系上采取极其宽容的态度，宣扬平等、自由和享乐主义的价值观和人生观。认为人与人的肉体关系纯属私事，任何社会法规无权干涉，只要感到快乐，人们可以随心所欲地去追求性满足。这种观点在社会上蔓延，被一些人进一步发挥，出现了60年代流行于西方国家的"性自由"浪潮，对社会产生了一些消极影响。

3. 以男性规范为标准的价值取向

要求女人变得和男人一样，忽略了女性品质所特有的价值。虽然女性可以通过其他的角色来实现自我，但是不可以忽视生殖与家庭需要的重要性。自由主义女权主义的理性观念仍然是男性观念，客观上忽略了人类中另一半人——女性的实践，因此其理论仍是不完整的。

4. 强调女性主观因素

认为女性解放要靠每个人的个人努力，忽略了女性群体所处的不利地位，忽视了集体行动的必要性。

5. 忽略性别差异

自由主义女权主义的两性平等要求，忽略了性别角色的差异，忽略了两性的生理区别。①

二、社会主义女权主义

社会主义女权主义思想，又称新马克思主义女权主义思想，是在马克思主义历史唯物论基础上产生的。自19世纪中叶到20世纪，西方

---

① 李银河：《女性主义》，济南：山东人民出版社2005年版，第40—46页。

社会主义女权主义一直是妇女运动的重要力量,为世界妇女运动的发展做出了重要贡献。它强调物质决定意识,经济基础决定上层建筑,强调资产阶级对无产阶级的阶级压迫,关注男女不平等的经济原因和资本主义问题。

(一)主要观点

1. 女性也是一个阶级

社会主义女权主义在承认社会生产方式对人的影响的同时,对生产方式构成的本身也提出了补充性的见解。认为马克思主义把生产方式解释为,人们为满足自己的衣食住行需求而组织生产和对产品进行分配的方式是正确的,用这一概念来理解不同阶级的男性或女性之间的阶级冲突是很有意义,但却难以解释同一阶级内部男性对女性的压迫,因此把"阶级"仅用来区分与生产资料有关的不同集团过于狭隘,女性也是一个阶级。他们把马克思主义的生产方式概念扩大,不仅包括为满足衣食住行等物质需求而组织生产和分配产品的手段,而且包括为养儿育女而进行生活和活动的手段。此外,西方社会主义女权主义者把私生活领域也作为女性受压迫的重要领域来分析。①

2. 反对强调男女两性区别

主张不应当有一个独立于一般政治之外的女权主义政治,认为独立的女权主义政治必定是一种错误的普遍概括。它更反对女同性恋的分离主义,认为这种分离主义的基础是男女两性的生理区别。认为妇女运动的最终目标是男女阶级的划分归于消失,解放女性的战略是性别特性的变革和生育的变革。

3. 为妇女争取特别的保护性立法和阶级斗争

在平等与公正的争论中,社会主义女权主义更倾向于平等,它认为妇女在生活的一切方面均处于不利地位,这种情况并不是个人能力造成的,而是历史和社会文化的原因造成的。女性要改变自己的不利地位,仅仅

---

① 罗慧兰:《女性学》,北京:中国国际广播出版社2002年版,第17页。

靠个人的努力和所谓"公平竞争"是不够的,要通过立法,从法律上争取妇女特别的保护性地位,采取各种特殊措施救助弱势群体,并争得男女同工同酬。它还认为男性对女性的控制和阶级压迫一样重要,主张将女权主义与阶级斗争结合起来。

(二) 代表人物

1. 米歇尔

社会主义女权主义最重要的代表人物之一。1966年,她发表的《妇女,最漫长的革命》,成为妇女运动第二次浪潮中的一部纲领性文献。她提出在资本主义社会中,女性的被剥削、被压迫是通过四个领域来进行的,即生产、生殖、性和儿童的社会教化;认为这四大压迫结构既是相对独立又是相互依存的;她还主张分析和汲取弗洛伊德心理分析理论的有益成分,为女权主义所用。[①]

2. 本斯通和莫顿

加拿大女权主义理论家。1969年,发表了一个重要观点。她们从揭示资本主义社会中妇女处于从属地位的根源这一问题出发,提出了她们的观点。认为这种根源具有"经济"或"物质"的性质,可以归因于妇女无偿的家务劳动。妇女的经济活动包括缝补浆洗、做饭育儿,这些劳动的产品和劳务被直接消费掉了,从未进入过市场,因此,这些产品和劳务只有使用价值,没有交换价值。解决这一问题的战略是把家务劳动变成公共生产,也就是必须朝着家务劳动社会化的方向发展,并以此作为妇女解放的先决条件。[②]

3. G.卢宾

她提出的"性别体系"概念具有一定的代表性。她认为,女性受压迫的根源很大程度上要在性别体系中去寻找,例如,亲属组织就是性别体系中妇女受压迫的一个链条。在亲属组织中,男性家长主宰着女人的命运,

---

[①] 李银河:《女性主义》,济南:山东人民出版社2005年版,第54页。
[②] 同上。

把消极的"女人气"强加于女儿;待她长大后作为交换礼物与另一亲属群建立关系,从而扩大亲属网络。①

4. 西蒙·波伏娃

法国著名女权主义理论家、社会主义女权主义流派中的分支流派——存在主义流派的代表人物。波伏娃在《第二性》中,结合了生理学、人类学、社会学等各学科知识来分析女性的处境。她指出,"第二性"不仅仅指女性在社会地位或公民权利上与男人不同,而且含有女性为"次等族类"的意思,也就是说,不论女性如何自重努力,在父权文化下,女性永远是次等,永远难以超越。此书之所以被称为存在主义的女权主义代表作,是由于存在主义思想在女权主义理论方面的核心是"女性气质不是天生的,而是被塑造成的"。"不要幻想男人解放女人,女人的问题最终要靠女人自己解决。"她的女权主义思想在广大职业妇女,特别是二次大战之后成长起来的年轻一代女性中间,产生了广泛而深刻的影响。

(三)对社会主义女性主义的批评

1. 过多强调阶级利益,忽略同一阶级中的性别关系。西蒙·波伏娃的女权主义理论,不承认历史上曾存在实行过母权制社会,不同意男女最初是平等的,是私有制造成了男女冲突的看法。她不认为资产阶级是这一压迫的罪魁祸首。而是认为男性独裁是有史以来就存在的,无产阶级可以改变自己的阶级地位,而妇女却无法改变自己的性别。她还认为马克思主义关于阶级的论述不适用于性别关系,她主张一种独立于阶级斗争之外的女权运动。所以,存在主义的女权主义本质上属于社会主义女权主义运动的第二派。②

2. 错误地把女性位置仅仅固定在私人领域之中。将男性的主要领域定位于生产,把公共领域限定为男性,女性的主要领域定位于"生殖",把女性定位于私人空间。

---

① 罗慧兰:《女性学》,北京:中国国际广播出版社2002年版,第17页。
② 同上书,第19页。

3. 以西方女权主义中心。忽略不同国家、种族妇女的差异。①

三、激进女权主义流派

20 世纪 60 年代后期,各种激进的女权主义思想和行为崭露头角,由于"新左派"中的成员不满"新左派"社会主义者和民权团体对她们的态度,发起成立了强烈认同当代女性运动的一个派别。她们并无统一的目标和理论体系,也无稳定的组织机构,但通览她们的著作可以看出,尽管其解释各异,但她们相一致的观点是:妇女受压迫是最基本的压迫。激进女权主义将其理论重心放在男性针对女性的暴力行为以及男性对女性在性和生育的控制上;它认为,妇女受压迫的基本根源是男性对女性身体的统治,这种统治是通过两种途径来实现的,一是通过意识形态途径,包括淫秽色情品的制售,贬低妇女的思维定式等;二是通过实践的途径,包括男性中心的婚姻和财产法,剥夺女性的生育权利,性暴力等。

20 世纪 70 年代,激进女权主义开始改变其观点,从把女性的地位低下归因于女性的生理状态,转变为谴责男性的生理状态,从而走向另一极端,鼓吹排斥男性,把男性侵犯女性的倾向看作是与生俱来的,把男人当作敌人。

(一) 主要观点

1. 男权制的理论

激进女权主义认为:在所有的概念中,男权制是关键概念;女性作为一个群体同男性利益相对立,这一利益使女性在姐妹情谊的基础上联合起来,超越了阶级和种族的界限,所有女性都应当为女性的解放而共同斗争;男权的统治不仅限于政治和有报酬的工作这类公众领域,而且存在于私人生活领域,例如家庭和性这两者都是男权制统治的工具。

---

① 李银河:《女性主义》,济南:山东人民出版社 2005 年版,第 52—58 页。

2. 个人的就是政治的

激进女权主义认为,即使是女性最私人、最隐秘的经验,也是由拥有特权地位的男性原则的制度和结构造就的。这一理论并不把国家作为政治的中心议题,而认为国家只是男权制压迫的工具;它不看重经济压迫,认为那种以为推翻了经济压迫,一切问题就会迎刃而解的观点是错误的。女人是作为女人而遭受经济压迫的,而不是作为一个性别中立的无产阶级成员而遭受经济压迫的。这一理论还认为家庭是社会权力结构的中心部分,其中包括在家务劳动上对女性的剥削、性剥削等。

3. 妇女普遍的殖民化

这一理论提出:为什么女性在所有的社会中都处于从属地位,原因是男权制控制女人的身体、性和生存环境。激进女权主义者以此为依据,提出了整个女性群体"殖民化"(colonizing)的问题,这一理论的主要假设是:"妇女普遍的殖民化,即普遍屈从于男权制的压迫。"女性受到男权制社会制度的压迫,这是最基本的压迫机制;其他形式的压迫,如种族主义、健全主义、异性恋霸权主义以及阶级压迫,全都与性别的压迫有关。她们中的有些人甚至创造出性别阶级(sex-class)这一概念。认为男性是与女性极为不同的一种人,是一种富于攻击性的邪恶的人,他们迄今为止一直在统治、压迫、剥削和残害女性。

激进女权主义指出,妇女所遭受的压迫有如下五种特征:第一,从历史上看,妇女是最早受到压迫的群体;第二,妇女受压迫是最普遍的现象,这种现象实际上存在于一切已知的社会之中;第三,妇女所受压迫最深,这种压迫形式又最难根除,依靠消灭阶级社会之类的社会变革也不能将其除掉;第四,妇女所受的压迫对受害者造成了最大的(无论在质还是量的方面)痛苦,虽然这种痛苦由于压迫者和受害者都存在性别偏见而往往未被认识;第五,妇女所受压迫为理解所有其他形式的压迫提供了概念模式。

4. 主张"生物学革命"

激进女权主义者认为，既然并不仅仅在资本主义制度下妇女才受压迫，而是在任何经济制度中都可能发生压迫妇女的现象，那么妇女受压迫的原因就不是由阶级原因，而是由生理原因导致的，其中最主要的原因是妇女的生育。只有通过诸如避孕技术、试管婴儿、人工授精及无性繁殖这类科学技术的进步，把妇女从生育这一压迫她们的生理功能下解放出来，妇女的处境才会有实质性的改善。只要两性的区分在生理上和社会上还继续存在，妇女的处境就不会有实质性的改善。她们认为，要想铲除这一性阶级体制，必须首先铲除其生理基础。只有想办法消除使妇女处于屈从地位的生理差异，使男女之间的生理差异不再有意义，才能进而消除男女之间的不平等和性别歧视。

(二) 代表人物

1. 米利特

在《性社会学》一书中，最早将男权制这一概念引入女权主义理论。米利特为这一理论加入了新的双重含义：第一，指男性统治女性；第二，指男性长辈统治晚辈。从20世纪60年代开始，这一概念被定义为男尊女卑的系统化机制。

2. 费尔斯通

代表作《性的辩证法》，被誉为对妇女受压迫进行系统分析并解释其根源的最早尝试之一。费尔斯通认为，妇女依从地位的根源在于人类生物学某些永存的事实，那就是，婴儿的成熟期很长，并且要有很长一段时间依赖于成人，特别是要依赖母亲。生育使妇女的体质变弱，使她们要依靠男人才能生存。由这一逻辑推演下去，费尔斯通得到了如下的结论，妇女解放要靠"生物革命"和与此有关的一系列技术进步。这一革命不仅要使婴儿的养育脱离人奶，而且要使生育过程脱离子宫，这样才能真正消除妇女对男人的体力的依赖，而这一依赖恰恰是女性依从地位的生理基础。

（三）对激进女权主义的批评

激进女权主义没有能够揭示生理性别是如何变成社会性别的,这一理论具有种族中心主义的观点,忽视阶级差异,提倡两性对立。[①]

除以上三大流派外,在西方比较有影响的女权主义流派还有:后现代女权主义、文化女权主义、生态女权主义、第三世界女权主义、黑人女权主义、心理分析女权主义与女性同性恋女权主义等等。

四、对西方女权主义的认识

回顾和审视20世纪60—70年代的女权主义历史,我们不难看出,伴随着妇女解放运动的诞生和发展,西方女权主义有其积极的一面。它顺应了西方社会妇女解放运动逐渐深化的趋势,对父权制社会给予了全面、深刻的批判,极大地推动和促进了女性争取独立和解放的实践活动;它的批评、研究成果也有许多创新和拓展之处,为消除社会差别,实现男女平等的妇女解放道路提供了新的思维模式。女权主义所做的不仅是在挑战、批判、解构传统的男性中心文化的过程中建构自己的理论体系,而且还在对女性自身被规范的社会性别、文化性别进行质疑、审视、反思的过程中,建构自己的理论体系。女权主义根本上是服务于现实女性,同时指向更为人性的两性未来,追求与重构没有性别偏见、没有性别先见、没有性别歧视、公正而更富有人性的性别文化和社会环境,获取男女真正平等——两性和谐的文化空间。这种现代理念使女性主义学术研究充满了人性的光辉,充分体现了女权主义学术研究对人类的贡献和价值。

但是,我们还必须清醒地认识到,女权主义也呈现出很大的局限性和偏颇之处,政治色彩过于浓厚和实践行为过于激进,实践的结果也不尽如人意。因此,一场新兴的女权主义——女性学和社会性别学便在美国以及一些国家的大学校园里悄悄产生了。

---

① 李银河:《女性主义》,济南:山东人民出版社2005年版,第46—52页。

第三节　女性学的基本问题

女性学是一门新兴学科,创建于20世纪60—70年代的美国,至20世纪90年代初,美国68%的大学开设了女性学方面的课程,6所大学可授予跨学科博士学位。到2000年,全美已有妇女与社会性别研究所250家,在1000多所大学里就有700个女性学中心,每年开设3万多门与女性学有关的课程。除了在本科生中开设"女性学导论"外,还培养大量女性学研究方向的硕士和博士研究生,跨学科的女性学系和博士点也逐年增加。西方的女性学蓬勃发展,作为一个正规的学术分支,已经逐步走上学科化。在北美特别是美国,女性学已经成为主流学科。[①] 在亚洲,20世纪70年代中期,女性学作为真正意义上的学科进入大学的是韩国。1974年,韩国梨花女子大学开设了多学科的女性学课程,1985年开始招收硕士研究生,90年代开始培养女性学的博士生。在日本,20世纪70年代末至80年代中期,女性学处于初创期,80年代中后期是大规模的女权主义理论介绍期,90年代则是社会性别和本土化研究期。

一、女性学的概念

(一) 女性学名称来源

女性学(Women's Studies)的基本概念来自于西方。我们之所以取"女性"的表述,是出于"女性"比"妇女"包容面更宽。而同时采用女性学和女性研究的表述,是考虑到在中文语境中,这两个词更有利于有所侧重、有区别地表达其具有的学科本身以及在这一领域所从事的研究这两个双重侧面的意义。在西方学术界,在相当一个范围内,女性主义几乎成

[①] 回春茹:《女性学研究与当代女大学生的培养》,载《中华女子学院学报》2004年第1期。

为女性研究的同义词。

(二) 女性学的定义

在为"女性学"做概念界定的过程中,中外专家、学者从不同的角度出发,提出了不同的见解,在这里我们做一简单的介绍。

《妇女学概论》是我国较早的妇女学著作,1987年由湖南省妇联干部学校等单位编辑。它认为妇女学"是以妇女问题为研究对象的科学,也是实现男女平等,发挥妇女作用的应用科学"[①],这一定义明确指出了女性学学科具有的政治性、社会性和实践性特点。

1989年,由段火梅等主编的《妇女学原理》一书中指出,妇女学为"研究妇女问题的产生、演变以及妇女问题的解决,也就是妇女解放的性质、条件和道路"[②]的学问。这个女性学定义,具有女性学学科创建初期重研究学科发展规律、重理论联系实际的特点。

日本女性学研究会理事长富士谷笃子主编的《女性学入门》,于1986年出版。它给女性学下的定义是:"所谓女性学,是从尊重女性人格的立场出发,跨学科地研究女性及妇女问题,并以女性的观点重新研究既有学问的一门科学。"[③]这个定义强调了女性学的跨学科性,注意到了女性学是一门从女性观点出发研究既有学问的学科,它既提示了女性意识在研究中的重要性,也提示了女性学学科的独立性,着重指出女性学将对以往各学科进行质疑、挑战和修订。

2000年,魏国英在《女性学概论》中,将女性学定义为"一门关于作为整体的女性的本质、特征、存在形态及其发展规律的科学"[④]。这一概念的推出,强调了女性学挖掘女性本质,揭示女性特征、存在形态其发展规律的重要意义。

---

① 湖南省妇联干部学校、湖南省党校妇女理论教研室编:《妇女学概论》,长春:北方妇女儿童出版社1987年版,第1页。
② 段火梅、毕滨生、丁娟主编:《妇女学原理》,北京:中国妇女出版社1989年版,第3页。
③ 富士谷笃子主编:《女性学入门》,北京:中国妇女出版社1986年版,第17页。
④ 魏国英主编:《女性学概论》,北京:北京大学出版社2000年版,第9页。

刘霓于2001年出版了《西方女性学：起源、内涵与发展》一书，她指出："西方女性研究是一个从妇女的角度出发进行理论与实践研究的跨学科领域，它包括教学与研究，以及对女性研究理论的丰富、发展与推广。女性研究教学与研究的范围涉及社会科学与人文科学的所有方面，还涉及到自然科学研究的方法论等问题。女性研究的主要目的是促进占人口半数的妇女觉悟的提高，使妇女在社会政治生活、经济生活和文化生活中成为与男性同等重要的参与者，女性研究为妇女从事致力于社会变革的知识革命提供了基础和空间。"[①]在这里，刘霓使用了"西方女性研究"做主语，但她涉及了女性学的学科性质、内容、对象、范畴、目的等学科定义的关键词，是一个比较全面的描述和概括，具有一定的参考价值。

我们介绍这些专家、学者有关女性学定义方面的观点，就是要强调目前关于女性学的定义的认识比较广泛，还没有形成一个比较统一的共识，到目前为止，建立一个完整、准确、权威的女性学定义的时机还没有成熟。以上观点均有可取之处，也存在种种偏颇和疏漏，需要我们在实践中进行补充和修正，但这并不影响女性学整个学科的发展进程。我们与其挑剔各种定义的瑕疵，不如广泛倾听众多研究者发出的声音，发现各种思想的闪光之处和互相碰撞出的火花，更多地汲取各家之思想精华。

二、女性学的研究对象及范围

女性学是一个综合性、包容性的学科。其研究对象，就是女性的生存与发展现象及其规律。女性学研究范围覆盖面极其宽广，包括女性自身和与女性有关的所有问题。一方面，研究女性的过去、现状以及未来，研究女性生存和发展过程中的种种生理、心理和社会现象以及这些现象的变化规律；另一方面，特别关注与女性有关的各类问题，着重探讨各门学科中忽视女性、甚至是女性缺失的现象以及产生这一现象的原因，进而健全、完善人类知识系统。因此，女性学的探索触角延伸到人文、社会科学

---

① 刘霓：《西方女性学：起源、内涵与发展》，北京：社会科学文献出版社2001年版。

和自然科学等各个领域。

(一) 女性的个体问题

女性个体之间千差万别,但基于共同的生理特征,在人类的社会繁衍发展和社会分工中,长期担当着人口生产等社会角色,形成了具有特殊共同利益诉求的群体。自然差异构成了最初的社会分工,形成了最初的社会差异,而以后的男权社会则强化了这种差异,并将它等级化,因而形成个体差异和性别的不平等现象。

(二) 女性的群体问题

女性之间存在很大的群体差异。在不同历史时期,政治和经济条件、社会和地域环境以及不同阶级的女性,她们之间的差异往往要比处于相似境遇的男女之间的差异更大,所以人们很难不加定义地讨论"一般的女性"。在世界各国的不同民族之间,女性可以分为许多群体,她们的生存状况各不相同。即使在同一民族和同一国度内,由于地区之间政治、经济、文化发展不平衡,女性的生存发展状况也不尽相同。目前在美国和西方其他一些国家,占据女性研究主流地位的"社会性别论"强烈质疑女性的生理决定论,她们强调社会对性别的塑造作用,认为造成女性与男性不平等的因素,不是两性间的生理差异,而是两性的社会性别差异。正如西蒙·波伏娃所说:女性不是天生的,而是后天造就的。

(三) 女性的相关问题

女性问题,除了女性自然性别涉及生理学、解剖学等自然科学以外,女性社会性别所关系的领域极为广泛,既包括了女性与政治、法律、民族、阶级、宗教、伦理、环境、科学、技术、经济、教育、语言、文学、艺术等横向的空间关系,又通过历史、现实和未来的时间线索,组成时空纵横交错、复杂的女性社会空间关系。它既与自然科学有关,更与社会科学和人文科学有关,几乎渗入了所有的学科。

(四) 女性与男性关系问题

我们应该明确,女性学研究并不是将男性视为对立面。女性学研究是一种先进的性别文化,是一种以人为本的现代意识。如果说女性学的核心概念是社会性别理论,而这个"性别"就应包括所有女性和男性。既然社会性别是由社会环境构成的,当男权制压抑女性的同时,也使男性遭受到种种压抑、禁锢和束缚,男性的社会性别也受到制约。因此,两性都要认识自己的社会性别,都要从社会性别的僵化文化角色规范中解放出来,实现两性共同发展。女性主义反对以男性为中心的文化霸权,但并非以女性霸权取而代之。现阶段彰显女性主义不是目的,而是手段;不是政策,而是策略。女性学理论建设的价值取向,是增强女性群体的综合素质,改变其在传统性别结构中的弱势地位。不论男性、女性,都不应以牺牲对方作为发展自己的前提,而应该共建两性彼此尊重、平等和谐、共同发展的两性伙伴关系,这也是建设和谐社会的重要目标之一。

三、女性学的特点及其学习女性学的意义

(一)女性学的特点

1. 本土性

西方女性研究早于我国,理论的积累和发展先于我们,也在很大程度上影响了中国的女性研究。西方女性主义从女性解放运动开始,到出现实践色彩浓厚的社会学理论,直至纯学术的探讨,在各个阶段和层面都有比较长久的积累。中国女性学在其学科建设的道路上需要一个较长的本土化过程。本土化是指把外来理论转变为适合本国家、本民族、本地方所需要的理论。所谓女性学的本土化,就是要把有关世界各国女性学的理论、框架、内容、方法、经验、体会等,根据我国国情,转变成我国女性所需要的理论。在此过程中,既要借鉴外来理论和方法,又要注重结合本土经验,建构鲜活的、具有创新精神和变革力量的本土女性学体系,使女性学理论中国化,更好地为我国女性服务。

2. 跨学科特点与专业精神

跨学科特点的产生是因为女性学所涉猎的问题十分宽广,没有任何

一个单独的学科可以给出比较满意的答案。由于女性学提出和论证的问题,都超出了既有特定学科的范围,处于相关学科的边缘,它是多学科知识、方法之间的一种"融合"。也就是说,在一些共同关注的关键性的命题中,融合各学科的认识,创造出新的概念、术语、假设和方法,建立特有的知识系统和一整套获取知识的规则,从而形成一个新的更加丰富的对学科对象解析、认识的知识范畴。

女性主义不仅是全球性的人类共有的思想财富,而且是全球性的人类共有的学术概念。由于作为女性主义学术核心概念及其相关理论的社会性别具有无处不在的特征,又由于女性主义已经成为一种理论、一种思想,它的研究对象可以涵盖所有不同的历史、文化、地域的各种人群,广泛地涉及哲学、自然科学、人文社会科学的各个领域。这使女性主义学科研究具有跨学科交流、互助、合作和广泛的国际间文化交流的基础,体现了女性主义这一新兴的跨学科的综合性人文社会科学所具有的开放性格和学术生命力。

3. 实践性

女性学具有鲜明的实践特点。它来源于社会发展实践,从妇女运动中汲取力量。女性学具有男女平等的社会进步目标或理想,不是停留在书斋里"纸上谈兵"。女性学不仅仅是学术研究,也是行动研究,不仅研究问题,而且力图付诸行动,实现变革。女性学研究者和实践者具有促进社会公正、伸张社会正义的社会责任感和历史使命感。从教学过程看,它与妇女运动的实践有密切的关系,有别于其他的人文、社会科学专业,更具有现实性,更注重理论与实践的结合。

4. 质疑和创新精神

质疑、批判和创新精神是女性学特质。女性学起源于对以男性为中心的主流文化的质疑,起源于对盛行数千年的男权制的反抗。女性学发展的历史表明,没有对权威理论的质疑就没有女性学。无论是"发现女性"、"为了女性"还是建构知识,女性学的目标和任务决定了质疑精神、创新精神与女性学的发展相伴相随。正是由于不断发展与创新,它才对女性的发展具有较强的指导意义,使自己具有强大的生命活力。

5. 多元性

由于各国从事女性学研究的出发点、兴趣点和需求点不同,每个女性研究者都有自己所侧重的学科追求。有的强调对女性做理性的思考、哲学的抽象与探索;有的强调做女性的具体化研究、解决女性实际存在的问题,推进女性的发展;有的强调个人经验的发掘;有的强调理论的提升和社会的解决方案;有的强调学科的政治性;有的强调它独立的学术性;有的强调跨学科很必要;有的强调各个学科深入研究更为重要、实在;有的关注女性历史差异;有的关注女性空间差异;有的重视颠覆传统;有的致力于学科建构和创新;有的重视规范;有的重视拓展;有的重视研究;有的重视教学等等,不一而足。由此,构成了女性学研究丰富多彩的多元性。

如果我们将女性学定义为能够寻找一个适合所有时代、所有空间、所有领域的女性的理论和发展规律,那不仅是不符合实际的,而且是不可能的。这是因为社会的各类问题也是女性的问题,女性研究的目标就是对世界的重构,而女性研究的各个阶段、各个等级都有各自的目标。随着时间的推移,女性要求和目标的不断变化,女性研究的领域还面临着无限扩大的可能。因此有人把女性研究标榜为一门"不守规矩"的学问。

6. 动态性

在不同时代,同一民族、地域、文化的性别观,随着政治制度、社会结构、经济基础和文化形态的变化,都会发生相应的变化。因此,女性学具有动态性。由于女性学不断致力于建构更为合理、公正的社会和文化,使其充满活力,富有生气,不断在发展变化,又具有生长性。女性学学科也保持了开放性、不断建构的状态,针对每一个历史阶段面临的不同问题,采取不同的对策。

女性研究的动态论不仅使女性学成为一门不断发展的学科,而且使不同国家、地区的女性研究和主张呈现面貌迥异的现象。由于不同国家和地区的女性面临的性别关系问题是不同的,因而她们的主张和解决问题的方法和其他地域的女性缺少可比性,甚至出现出于同样良好的愿望,而各自的主张却有天壤之别的情况。比如,中国当代女性在看到当年忽视性别差异的缺陷后,特别倾向于强调性别的差异性。而在西方,英美派更强调性别的社会特性,重视性别平等的实现。而法国派更看重性别的自然特性,强调从自然性别中发掘文化意义,重视文化批评,这就形成了英美派和法国派之间、中国和西方之间的种种区别。矛盾的立场、观点和表述的共存,又形成了一个特定的范畴,成为一系列观点的载体,形成一种研究角度的互补、思想的碰撞与发展。

(二)学习女性学对大学生健康成长的意义

女性学的根本任务是服务于现实生活中的女性,同时指向更为人性化的两性未来,追求与重构没有性别成见、没有性别歧视、公正而更富有人性的性别文化和社会环境,获取男女真正平等——两性和谐的文化空间。这种现代理念使女性学研究充满了人性的光辉,充分体现了女性学研究对人类的贡献和价值。

女性学课程的教学与其他学科相比,具有鲜明的特点。

1. 拓展视野,填补性别盲点。性别视角是现今世界观察、思考、分析和评价社会现象时极其重要的思维方式。如果青年学生缺乏性别视角,就谈不上提高素质,更谈不上全面发展。在女性学教学中,通过历史分析和现状比较,使学生了解和理解女性学的理论来源和社会基础,了解女性学的研究对象、基本任务,对学生进行思想启蒙,促使学生思想的转变。

2. 提高性别觉悟,唤醒性别平等意识的现代教育。女性学强调以人为本,它的一个重要特征是注重性别平等,让所有人、特别是女性都能充分发挥自己的潜能。社会的每一位成员都有接受先进性别文化教育的义务,这不仅仅是未成年学生的事,更是社会全体成员的事,尤其是那些掌握决策权的管理者和在传播各种文化中起关键作用的教育工作者。通过学习,使人们懂得性别平等的内涵,掌握性别分析方法,善于从性别平等的角度分析日常生活现象,掌握本专业中的性别问题。

3. 增强社会责任感,培养男女平等的价值观。促使学生学会并善于运用社会性别理论去观察、分析和批判某些社会现象,使学生明确实现男女平等与社会进步的关系,增强学生促进两性平等的历史使命感和社会责任感,充分调动他们内在的主体性,积极参与社会实践,并善于应用社会性别理论去指导自己的行动。

4. 提升内在自我价值。女性学教学的一个基本原则是逐步培养学生独立自主的素质,这一素质是个人在日益复杂的社会中生存所必备的条件。通过讲授女性学,帮助学生梳理原有的性别观念,挖掘内在的心理资源,树立平等的性别观念,提升自尊、自信水平和自立、自强能力。

5. 提高社会工作能力与生活能力。通过女性潜能发挥、婚姻家庭、审美、交往、健康、职业生涯设计等专题的学习,向学生传授应对挑战、处理问题的能力和技巧,使学生在大学阶段以及今后的工作、生活等方面能够从容应对,创造和享受幸福人生。

本章小结

学习本章内容,要着重了解女性学兴起的时代背景,了解西方女权主义运动发展以及各流派的不同主张、代表人物以及它们的现实战略和局限性。掌握女性学的基本概念,掌握西方女性主义运动两次浪潮与女性学的关系,对西方女权主义流派的主要观点进行比较分析,深入理解当代大学生学习女性学的现实意义。

教学活动建议

教师在开课前,制定一份调查问卷,了解学生对女性学这门课程的了解情况,以及希望在本课程中解决的问题。

学生可到图书馆借阅1—2本有关西方女性主义的图书,带着本章学习中遇到的问题,认真阅读、思考。

分小组讨论西方女性主义运动两次浪潮的历史背景、时代特点、主要代表人物以及学习女性学的意义。

每位同学拿出一张纸,把自己希望通过本课程解决的困惑、迷茫记录下来,保存好。到课程结束时对照一下,看哪些问题得到了解决,哪些问题还没有解决。对还没有解决的问题,是否找到了有效的解决办法。

思考与实践

1. 女性学兴起的时代背景是什么?
2. 试比较西方女性主义流派的主要观点有哪些异同?
3. 21世纪大学生学习女性学有何现实意义?

第二章

中国女性发展历史

【名人名言】

母权制的被推翻,乃是女性的具有世界历史意义的失败。

——恩格斯

【本章教学目的和要求】

• 通过本章的学习,使学生了解母系氏族过渡到父系氏族的必然性,以及在过渡过程中婚姻形式的演变。

• 了解封建礼教对女性的束缚逐渐加重的历史过程及封建礼教对女性肉体和精神的摧残。

• 了解近代社会女性自我意识觉醒的过程,女性争取自身解放的斗争的集中表现。

• 阐明历史事实的内在逻辑,结合社会政治体制、经济制度和主导哲学思想来分析具体的历史材料。

第一节 男女不平等的历史演变

人类的历史,就是男女两性的历史。在漫长的原始社会,由于人类征服自然的能力极为有限,个人无法应对恶劣的自然环境,只能采取群居的形式。男女在群体内部的地位是平等的,财产公有,人们过着原始共产主义的生活。人们获取生活资料的途径主要有两种,一种是由男子进行的狩猎活动,由于技术和工具的限制,狩猎的成果有限,且很不稳定;另一种是女子进行的采集树木的果实、根茎等活动,其劳动成果易于保存且比较稳定,成为氏族生活资料的主要来源,妇女因此更加受到人们的尊敬。

一、母系氏族向父系氏族的过渡

人类由共同生活在一起的群体发展成为部落和氏族,由于女性在生活资料生产和人类自身生产这两种最基本的生产活动中占有优势地位,人类最早进入母系氏族时期。在母系氏族时期,由于实行群婚制,子女无法确定自己的父亲,只能确定自己的母亲,所谓"圣人无父,感天而生",氏族内部是按照母系来计算世系的,子女归母亲所在氏族所有,氏族的公共财产由女性管理,女性是生产劳动的主力,在原始农业、手工业等方面都做出了卓越的贡献。"在陕西华县柳镇发掘的大约六、七千年前的墓葬中,所有从事农业生产的工具,包括蚌刀和纺织用的石制纺轮,都是在女性墓或女性合葬墓中发掘的,男子的墓里没有。"[①]我国古代关于女娲的神话传说也说明了母系氏族时期的情况。女娲抟土造人,炼五色石以补苍天,积芦灰以止淫水,说明女性不仅是人类的始祖,同时也是社会生活的中心,连补天、止水这样重大的事情也是女性完成的,女性受到高度的

---

① 刘士圣:《中国古代妇女史》,青岛:青岛出版社1991年版。

尊敬。

在母系氏族的繁荣阶段，婚姻的形式是对偶婚。即一群姐妹与一群兄弟互为夫妻，这群姐妹和这群兄弟之间没有血缘关系，属于族外通婚。妻在众夫中有一正夫，夫在众妻中有一正妻，这样就形成了对偶家庭。在对偶家庭里，夫从妻而居，子女留在母亲的氏族里，世系仍按母亲的计算。男子死后要归葬于出生的原氏族。但是"这种对偶家庭，本身还很脆弱，还很不稳定……它根本没有使早期传下来的共产制家庭经济解体"。①这种对偶家庭没有独立的家庭经济，完全依附于以女方亲族为主体的母系家庭公社。这种对偶婚制较此前的婚姻形式的进步意义在于，子女不仅能确定自己的生身母亲，还能确定自己的生身父亲，是群婚制向一夫一妻制的过渡。

随着生产力的发展，劳动技术和工具的改进，加上中国特有的地理环境，农业生产逐渐成为氏族的主要生活来源。由于男子的体力较强，在劳动中逐渐占据了优势地位，能够创造和获得更多的劳动产品，而妇女则在劳动中退居次要地位，转而以照顾子女和家庭为主。男女在劳动中地位的消长，带来了男女在经济地位上的变化又从而导致了两性在社会地位上的变化。男子开始要求对子女的权利，要求确认亲生的子女以便继承财产。而对偶婚的婚姻形式是男子嫁到妻家，不能带走氏族的财产，也不能带走自己的子女，为了打破这种限制，男子千方百计地把女子娶到自己的氏族，把子女留在自己的身边，他们采取的主要形式是买卖婚和抢婚。拥有较多私有财产的男子向女子所在的氏族赠送大量的财物，从而使女方氏族同意其将女子带回本氏族。如果通过买卖的方式不能解决问题或男子没有足够的财产，就采取抢的方式，用暴力将女子抢到本氏族。在母系氏族公社向父系氏族公社过渡的过程中，妇女进行了激烈的反抗，被恩格斯称为"人类所经历过的最激进的革命之一"②，母系和父系氏族曾长

---

① 《马克思恩格斯选集》第4卷，北京：人民出版社1972年版，第43页。
② 同上书，第51页。

期并存,最后男子取得了胜利,妻从夫而居,按父系计算世系,子女留在父亲的氏族,父系获得了财产继承权,掌握了氏族和部落的权力。恩格斯说:"母权制的被推翻,乃是女性的具有世界历史意义的失败。丈夫在家中也掌握了权柄,而妻子则被贬低,被奴役,变成丈夫淫欲的奴隶,变成生孩子的简单工具了。"①

由于要确定亲生的子女继承财产,男性不能容忍女性拥有多个丈夫,开始要求妻子保持对自己的贞操,而女性也对群婚时期不得不接受多个男子的事实感到屈辱,有与一个男子保持同居关系的要求,由此,一夫一妻制诞生了。这种家庭与对偶家庭相比,婚姻关系要稳固得多,"这种关系现在已不能由双方任意解除了,这时的通例只有丈夫可以解除婚姻关系,离弃他的妻子"②。在一夫一妻制的家庭里,丈夫处于支配地位,而妻子处于从属地位。一夫一妻制,是男性获得支配权的标志。在反映大汶口文化的男女合葬古墓中,有些墓室中的男子仰面直肢,而女子则侧身屈肢,面向男子,处于依附、从属的地位,这是女性开始屈从于男性的表现。

二、奴隶社会女性的地位

私有财产的产生,父系氏族的发展,导致了奴隶社会的发展。奴隶社会是以父权家长制为基础而逐步发展起来的。"父"字的本义是用手举着木杖,用手举木杖来表示父的权威。"父权支配着妻子、子女和一定数量的奴隶,并且对他们握有生杀之权。"③

古代的部落首领大禹将部落的权力传给了自己的儿子,废除了禅让制,从而建立了我国历史上第一个奴隶制国家,从此我国进入了奴隶社会。在奴隶社会虽然建立了一夫一妻制,但只是对女性而言的一夫一妻

---

① 《马克思恩格斯选集》第4卷,北京:人民出版社1972年版,第52页。
② 同上书,第57页。
③ 同上书,第53页。

制,对男性而言,是一夫多妻制,比如传说中夏朝的后羿,有两个妻子,商朝的王祖乙、祖丁、武丁都各有两三个正式的后妃,传说文王有百子,说明他肯定不止一个妻子。但这些还只是正式的妻子,还不包括那些因家庭贫困或在战争中被俘而成为奴隶的女性,这些女奴同样成为男性尤其是男性统治阶级发泄性欲的工具。《易经》中有"乘马班如,泣血涟如,匪寇婚媾"的句子,描写了一个女子听到马蹄声就吓得直哭,害怕被匪人抢去做奴隶的情景。这些女奴的命运十分悲惨,除和男性奴隶一样承担繁重的劳动之外,还要饱受奴隶主的性的蹂躏,她们不被当作人来看待,只被当作奴隶主的财产,奴隶主死后可由他的儿子继承。

同样,贞操也是男性对女性的单方面的要求,由于要确定亲生的子女继承财产,男性要求女性对自己保持贞操,然而这种贞操是出于保"种"的需要,与封建社会的贞操观念有很大不同,它只要求男女共同生活期间,女性要向男性保持忠贞,并不要求婚前一定是处女,也不要求女性在丈夫死后或离异后守节。比如寒浞谋害后羿后,不但得到了他的财产,还得到了他的妻子纯狐。

夏代,女性已逐渐沦为男性的淫欲工具。商朝建立政权后,由于商人部落与夏人部落的文化渊源不同,商人更多地保存了母系氏族的遗风,妇女拥有较高的社会地位。她们拥有私人财产,独立经营田产,尤其是贵族妇女拥有大量的私人财产,比如司母戊、司母辛等大型的青铜鼎都冠以女性的名字。女性还可以参与国家的政治活动,充任一定的官职,贵族妇女可以广泛地参加国家的政治生活,在国家政权中占有一定的地位,甚至可以率兵打仗。商朝衰落后,周人崛起,灭商建周,史称西周。西周妇女的地位开始下降,女性没有个人财产,也不能参与国家事务,只能以操持家务、侍奉丈夫、养育子女为己任。西周建立了分封制,是一种血缘宗法制度,在这种制度下,男性在家庭中的地位日益上升,而女性的地位则日益下降。周人产生了重男轻女、多娶多生的观念,女性逐渐沦为给男性生孩子的工具。

第二节　封建礼教与中国传统女性

战国末期,我国逐渐进入了封建社会,封建礼教也开始形成,封建礼教是以儒家思想为基础形成的,是统治阶级用来束缚广大人民思想的封建礼仪和伦理道德。其总纲是"三纲五常",其对于女性的要求是"三从四德"。"三从"最早见于《仪礼·丧服·子夏传》"妇人有三从之义,无专用之道。故未嫁从父,既嫁从夫,夫死从子。故父者子之天也,夫者妻之天也。""四德"语出《周礼·天官》:"九嫔掌妇学之法,以教九御妇德、妇言、妇容、妇工。"核心思想是男尊女卑,女性应该自觉服从男性的统治。

一、封建礼教的形成和发展

西周时期,男尊女卑思想便已产生,《诗经·小雅》中有"乃生男子,载寝之床,载衣之裳,载弄之璋,其泣喤喤,朱芾斯皇,室家君王。乃生女子,载寝之地,载衣之裼,载弄之瓦,无非无仪,唯酒食是议,无父母诒罹"。女孩子出生后就被放到地下,所玩的东西也是低贱之物,培养她做家务,男孩子则被放到床上,所玩的东西是高贵之物,培养他作君王。春秋战国时期,这种思想进一步发展,女性逐渐丧失了独立的人格,失去了独立的社会地位,开始沦为男性的附属品。百家争鸣的时代,也是儒家思想形成的重要时期,一些儒家的代表人物都有重男轻女的思想,比如孔子说"唯女子与小人难养也";孟子提出"男女授受不亲",夫妇有别;荀子提出妇女不能违背夫和子的意志,要柔顺听命等等。但总的来说,这种男尊女卑的思想还不够系统,还比较零散。

在婚姻方面,已开始形成了"六礼",即结婚须经过六道程序:纳采、问名、纳吉、纳征、请期、拜迎。在这六道程序中,结婚的男女没有发表意见的权利,完全由双方父母来决定,婚姻制度开始向"父母之命、媒妁之言"过渡。女性成婚后，要按照繁琐的礼节来侍奉舅姑（即公婆），总的原则是柔顺，关于如何侍奉丈夫，《仪礼》中说："平日縰笄而相，则有君臣之严；沃盥馈食，则有父子之敬，扱反而行，则有兄弟之道；规过成德，则有朋友之义；唯寝席之交，而后有夫妇之情。"夫妻关系是不平等的，妻子要服从丈夫，丈夫是家庭的核心。

尽管春秋战国时期已产生了"三从"的思想，但总的来说，妇女还有一定的自由，民间女子，尚可以自由恋爱，追求理想的爱情。

汉朝是封建礼教形成的重要年代，汉朝吸取秦亡的教训，罢黜百家，独尊儒术。儒家思想强调人生的意义在于尽伦理义务和道德责任，主张通过教化，使人成长为能够按照忠孝节义的要求行为处事，具有道德理性的"君子"。即通过教育的手段，改造人的思想，使其成为统治阶级的忠实奴仆，自觉践行统治阶级用来维护其封建统治、束缚人们思想的伦理要求和道德规范。董仲舒对儒家思想进行了神学目的论的改造，要求人们各安天命，不能反抗，在男女关系上，强调妻受命于夫，只能顺从地接受夫的统治。这一时期，阴阳这对哲学概念也被用来比附男女关系，男为阳，应刚，女为阴，应柔，阳尊阴卑，所以男尊女卑。

刘向所作的《列女传》和班昭所作的《女诫》是女教形成的标志。《列女传》记载了可为女子楷模的一些优秀女子的事迹，只要具备母仪、贤明、仁智、贞顺、节义、明理等其中一条者，即可入传。书中内容不过是"罗列一些事实，做妇女生活的标准"①。与后世以节烈为标准的《烈女传》是完全不同的。

刘向以后100年，而有班昭。班昭，号曹大家，史学家班彪之女，班固之妹，颇有才华，曾为其兄续作《后汉书》，具有深厚的儒家政治文化修养。她14岁嫁给曹世叔，十分谨慎地侍奉丈夫和公婆，不幸丈夫早逝，她辛苦地抚育子女，守节寡居，生活十分痛苦。虽然饱受封建伦理纲常的压迫，但她却自觉对封建伦理表示认同，在女儿待嫁之际，写下《女诫》一

---

① 陈东原：《中国妇女生活史》，上海：商务印书馆1928年版。

书,教女儿做媳妇的道理。它是中国现存最早的"妇德"教材,也是后世女教书籍的范本。

《女诫》的核心思想是女性卑弱,强调女性的处世原则是顺从,女性应自知卑弱,谨修妇德,处处谦恭忍让,直不能争,曲不能讼,只有义务,没有权利,通过泯灭独立的思想和人格,来避免"黜辱",光耀门楣。《女诫》共分《卑弱》、《夫妇》、《敬慎》、《妇行》、《专心》、《曲从》、《和叔妹》七章,主要内容为:

(一)女性应自知卑弱,以顺从为第一要义。

在第一章,开宗明义,指出"古者生女三日,卧之床下……明其卑弱,主下人也"。强调了女性卑弱的地位,接下来又说"夫妇之道,参配阴阳","阴阳殊性,男女异行。阳以刚为德,阴以柔为用;男以强为贵,女以弱为美"。结论是"敬顺之道,妇人之大礼也"。主张女性应以"敬顺"为原则来侍奉丈夫,只有"尚恭下",才能夫妇好合。对待舅姑应"曲从"、"顺命",不能"争分曲直",对待叔妹应"尚于谦顺",才能做一个好媳妇。

(二)对"妇行"(四德)进行了详细的解释,强调"此四者,女人之大德,而不可乏之者也"。

"四行"即"妇德、妇言、妇容、妇功",班昭对其内涵进行了阐发:妇德不必才华出众,"清闲贞静,守节整齐,行己有耻,动静有法"即可;妇言不必能言善辩,"择辞而说,不道恶语,时然后言,不厌于人"即可;妇容不必鲜艳美丽,"盥浣尘秽,服饰鲜洁,沐浴以时,身不垢辱"即可;妇功不必工巧过人,"专心纺织,不好戏笑,洁齐酒食,以奉宾客"即可。

从班昭对于"四德"的解释,可以看出她已有了"女子无才便是德"的思想,她虽为一代才女,却要求女性"不必才明绝异",只要规规矩矩,勤于操劳家务就行了。

(三)妇女应该专心事夫,一生忠贞不贰。

班昭认为按照礼法"夫有再娶之义,妇无二适之文",所以说,"夫者天也。天固不可逃,夫固不可离也。行违神祇,天则罚之,礼义有愆,夫则薄之"。妻子终身侍奉一个丈夫,以夫为天,不能有过错,要通过"专心正色"来使自己的行为符合道德礼义的要求,从而求得丈夫的心,在这里,已开始形成了两性的双重道德标准。

总之,班昭对封建社会男尊女卑、三从四德的伦理道德进行了总结,使之由散漫浮泛到理论系统,开女教之先河,成为后世训女书的经典,"把压抑妇女的思想编纂起来,使他成为铁锁一般的牢固,套上了妇女们的颈子"①。

班昭的《女诫》对后世影响极其深远,此后,在封建礼教的训诫之下,温柔顺从一直被视为女性的首要美德。

唐朝是一个风气开放的时代,妇女在社会交往、婚恋方面拥有一定的自由。然而唐朝毕竟是封建社会,我国的封建社会是血缘宗法社会,即家天下。家不过是国的缩影,君之于臣犹夫之于妇,遵守同构的伦理要求,在国中,君王一统天下,实行独裁统治,万民臣服,在家中,"家有千口,主事一人",实行封建家长制,子、妇要服从父、夫,而由于历史已经进入了父权制的时代,男性掌握支配权,妇女就必然成为次一等的公民。因此,即使在风气开化的唐代,社会现实仍然是男尊女卑,关于束缚妇女的礼教的建构并没有停止。在法律上,女性不能获得与男性同等的权利,在生活中,可以被随便买卖,有的成为赌徒的赌本,有的成为战士的口粮,不能自己掌控自己的命运,正如白居易所说,"人生莫作妇人身,百年苦乐由他人"②。而对于妇女的教化,仍然是以"柔顺"为主要内容,并比汉代有了更进一步的发展。

唐代宋若华著《女论语》一书,共十二章,讲述妇女所应遵循的礼仪和处事的原则,较之班昭的《女诫》,更为详尽,在第一章"立身"中提出女子的行为标准"凡为女子,先学立身。立身之法,惟务清贞。清则身洁,贞

---

① 陈东原:《中国妇女生活史》,上海:商务印书馆1928年版。
② 陈贻焮:《增订注释全唐诗》(第3册),北京:文化艺术出版社2001年版。

则身荣。行莫回头,语莫掀唇。坐莫动膝,立莫摇裙。喜莫大笑,怒莫高声。内外各处,男女异群。莫窥外壁,莫出外庭。男非眷属,莫与通名,女非善淑,莫与相亲。"在"学礼"章又说,女子待人接物,应"轻行缓步""敛手低声""轻言细语",尤其是"当在家庭,少游道路。生面相逢,低头看顾"。对女子的一言一行,一颦一笑都作了规定。不但不主张女子参与社会活动、与外界接触,而且即使在闺阁之内也要受重重礼法的束缚。其核心思想是要求女性抹杀个性,谦恭顺从。在"事夫"章里,强调"将天比夫,其义匪轻。夫刚妻柔,恩爱相因。居家相待,敬重如宾。夫有言语,侧耳详听。……夫若发怒,不可生嗔,退身相让,忍气低声"。要求为人妇者要低眉顺眼、忍气吞声,只能忍让,不能争辩。尤其值得注意的是,在"训男女"章里,作者阐述了对于男孩女孩不同的教育内容和方式。对于男孩是"男入书堂,请延师傅,习学礼义,吟诗作赋"。而对于女孩则是"女处闺门,少令出户。唤来便来,唤去便去。稍有不从,当加叱贬"。并且要教女孩学习做家务事,强调对女孩不能娇惯,不能让她们学习诗词歌赋,以免"淫污"。可以看出,女孩不能和男孩一样接受教育,从小就被按照顺从的原则加以训练,所学习的一切无非是为日后作一个贤良的媳妇做准备。

  宋朝是广大妇女的命运发生重大转折的时代,程朱理学的兴起,促进了封建礼教的迅速发展,宋儒对妇女的贞节强调到了极致,封建礼教的束缚愈益严酷。明清之际,出现了一批女性伦理教科书,比较著名的有明朝仁孝文皇后的《内训》、吕坤的《闺范》《闺戒》,清王相母亲的《女范捷录》、陆圻的《新妇谱》等等。清朝王相把自己母亲作的《女范捷录》和班昭的《女诫》、宋若华的《女论语》、仁孝文皇后的《内训》合订起来,名为"女四书",成为女子读书的启蒙读本。另外在清朝还出现了《四言闺鉴》《女儿经》等宣传封建礼教的通俗读本,以三字或四字为一句,内容通俗易懂,成为广大闺阁女子的必读书。

  明清之际,中国封建社会已进入晚期,封建礼教已十分成熟并开始走向极端,妇女所受到的束缚也到了无以复加的程度。这一时期的女教著作中,对妇女的伦理道德规定得十分细致繁琐,理论已非常完备。封建礼教对女性的束缚已深入到妇女生活的各个角落和人生各个时期,女性的自由已被彻底剥夺,女子存在的意义完全取决于男子。正如明代《杨忠愍公遗笔》中所说"妇人家有夫死同死者,盖以夫主无儿女可守,活着无用"。

总之,封建礼教自汉代开始形成到明清彻底成熟,理论日趋系统完备,对女性的束缚也日益严重,女性一生的事业,就是按照"三从四德"的要求,完成好女儿、妻子、儿媳、母亲的伦理角色,既不能有行动上的自由,也不能有精神上的自由,这样才是"贤妻良母"。

二、贞节观念的演变

贞节的观念在父系氏族建立时就已产生,但那里只是为了保持父系血统的纯洁,是对女子与男子同居期间的要求,而在封建社会,贞节观念不断发展,对女性的要求也越来越严苛,不但出嫁之前要保持处女之身,嫁后要矢志于丈夫一人,而且在丈夫死后还要守节或殉夫,若遇暴徒羞辱,更要一死以全名节,对妇女贞节的看重已超过对女性生命本身的看重,到了反人性的地步。

先秦典籍《周易》中已有"贞"的概念,但与后世的贞节观念并不完全相同,并不特别要求女性保持童贞和殉夫守节,社会上贞操的观念也很淡薄,秦始皇曾刻石提倡贞操,但只是提倡而已,并未强制要求,汉朝是贞节观念开始形成的年代,在汉神爵四年,宣帝诏赐"贞妇顺女帛",是有史以来第一次褒奖贞顺(《汉书·宣帝本纪》)[①]。东汉元初六年二月,诏赐"贞妇有节义谷十斛;甄表门闾,旌显厥行"(后汉书·安帝本纪)[②]。对于贞节的女性给予物质上的奖励,这种做法,当然比单纯的精神鼓励会有更

---

① 许嘉璐:《汉书》,北京:汉语大词典出版社 2004 年版。
② 章惠康、易孟醇:《后汉书今注今译》,长沙:岳麓书社 1998 年版。

好的效果。

秦汉之际，虽然统治者开始提倡鼓励贞节，但社会上的贞节观念还是很淡薄，并不以妇女再嫁为耻，再嫁的妇女很多，汉武帝的母亲初嫁金家，后入宫为景帝"美人"，生下武帝，汉武帝并不以母亲再嫁为耻。东汉才女蔡文姬一生三次嫁人，却并未遭到社会鄙视，魏晋南北朝时期，贞节的观念逐渐加强，《北史·列女传》中有"盖女人之德虽在于温柔，立节垂名咸资于贞烈"的句子。但社会上贞节观念并没有深入人心，男女杂坐、宴饮遊冶的场面还可以看到。

到了唐代，随着封建礼教的发展，贞节观也进一步发展，唐代官方在修《晋书》时，已将《列女传》改为《烈女传》，虽是一字之差，意义却大不相同，由为才高德秀的女性立传，变为专为贞烈妇女立传。散郎候莫陈邈之妻郑氏的《女孝经》中说，"丈夫百行，妇人一志，男有重婚之义，女无再醮之文"，宋若华的《女论语》中说："夫妻结发，义重千金，若有不幸，中路先倾。三年重服，守志坚心。保家持业，整顿坟茔，殷勤训子，存莫光荣。"主张丈夫死后，妻子守节，操持家业，教育子女，并认为这是非常光荣的事。虽然如此，唐代毕竟是一个风气开放的朝代，尤其是前期，政府对妇女改嫁，一直持不干涉甚至是鼓励的态度，上至公主，下至百姓，都可以改嫁，安乐公主先嫁武崇训，崇训死后，又嫁武廷秀，郜国公主先嫁裴徽，又嫁萧升。杨贵妃曾是寿王李瑁的妃子，后被唐玄宗纳为贵妃。读书人家也不反对再嫁，韩愈的女儿曾先嫁李氏，后嫁樊宗懿。

由于唐代贞节观念比较淡泊，女性尤其是上层社会女性在感情、婚姻方面获得了一定的自由，不仅夫婿死后可以改嫁，在婚前也可以主动追求爱情，婚后也可以离婚，甚至有夫之妇还可以有情人，而不会受到处罚。"夫妻不相安谐"可以"合离"，即离婚。离婚后可以再嫁。公主、皇妃、高官之妻另觅情人的事也屡见不鲜。在唐代离婚书（放妻书）中还有对妻子再嫁的祝词"愿妻娘子相离之后，重梳蝉鬓，美扫娥眉，巧逞窈窕之姿，选聘高官之主。……一别两宽,各生欢喜"①。可见唐人对女子再嫁的宽容态度。

宋朝是贞节观念迅速发展的一个时代。在宋朝的前期,贞节观念还是比较宽泛的,但是到了后期,程朱理学的发展,"存天理、灭人欲"思想的提出,对妇女的贞节要求便日益严格并走向了极端。

理学被称为新儒学,认为理(即封建道德的"礼")是自然界和社会的最高原则,是第一性的,这种哲学的实际意义在于用精神世界支配物质世界,把封建伦理道德说成是永恒的理,从而达到"灭人欲"的目的。

贞节观念也由此严酷起来。直到程颐提出"饿死事极小,失节事极大"的观点。

《二程遗书》载:

问:"孀妇于理,似不可取,如何?"(程颐)曰:"然。凡取,以配身也,若取失节者以配身,是已失节也。"又问:"或有孤孀贫穷无托者,可再嫁否?"曰:"只是后世怕寒饿死,故有是说。然饿死事极小,失节事极大。"

保持贞节的重要性甚于生命,在家族的荣誉面前,女性的生命是无足轻重的,而且,男子也不可以取寡妇为妻,否则便如同自己失身一样,这样就彻底堵住了寡妇再嫁的路,使那些孀居的女子,除了矢志守节,便只有死路一条。与宋朝前期的贞节观念不同的是,宋儒不但要求已婚女子要贞节,而且特别重视女子在出嫁前的贞节,即要求女子保持处女之身。

为让女子保持贞节,便要限制男女的交往,"男女授受不亲"的观念古已有之,《礼记·内则》说:"七年,男女不同席,不共食。""夫妇,为宫室,辨内外,男子居外,女子居内,深宫固门,阍寺守之,男不入,女不出。"男女七岁就不能同坐同食,结婚之后,夫妇虽居一室,但在日常生活中,还是男女有别,男外女内,不能随意出入。宋朝这种男女有别的观念得到进一步加强,司马光在家里设一道中门,女子居中门以内,男子居外,女子不能随意窥视中门,男子也不能随意进入中门,若女子有重要事情一定要出

---

① 沙知:《敦煌契约文书辑校》,南京:江苏古籍出版社1998年版。

中门,则要遮住脸,不让人看见。在这样的重重束缚之下,女性只能深居内室,与世隔绝,行动、心灵、思想完全被禁锢了。

可见,宋朝开始将贞节观念强调到了无以复加的程度。但宋朝毕竟是贞节理论的建构时期,经过宋朝的强化,到了元明清时代,贞节观念已深入人心,它不仅是社会对女性的天然要求,也成为女性自己的行动指南,进入了贞节观念的实践时期。

元代,男子已把妇女的身体看作与夫族和本家荣辱攸关的大事,若妇女被丈夫以外的人占有,便是丈夫与家庭的奇耻大辱。元代统治者还一直把齐家与治国视为一体,男子为国尽忠,女子为夫尽义,男子为国捐躯,女子就要以死殉夫,政府特别重视表彰"丈夫死国、妇人死夫"的"双烈"典型。政府表彰的导向作用,使得夫死守节成为一种社会风气。妇女也把守节、殉夫、死烈视为自己对丈夫应尽的义务。元朝明善著有《节妇马氏传》,其中说马氏于"大德七年十月,乳生疡。或曰:当迎医,不尔且危。马氏曰:吾杨氏寡妇也,宁死,此疾不可男子见,竟死"。即使是因为诊病而让男子看见了自己的体肤,也被认为是不贞的,为保贞洁,宁可坐以待毙。

贞节观念不断得到强化,明清之际,已到了登峰造极的地步。明清时期对妇女的教化中也格外重视对女性贞节观念的培养。清代王相母亲的《女范捷录》中有"贞烈篇",提出"忠臣不事两国,烈女不更二夫。故一与之醮,终身不移。男可重婚,女无再适"。并对贞烈的含义进行了解释,"艰难苦节谓之贞,慷慨捐生谓之烈",要求广大妇女以"贞心贯乎日月,烈志塞乎两仪,正气凛于丈夫,节操播于青史"自勉。在清代的闺训读本《醒闺编》中说,"你要恐妇女身如珠如玉值千金,倘不正,最可丑,人人把你当猪狗",《女学言行纂·四德篇》中说,"谨护其身如执玉、如捧盈、如临大敌……",守节已从保持父系血统纯洁的原始目的,演变成对女性身体的极端要求。在许多女教书籍中还大量记载烈女的传记,这些传记中的贞节烈女成为广大妇女学习的楷模。

明清两朝的政府,都大力提倡妇女守节,并给予节妇所在家庭以物质奖励。守节不仅是一种道德要求和社会风俗,而且得到国家法律的认可。明洪武年间,朱元璋下诏:"民间寡妇,三十以前夫亡守志,五十以后不改节者,旌表门闾,除免本家差役。"①明代只有士绅以上身份的人家才能免除本家差役,因此,受到"旌表门闾"的节妇本家不仅有实际的经济利益,更可提高社会地位。后来对节妇的奖赏又形成了不同的等级标准,如《明史·列女一》所记:"大者赐祠祀,次亦树坊表,乌头绰楔,照耀井闾,乃至僻壤下户之女,亦能以贞白自砥。"清朝在"清律"中规定,"守节十五载以上,逾四十而身故者""一律旌表"②。明清王朝不仅对于妇女守贞节有奖励制度,而且对妇女再嫁明令加以歧视与贬斥。明代规定因夫、子富贵而得到封赏的女子不能再嫁,如果再嫁政府就要追回封赏,还要治罪,而再嫁女子不能因夫、子富贵而受到封赏,清代也有类似的规定,并指明再嫁的女子不能受封是为了鼓励守节。受到政府的影响,家族内部也对妇女守节提出了很高的要求,对妇女犯戒后的处置十分严厉。

明清时期对妇女贞节的重视已远远超过对妇女生命本身的重视,守节尽节被看作是妇女天经地义的义务。妇女守节尽节虽十分惨苦,然而家族却可以得到声誉上和经济上的双重好处。在重男轻女思想根深蒂固的情况下,牺牲一个女子来获取家族的这双重好处,便是自然而然的事情了。在余正燮的《葵巳类稿》中记载:"福州旧俗以家有贞女、节妇相尚,愚民遂有搭台死节之事。凡女已字人,不幸而夫死者,父母兄弟皆迫女自尽。先日,于众集处搭高台、悬素帛。临时设祭,扶女上,父母外皆拜台下。俟女缢讫,乃以鼓吹迎尸归殓。"女儿成了家族荣誉的殉葬品,父母对女儿的感情已被对旌表的渴望所淹没。

由于政府的提倡、家族的要求,更重要的是由于教化的深入,贞节观

---

① 见《大明会典》,转引自郭玉峰:《中国古代贞节的结构、演变及其实质》,载《天津社会科学》2002年第5期。
② 转引自罗慧兰:《女性学》,北京:中国国际广播出版社2002年版。

念深入人心,明代的节妇烈女数量急剧增多。据有关数据统计,自周至元有史可查的节烈妇女1 200余人,而明代一朝就有近36 000人。仅清初80年间贞烈妇女即达12 000人。

至此,妇女要保持贞节已不再是仅指夫妻双方共同生活期间,而是扩展到了妇女生活的一生和各种情况之下:

未嫁要保持童贞。对处女的嗜好,宋时便已产生,到明清时,达到了极端的程度,妇女在结婚之前是否为处女,不仅关系到本家和夫家的荣誉,也关系到自己一生的命运,若是处女则是光耀门楣,若不幸失身,则会使家族蒙羞,自己也会受到万般羞辱,甚至有性命之忧。关于处女的鉴别方法,元代已经产生,至明代,已积累了相当丰富的关于处女检查的经验与方法,新婚之夜,若见"元红",则两家人皆大欢喜,若没有,两家人都会感到耻辱,新妇的去留则要看夫家的态度。因此,婚前是否为处女,决定女人一生的命运,所以闺中女子把处女之身看得比自己的生命还重要。

既嫁夫死要殉夫或守节。不管夫妻感情好与不好,只要丈夫先死,妻子都不能再嫁,或者自杀殉夫,或者终身不嫁。自杀殉夫有的是在夫死后几天之内,有的是在将子女养大之后。终身不嫁则是在夫死后,忍受精神的孤独、经济的压力以及礼教的苛刻要求,继续侍奉公婆、抚养子女或独居,青灯白发,直到老死。殉夫是一时之痛,寡居是一世之苦,许多年轻的寡妇在丈夫去世后不堪精神的重压在很短的时间内便抑郁而死。即使在男女双方的婚姻处在只聘未嫁的状态,如果未婚夫死了,未婚妻也不能另聘他人了。或者殉夫,或者终身不嫁,到男方家做儿媳,侍奉公婆,直到老死。真可谓一聘定终身。

如果受到贼兵、官吏、乡绅、亲戚朋友或市井无赖的污辱调戏或者是流言的污辱也要一死以表清白。在兵荒马乱的时候为了不被敌兵抓到后遭受污辱,便先死以保清白。

在水、火等自然灾害面前,如受困女子遇到陌生男子前来施救,因不敢违背"男女授受不亲"的礼教要求,也只能放弃生的希望,坐以待毙。

贞节观念发展到明清,表现出两个比较突出的特点:一是广大妇女已经把节烈作为一种人生信条,临事自觉按照礼法的要求去做,把贞烈的名声看得比自己的生命还重要。封建社会的女性从小就被剥夺了与外界接触的权利,只能困守家庭,深锁闺阁,所接受的教育也只有"三从四德"、敬夫守节等封建道德的灌输,思想受到禁锢,没有接触其他思想的机会。社会上节烈妇女所受到的褒扬与奖励以及给家族带来的荣誉,不贞不节女子所受到的歧视与惩罚以及带给家庭的耻辱,也使广大妇女的思想受到了深刻的影响。从小到大的教育、社会风俗的潜移默化,使贞节观念渗透到广大妇女的思想深处。妇女也和男子一样崇尚节烈,歧视再嫁的妇女,并以贞烈为荣,把贞烈作为一种人生志向。如《明史·列女一》有一则:"孙义妇,慈豁人。归定海黄谊昭,生子湄。未几夫卒,孙育之成立,求兄女为配。甫三年,生二子,湄亦卒。时田赋皆令民自输,孙姑妇相率携幼子输赋南京,诉尚书蹇义,言'县苦潮患,十年九荒,乞筑海塘障之'。义见其孤苦,诘曰:'何为不嫁?'对曰:'饿死事极小,失节事极大。'"自觉地用封建礼教的节烈观要求自己。还有很多妇女在死节时十分慷慨从容。这里可以看出封建礼教对妇女思想毒害之深。二是守节尽节的方式越来越惨烈。由于社会竞尚节烈,对节烈的追求近于狂热而变态,出现了守节越苦越好,尽节越烈越好的风气。那些尽节的妇女或自缢、或投水、或自焚、或跳楼、或绝食等等,一幕幕人间惨剧不断上演。比如:《徽州府志》中的《烈女传》载有:徽商谢缙死后,他的妻子当天就要自杀,被婆婆挽救,她又绝食五天,并用斧头自击额头,后来终于跳楼而死,石阶为断。这种血溅断石的场面真是惨不忍睹!再比如一些夫死后誓不再嫁的妇女为表决心或为避免流氓无赖的骚扰,常自残守节。或断发毁面,或劓鼻割耳,用这种极端的行为来表明自己的心志。然而无论方式多么惨烈,这种守节很少有情感因素在内,那些殉夫的女子绝大部分不是为情而死,而是为理而死,是封建礼教的牺牲品。

三、封建礼教对女性精神和肉体的摧残

在封建礼教的强大重压下,女性处在社会的最底层,精神和肉体受到严重的摧残。

女性远离政治、经济、文化等现实社会活动,根本没有参与社会活动的权利和义务,而是退缩到家庭内部,职责不过是准备酒食,又不能接受正规的教育,导致女性整体知识文化素质低下,思想保守,目光短浅,没有独立思考的能力和创造力。

女性在政治上没有权利,经济上不独立,不能参与社会和家庭的管理,按照礼教的要求"在家从父,出嫁从夫,夫死从子",一生都要依附于男子,造成了女性的依附心理,没有独立人格,缺少自我意识,缺少对自身存在价值的思考和追问,把自己一生的幸福寄托于夫君身上,夫贵妻荣是实现个人幸福的唯一途径。

生活环境的压迫,社会习俗的浸染,以"三从四德"为核心的封建思想的灌输,使女性接受了"男尊女卑"的思想观念,认同女以柔为美的道德信条,产生了强烈的自卑感和奴性心理,她们自甘卑弱,听凭男子摆布,对丈夫千依百顺,认为男性对女性的压迫和奴役理所应当,缺少反抗意识,甚至充当男性压迫女性的工具。中国历史上有许多女性道德家,她们完全从男性的统治利益出发,宣传封建礼教,制定妇女的行为规范,束缚女性的行为和思想。

封建礼教对女性肉体的摧残集中表现在缠足上。

关于缠足的起始,有多种说法,其中最流行的是起源于南唐,南唐后主李煜宠爱窅娘,窅娘能歌善舞,生得十分纤丽,后主"乃命作金莲,高六尺,饰以珍宝,网带缨络,中作品色瑞莲,令窅娘以帛缠足,屈上作新月状,着素袜行舞莲中,迴旋有凌云之态"[①]。这便是缠足的起始。

李后主令窅娘缠足只是突发奇想,偶一为之的个人行为,窅娘缠足也

---

① 陈东原:《中国妇女生活史》,上海:商务印书馆1928年版。

只是为了追求以脚小为美的一种时尚,然而由于男子普遍把女子脚小视为一种美,缠足便由时尚而变为一种社会风俗,由个别女子的时尚行为变为社会对所有女性的硬性要求。到了南宋末年,中国社会已经把妇女不缠足视为一种违反习俗的耻事。

到了明清两代,缠足陋习愈演愈烈,连满族女子也入乡随俗缠起足来,虽然康熙皇帝曾下令禁止女子缠足,但无法禁止这种风俗,数年后政府又取消了缠足的禁令。缠足风尚风靡全国,社会上出现了一种小脚崇拜狂,对女性外表美的评判标准已由容貌的妍媸、身材的胖瘦一变而为脚的大小,脚成为女性美的集中体现,身体其他部位的瑕疵可以容忍,唯独脚大不能容忍,可谓"一小遮百丑",而且是越小越好,理想的小脚只有三寸大小。男性对女性小脚的喜爱达到了无以复加的程度。男子娶妻无论容貌身材如何,先要看裙下的双脚,结婚之日,常有小孩去量新娘的小脚,新婚之夜,新娘坐于帘中,伸出一双脚供客人观赏,若有人说脚大,新娘和夫家都会感到十分羞惭。

缠足风气所以如此盛行是和男子的畸形审美观念分不开的,在汉族男子的传统审美观念中,一直以柔弱纤细为女性美,如杨柳细腰、樱桃小口等,到了宋代以后,女人的脚成为寄托男性这种审美观的重要部位,清初诗人李笠翁说,"瘦欲无形,越看越生怜惜,柔若无骨,愈亲愈耐抚摩",在潮州汕头一带,纳妾必须是小脚,才能做姨娘,否则只能当作奴婢,清代徽商胡雪岩选妾时让待选的女子先试穿他特制的小鞋,能穿进去的才能当选,他还雇人专为妻妾缠足,并立下规矩,妻妾中缠足缠得勤的给予奖励,不勤的要给予惩罚。

在这种"莲癖"、"拜脚狂"的社会氛围中,兴起了奇特的小脚研究,对小脚研究最细致的莫过于清代的方绚,他在《香莲品藻》中将小脚分为五种基本样式,又在此基础上细分出十八种样式,如四照莲、锦边莲等等。他还将小脚分做九品并指出了品味香莲的最佳时间、地点及品味的方法。可见,到了明清时代,女子的脚——这种人类器官,已成为男子的赏玩物品。

然而缠足毕竟是一件十分痛苦的事,男子是把他们的审美愉悦建立在女子的痛苦之上。缠足一般在女孩子四、五岁时开始,需历经三年时间,经过试缠、试紧、紧缠、裹弯四个阶段,才能确定小脚的基本形状,期间伴随着溃烂、脓肿、流血和无休止的疼痛,之后要经历生长发育期的剧痛和一生裹脚的辛苦。缠足抹杀了女孩子童年的快乐,开启了悲惨的命运之门。脚,作为人体的行走器官之一受到了极大的摧残,行走的功能受到严重的限制,在辛勤操持家务之时,小脚的不便增加了劳动的强度,一遇兵祸,由于小脚不能远行,无法及时逃离,只能自杀以保全贞节。

既然缠足如此痛苦,女子们为何对缠足趋之若鹜、母亲们为何坚持为女儿缠足义无反顾呢?这是因为,在封建社会里,女性没有独立的社会地位,也丧失了独立的人格,一生屈从依附于男子,习惯于一切以男性的是非善恶标准为自己的取舍标准,压抑自己迎合男性的需求,从而求得做稳了奴隶的位置。由于男子爱莲成癖,女子是否缠足,缠得是否符合男性的审美标准,不但关系到自己的婚姻成败,甚至影响到自己一生的命运,所以广大妇女为取悦男子不得不努力缠足,而且还在足和鞋的小、奇、巧上绞尽脑汁地玩花样。若被人赞脚小,则自感颜面有光,若被人笑脚大则自卑得无地自容。

实质上,缠足是以男性为本位的男尊女卑观念的产物,是将"男尊女卑"观念推向极致的表现。实际目的是加强对女性精神和肉体的束缚,使其甘于被奴役的命运,《女儿经》上说"为甚事,裹了足,不因好看如弓足,恐她轻走出房门,千缠万裹来束缚",真是一语道破天机。

第三节　近代中国女性的觉醒与奋争

1848年"鸦片战争"之后,中国进入了半封建半殖民地社会,一些先进的知识分子开始思考中国的命运,寻找救国的真理。他们首先认识到中国在技术方面的落后,主张学习西方先进的生产技术,继而认识到中国政治体制的落后,要求进行政治改良,最后认识到文化的落后才是国家落后的真正根源,开始反思中国的传统文化,传播西方先进的文化。封建礼教作为传统文化的重要组成部分,受到了质疑和批判,"三从四德"的思想受到了抨击,女性问题开始引起社会的关注,女性自身也开始了觉醒。

一、维新变法时期:中国女性自我意识的唤醒期

在中国近代社会,首先开始关注女性问题,要求妇女权利的不是女性,而是男性,是维新时期先进的男性知识分子。这是因为中国封建礼教对妇女的束缚、压迫和摧残,使妇女普遍缺少文化知识,缺少反思自身社会处境的能力。维新思想家受到西方妇女解放思想的影响,对女性受到的歧视、奴役和压迫寄予深切的同情,主张戒缠足,兴女学。

维新派把缠足与吸食鸦片看作两件害人最深的事情,发起不缠足运动。维新派认为缠足严重伤害妇女的身体,使妇女整体身体素质较差。还使妇女失去生存自卫的能力,遇有紧急情况因小脚不能迅速逃走只能自杀尽节。同时,由于妇女承担繁衍后代的任务,较差的身体会导致下一代先天不足,无法与重胎教的西人相比,导致国贫兵弱。因此,要想强国保种,就得禁缠足,提高妇女的身体素质。"盖母健而后儿肥,培其先天而种乃进也。"①

1883年康有为在广东南海创办不缠足会,1895年与康广仁又组织了"粤中不缠足会",为使不缠足运动开展起来,梁启超等在上海《时务报》馆成立了"不缠足总会",该会的宗旨是移风易俗,革除缠足陋习,在不缠足会的带领下,1897年下半年至1898年上半年,全国各地许多地方纷纷设立分会,使不缠足运动广为开展。但是,此时的不缠足运动虽有一定的影响,但只限于不缠足会会员的家人,至于处在社会底层的广大妇女却未

---

① 胡伟希:《论世变之亟——严复集》,沈阳:辽宁人民出版社1994年版。

受到多大影响,戊戌政变后,不缠足总会被取消,不缠足运动也夭折了。

维新派反对"女子无才便是德"的思想,主张"兴女学",1898年5月,梁启超和上海电报局总办经酝善等人在上海创办了中国人自办的第一所私立女学堂——经正女学,招收20名女生。不久又增办一所分校,维新派兴办女学,在当时具有进步意义,但女学的培养目标为"启其智慧,养其德性,健其身体,以造就其将来为贤母、贤妇之始基"①。改变了"贤妻良母"的标准,但仍然是"贤妻良母"。变法运动失败后,女学被迫停办。

二、辛亥革命时期:中国女性的初步觉醒

辛亥革命时期,以孙中山为首的资产阶级革命派在宣传民主思想的同时,主张妇女解放,男女权利平等,孙中山曾说:"我汉人同为轩辕子孙,国人相见,皆伯叔兄弟诸姑姊妹,一切平等,无有贵贱之差,贫富之别……"②邹容在所著的《革命军》中提出男女一律平等,金天翮在《女界钟》中主张男女平等,要求女子摆脱受奴役的地位,做有人格的人,他认为妇女应争取与男子同等的权利。1905年同盟会在制订政纲时,提出了禁蓄婢、废缠足、男女均权的主张,以后又在政纲中提出男女权利平等,把妇女作为可以依靠的革命力量之一,号召广大妇女起来参加民主革命斗争。

随着妇女解放运动的深入开展,女性本身开始觉醒,这种觉醒首先体现在以秋瑾为代表的知识女性中。秋瑾,原名秋闺瑾,出身官宦之家,21岁奉父母之命嫁给王廷钧。秋瑾感于时事,胸怀报国之志,不愿意像传统女性那样生活,又不满丈夫的纨绔习气,1904年,只身赴日求学,在东京,她改名竞雄,以表示她追求男女平等的目标,并身体力行,付诸实践。在刻苦求学的同时,积极参与社会活动,1905年同盟会在日本成立时,她是唯一的女会员。1906年,秋瑾返回祖国,随着民主思想的发展,秋瑾逐步认识到只有参加改造社会的政治斗争,才是争取自身解放的出路,她加入

---

① 转引自刘巨才:《中国近代妇女运动史》,北京:中国妇女出版社1989年版。
② 《孙中山全集》,北京:中华书局1981年版。

光复会,在绍兴大通学堂主持办学,宣传反清和妇女解放的思想,锻炼青年的体魄,为起义做准备。后不幸因起义失败而被捕,并壮烈牺牲,她是近代中国妇女解放运动的先驱之一。辛亥革命时期,许多像秋瑾一样拥有爱国热情的女性积极投身革命,参加了武装斗争,她们不但担任运输、联络、掩护、筹集款项等任务,有的还与男性一起冲上前线,有的在军中担任了领导职务,如章以保任天津交通部副部长,郑毓秀任外交部副部长,孙蔚强任北方总司令部军械处处长等。在北伐时期,湖北、上海、浙江等地还成立了女子北伐队。广大妇女的积极参与,推动了革命的胜利发展,显示了女性的力量。

为宣传妇女解放思想,在辛亥革命开始之后的十年间,共创办妇女刊物30种,其中较有影响的是陈撷芬1902年创办的《女学报》,丁初我1903年创办的《女子世界》,张展云1905年创办的《北京女报》,燕斌1906年创办的《中国新女界杂志》,秋瑾1907年创办的《中国女报》,唐群英1911年创办的《留日女学生会杂志》等等。这些女报积极探索妇女自身解放的各种问题,宣传西方资产阶级革命时期的妇女运动成就,这些知识妇女用西方资产阶级民主思想反观自己的命运,投身民主革命,为妇女解放而不懈努力,这标志着中国妇女已经开始主动挣脱命运的枷锁,是中国妇女觉醒的开端。

这一时期妇女解放运动的重点是争取参政的权利,兴起了女权运动。1911年12月,林宗素在上海成立了"女子参政同志会",亲任会长,该会成立后,积极组织妇女参政,探讨政治问题,培养妇女参政的能力。这一时期女子为争取参政权利,发生了著名的女子大闹临时政府参议院的事件。参议院是南京临时政府的立法机关。在《临时约法》制定之前,一些女子便上书参议院,要求男女平等,享受相同的权利,承担相同的义务,反对封建礼教的纲常。但是,在3月11日公布的《中华民国临时约法》中,对女子参政问题,没有作出任何规定。3月21日,以唐群英为首的60多名妇女参政同志会的骨干,大闹了临时政府参议院,后经孙中山出面调停,允许向参议院倡议增修,才作罢。

1912年4月,女子参政同志会与其他几个妇女团体相结合,成立了女子参政同盟会。提出了11条政治纲领,即:实行男女权利平等,实行普及女子教育,改良家庭习惯,禁止买卖奴婢,实行一夫一妻制,禁止无故离婚,提倡女子实业,实行慈善事业,实行强迫放脚,改良女子装饰,禁止强迫卖娼。妇女参政同盟会第一次以团体纲领的形式提出妇女运动的奋斗目标,是妇女运动逐渐走向成熟的标志。但是,虽然辛亥革命推翻了封建帝制,但中国仍然是帝国主义列强统治下的半封建半殖民地国家,袁世凯窃权之后,解散了国民党,女子参政同盟会也被迫解散了。辛亥革命时期,参加妇女解放运动的大多是接受了先进思想的知识女性,或者是为摆脱封建家庭或封建婚姻束缚的上层社会女性,参与妇女运动的下层女性为数极少,由于没有充分发动群众,妇女参政运动与辛亥革命一样失败了。

辛亥革命时期,禁缠足运动有了深入的发展。这一阶段禁缠足运动的宣传声势更加浩大。为了尽快唤起广大妇女的觉醒,《女报》、《女学报》、《女子世界》、《中国女报》、《中国新世界》、《神州女报》等妇女刊物经常发表文章痛陈缠足之弊端,为妇女解放呐喊。当时,还出现了专门反对缠足的妇女刊物,如《天足女报》、《天足会报》、《天足会年报》等。强大的思想舆论宣传使禁缠足的思想深入人心。这一阶段禁缠足思潮的内容也愈加深广。资产阶级革命派在继续从强国强种、文明、卫生、人道等方面抨击和反对缠足的基础上,也对产生缠足的原因进行了分析,他们认为缠足是封建妇德的结果,是对妇女的摧残,必须废除缠足。孙中山在《同盟会宣言》中就把废除缠足列为将来"扫除积弊"的重要工作。陈天华在其所著的《猛回头》中,也将"禁缠足、弊俗矫正"作为其十件"切紧"的救国之道。辛亥革命时期的禁缠足运动与维新变法时期相比,声势大,范围广,禁缠足思想取得了社会各界的共识,参与的主体也由社会上层的知识女性或禁缠足会会员的家属扩大到了士农工商各个层次的妇女,甚至包括农村的妇女,至民国前,缠足这一社会风俗渐趋瓦解,后经新文化运动的荡涤,渐趋根除。

三、五四时期:广大妇女的真正觉醒

五四运动发端于1915年创刊的《新青年》影响下形成的文化思想解放运动(新文化运动),它既是一场彻底的反对帝国主义和封建主义的爱国运动,也是一场空前的思想启蒙运动,它揭开了我国新民主主义革命的序幕,使民主与科学的思想在中国广泛传播。这个时期的妇女,也开始了真正的觉醒,妇女运动突破了以往资产阶级上层妇女活动的小圈子,成为以劳动妇女为主体的解放运动,掀起了空前的妇女解放浪潮。广大妇女反抗封建礼教,反对旧家庭的专制,批判节烈观念等封建思想,积极争取参政、教育、就业、社交、婚姻等方面的权利与自由,并取得了一定的成绩。五四时期广大妇女在争取自身解放的斗争中取得的主要成就有以下几方面:

(一)男女社交公开

在长达两千多年的封建社会里,一直十分重视"男女之大防",由于封建礼教的压制和束缚,女子只能深藏闺中,活动的范围仅限于家庭,不能与男子一样参与公开的社交活动,这是男女不平等的一种表现,是对妇女的一种歧视。所以要争取平等的权利,就要男女社交公开。

针对封建礼教的捍卫者认为男女公开社交会导致不道德行为的说法,1919年4月《新青年》发表文章说"'礼防'并不能防不道德的,所谓'礼防'者,不过是一种假面具……假如向来男女看得一样,就也不至于有鬼鬼祟祟的秘密行为了。因为男女之交际,是自然的,男女情好也是自然的,而'礼防'是人为的,人为的决不能胜自然。我们不设'礼防',看人类一律平等……人类的真真自由幸福可享,人格也高尚了"[①]。沈雁冰也撰文指出,"男女社交公开是和道德问题无涉","男女既然同是人,便该

---

① 中华全国妇女联合会:《五四时期妇女问题文选》,北京:中国妇女出版社1981年版。

同做人类的事。男人可到的地方,女人当然也可以到;能这样的便是合理的状态,不能这样的便是反常的状态,这是极明显的"。并进一步指出男女社交不能公开的实质是"经济的知识的道德的不平等"①。

在五四爱国运动中,男女同学并肩作战,已用实际行动打破了男女社交的禁忌,许多革命志士,因为共同的理想和抱负而团结在一起,主张男女共同学习、工作。长沙的"新民学会"和天津的"觉悟社"是在组织上突破男女界限,实现男女社交公开的典范。"新民学会"是1918年4月由尚在长沙第一师范的毛泽东和蔡和森共同发起创办的青年进步组织,学会的目的是探讨救国救民的真理。成立之初没有女会员。后来受到新文化运动的影响,开始联络女学生。1919年新民学会吸收了周南女校学生会的积极分子向警予等7名女同学为会员。五四运动高潮中,新民学会的女会员增至19人,她们和男同志一道接受先进的思想,共同讨论学习,大多走上革命的道路。

"天津觉悟社"是1919年9月由周恩来、马骏、郭隆真等发起,以天津南开中学和直隶第一女子师范的进步男女为主体的青年进步组织。在该会的宣言中提出:改革男女不平等状况,铲除顽固思想及旧道德、旧伦常。在发展会员时,采取了按1∶1的比例吸收男女会员的办法。邓颖超就是觉悟社最早的10名女会员之一。一种平等互助、相互尊重的新型的人际关系,在该社的男女会员之间建立起来。

虽然男女社交公开的问题,得到了广泛的关注,但在当时要实现彻底的男女社交公开,还是有很大的阻力,但是毕竟,封建礼教的坚冰已开始松动。

(二)争取平等的受教育权,大学开放女禁

封建时代,由于"女子无才便是德"的思想根深蒂固,女子没有受教育的权利,维新变法时期,资产阶级维新派积极兴办女学,使女性受教育的状况有所改善,但是教育的目的仍是培养贤妻良母。而且除教会办的

---

① 中华全国妇女联合会:《五四时期妇女问题文选》,北京:中国妇女出版社1981年版。

女子学校外,其他大学都不招收女生。五四运动时期,随着思想启蒙的深入,广大青年学生和进步人士意识到:女性必须获得同男子平等的受教育的权利,才能与男子一起平等地参与社会的管理活动。因此,"大学开放女禁"、"实行男女同学"的呼声日益高涨,并得到进步人士的支持。周炳琳认为大学开放女禁有三点好处:一是可以实现男女教育平等;二是可以提高妇女的社会地位,打破男子轻视女子的陋习;三是用知识武装起来的女性可以更好地开展妇女解放运动。"妇女不要解放则罢,若要解放,总得要开放大学。"[①]认为开放大学让女子接受平等的教育,是实现妇女解放的必经之路。蔡元培在回答《中华新报》记者提问时也表示了对大学开放女禁的支持:"大学之开放女禁问题,则予以为不必有所表示。因教育部所定规程,对于大学学生,本无限于男子之规定,如选举法中之选举权者。且稽诸欧美各国,无不男女并收。故予以为,无开放女禁与否之问题。"[②]并表示只要考试合格,北京大学愿意招收女生入校就读。胡适、陈独秀等也对大学开放女禁给予了热情的支持。在要求大学开放女禁的浪潮中,许多年轻的女子跃跃欲试,甘肃省循化县(现属青海省)女师学生邓春兰第一个写信给蔡元培,希望能进入北京大学读书。她在《我的妇女解放之计划同我个人进行之方法》中说:"解放女子的顺序,据春兰的眼光看起来,似乎是要先解放学校,然后再解放职业,然后再解放政权。"她还公开发表《告全国女子中小学毕业生书》,希望各界人士支持大学开放女禁。最后邓春兰如愿到北大学习,但她却不是第一个进入大学的女学生。1919年秋,江苏籍女学生王兰进入北京大学哲学系当旁听的学生,是中国第一个进入大学的女学生,随后,邓春兰等8位女生也相继进入北大学习。北大首开女禁,各地纷纷效仿,由此,大学开放了女禁,女子获得了与男子同样的受教育的权利。大学开放女禁,还促进了中学女子教育制度的改革,打破了女子中学以"贤妻良母"为目标的旧的

---

① 中华全国妇女联合会:《五四时期妇女问题文选》,北京:中国妇女出版社1981年版。
② 同上。

教育体制,使女子中学的课程设置与男子中学基本相同。大学开放女禁是中国教育史上的一次革命,是中国女子教育史上的一座里程碑,具有划时代的意义。

(三)争取婚姻自由和人格独立

封建婚姻,不是以男女双方的感情为基础的,家庭的组成也不依据男女双方的自愿,而是"父母之命,媒妁之言",指腹为婚、童养媳等现象十分普遍。结婚是两个旧家庭为了维护和扩大自身的利益而作出的选择,而不是男女双方的自由结合,青年男女在婚姻上没有自由可言,这种包办的婚姻当然也就不会有爱情,正如一个不知名少年写的诗中所说"我是一个可怜的中国人。爱情!我不知道你是什么"[1]。五四时期,许多进步人士都对封建婚姻和家庭进行批判,主张婚姻自由。鲁迅大声疾呼要"完全解放了我们的孩子!"[2]恽代英在《结婚问题之研究》一文中提出"就吾国社会已事观之,以结婚主权,属于男女之父母,其为弊甚明显","结婚主权,仍应属于结婚之男女自身……盖结婚为男女自身之事,故当以男女自主之为正也"[3]。广大男女青年为反对封建包办婚姻,争取婚姻自由进行了不懈的斗争。

1919年11月,湖南长沙发生了新娘赵五贞为反抗封建包办婚姻在花轿内自杀身亡的事件,引起了社会各界强烈的反响。长沙《大公报》上就此展开了讨论,周南女校的校刊《女界钟》也推出了专刊。各界人士纷纷发表意见,对封建婚姻的罪恶及其根源进行揭露。指出"中国所以没有一个圆满的家庭",是因为"总是以父母的合意不合意来定子女的终身"[4];毛泽东撰文揭露这场悲剧的真正罪恶根源是腐朽的婚姻和黑暗的社会制度。

---

[1] 中华全国妇女联合会:《五四时期妇女问题文选》,北京:中国妇女出版社1981年版,第200页。
[2] 同上书,第201页。
[3] 同上书,第195、197页。
[4] 同上书,第204页。

1920年2月,长沙自治女校学生李欣淑为反抗包办婚姻,毅然离家出走。并登报声明:"我于今决计尊重我个人的人格,积极地和环境奋斗,向光明的人生大路前进。"①这说明女性反抗封建婚姻的方式已由消极的自杀发展为积极的抗争,为争取光明的人生而奋斗。所以,李淑欣的反抗方式比赵五贞发生了更加深远和切实的影响。

此外,这一时期还发生了天津女学生郭隆真智勇双全反抗封建婚姻的事件。郭隆真小的时候父母就为她包办订婚,她在天津女师读书时,家人以母亲病危为名骗她回家完婚,成婚那天,她没有穿新娘的服装,一身学生打扮,坐在花轿里,卷起轿帘,东张西望,到了新郎家里,径自进去,向满堂宾客发表演讲,揭露封建婚姻的罪恶,宣传自由婚姻的好处。讲完后,离开男家,回到学校继续求学。她的举动震动了她的老家河北大名府,虽然有人斥她为"疯子",但她大胆而理智的反抗为广大不愿为封建婚姻束缚的女性树立了榜样。

这一时期自由恋爱、自由结婚的典范是向警予和蔡和森的结合。向警予1916年毕业于长沙周南女校,同年回到家乡溆浦,创办溆浦女校,当地的军阀周则范要娶她为妻,她委婉但却坚决地拒绝了周的求婚,后来,在法国留学期间,与志同道合的蔡和森走到了一起,1920年,他们在法国结婚。他们用实际行动冲破了旧的婚姻制度。

五四时期,广大妇女的觉醒和抗争取得了一定的成就,但两千年的封建思想和习惯势力是不能在短期内彻底根除的,妇女自由与解放的路还很漫长。

俄国十月革命之后,马克思主义在中国有了广泛的传播,一批先进分子开始接受马克思主义思想并用它来分析现实问题。李大钊是第一个把妇女问题和无产阶级革命联系起来的人。他先后写了《战后之妇人问题》《废娼问题》《再论问题与主义》《妇女解放与 demoncracy》《物质变动与道德变动》《现代的女权运动》等文章,运用马克思主义的观点对

---

① 转引自刘巨才:《中国近代妇女运动史》,北京:中国妇女出版社1989年版,第469页。

妇女问题进行了深入的研究。他认为要真正实现妇女的解放,必须推翻旧的经济制度和政治制度,建立新的经济和政治制度,经济问题的解决是解决政治、法律、家庭制度、女子解放等其他问题的先决条件,而改造旧的经济制度,就必须靠革命、靠阶级斗争,认为压迫妇女的不是男子,而是封建的专制制度。所以,妇女解放应同无产阶级的解放相结合,只有推翻压迫阶级,改革专制的社会制度,才能实现妇女的解放。

总之,五四时期,广大妇女接受了思想启蒙,以积极的姿态投入争取自身权利和自由的斗争中去,妇女解放运动风起云涌,参与的主体由资产阶级上层女性扩大到社会的各个阶层,尤其是女工的斗争,揭开了劳动妇女争取自身权利的序幕。五四时期,是中国妇女真正的觉醒期。

四、中国共产党的成立开启了妇女解放的新纪元

中国共产党是以解放全人类为己任的无产阶级政党,它的成立,使妇女解放运动有了正确的领导,进入了新的时代。中国共产党十分重视妇女问题,把广大妇女作为一支重要的可以依靠的革命力量,积极组织妇女参与阶级斗争和爱国救亡运动,广大妇女也把自己的命运与中华民族的命运紧紧联系在一起,在争取民族独立和国家富强的斗争中,付出了巨大的牺牲,也赢得了自身的自由和权利,实现了真正的解放。

1922年7月,中共召开第二次全国代表大会,会上通过了《关于妇女运动的决议》,《决议》提出了妇女解放的条件、分析了中国妇女的处境,提出了中共近期关于妇女运动的奋斗目标:帮助妇女们获得普通选举权及一切政治上的权利与自由;保护女工及童工利益;打破旧社会一切礼教习俗的束缚。这是中共历史上第一个妇女运动的决议,对妇女运动有着重要的影响。

中共"三大"和国民党"二大"后,在共产党的倡议下,形成了妇女运动的统一战线。统一战线形成后,积极推动妇女运动的发展。中国妇女第一次召开大会纪念自己的节日"三八节"。妇女统一战线还组织广大妇女积极参与国民会议运动,并在大会上提出了为了使妇女解放运动更好地推进,建立一个全国的妇女组织的要求。这是妇女们第一次在全国性的人民代表会议中提出了自身解放的要求。

五卅运动促进了中国妇女的进一步觉醒,广大劳动妇女成为运动中的一支主力军。省港大罢工中,女工为争取劳动立法,召开了省港女工代表大会,会议成果之一是通过了《女工保护法》,要求男女工资平等,女工应享有产后休假、避免危险作业、受伤免费治疗等方面的权利。把女工的权利以法律的形式固定下来,这是历史上的第一次。

土地革命战争时期,共产党十分关心广大农村妇女的解放。毛泽东在《湖南农民运动考察报告》中分析了农村妇女的状况。他指出,农村妇女受到政权、族权、神权和夫权的支配,揭示了广大农村妇女所处的悲惨地位。1932年4月中华苏维埃共和国颁布了《妇女生活改善委员会组织纲要》,提出委员会的目的是"使劳动妇女能切实地享受苏维埃政府对于妇女权利之保障,实际取得与男子享受同等的权利,消灭封建旧礼教对妇女的束缚,使他们在政治上经济上得到真实的解放以领导她们积极的来参加革命"。中华苏维埃共和国成立后,颁布的《中华苏维埃共和国宪法大纲》规定,"在苏维埃区域内,工人农民红色战士及一切劳苦民众和他们的家属,不分男女、种族、宗教,在苏维埃法律面前一律平等,皆为苏维埃共和国的公民"。广大妇女第一次在法律上获得了与男子同等的权利,结束了政治上受压迫的地位,由旧社会男子的附属成为国家的主人。苏区妇女在法律上获得了平等的地位,这是妇女为争取自身解放的历史上开天辟地的大事,然而法律条文在实际施行过程中遇到了很大的阻力,法律的变革和两千年来封建思想的革除是不可能同步的。要实现妇女真正的解放和实际上的男女平等还有十分漫长的路要走。

文本链接

《明史·列女一》:"宣氏,嘉定张树田妻。夫素狂悖,与宣不睦。夫病,宣晨夕奉事。及死,誓身殉。"当时张树田的朋友沈思道也去世了,沈的妻子自杀殉夫。有人劝宣氏说"彼(指张树田朋友的妻子)与夫相得,故以死报,汝何为效之?"她回答说:"予知尽妇道而已,安论夫之贤不贤。"最终以死表志。

分析:通过案例可以看出,第一,通过礼教的教化和习俗的熏染,妇女已经接受了为夫守节的观念,这种观念渗透到女性的思想深处,支配她们的行为;第二,在封建社会,妇女守节或殉夫多不是因为感情深厚,生生死死,不离不弃,而是为了遵守礼教的要求,按照"妇道"去做,是为理而死,不是为情而死,女性成为封建礼教的牺牲品。

本章小结

　　男女不平等的历史从父系氏族开始的时候就开始了。在漫长的封建社会里,女性作为男性的附属品,封建礼教对其思想、行为都进行了严格的束缚,其核心是"三从四德",封建礼教在汉代开始形成,唐宋进一步发展,明清达到极至。柔顺的处事原则、贞节的要求和缠足的习俗,使女性的精神和肉体都饱受摧残。近代社会女性开始觉醒,并争取自身的权利,五四时期,广大女性接受了思想启蒙教育,妇女解放运动风起云涌,社会各阶层的妇女都开始要求自身的权利,并在斗争中取得了成绩。

教学活动建议

　　以历代女教书籍为点,将封建礼教的发展连成线,使学生了解封建礼教逐步发展逐渐加深对女性束缚的历史。

重点分析封建礼教对女性思想和心灵的毒害。

近代女性的觉醒与奋争部分,重点讲授五四时期妇女争取自身权利的情况,分析文化启蒙与妇女解放运动的关系。

思考与实践

1. 哪些因素促使母系氏族向父系氏族过渡?
2. 分析封建礼教对女性压迫和毒害的表现及封建礼教的实质。
3. 分析贞节观念对女性的影响。
4. 分析缠足兴起的原因及其对女性身体和精神的摧残。
5. 分析文化启蒙与妇女解放运动的关系,五四时期妇女争取自身权利的斗争取得了哪些成绩?

第三章

性别差异与社会性别

【名人名言】

　　人不是生为男人或女人，而是变成男人或女人的。

——西蒙·波伏娃

【本章教学目的和要求】

● 通过对生理性别、社会性别基本知识和概念的掌握，引导学生以社会性别的视角思考自己的日常生活。

● 了解性别是如何被建构的，并能够以批判性的眼光，挑战现实社会中关于"性别"的常识，提升批判性思维的能力。

第一节 生物学角度的性别差异

一、生理性别的定义

生理性别（sex）是指男女的自然性别，是普遍存在的、一般不可改变的男性和女性的生理差异，是用生物标准来确定的男性和女性，通常也称为性别。这种生物标准包括生理结构和解剖结构，生理结构主要是指性染色体的差异，解剖结构主要是指性器官的差异。

在医院的产房里，一个小生命刚刚诞生，人们问的第一句话常常是"男孩还是女孩?"一个人从小到大所填写的履历表中总会有一栏是"性别"，这里所说的都是生理性别。人与人之间的差异很多，有高矮、胖瘦、肤色等等的不同，但在社会生活中，没有一种差异像性别差异这样受到如此普遍、重大的关注，其实男女之间的相似性远远超过了他们之间的差异[1]。

二、生理性别差异

男女两性的生理性别，始于个体生命胚胎发育中雄、雌器官和组织的分化。这种分化大约从怀孕后的第七周开始，女性的原始性腺开始向卵巢方向发育，男性的原始性腺开始向睾丸方向发育。出生后，男女两性在生殖系统、性荷尔蒙、性染色体、骨骼和肌肉等方面都存在明显的生理差异。高度概括地说，影响性别的生理因素有三大类：染色体、荷尔蒙和大脑结构。

（一）染色体与性别差异

生理性别首先是由染色体的遗传性状决定的。胚胎的遗传性别是在

---

[1] West, C., & Zimmerman, D. H. (1991), Doing gender. In J. Lorber (eds.) *The social construction of gender*. Newbury Park, CA: Sage.

受精过程中决定的。具体来说,受精过程决定了遗传性别。有半数精子的染色体为 22 + X,其余半数为 22 + Y;卵子的染色体均为 22 + X。如果染色体为 22 + X 的精子与卵子结合,受精卵的染色体 44 + XX,胚胎的遗传性别为女性,如果染色体为 22 + Y 的精子与卵子结合,受精卵的染色体 44 + XY,胚胎的遗传性别为男性。

  遗传学研究表明性染色体的基因可以控制某些特征,这类特征叫做"伴性特征"。由 X 染色体上携带的隐形基因所控制的伴性特征在男女两性身上的反映是不同的。对于男性来说,由于只有一个 X 染色体,如果带有隐形基因,就会表现出隐形性状;而对于女性,因为带有两个 X 染色体,所以只有当两个隐形的基因碰到一起才可能表现出隐形性状。例如色盲只在 X 染色体上出现,从来不出现在 Y 染色体上。由于男性只有一个从母亲那里得来的 X 染色体,并由它完全决定其颜色视觉,如果母亲是一个色盲基因携带者,那么他就无法获得正常视觉,但对女性而言,只有当父母双方都携带色盲基因时才可能导致她产生色盲,否则她只能作为色盲基因携带者传给下一代。由此看来,女性在这一点上有着先天的遗传优势。此外,早在上个世纪五十年代,研究就发现在人类染色体上存在着一个与空间知觉能力直接相关的隐形基因,50% 的男性具有这一性状,而女性只有 25% 具有,这个结果可以部分地解释男性空间知觉能力优于女性的性别差异。[①] 这些研究结果表明,由遗传造成的染色体上基因的不同与性别差异的形成具有直接的关联,染色体基因的不同是形成生理性别差异的最初原因。

  染色体性别(只适用于部分灵长类动物)除了女性 XX 男性 XY 之外,还有 XO,XXX,XXY,YYY。其他动物的性别并非全都由染色体决定,还有其他因素的作用,如温度。例如,鳄鱼在高温时孵化为雄性,在低温时孵化为雌性。鸟类的染色体与人相反,雄鸟有两个相同的染色体(XX,

---

[①] 钱铭怡、苏彦捷、李宏:《女性心理与性别差异》,北京:北京大学出版社 1995 年版,第 57 页。

WW），雌鸟则是 WZ 或 WO。

可见，生理性别是与生俱来的，而且，如果以染色体差异为判断生理性别的核心标准的话，生理性别也是后天无法从根本上改变的。

（二）性激素与性别差异

性激素即荷尔蒙是人类生理性别形成的另外一个基本生理成分。尽管人类的性别是由遗传所致的第 23 对染色体所决定的，但两性的进一步分化则是在性激素的不断作用下实现的。性激素混合体刺激胚胎组织，形成男性或女性的内部和外部性器官。

在青春期，这些激素的分泌增多，促进了人体第二性特征的发育，其中，男性比女性有规律而且连续不断地分泌更多的雄性激素，而女性则周期性地分泌雌性激素和黄体酮。男性声带开始增厚、喉结出现、长出胡须，女性乳房开始发育、脂肪丰厚并且开始出现月经周期，形成典型女性特征。至此，两性生理上的特征得到了充分发展，发育成为成熟的男性和女性。

尽管性激素在两性发育中作用重大，但我们仍然要注意人类的成长及行为在更大程度上是受社会文化因素的制约和影响的。出生前的性分化在每个阶段都有两种发展的可能性，而向哪个方向发展则依赖于内外部环境，即由遗传决定的染色体类别和性激素的不同水平决定其发展方向，只是在性别的形成过程中，环境、教育及社会文化因素所占比重更大。

（三）大脑结构与性别差异

有研究表明，男女两性的分化，在中枢神经系统中为大脑功能及结构的差别。差异主要表现在下丘脑的功能以及大脑两半球的不同特点上，例如，男性空间信息处理能力较强，而女性语言能力更佳。

关于大脑对不同性别的影响有一段有趣的人类认识史。19 世纪，解剖学发现女性比男性脑子体积小，于是这一点成为女人智力低下的证据。科学家认为脑体积大则聪明，由于男性脑体积大于女性，因此认为男性的智力高于女性。

后来，解剖学证明脑体积与身高体重有关，与性别无关，即脑体积的大小仅仅是因身高体重不同导致的。男女绝对头高比例是 100 比 94，相对头高比例为 100 比 100.8，女性高于男性。成人大脑平均值：男脑重 1388 克；女 1252 克。但是相对于体重来说，男性每公斤体重的脑重为 21.6 克；女性每公斤体重的脑重为 23.6 克。这就是说，虽然绝对脑重是男性超过女性，但是相对脑重却是女性超过男性。但丁的脑重甚至低于男子的平均脑重。科学研究的结论是："没有证据能证明才智与脑重之间有密切关系。"①

现代科学家的研究发现了一些并不对任何一个性别特别有利的大脑构造差异的研究结果。例如，男女的语言功能在大脑的不同部位，它影响语言的流利程度、用语理性、联想的流利程度；男女的交流风格不同，解决问题的方式不同；男女的感觉不同，对触摸、味道、气味、声音感觉不同，视觉也不同。②从大脑结构看，男性左脑发达，它控制线性的逻辑思维，抽象性、分析性的思维。女性右脑发达，长于想象、艺术活动，整体性、直觉性的思维，视觉与空间能力。

解剖学的最新认定是，左右脑之间的连接神经女性大于男性。由于两脑之间的联系神经女性比男性粗，女性的认知及语言功能分散在两个脑半球中，而男性则集中在一个脑半球中。左侧大脑受损的男性会丧失大部分的语言功能，而同样部位受损的女性语言功能的丧失要小得多，如果一个男性头部左侧受伤，他极有可能会变哑，而一个女性同侧受伤时，她可能正常的说话。口吃几乎是一个男性才会出现的语言缺陷，女性的语言能力要强于男性。

女性的五种感觉（视觉、听觉、嗅觉、味觉、触觉）都比男性敏感。以视觉为例，男性对亮敏感，女性对暗敏感。男孩对物比对人更感兴趣，身

---

① 倍倍尔：《妇女与社会主义》，北京：中央编译出版社 1995 年版，第 249—251 页。
② Nadeau, R. L. S/He Brain, Science, Sexual Politics, and the Myths of Feminism, Praeger, Westport, Connecticut, London, 1996.

体更活跃。掷物跟踪活动男孩比女孩更强,攻击性更强。女孩比男孩更能认出人脸及其声音,对人的情绪(音调、表情)更敏感,对新人比对新玩具更有兴趣,喜欢合作性而非竞争性的游戏。①

此外,男女两性在生理过程中和生理的易感性方面也存在差异,例如,女性的青春期一般比男性要提早出现,女性的新陈代谢率比男性低,消耗的热量更少,同时女性血液中较高的雌性激素含量可能对血液循环具有促进作用,从而使女性具有更强的耐受性。

男性比女性染色体出现变异的发生率更大,更容易感染疾病,生命更短,死亡时间更早,这是生物学的先天倾向和社会文化因素相互作用的结果。

(四) 性别的二元界定

对个人而言,每个人的性别界定有一套非常完整的社会体系。首先,出生时,生理性别要符合医学鉴定才能够取得出生证明上明确的性别归属。这种证明一般是通过医生查看新生儿的外生殖器就可以确认的。其次,在成长过程中要完成第二性征的发育。对女性来讲,就是乳房的发育、女性发毛生长形式以及脂肪组织在身体中的典型分布,对于男性来讲,就是胡须、粗壮体毛及变声等。第三,长大后要具有"正确"的性取向。女性应该寻找适龄男性为恋爱对象,男性反之,并且要结婚生子才属于"正常"的人。

通过这一过程,就完成了性别归属的二元分化体系,即社会上只应该有两种性别,非男即女,非女即男。社会文化要求每个人的行为和角色都要和其性别相符。例如:男性应该是体魄强健、精力旺盛、具有攻击性并且要承担养家糊口的重任,而女性是身体纤弱、温柔安静、善良随和并且承担生儿育女、照料家庭的责任。这种性别的划分,人们往往认为是由生理决定的,并且是合乎社会发展和人们习惯观念的。长期以来一代又一

---

① Nadeau, R. L. S/He Brain, Science, Sexual Politics, and the Myths of Feminism, Praeger, Westport, Connecticut, London, 1996.

代的男性和女性都在按照这样的划分体系寻找自己的位置,按照自己的角色生活,但实际上,当我们进一步深入考察时,就会发现这种表面的差异是与不平等紧密相连的。

三、性别差异与性别不平等

性别本身存在生理上的差异并不需要争论,但值得讨论的是,这种生理差异的社会意义是什么?

持生理决定论观点的人认为,人生而有性激素、解剖学和染色体的男女不同;女性先天就有比男性更麻烦的生殖角色;男性表现出男性气质的心理特征,女性表现出女性气质的心理特征;社会应当维护这一自然秩序,保证男性保有统治地位,而女性维持其服从地位……总之一句话:男女生而有别,生理性别是区分男女社会地位的基础。

传统的男权文化把男性置于中心地位,在生物学和文化上都建构了男性优于女性的观念,从而把女性置于"第二性"的地位。直到现在仍然有人认为由于男性力气大,在体力上占有优势,在智力上男性的逻辑推理能力要高于女性,因此有了较高的社会地位,人们在解释两性受到不平等待遇时也常常会以此作为借口。

现实生活中,人们往往通过一些普遍观察的范例来强调性别差异。比如男性的身高体重都要高于女性、男性是更优秀的领导者、女性寿命长于男性、女性可以更好的照顾家庭和孩子。但我们也可以发现例外,如个头高大的女性、优秀的女领导者、男性长寿者、出色的爸爸等等。可见普遍的看法不能涵盖所有的现实,尤其是在不同性别当中都有个体的差异,甚至个体的差异要大于性别之间的差异。

性别本身存在生理上的差异,并不意味着一种性别优于或者劣于另外一种性别。只是由于性别差异通常被定型化了,个体才会因此受到有差别的对待。例如,由于女性能够生育,男性不能生育,女性能够哺乳,男性不能哺乳,所以女性应该承担哺育和养育孩子的重任,承担家庭角色,这是天经地义,无法更改的,生理上的性别差异就这样决定了女性的从属地位,因此社会和文化赋予了女性很多区别于男性的特质:温柔贤淑、任劳任怨、无私奉献、自我牺牲等等,甚至认为女性天生就擅长照顾别人,更乐于从事照顾者的职业,比如做护士、幼儿园教师、文秘等等,因为女性有天生的"母性光辉",这样女性就只能从事所谓适合女性特点的职业,而这些工作往往是低技能、低收入,缺少发展前景的职业,这就形成了职业中的性别隔离,导致了职业发展中的性别不平等。

第二节 心理与行为角度的性别差异

男女两性在智能包括学习能力、社会适应能力、判断演绎能力等方面是否存在差异,是很多心理学家关注的研究课题之一。许多由心理学家编制开发的智力测量表,注重从认知、语言及空间等各个环节来确立人的智能水平,但在实际应用过程中,人们往往更重视人在学习和应付复杂问题及环境时的能力。对此有不同的代表性观点,社会性别理论也对此进行了解释、分析和批判。

一、两性认知发展的代表观点

在研究男女两性认知发展差异上,研究者的性别视角、研究方法和测量工具上的差异,会导致不同甚至相反的结论,即便对于同样的结果,人们基于不同的立场也会有不同的解释,在研究和解释男女两性认知发展差异方面有代表性的观点包括:

(一)男女两性认知发展总体平衡说

总体平衡说一方面是指,男女在不同年龄阶段认知发展各呈优势,例如,男女两性在婴儿期的智力没有差别,在小学阶段女性智力发展优于男性,进入青春期以后,男性的智力又逐渐超过女性,英国心理学家也曾对

10岁到11.5岁的8万多名儿童进行团体测验,又从中各选500名儿童进行斯坦福—比奈智力的个体测验,两种测验都说明男女儿童的平均智商没有区别。

另一方面,一些研究发现,如果把智力分数标在二维坐标上,画出智力分布图,就会发现,典型的智力分布曲线是一条两头偏,中间突起的正态曲线,男性智力发育水平很高和很差的人数多于女性,就是说,男性在智力发展分布上,优劣两端都比女性多,女性的智力发展较为均匀,现实生活中也的确如此:生活中各种智力障碍,如视听缺陷、阅读缺陷和低能者以男性居多,这就在总体上降低了男性智力的平均水平。所以男性智商从整体上低于人们的想象和期望,而女性虽然受到各种社会因素的限制,高智商者较少,但是女性智力平庸者也少,她们比人们传统认为的要更聪明。

(二)男女两性认知各有优势说

各有优势说是指男女两性智力发展在不同的领域或相同领域的不同方面,各有其优势,例如,在语言方面,女性的流畅性、朗读和拼写能力占优势,而男性在语言推理、逻辑加工方面占优势;在感知方面,女性的听力优于男性,知觉速度和反应速度比男性快,而男性在视敏度和空间能力上优于女性;女性的机械记忆和形象记忆优于男性,男性的抽象记忆和理解记忆较强等等。

二、两性情绪与行为方面的性别差异及产生原因

(一)情绪与行为方面存在的性别差异

在情绪方面女性比男性更多感到焦虑与恐惧。在儿童早期并未发现男孩与女孩有焦虑与恐惧的明显差别,但在成年之后,男女差异变得明显起来,如女性更多感到周围环境的不安全和敌意,恐惧和焦虑情绪较多。较为典型的如对身材、青春、美丽的焦虑、更年期恐惧以及对职业场所人身安全包括暴力侵害、性侵害及性骚扰等方面的顾忌和担心。

在行为方面男性比女性更具有攻击性。在儿童早期男孩子的游戏中就表现出攻击性,如男孩子的游戏动作幅度大,较为粗野。到了青少年时期,男孩子的暴力行为也比女孩子多,如校园暴力的主角,参与抢劫、殴打、欺侮低年级同学的多数是男孩子,到了成人阶段,男性的暴力犯罪率远远高于女性,家庭暴力的施暴者绝大多数都是男性。

在支配性方面女性比男性更为从众和被动。在生活中可以经常看到支配性的存在,如上下级之间、配偶之间、兄弟姐妹之间甚至同在大学一个实验室里工作的同学之间等等。仔细研究则发现,更多是男上司支配女下属、丈夫支配妻子、哥哥支配妹妹、男同学支配女同学。

(二)性别差异产生的原因

社会对男女两性不同的社会期待。如女性表现出恐惧害怕是可以被接受的,因为女性从小就被期待为是温顺胆小的性别,相反男孩子表现出恐惧害怕是会遭人耻笑的,因为表现得不够"男子汉"。男性表现出攻击和野蛮是可以被接受的,这是"男性气质和征服欲望"的表现,同样男性的主动性和支配性也是社会大加赞扬和倡导的,这是男性"成功"立足于社会的基础。

商业文化的压迫。全球化背景下,从来没有如此关注过女性的身材和容貌,美女经济已经成为一种病态时尚。众多女性为自己的身材不够标准、容貌不够美丽而焦虑万分,使美貌成为一种文化压迫。对女性外观的苛刻要求,甚至与女性的求职和择偶紧密相联,变成女性的主要价值所在。在这些"标准"和"炒作"背后,就是全球经济促动下中国广告业、美容业、减肥业、整形业、化妆品业和服装业的迅速膨胀。

此外,更年期恐惧症文化也成为众多女性的心病。一家妇女杂志的主题词反映了这种"更年期恐惧症":"更年期是每个人在劫难逃之事。女人们如临大敌,是因为它的到来意味着女人最灿烂的时期已经走完,更年期的种种症状让人无法忍受。"而后,一语道破:"当然,如何推迟更年期的到来,也是商家们绞尽脑汁赚女人口袋里的钱最绝最狠的一招。"伴随着随处可见的更年期药物广告"你'更'了吗?"、"白领女提前成为更年妻"、"高知女性提前备战更年期"的宣传,便是更年期门诊的爆满和雌激素的提前或过量服用。①

女性在社会中的不利地位。女性在家庭中遭受家庭暴力和在职场上受到骚扰和侵犯是与女性在社会中的不利地位紧密相关的。例如,性骚扰并不是个别男性特殊的性欲或性心理所致,也不能简单地归于个人品行低下,而是与整个社会的性别制度和意识形态的支持有关,本质上是一种男权中的性别歧视,是男性对女性的权力控制在性关系中的体现,但性骚扰在本质上还不仅仅体现为一种两性之间的权力关系,它往往渗透着其他社会因素,如阶级、种族、地域等,尤其在工作场所往往表现为高位者对低位者的一种性勒索,因此,性骚扰本质上是一种基于各种复杂权力关系和偏见的性别歧视。

三、社会性别理论对男女心理行为差异研究结果的解释和批判

1. 在男女两性心理及素质差异的研究上,不能把历史、文化和社会制度长期以来累积的性别差异结果,当作解释差异的原因。

社会性别理论认为:传统性别文化歧视的结果之一,是女性较少接受文化教育和能力培训,导致女性整体文化素质偏低,而这一累积性被歧视的结果又被当成影响女性发展的主要因素,如不能把男孩子智力发展优秀归因于喜欢科学探索、喜欢高科技的"天性",而不去探究所谓"天性"形成的历史、文化和教育因素。例如:中小学教育中存在明显的性别刻板印象,在一些课程上,选择软件制作、航模制作等科学课的绝大多数是男生,而上缝纫、刺绣课的全部是女生,甚至在高等教育中也只是鼓励男生选修工程、机械、电子、通讯、航天等具有探索和挑战性的课程,而鼓励女生选择语言、文秘、财务、家政管理等缺乏技术性和探索性的课程。事实上,女性也具有向探索和挑战性职业方向发展的能力。

---

① 张塑:《妖魔化的更年期》,载《中国妇女报》2004年3月1日。

在中国,长期以来"女性自身素质偏低"的说法是一个最常用的解释妇女不利处境的名词,如女性失业、女性贫困、女性权益受侵害、女性参政比例较低等等,都被认为是女性素质低造成的,因此忽视了经济、政治、社会、文化中存在的社会性别制度因素的影响,在一定程度上说明现存理论中社会性别视角的缺失。在促进性别平等和可持续发展中,如果只是一味地要求女性"提高自身素质",就会把性别问题女性化进而边缘化,不谋求改变两性的权力结构、改变传统文化对女性的要求和规范,则女性素质不可能真正提高。

2. 评价的工具及标准可能包含性别歧视。

在以男性为中心的社会里,知识的建构和评价标准的形成无不是以男性为中心的。例如在评价中国农村妇女技能素质方面,最普遍的评价是"农村妇女素质低、技能差"。其实农村妇女的"素质低、技能差"只是科学文化素质偏低,这与她们十分有限的受教育年限和科技培训有关,她们的心理素质并不低,她们表现出来的"保守或落后"在很多时候是不同文化认同上的差异,并不是其心理素质有问题。其身体素质从群体看也非弱势,她们如果没有良好的身体素质,如何承担得起繁重的生产劳动、家务劳动?

衡量农村妇女文化素质标准的大多是"城市男性标准",如学历、学位、职业地位、经济收入、参政议政或是参加有关社会活动积极与否,它忽略了农村妇女长期以来在艰苦环境中形成的生存能力和生产技能。假设把一个高素质的城市男性放到贫困的农村去,他如果不学习当地的生活方式、生产生活技能同样是很难生存或发展的。

此外有相当一部分人习惯性地把农村妇女定位在"弱势人群"或"边缘人群"。由于以主流文化为标准,因而忽略了农村妇女自己在实践中确认的指标,进而影响了如何挖掘农村妇女自身潜力和她们内部互动关系的研究。其实男女之间并没有先天的素质差距,在后天教育上形成的差距恰恰反映了社会和传统文化对女性的不公平,这不是妇女自己的错。

第三节　社会性别的概念及其意义

一、社会性别的定义与内涵

（一）社会性别的定义

社会性别（gender）是相对于生理性别（sex）而提出的一个概念。"社会性别"一词最早出现在20世纪70年代初的国际妇女运动中，80年代后逐渐被联合国广泛采用，是近年来国际社会分析性别平等的重要和基本概念。

美国历史学家斯科特给社会性别的定义是："基于可见的性别差异之上的社会关系的构成要素，是表示权利关系的一种基本方式。"[①]

《英汉妇女与法律词汇释义》关于社会性别的定义是："社会性别一词用来指社会文化形成的对男女差异的理解，以及在社会文化中形成的属于女性或男性的群体特征和行为方式。"[②]

《牛津社会学词典》对社会性别的定义是："社会性别关注男女之间由于社会结构性原因所形成的差别。社会性别不仅指个体层次上的认同和个性，而且指结构层次上的在文化预期和模式化预期下的男子气和女子气。"[③]

加拿大国际开发署《性别平等政策》对社会性别的定义是："社会性别指的是由社会化过程所构建的女性和男性的作用和责任。这一概念也包括对女性（女性化）和男性（男性化）的特点、态度和行为的一种期望。"[④]

---

① 《英汉妇女与法律词汇释义》，北京：中国对外翻译出版公司1995年版。
② 同上。
③ Gordon Marshall, "The Concise Oxford Dictionary of Sociology", Oxford University Press, 1994.
④ CIDA Gender Equality Policy, March 1999.

社会性别（gender）概念，具有与生理性别（sex）相区别的内涵，指为人们所认知到的男性与女性之间存在的社会性差异和社会性关系；这些差异和关系会因各种具体社会形态和文化形态的不同而有所不同，且会随时间发生变化。

文本链接

"家里有人吗？"

我国某作家写过一个山西农村过去的小故事，讲一个外村人到村里找人，对着一户人家喊："家里有人吗？"家中的妻子回答："没人。"在当时农村一些人的心目中，当家的男人才是"社会意义上的人"，妻子只是"屋子里面的人"，不是外面的人，这家的妻子也是这样认为的。反映了当时山西农村某些人的社会性别角色和观念。

"男的能当首相吗？"

在1995年的一次国际会议上，时任挪威首相的布伦特兰夫人曾经讲过一个故事。她说，在挪威，一个10岁的男孩子问他的母亲："妈妈，在咱们国家，男的能当首相吗？"也就是说，因为布伦特兰夫人连任了三届15年首相，从这个孩子出生起，就没见过男性当首相，所以孩子提出了这样的问题。而在另外一些国家，有的小孩可能提出截然相反的问题："妈妈，在咱们国家，女的能当首相吗？"[①]

"性别"和"社会性别"分别代表两个不同的概念——前者只是指男

[①] "在国际劳工组织成员中提高社会性别主流化能力"中国项目组：《提高社会性别主流化能力指导手册》，北京：中国社会出版社2004年版，第5页。

性和女性在生理上的差异,例如统计资料可按性别分类。在给定社会环境的各个领域中分析男性和女性所承担的角色和职责、所承受的限制和压力、所享有的机遇和所需要满足的要求时,应该使用"社会性别"这个概念。①

(二) 社会性别的内涵

随着中国妇女/性别研究的深入,越来越多的妇女研究学者在研究论著中、在学术会议上,以显著的位置和频度使用这个概念,足以见它对妇女/性别研究的重要性。

社会性别理论向19世纪西方盛行的生物决定论以及女性的传统社会角色提出有力的挑战,指出了形成性别不平等关系的重要因素。社会性别概念表达了以下涵义:生物差异并不是造成两性角色及行为差异的决定性因素;制度和文化因素是造成男女角色和行为差异的原因;社会对妇女角色和行为的预期往往是对妇女生物性别规定角色的延伸;人们现有的性别观念是社会化的产物,因而是可以改变的。

社会性别的概念十分复杂,不是简单的一句话和一个判断所能概括的,下面就试图较全面地论述社会性别概念的内涵:

1. 社会性别作为文化要素

社会性别(gender)这一概念,就字面而言并不复杂。通常,人们会对"女"和"男"总结出许多截然不同的特征。女性通常被认为弱骨丰肌、曲线柔美、嗓音婉转、性情温顺、心细、胆小、爱清洁、爱哭、感情丰富等等,男性则体魄强健、线条粗犷、声音浑厚、性格刚烈、心粗、胆大、不爱清洁、不轻易流泪、感情粗犷等等。但我们很容易发现,上述特征仍可再做一次区分:一种特征是两性在自然条件下不可互换的,如容貌、体征、身体功能等,另一种特征是可以互换的,如性情、意识、行为方式等。后者即应属于"社会性别"的范畴了。

---

① 中国妇女研究会:《女职工权利及社会性别平等基础知识》,妇女研究参考资料(一),第43页。2001年12月,北京。

这样一个看上去十分简单且易于接受的概念,在实践中却常常被忽略,甚至被拒斥。比如"女人温柔的天性"、"女性的奉献精神"、"男子汉气概"、"大丈夫气节"等等说法,常常被人挂在嘴边。虽然人们在进行这些描述的时候,并无任何轻视或歧视妇女的动机,相反表现出对两性各自的优长的赞美。然而细究起来,它们都属社会意识形态对两性角色的固定模式建构,而绝非性别的生理属性。

"社会性别"不是指生理上的性别差异,如男性产生精子,女性产生卵子、并能生产和哺乳婴儿,而是指社会文化中形成的属于男性或女性的群体特征和行为方式,以及基于此种划分的社会性别分工、价值评判和权力结构。每个人的性别角色都在社会文化中被固定和强化了,变成人们的一种社会期待、规范和评价。社会期待一种性别的人只能干什么,不能干什么,而且这种角色定型往往是不自觉的。例如,我们大家都很喜欢的一首歌曲《常回家看看》就是这样唱的:"常回家看看,回家看看,生活的烦恼跟妈妈说说,工作的事情和爸爸谈谈",在习以为常中就把爸爸妈妈的社会性别角色定型为"男主外,女主内"了。中央电视台一档著名节目《幸运52》中曾经给予男女嘉宾不同的奖励,男嘉宾得到的是运动自行车、音响和子母电话机等,而女嘉宾得到的是美容仪、电熨斗、烤箱和洗碗机等,同样将男女嘉宾的社会性别角色定型为"男主外,女主内",而且认为男性更"适合"户外体育竞技以及科技含量较高的商品,而女性更"适合"美容、洗熨和厨艺活动,并不需要考虑男女嘉宾自身的职业以及他们的兴趣喜好。

婴儿自出生起,文化就开始对不同性别发生作用。一项研究表明,父母对儿子的期望主要是事业成功,如希望他努力工作、有事业心、聪明有教养、意志坚定;而对女儿的期望则主要是善良可爱、做个贤妻良母。虽然母亲常表达出性别平等的观念,但她们为儿子设定的学业和职业目标总会比女儿高,在目标未达成时感受的失望情绪也比女儿强。①

---

① 魏国英主编:《女性学》,北京:北京大学出版社2000年版,第74页。

传统文化定义男性勇敢、理性,女性温柔、感性,并在价值评判中认为理性、勇敢等男性气质高于感性、温柔等女性气质;在大多数社会中,强调男外女内的社会性别分工,鼓励男性在公共领域进行有偿的劳动,承担养家糊口的责任,而女性则被囿于私人领域,主要承担无酬的再生产劳动,负责家务。男性从事的有偿劳动通常被看作高于女性从事的无酬劳动,男性掌握决策权力,而女性处于社会边缘。

"社会性别"的关键在于它的"社会性"。因为同生理特征不同,由社会、历史、文化意识形态所建构起来的性别特征,具有被社会、历史、文化意识形态解构、改变或者重构的可能性。特别是当社会性别的合理性在历史发展进程中遭遇到怀疑、否定的时候,其改造、重构的工作便已然在进行当中了。

2. 社会性别作为制度因素

人类社会不仅有经济制度、政治制度、文化制度,还有社会性别制度,其核心是性别分工和家庭制度。

性别分工首先使男女的角色不同,男性扮演的是养家糊口的社会角色,与公共领域发生联系,女性扮演的是生儿育女的家庭角色,与家庭发生联系。通过性别分工的安排,男性成为家庭经济的提供者,女性成为家人情感生活的照顾者。这种分工最大的危害是将男性强制性地安排在可以获得和控制资源的领域,而将女性强制性地安排在难以获得资源的领域,构成男女之间不平等的权力关系。男主外女主内的分工原则,使得女性的价值和地位要通过在家庭中"相夫教子"来实现,所以"母以子贵、妻以夫荣"。

以父系为中心的家庭制度在中国农村表现最为明显的是"从夫居"制度,过去从夫居往往只被作为一种婚姻风俗和婚后居住形式来看,很少意识到它给社会性别关系带来的影响。从夫居意味着男性作为父系家族的继承人可以继承和拥有土地和房产等资源,女性则要通过婚姻,即嫁入夫家才能获得土地等资源。所以从夫居是与性别关系、资源分配联系在一起的。

性别分工和家庭制度强化了生男孩的性别偏好,性别角色和责任的分配导致教育资源向男性倾斜、导致男女选择不同的职业,职业和能力的不同导致社会对男女不同的评价,社会评价不同导致女性的社会贡献隐形化,社会评价的男高女低又导致女性在权力结构中处于边缘位置。①

同时制度因素也是造成男性和女性的角色和行为差异的原因之一。比如:在一些西方国家,许多妇女结婚后成为家庭妇女,她们自愿或不得不以孩子为生活的中心,因为幼儿园和学校学生作息时间的设置完全是假设所有孩子的母亲都是家庭妇女。这就是在制度(学校的作息时间)和文化(妇女留在家里而不是男性)的双重作用下,妇女成为了家庭妇女,而并不是说男性做不了家庭妇女做的事情,或妇女做不了她们丈夫的工作。

再如,男女公务员退休年龄不同,女公务员早于男公务员退休,在一定意义上剥夺了女公务员平等参政的权利和机会。如果缩短了女公务员5年的工作时间,就会大大减少女公务员进入领导岗位和高任职层次的机遇和可能性。因为在通常的情况下,担任领导职务和高层次职务的公务员应具有丰富的阅历和经验,这是需要时间来积淀的。这一退休制度的制定显然更有益于男性,而这一制度更强化了男性在政治上(晋升)和经济上(收入)的支配地位。

3. 社会性别作为分析范畴

"社会性别"作为一个分析范畴,强调在资源、责任和权力的分配方面存在的性别不平等,以及由此而来的两性不平等的社会关系。

(1) 社会性别认为,社会对女性角色和行为的期待,往往是对女性生理性别规定的角色的延伸。

长久以来,多数的人类社会里,照顾社会中弱势成员的工作主要是由家庭来提供,而照顾责任总是落在女性身上,在中国尤其如此。男女生理性别的差异决定了妇女要怀胎十月并哺育婴儿,这一自然过程是男性无

---

① 李慧英主编:《社会性别与公共政策》,北京:当代中国出版社2002年版,第17—18页。

法替代的。但社会对女性角色和行为的预期却远远超出了生产本身,妇女被期望承担照顾孩子、照顾老人、操持家务等角色,女性从一出生开始,其照顾者的角色意识就不断地在传统性别角色社会化过程中以及社会期待下被灌输与强化,并经常被称为是"爱的奉献",是女性的"天职",女性家庭照顾的主要对象,包括子女、父母和配偶,所以,女性终其一生,不论是家庭主妇或职业女性,其生命的基调,仍脱离不了照顾者的色彩。所谓适合女性的工作的性质也往往与照顾和培养相关,如教师、护士、秘书等。事实上,女性是生育载体的生物属性完全不能用来说明或决定女性在社会属性上的特点。

(2) 社会性别认为,人们现有的性别观念是社会化的产物。

社会化是社会学的一个基本概念,它包括两方面的含义:一方面是人是怎样学会参与社会生活的;另一方面是社会怎样使其成员以有助于社会正常运转的方式活动。性别社会化是个人关于性别角色和性别规范的学习过程。这一过程从孩子降临到这个世界上之后就开始了,这是一个广义的教育过程,包括:家庭教育、学前教育、学校教育、社会影响、媒介教育等等。这些正规、非正规、正式和非正式教育将对不同性别的预期传递给男性和女性,并示范着男女的性别角色。社会性别角色的形成就是一个社会化过程,是一个社会学习和社会教育的过程。社会性别关系常常在社会制度如文化、资源分配、经济体制等以及个人社会化的过程中得到传递、巩固和复制。

结不成的娃娃亲

两个关系亲密的家庭在一起聚会,四个大人两个孩子在一起聊天。为了表达两个家庭的友好关系,一家的大人提议:"咱们两家结娃娃亲吧,将来你们家的女儿就是我们家的儿媳!"这家9岁的上三年级的儿子说:"我才不娶她呢?她不够温柔。"和这个男孩同龄同班的女孩说:"我还不嫁给你呢,你才是个中队长!"(女孩是大队长)两个9岁孩子的天真对话,反映了他们年幼的"男强女弱"、"男刚女柔"的婚恋观,这就是社会化教育的结果。①

现实生活中大多数父母通过取名、给孩子不同的服饰穿着,从而规范出一个社会性别化的世界,孩子通过模仿和不断的强化逐渐认同了自己的性别身份。例如看到女孩子喜欢洋娃娃、玩过家家,男孩子舞刀弄枪、玩打仗游戏我们觉得是正常的。但如果男孩子喜欢洋娃娃,女孩子舞刀弄枪,我们就觉得不正常了,我们会呵斥和纠正。如果关注一下电视广告的话,就会发现:男性是医生—女性是护士,爸爸外出工作—妈妈洗衣做饭,这样的性别角色定式。这些正式和非正式的学习和示范的社会化过程促使男性和女性按社会结构的要求来学习自己的角色,最后实践自己的角色。

(3) 社会性别认为,既然社会性别角色不是由生理性别决定的,是后天学习和适应而来的,那么它就是可以改变的。

在同样的历史时期,由于不同的社会制度和政治体制也会产生不同的性别模式。而且即便是相同的社会制度和政治体制下,性别模式也会由于经济、社会、文化和宗教等要素的不同而不同。总之,社会性别是一个社会属性的、历史的和动态的概念。

有一些因素,如教育、技术、经济变化、突发性危机(战争和饥荒),会引起性别角色和劳动分工的变化。例如:通常的情况下是"男主外,女主内",但在战争时期,女性走出家门,可以承担和平时期只有男性才能做的工作。

---

① "在国际劳工组织成员中提高社会性别主流化能力"中国项目组:《提高社会性别主流化能力指导手册》,北京:中国社会出版社2004年版,第7页。

18世纪末工业革命开始以来,人类社会进入智能时代。个体的智力和能力成为人力资本中最重要最活跃的因素,女性体力上弱于男性的生理差异,在谋求职业发展中已经越来越不重要了,与此同时,女性的就业、参政、教育都被视为一种不可剥夺的权利,由于医学的发展,女性可以控制自己的生育,可以决定要不要孩子、什么时候要孩子,可以自主选择安排自己的工作和生活,"男主外女主内"的分工模式已经不适应时代的发展。

国际社会正在形成这样的共识:家庭是由夫妻共同组成的,当女性更多地走向社会进入公共领域的时候,男性也要相应地走进家庭,和女性一起平等分担照顾家庭的责任。1995年《人类发展报告》阐述了男女角色调整的意义:妇女和男性之间家庭责任更平等地分担,对保证妇女参与有酬就业和政治活动的平等机会具有基本意义。为了强化男性分担家庭责任的观念,改变根深蒂固的传统性别分工,一些国家开始制定法律和政策鼓励男性参与育儿和家庭照顾工作。如挪威在1993年颁布了《产假法》,规定新生儿父亲可以享受4周产假,不利用即自动放弃,不得转让给母亲,母亲的产假可以转让给父亲。目前利用这一假期的父亲已经由2%上升到78%,挪威的财政部长在任期间享受了产假,一位女部长则把产假全部转让给丈夫。目前国际社会流行的一句口号是"还一半权力给妇女,分一半家务给男人"。

三、性别刻板印象

(一)刻板印象(stereotype)

刻板印象是指人们对某一社会群体的特征所作的归纳、概括和总结。它往往不以直接经验为依据,也不以事实材料为基础,也不考虑个体的差异,而是存在于人们头脑中的一些固定的看法。其主要特征是:对社会人群的一种过于简单化的分类方式;在同一社会文化或同一群体中,刻板印象具有相当的一致性;它多与事实不符,甚至有时是错误的,并对人们的认知和行为产生重大影响。

刻板印象包括很多内容,如对种族、性别、年龄以及同性恋者、政治家、残障人士等等的刻板印象。例如,很多人对黑人的印象往往是负面的,受好莱坞电影的影响,黑人的主要形象为残忍的罪犯、街上的流浪汉、悲惨的混血儿童、凶悍的但是爱护孩子的黑人妈妈等。年龄的刻板印象也比比皆是,如对老年人的印象大多是衣着保守、脾气古怪、孤独无助、与年轻人有很深的隔阂等。但是日常生活中最为广泛的刻板印象应该属性别刻板印象。在性别角色形成过程中,刻板印象起着一种特别的框架和模板的作用,对男女应具备的心理特征和所从事的活动有一套相对固定的看法。

(二) 性别刻板印象(gender stereotype)

小测验

让我们来做一个小小的测验,看看你的直觉反应是什么。

1. 女生都很小心眼,喜欢嫉妒,勾心斗角。
2. 男生更愿意注意女生身材。
3. 女生读文科比较厉害,男生应该学理工科。
4. 女孩子当老师很好,工作稳定是最重要的。
5. 考不上大学就先去工作,把复读钱省下来让弟弟补习。
6. 豪放、刚强、勇敢冒险、积极、理性这样的形容会让你想到_____。
7. 温柔、善良、注重家庭、被动、感性这样的形容会让你想到_____。
8. 男孩子嘛,活泼好动、汗水淋漓有什么关系。
9. 女孩子要坐有坐相、文静一点,别蹦蹦跳跳的,女孩子没女孩子样。
10. 不要哭了!男儿有泪不轻弹。
11. 搬东西时找_____,教室布置时找_____。

12. 男孩子的玩具是_____，女孩子的玩具是_____。

13. 165公分的身高，你觉得_____。

14. 40岁而未婚的白领朋友，你会称他"钻石王老五"，称她"老处女"吗？

性别刻板印象就是对男女角色有着僵化、过度简化的信念或假设，和所有刻板印象一样，忽略个别差异，最常见就是以二分法为依归，赋予男女各自不同的性格、态度、生活方式、职业等，这些概括化的特征其实是一种文化产物，普遍存在于社会中，以简化特征来区分男女两性，一切以性别为分野的标准。如一般人认为男性具有工具性特质，坚强、独立、大胆、冒险、理性，适合从事竞争工作。女人具备情感性表达特质，温柔、体贴、胆小、感性、脆弱、母性，适合从事家庭内照顾幼儿、料理家务等工作。

性别刻板印象包括四个不同的方面：外表形象（如女性娇小优雅，男性高大魁梧）、人格特性（如女性情绪化，男性理性）、角色行为（如女性照顾孩子，男性修整房屋）、职业（女性做护士、幼儿园老师，男性做科学家、建筑工人等）。

国内外研究发现许多媒介反映了社会的主流价值，所采用的符号根本未能呈现女性真实与多元的面貌，反而多是一些刻板印象，尤其像新闻、广告、卡通、戏剧及流行文化等呈现的两性特质与角色关系，这些媒介所再现的刻板形象相当局限，并且危及女性发展出完整人格和成为有价值的社会成员。

综观各种媒体对两性特质和行为的再现，可归纳出媒体常见的性别刻板印象特征包括：女性在公共领域相关议题出现的比率偏低。强化性别刻板印象，复制传统的男女角色，如女性依赖男性，女性无专业能力，女性是天生照顾者，女性常为受害者与性对象。女性被一分为二，建构好女孩（处女）是纯洁、服从、牺牲的；坏女孩是放荡、纵欲、冷酷、阳刚的。女性角色的呈现代表性不足与女性地位边缘化。男女互动呈现着支配与服从的关系，如男强女弱；若相反则会有负面形象或社会嘲讽。职业分工上,男外女内;男性担任主管,女性则属于部下或担任从属的工作。强调女性角色的容貌,如瘦身丰胸、追求美貌以满足男性目光,常被忽略专业能力。

北京大学心理学教授钱铭怡对中国当代大学生进行的性别刻板印象实验调查的结果显示:中国当代大学生也存在着明显的性别刻板印象。他们认为:男性在思维、能力、工作上都超过女性,且成就动机高、坚强能干;而女性则善解人意、重感情、被动、顺从。[①] 这恰与古代传统的男强女弱、男尊女卑的性别刻板印象有一脉相承的联系。此外,国内外心理学家对男女大学生、研究生的择偶意向进行调查,其结果惊人的相似:男性优选女性的外貌,要求女性比自己的学历低,女性则倾向于选择那些比自己学历高、能干、地位好、收入高的男性,这种择偶意向实质上仍是受传统的男尊女卑、夫贵妻荣的性别刻板印象的影响。由此可见,性别刻板印象在当今精神文明和物质文明高度统一的现代化社会里仍是根深蒂固的。

性别刻板印象对每个人的影响可能超过了人们的想象。在个体成长过程中,性别刻板印象始终在潜移默化地影响着个体的发展,一点一滴地塑造着个体的行为。由于性别刻板印象的存在,使男女两性的社会化过程方向十分明确。性别刻板印象的普遍性与牢固性给男女带来生活和心理上的压力,男女两性都必须按照社会规定的角色规范去进行自我塑造,在影响女性的成就动机与自我潜能发挥的同时,也迫使男性以追求事业成功作为人生价值实现的唯一标准。

四、社会性别的意义及对大学生未来的影响

社会性别既是一个独特的研究领域,又是一种崭新的视角和方法,这一概念的出现,是对19世纪以来盛行的"性别生理决定论"的有力挑战。

---

① 钱铭怡:《关于性别刻板印象的初步调查》,载《中国人民大学书报资料中心复印报刊资料·心理学》1999年第2期。

社会性别概念揭示了导致性别不平等的根源。社会性别概念的提出打破了过去认为的男女的社会差异和不平等是基于两性的生理差别的认识,这种生理决定论不能解释男女在教育、收入、就业和参政等领域存在的差距和不平等,同为女性,在北欧可以广泛参与政治和经济活动,但在中东的部分国家和地区却被排除在公共领域之外。

社会性别概念提供了新的研究视角和分析方法。社会性别视角主要指尊重和理解不同性别,尤其是处境不利的女性以及不同背景的妇女的意见、看法和经验,因为人类认识自身和世界的知识和理论是比较忽视女性视角的,要重新评价和认识两性关系,用社会性别视角重新审视政治、经济、教育、家庭等一整套社会政策和机制。社会性别分析认为在一定的社会性别机制下,所有的政策、法律、计划、项目对男性和女性的影响是不同的,坚持用社会性别分析方法分析各种法律、政策、观念和行为,提高现有制度和机制促进社会性别平等的能力。而不是仅仅用妇女的今天和妇女的过去进行纵向比较,以展示妇女取得的社会进步,或用简单描述的方法,把妇女本身当作问题。[①]

社会性别概念建构了新的知识体系。把社会性别概念引进历史、文学、人类学、心理学、社会学、教育学等一系列学术领域,创立了跨学科的妇女与社会性别教学机构,向各个学科领域作了积极有效的渗透,从而改变了众多学科领域对人类社会的认识和阐释,构建了一个全新的知识体系。目前社会性别概念已经进入了许多国家的学术界和教育体制,早已成为国际人文社会科学领域中一个不可或缺的分析范畴,经常同阶级、种族、族裔、性倾向等等分析人类社会等级制的范畴并列使用。

本章小结

1. 生理性别是指男女的自然性别,是普遍存在的、一般不可改变的

---

① "在国际劳工组织成员中提高社会性别主流化能力"中国项目组:《提高社会性别主流化能力指导手册》,北京:中国社会出版社2004年版,第7页。

男性和女性的生理差异,是用生物标准来确定的男性和女性,通常也称为性别。男女两性在生理、心理及行为方面都存在一定的差异。

性别本身存在生理上的差异,并不意味着一种性别优于或者劣于另外一种性别。生理性别不是区分男女社会地位的基础,不能把男女的生理差异扩大或巩固在社会发展领域中,从而剥夺和限制了两性平等发展的权利。

两性心理和行为方面的某些差异背后往往有着深刻的社会文化根源,是同对男女两性不同的社会期待、商业文化的压迫及女性不利的社会地位等等有关的。不能把历史、文化和社会制度长期以来累积的性别差异结果,当作解释差异的原因。

2. 社会性别概念,具有与生理性别相区别的内涵,指为人们所认知到的男性与女性之间存在的社会性差异和社会性关系;这些差异和关系会因各种具体社会形态和文化形态的不同而有所不同,且会随时间发生变化。社会性别概念被社会学家用来描述在一个特定社会中,由社会形成的男性或女性的群体特征、角色、活动及责任。

社会性别角色的形成是一个社会化过程,是一个社会学习和社会教育的过程。社会性别关系常常在社会制度(如文化、资源分配、经济体制等)以及个人社会化的过程中得到传递、巩固和复制。

社会性别理论向19世纪西方盛行的生物决定论以及女性的传统社会角色提出有力的挑战,指出了形成性别不平等关系的重要因素。社会性别概念表达了以下涵义:生物差异并不是造成两性角色及行为差异的决定性因素;制度和文化因素是造成男女角色和行为差异的原因;社会对妇女角色和行为的预期往往是对妇女生物性别规定角色的延伸;人们现有的性别观念是社会化的产物,因而是可以改变的。

社会性别概念的提出揭示了导致性别不平等的根源,提供了新的研究视角和分析方法,在历史、文学、人类学、心理学、社会学、教育学等一系列学术领域建构了新的知识体系。

教学活动建议

课堂安排：

1. 教师讲解。
2. 全班同学分成讨论小组就学习内容和阅读体会进行讨论。
3. 每个小组选一名代表向全班汇报本组讨论观点。
4. 教师总结回应同学们的讨论。

课堂讨论：

1. 家庭中的性别问题：如学生名字的来历；家庭里父母的角色分工。
2. 成长中的性别问题：如儿时扮演的性别角色游戏；学校老师对男女生的不同评价等。
3. 教材中的性别问题：你对小学、中学语文教材中印象最深的男性和女性都是谁？为什么印象深刻？
4. 你是否喜欢自己的性别？为什么？
5. 你最讨厌哪一类男生和女生？为什么？
6. 收集有关性别方面的习语，如"男儿有泪不轻弹"、"头发长见识短"、"男婚女嫁"等，并分析其中的文化含义。

思考与实践

1. 生物学角度的性别差异表现在哪些方面？
2. 在两性认知发展上有哪些代表性观点？
3. 两性心理与行为差异产生的原因是什么？
4. 什么是社会性别？提出社会性别概念的意义是什么？
5. 社会性别作为分析范畴是如何解释性别不平等的？
6. 性别刻板印象对你的成长有什么影响？

文本链接

在网站上广泛流行关于白领工作的一个帖子,说明即使女性与男性在工作中有着同样表现,仍有可能得到完全不同的评价:

看到男下属在跟同事说话,老板心想:他一定是在讨论最近的项目,工作真是积极;看到女下属在跟同事说话,老板心想:又在说人是非长短,女人就是长舌,天性,天性!

看到男下属在加班,老板心想:现在已经很难请到这么勤劳的员工了;看到女下属在加班,老板心想:女人能力就是有限,这么点小事也要花这么长的时间来做。

看到男下属很快受到部门经理赏识而提升,老板心想:这个人一定很有潜力;看到女下属很快受到部门经理赏识而提升,老板心想:这个人一定是跟经理有一腿。

看到男下属不在他的位子,老板心想:他一定是去见客户了;看到女下属不在她的位子,老板心想:她一定是去购物了。

看到男下属在用电话,老板心想:他在很积极地为公司招揽生意;看到女下属在用电话,老板心想:又在跟男朋友聊天……还是在跟其他男人打情骂俏?

看到男下属有了孩子,老板心想:他负担又重了,该给他加薪;看到女下属有了孩子,老板心想:她一定会用到公司的各种生育待遇,公司的负担要加重了。

看到男下属提前下班,老板心想:跟客户应酬真是疲于奔命,该提醒他别忽略家庭;看到女下属提前下班,老板心想:又赶着去接孩子,女人永远是孩子老公排第一。

第四章

女性社会角色

【名人名言】

　　全世界是一舞台，所有的男人和女人都是演员，他们有各自的进口和出口，一个人在一生中扮演许多角色。

——莎士比亚

【本章教学目的和要求】

- 重点掌握女性个体社会化、女性社会角色及女性角色冲突的概念。
- 明确个体社会化的必要条件、女性角色冲突产生的原因及如何缓解女性角色冲突。
- 了解当代女性社会角色的形成，以指导自己的实践。

第一节　个体社会化

一个生命个体,自出生到死亡,一直处于一个由生物人向社会人转化的过程之中。在这个过程中,既有生理及自然属性的成熟、发展和变化,又有心理和社会性的发展与完善。我们把孩子从出生到成人的过程称为"社会化"。也就是说,一个人刚出生时可以说是"动物人",正是通过人与人之间的相互作用和影响,才慢慢从"动物人"变成"社会人"。

一、个体社会化概述

（一）个体社会化概念

所谓个体社会化是社会对个人的文化教化和个人对社会能动选择与调适的统一过程。它是指个体在特定的社会与文化环境中,经过同他人交往,接受社会文化影响,学习掌握社会行为规范和价值观念而成长为社会人,并逐步适应社会生活,形成适应于该社会文化环境的人格、社会心理和相应行为表现的过程。从时间上来说,对个人的"文化教化"侧重于人类的早期教育;而个人"对社会的能动选择与调适"则侧重于个人成年后的主动学习。

（二）个体社会化含义

1. 只有经过社会化才能使自然人变为一个社会人。刚刚出生的人并不具有社会的属性,而只是一种生物意义上的人。他必须通过在与周围人和社会的接触、交往中,不断学习各种知识、技能和规范,以发展自己的社会属性,具备适应社会生活、承担一定社会角色的能力。个体由"生物人"向"社会人"转化的这个过程,便是个体社会化。

2. 个体社会化是在具体的社会环境中进行的。它是通过与社会互动来完成的。刚出生的婴儿是生物性的自然人,要完全成长为人类的一员,就必须与他人有正常的交往与互动,正常的语言交流和情感交流,他们必须向别人学习如何思考和行动,这种与他人的互动和学习的过程就是社会化。试想,在与世隔绝的环境中成长的婴儿(如从小在狼群中长大的狼孩)将会是什么样子?洛伦兹的幼雏"尾随反应"的研究、哈洛的罗猴早期被剥夺的研究,都说明在动物有机体早期生命中有一个很短暂的时间,对某一特定刺激或对象可以形成一种永久性的铭记,这个时期被称为关键期。错过关键期,心理的某种机能就不能得以理想发展。最典型的事例是 1920 年在印度发现 8 岁狼孩卡玛拉,由于她错过言语发展的关键期,虽然牧师辛格精心照料训练长达九年,到 17 岁病死时,其智力仅达到三岁半儿童水平。① 这些都表明缺乏正常的社会活动是无法成为社会人的。

3. 个体社会化是贯穿于人整个一生的连续过程。社会化将持续人的一生,在人发展的每一个阶段,包括出生、童年、少年、青年、成年、老年直到死亡,社会化都存在。婴儿从一个自然人或生物人转化为社会人,在以后的成长中,他们被教会语言、技能和社会所期待的行为模式,以及如何去扮演一系列的角色,到成年后,社会化过程仍在继续,新的角色和技能仍需学习。

4. 个体社会化是社会与个人双向互动的过程。个体社会化包含了人生发展的整个过程,其中既有社会对个人的文化教化,也有个人对社会的调适;既有被动学习的一面,也有成年后为适应社会与个人发展需要而能动选择的一面。

个体在社会化过程中,常常缺乏主动性和自觉性,往往要靠社会的强制性教化才能达到社会化目的。如对儿童的教育,对违法犯罪者的改造等,都表现得非常明显。个人在社会化的过程中学习什么、接受什么,都有一定的选择性,甚至会有自己的发现和创造,对来自社会方面的影响并不只是一味被动地接受,而是具有一定的能动性。

---

① 叶奕乾:《图解心理学》,南昌:江西人民出版社 1982 年版。

(三) 个体社会化的分类

个体社会化的内容广泛,其形式也是多种多样的。个体社会化可以按照不同标准,分为不同的种类。

按社会化内容分类,有社会生活基本技能社会化、行为规范社会化、社会角色社会化、政治社会化。

按社会化年龄分类,有儿童社会化、青少年社会化、成年社会化和老年社会化。

按社会化媒介分类的个体社会化,有家庭社会化、邻里社会化、同伴群体社会化、学校社会化、大众媒介社会化、单位社会化等。

按社会化的方向性分类,可分为正向社会化和负向社会化。

按社会化的程度不同划分,有理想社会化和再社会化、预期社会化和发展社会化。

二、个体社会化的条件

个体社会化是一个复杂的过程,要受到许多条件的制约和影响。其中,遗传因素、环境因素和生活实践,是实现个体社会化所不可缺少的三个必要条件。无论缺少哪一方面,都会直接影响到个体的社会化程度和水平。

(一) 遗传因素

个体社会化的客体只能是人类生命个体。人类个体带有一种由上代为下代提供的、有利于人类从事社会活动的特殊遗传素质,为个体社会化奠定了生物学上的基础,为"生物人"转变为"社会人"提供了可能性。

遗传因素主要表现在四个方面:

1. 人无先天行为模式。由于人类个体缺乏本能,即无先天行为模式,从而具有可塑性,能够通过文化教化,来实现社会化。

2. 人有较长的生活依赖期。人的一生中,大约有15%—25%的时间依赖父母和家庭。这不仅为个体接受人类文化提供了必要时间,而且通过依赖还能使个体形成与他人和整个社会不可分割的社会联系和感情联系。

3. 遗传结构包含大量人类信息。人体的细胞中都包含有遗传基因,存在着大量的"信息",正是这种信息的存在,决定了个体极易接受人类教化。

4. 生物需求和情感需求。生物需求的满足是社会化过程的重要内容,而为满足个体生物需求所必须的每一个行动同时,也满足着他的情感需求,二者密切联系,成为个人社会化不可缺少的遗传因素之一。如身体的接触和相互作用便是一种最基本的生物需求,如果这种需求不能得到满足,就会出现严重的肉体和情感问题,进而影响社会化的正常进行。

(二) 环境因素

环境因素是指影响个人社会化过程的全部社会环境,也称文化环境。它是个人社会化的必要条件。个人社会化的环境要素是十分复杂的,一个人所处的环境要素如何,他就会有什么样的社会化过程和社会化结果。我们常常说"近朱者赤,近墨者黑",在一定程度上正是指出了环境因素对人的重要影响作用。

环境因素主要包括:

1. 家庭。在各环境要素中,家庭是个人社会化的第一要素。因为,童年期是人生社会化的奠基时期,这一时期的社会化主要通过家庭来进行。个人首先通过家庭获得社会地位,家庭成员状况深刻影响个体的行为模式,父母施教是最初的社会化途径。

2. 学校。学校教给个人以系统的科学文化知识,以独特的组织方式帮助个人为进入成人世界做准备,培养组织纪律性,培养知识吸收能力和创造基础,通过筛选淘汰,影响学生以后的发展方向和职业生涯。

3. 同辈群体。同辈群体是根据自己的年龄、性别、文化等条件建立起来的同伴或朋友关系,对个人社会化有着特殊的影响。在同伴群体中,社会化过程的限制和陈规最少,选择余地最大,个人是在无意中社会化,而且多按自己的兴趣社会化。同辈群体的社会化过程还带有鲜明的年龄、性别和文化特征。

4. 阶级。阶级是阶级社会的重要社会化因素。阶级地位的不同,经济地位的巨大悬殊、社会等级的巨大差别,会影响到人的尊严和权利、物质条件的优劣、接受教育的机会、社会流动的状况、行为模式以及认知结构的心理发育等各个方面。

5. 工作单位。个人有大量时间是在工作单位度过的,因而工作单位对个人具有显著影响,也是其重要的社会化因素。

6. 社区。社区是社会和文化的缩影,是个人生活的基本社会环境,影响着人的社会化的各个方面。

7. 大众传媒。这是现代社会具有重要意义的社会化因素。在现代社会,电视、广播、书报、杂志等大众传播媒介,成为传播信息的主要工具。通过这些媒介,个人不但可以接受大量的信息,而且在知识、技能、价值标准、角色能力等的学习方面开始出现"无师自通"的情况。

8. 生活实践。生活实践是实现知识内化与积累,达到个人社会化目标的根本途径。所谓内化,泛指把他人的知识转变成自己的知识,把感性的知识加工成理性方面的知识。知识内化与积累是一个以教化和互动为前提,在生活实践中不断实现的过程。个人在生活实践中,实现社会化的具体途径有三:一是观察学习,二是角色扮演,三是知识积累。①

三、女性的个体社会化

女性的个体社会化是指女性通过社会参与、社会实践,积累社会知识,熟悉社会生活,掌握社会技能,进而把先进的社会观念、社会规范内化为自己的行为准则的过程。

女性要想取得与男子的真正平等,就要进行个体社会化,积极参与社

---

① 天下网吧联盟论坛(http://bbs.txwm.com/index.asp)——谈谈个人社会化的几个问题(http://www.txwm.com/BBS3742.vhtml)。

会的政治、经济、文化生活。新时代女性要自尊、自信、自立、自强,要形成适应于该社会与文化的人格;要根据社会发展的需要,解放思想,更新观念,在经济社会中大胆创业;要积极参与社会主义物质文明、政治文明、精神文明建设,求新突破,迈出新步伐,在不断超越自我中建功立业;要以发展为主题,弘扬时代精神,提高综合素质,努力创造身心健康、家庭和睦、互相关爱的幸福生活;要在当前社会的经济发展与文化环境中,掌握该社会所公认的行为方式。

(一)女性个体社会化的基本内容

女性个体社会化的基本内容可概括为四个方面:

1. 女性的个人生活技能社会化

一个人自出生后,便成为社会大家庭中的一员,但还不是"社会人",只有通过直接或间接地参与和适应社会活动,才能得到生存与发展。现代社会对女性的角色期待是多元的,既有传统意义上的服从、忍耐、奉献,又有现代意识中的工作出色、独立自主、经济自立。妇女要在社会立足或适应社会发展,就必须在不同的成长阶段,通过多种途径获得符合时代要求的文化科学知识,培养自己的日常生活技能,掌握相应的职业技能,从而具备生存的本领。新时代的女性,要多方面地完善自我,不仅要具有某一学历或某一专业知识,而且应具有多方面的社会知识和生活技能,包括理论知识、仪容仪表、家务劳动、家庭与职业关系等。要终身学习,提高自身涵养,掌握生活技能,创造出具有高标准的精神生活。

2. 女性的政治社会化

女性的政治社会化,即个人逐渐学习和接受被现有政治制度所采用和确定的政治信念、思想体系、社会制度和政治态度的过程。在不同的社会历史条件下,女性政治社会化的内容是不同的,它体现了社会的特点与时代的风貌。每种社会制度都十分注重对女性进行政治教化,通过诸如政治思想、社会制度教育,社会公德、职业道德、家庭美德教育,世界观、人生观、价值观教育等,使每个人与社会、时代的整体思想体系相适应,从而自觉承担起社会的责任与义务。现代女性与男子共同创造着人类的物质财富和精神文明,成为社会发展和进步的推动者。

3. 女性的个人行为社会化

一切社会活动、社会过程都是由社会成员的社会行为构成的。任何社会都有一套合乎国情的社会规范和行为准则,以维持社会的秩序和稳定。现代女性承担着社会和家庭的双重职责,妇女既要在经济发展的大潮中实现自我价值,又要在家庭生活中担任传统角色。因此,现代女性想要做一名合格的社会成员,必须遵循一定的社会规范,遵守国家的法律法规、道德和风俗习惯;必须以新的适合自身发展的理念,参与国家建设和经济振兴,将自己培养和训练成为对国家经济建设有用的社会成员,展示出"妇女能顶半边天"的实力,成为社会主义事业的建设者。

4. 女性的性别角色社会化

角色是一种行为模式,即与一个人的社会地位及其权利义务要求相符的行为模式。女性即具有与男性不同的生理特征,也具有一定的社会特征,如不同的服饰、发式、行为方式等。这些性别特征是在不同文化环境中经过性别角色社会化形成的。女人的一生中扮演了很多角色,每一个角色都表现出个人不同的社会特征。在工作单位,女人既是上司的下属,又是下属的上司;在家庭,女人既是母亲的女儿,又是丈夫的妻子,还是孩子的母亲。女性在社会活动中的多样性是女性的性别角色社会化的结果。[①] 现代女性只有充分地认识到自身社会属性与家庭属性的统一性和自我实现的完整性,真正地自尊、自信、自立、自强,才能逐步缩小两性发展差距,更好地完成女性的社会化,促进女性与男性、女性与经济社会协调发展。这也是女性个人社会化和终身教育的内容之一。

(二) 女性个体社会化的过程

社会化是个人融入社会,接受社会影响、感受社会环境作用的途径。

1. 女性的性别角色的获得是一个社会化的过程。女性的个人社

---

① 文迪漫谈 http://article.hongxiu.com/a/2005-12-27/1027774.shtml 女人应善待自己。

化是在性别角色社会化过程中形成的,是社会文化的产物。她由最初遗传的生理形态的差异到父母对婴儿性别身份的确认,再由这种确认导出不同的抚养方式和教育方式,最后形成女性的心理特点。在女性自己生活的这个环境中间,经过社会化这样一个过程形成女性角色。在这一过程中,贯穿、渗透着社会习惯、传统观念和社会行为规范的影响。

2. 女性身份地位的获得是社会化的过程。女性在社会化过程中,将社会赋予的角色标准内化为自己的行为准则,并把它贯彻落实到日常的行动之中。要成为一个真正意义上的女人,使自己有能力融入社会生活,就必须学习社会知识、社会规范和生存技能,使自己的言行遵从普遍的社会秩序,真正成为社会的一员,这一过程就是女性个体社会化的过程。

(三) 女性个体社会化的意义

女性个体社会化无论对个人,还是对社会,都发挥着重要的作用。社会化概括起来有以下几方面意义:

1. 促进人格形成和发展,逐步完善自我

人是生活在社会群体中的,人格是一个人通过社会化而形成的观念、态度、性格与习惯等,是个人在社会化过程中给人以特定的身心组织,是一个人比较复杂而稳定的生理、心理素质和行为特征的总和。女性人格是在社会、家庭生活及交往中体现出来的,它具有动力一致性和连续性的自我完善,是不断磨炼头脑、吸收知识的过程。女性人格的自我完善,在于明确地发展自己的道德活动能力,培养自己的道德意识,使良好的品质日臻完善,使不良的品质得到克服。女性的社会化不仅培养了女人的共性,也培养了女人的个性。女性在社会化过程中,不断了解自己与他人的差异,探索他人对自己的评价和自己的实际形象,逐渐形成自我观念,自我观念又促进自我的进一步完善和发展。

2. 传承社会文化,推动社会发展

在女性个体社会化过程中,主要通过继承遗产、创造发展等形式来传承社会文化,推动社会发展。追求自由,实现价值是现代人思考的中心,也是女性思索的热点。继承优秀传统文化,发展传统文化,创造新文化,并向后人传承,是当代女性社会化的结果。现代女性既要突破传统社会女性无知、无欲、无能的角色定位的羁绊,又要汲取其中有价值的内涵,在分析鉴别和选择批判的基础上,继承我国传统文化中优秀的精神宝藏;既要在继承的基础上接受现代意识,又要结合新的时代条件加以弘扬和创新,选择适合自身发展的理念,使这些传统美德具有新的丰富内涵。只有这样,才能不断优化自己的选择,冲破束缚,勇敢进行尝试,在实践中充分发挥自己的能动性,才能更好地实现自己的人生价值,推动社会发展。

3. 掌握生活技能、培养社会角色

掌握生活技能是培养社会角色的重要环节。任何人进入社会,都要扮演一定的社会角色,必须具备相应的角色能力。女性个体社会化正是培养了社会所需要的各种女性角色能力:"女人"一生。女人在社会和家庭中,要承担多重角色,女儿、妻子、母亲、朋友……不同的角色就会负有不同的责任和义务,这就需要女人既要明确角色目标,具有分清自己角色类型的能力,又要全面理解角色规范化的程度,做好角色的转换,随时随地适应需要,恰当地转换个人角色。职场上要以出色的工作业绩演绎现代女性的风貌;做女儿,就要经营好自己的生活、情感和事业,让自己父母安心,在父母需要的时候,能够有能力随时报偿,尽女儿应尽的责任;做母亲,就要哺育孩子,把孩子从一个什么都不会的婴儿培育成亭亭玉立的姑娘或生气虎虎的男子汉;做朋友,就要与朋友分享共同的喜怒哀乐,坦然地面对挫折,战胜挫折和磨难,从而使自己的人生得以升华。

第二节 社会角色的形成

人生活在世界上,总是以一定的角色与他人和社会发生关系,人的多重的、变动的社会角色是人的社会性的体现,也是人的权利和义务及其变化的基础。社会角色作为人在社会中的身份,是人在与他人和不同社会共同体发生关系的过程中形成的。人在一生中,要与他人和不同社会共同体发生无数的关系,因而人的社会角色很多,而且随着年龄、职业等各种因素的变化而变化。

一、社会角色概述

(一)社会角色

1. 社会角色的概念

在社会心理学中,"角色"是指与某一特殊位置有关联的行为模式,或者说角色代表着一套有关行为的社会标准。所谓的社会角色就是个体在社会关系体系中所处的特定的社会地位、身份,以及该身份所应发挥的功能。它表现出符合社会所期望的行为和态度的总模式。

我们每个人都会具有一定的角色,比如说做父母的、做子女的、做教师的、做学生的等等。社会角色是由一定的社会地位决定的,符合一定的社会期望的行为模式,是人的多种社会属性或社会关系的反映,是构成社会群体或社会组织的社会细胞。

2. 社会角色的含义

任何一种社会行为,不仅反映出角色扮演者的社会地位及其身份,而且体现出个体心理、行为与群体心理、行为及社会规范之间的相互关系。

社会角色包括三种含义:

(1)社会角色是一套社会行为模式,是社会对在一个群体内或社会中具有特定社会地位、身份的人所期待的行为,每一种社会行为都是特定社会角色的体现。

(2)社会角色是由个体的社会地位和身份所决定的,个体的角色行为能够真实地反映出个体在群体生活和社会关系体系中所处的位置。

(3)社会角色是一个地位或身份所要求的具有心理和行为规范的总和,是符合社会期望的,按照社会所规定的行为规范、责任和义务等去行动的。

（二）社会角色的分类

我们从不同角度,可以将社会角色做以下四种划分:

1. 根据人们获得角色的途径不同,可以将社会角色划分为先赋角色和自致角色。

先赋角色又叫归属角色,指人们与生俱来或在其成长过程中自然而然获得的角色,它又分为先天性先赋角色和制度性先赋角色两种类型。

自致角色又叫成就角色,指人们在后天的生产、生活中经过自学或努力而获得的角色,如科学家、教授、司机等。

2. 根据角色规范是否明确,可以将社会角色划分为规定性角色和开放性角色。

规定性角色,是指角色的权利和义务有比较严格而明确规定的角色。如行政人员、司法人员、财会人员等,他们的行为一般具有十分明确的规范和制约,如果扮演成功可以受到表彰,否则会遭到制裁或惩罚。

开放性角色,指角色的权利和义务没有严格而明确的规定,角色扮演者可以根据自己对角色的理解和社会对角色的期待来规范自己的行为。如果说它也有制约的话,这种制约也是非强制性的,主要受习俗、道德等社会规范的制约。例如:朋友、亲戚、夫妻关系等。

3. 根据角色所追求的目标,分为功利性角色和表现性角色。

功利性角色指以实际利益为目标的角色。这种角色行为是计算成本、注重效益的,其行为的价值在于利益的取得。如企业家、商业管理人员等。

表现性角色是不以经济上的报酬和效益为直接目的,而以个人表现为满足的社会角色。如各级党政干部、科学家、艺术家、作家、学者、教授等。

4. 根据角色是否符合一定的社会期待,将社会角色划分为正式和非正式的。

正式角色是符合一定的社会期待的角色。

非正式角色是偏离或违反一定的社会期待的角色,或出现新的社会地位而发展了一种新的角色,但这类新角色在一定时间内还未被社会接受和承认。

二、社会角色形成的一般规律

(一) 社会角色的扮演

社会角色的扮演,是当一个人具备了充当某种角色的条件,去担任这一角色并按照这一角色所要求的规范去活动时,就是社会角色扮演。

一个人的社会角色,对个人讲,是回答"我是谁"。在回答的过程中,确定了自己的实际地位、与别人的关系,从而充当起某种角色。社会角色的表现是要借助于许多道具,通过个人衣着、仪表、言谈举止等行为举止进行的。

一般来说,较好的角色表现都有台前与台后的区别。台前表现:指人们正在充当当时他所担当的角色的表演。台后表现:指人们离开充当当时他所担当的角色的表演平台。角色理论家们认为,如果在各种情况下,角色都扮演得很成功的人,就可能过着正常的生活。相反,扮演各种角色不大成功的人,则很可能在不同的情形下遇到困难。

(二) 社会角色的形成过程

一般来说,社会角色的形成通常经历角色期待、角色领悟和角色实践三个阶段。

1. 角色期待阶段

角色期待,也叫角色期望,是指社会或是他人(或是自我)对某一社会角色所应具有的一组心理与行为特征的期望。

人们在扮演行业角色时,首先要适应社会对此职业的期待,即社会对某一角色行为的期待和要求。它符合人们对扮演该职业角色的人所予以的行为上的期望与设想。角色期待是一种社会观念,一种外在的力量,它能影响一个人的行为模式。其所需适应的角色期待包括:适应社会其他职业的人对其职业的角色期待和所面对的对象对其职业的角色期待这两个方面。

角色期待在多数情况下都是明确的,例如,家长往往期望子女将来应该成为对社会有用的人才。角色期待包括了认知、情感和态度的总和,是一个复杂的系列。角色期待往往是在个人社会化之前,或是扮演某种角色之前就已经规定好了。当然,有时候也会出现对某一种角色期望不一致的情况,这样就必然会出现两个结果,一是不同的人们在扮演同一角色时,其行为表现不一样,即个别差异;二是使某些个体在扮演角色时出现无所适从的困难。

2. 角色领悟阶段

角色领悟又叫角色认知,指角色扮演者对其角色规范和角色要求的认识和理解。个体对角色的认知最初也是从它的整体轮廓开始掌握,随着学习的深入,个体开始学习角色各个部分的具体规范、权利和义务、知识和技能等,进而个体才能把各部分内容有机地结合起来,完成角色的认知任务。

角色领悟是个人观念,是角色扮演的内在力量,人们在扮演某一社会角色时,不仅要受制于其外在力,更重要的是取决于其内在力量即角色领悟,由于人们的各方面条件不一样,对同一角色的理解会有差别。角色领悟必须适应社会赋予的这一社会职业的责任与任务,并在不同情景中恰当实施体现其职责的各种功能和影响。对同一角色,角色期待一般是相同的,但角色领悟不同,这样才形成了社会千差万别的角色扮演。因此,只有在贯彻执行职业赋予自身的职责基础上,恰当考虑、正确处理好自身担任的多种不同角色,在各层面实现不同角色的独特功能,融合它们的作用,才能从全局、整体上适应其职业责任。

角色领悟阶段具有以下特点:

(1) 综合性,即将角色作为一个整体的、以有组织的认识模式来认识。

（2）互动性，即在相互作用着的人与人之间的社会关系中进行角色学习。

（3）可变性，即伴随角色互动中地位、情境的变化来理解多种角色，应付各种复杂局面，适应多变的社会生活。

3．角色实践阶段

角色实践，又叫角色行为。角色实践是根据自我对各种社会角色观念的理解，并根据这些角色对个体的要求而调节自己行为的过程。

角色实践是角色扮演的实际过程或活动，是角色领悟的发展，角色领悟是一种个人观念，角色实践则是个人的社会行为。即个体在人格或个性上进行自我修养，获得相应的角色经验、技能、知识之后，从职业活动的需要出发，在自身的人格或个性方面进行改造与锻炼，达到相应职业角色心理的全面内化与人格化。为适应这种职业特点，必须在职业活动中进行有意识的实践与锻炼，从对角色职责的认同、接纳和对角色行为的外部模仿，逐渐内化为个人的职业素质与人格品质。对于个体来说，职业人格的自我适应与培养是角色心理的真正内化，是其职业活动的最终个体人格化，它表现为个人修养与职业的和谐统一，并成为对角色适应的最高境界。

综上所述，社会角色的扮演一般要经历角色期待、角色领悟、角色实践的过程。在这个过程中，由于人的行为受认识的指导，领悟与实践是一致的，但由于主客观条件的制约，后者与前者经常不能保持一致，会发生偏差，社会学就把这种偏差叫"角色差距"。如教师这个角色，应当是为人师表，当好园丁，教书育人，不误人子弟等等。所谓师德，就是教师所应有的道德规范。但现实中，就存在着教书不认真或只教书不育人的教师。这种偏差，就是教师的角色差距。

三、当代女性的社会角色及转换

女性一生要承担多重角色。不同的对象，就会对女人有不同的期待和要求;处于复杂社会关系中的女性,其社会活动的多样性,决定了女性社会角色的多样性。

一般来说,当代女性的社会角色主要体现在社会生活和家庭生活当中。在社会生活中充当现代职业女性角色、家庭主妇角色。在家庭生活中充当女儿角色、妻子角色和母亲角色。

(一)当代女性的社会角色

1. 当代职业女性角色

对一个现代职业女性来说,最幸福的是事业成功、家庭幸福。现代女性一般受过系统的专业教育,摆脱了传统思想对女人的束缚,有自己的梦想、自己的职业、自己独立的人格和自己的活动圈子,能够代表时代女性的大部分。她们从中国几千年妇女的生存状态演变中看到,女性不进行社会化,不参与社会的政治、经济、文化生活,要想取得与男子的真正平等是不可能的。女性只有在经济上翻身,才能带来可靠的政治翻身与文化翻身。正是从这一视角出发,职业女性渴望和追求自己的地位和社会责任。她们追求人格上的独立和个性化生活,希望自己能在市场经济竞争中赢得一席之地。为了适应工作,她们不断更新自己、充实自己,塑造坚强、独立的新女性形象,并在工作中不断缩小性别差异,与男性在同一架天平上体现个人魅力和自我价值。无论在当代的社会认同过程中,有多少男性化的痕迹出现在职业女性身上,她们在外面是学者、劳动者和管理者,但回到家中,她们还是女儿、妻子和母亲。现代职业女性自觉地肩负起家庭主妇的责任与义务。然而,这种家庭主妇的角色,已完全不是封建文化定义下以依附、被动、服从为基本特征的传统文化型角色,而是以主动、平等、自主、独立为特征的现代职业女性角色。中国当代职业女性,既从旧式"贤妻良母"、"相夫教子"的价值模式和精神枷锁中解放出来,又汲取其中有益的成分,并注入新的内涵和活力,从而实现了女性由传统文化观念向现代价值观念的转换。

在市场经济、对外开放的大好环境中,涌现出了一批睿智、能干的女企业家、女官员,舆论称之为"女强人"。其实,在上个世纪五六十年代的社会主义建设时期,就曾经涌现出了许多蔑视男女差异、埋头苦干、事业有成的女性,并受到整个社会的尊敬与爱戴。但到了现在,一些社会舆论对于"女强人"却有丑化的态度。现代人口中的"女强人"一词,甚至被隐晦地戴上了"强硬、冷酷,既不温柔、又不善解人意"的帽子。相同条件下,男性事业成功者往往拥有更为良好的社会氛围,包括来自家庭的亲情支持、来自社会大环境的舆论支持等。不仅如此,就是在相同的就业情况下,男性所能享受到的社会配套服务也明显超过女性。而"女强人"的创业历程,却可以说是举步维艰。有句话说"成功男人的背后一定有位伟大的女人,而成功女人的背后却常常有个令她伤心的男人",这句话的本身不一定正确,却也从一个侧面反映了女性创业的艰辛和压力,而其中甚至有相当一部分压力是来自于家庭成员内部。"女强人"们被置身于事业和家庭的矛盾冲突之中,身心承受着来自两方面的割锯,在矛盾中挣扎、在夹缝中艰难地拓展自己的事业空间。

2. 当代家庭女性角色

(1) 家庭主妇角色

家庭仍然是社会肌体最基本的组成细胞。女性是家庭结构的主要角色,有着天然的义不容辞的家庭责任。她们承担好家庭角色,尽自己的智力、能力和爱心,既支持丈夫事业上进,又教育子女健康成长,与丈夫一起共同营造一个幸福美满的家庭,对于社会文明与进步是不可缺少的。

现代家庭主妇基本上有两种类型:一类是丈夫事业有成,妻子不需要参加工作而留守在家中;另一类是妻子文化水平较低,无法胜任社会工作。

受传统文化影响,男性在现代社会生活中占据了更多领域的优势。几千年的传统文化,也使得"男主外、女主内"、"男尊女卑"等旧观念无孔不入地侵蚀着人们的思想和心灵。社会舆论也大力宣扬"温柔顾家的贤妻良母型妇女"的优秀形象。现实生活中也确实有一些女性,愿意按照社会舆论所推崇的形象来定位自己的人生角色,而转变了本来的人身价值取向,退为家庭主妇。她们放弃了自身理想的追求,把满腔的希望倾注于丈夫身上,试图在丈夫事业成功的背后得到一种自我安慰。由于妇女不参加工作,所有的家庭经济负担和生存压力全部转嫁到男性身上,家庭妇女依附于丈夫而生存。万一丈夫的事业出现危机,无疑就会失去生活来源,从而影响全体家庭成员的生活和生存。况且经济独立才是女性独立的资本,经济不能独立,纵然扮演好了家庭主妇的角色,也谈不上人格的独立。如果家庭主妇全身心地投入到相夫教子、养尊处优当中,缺乏与外界的沟通交流,就很容易与时代脱钩、拉大夫妻双方差距,导致家庭解体。

在社会生活中,男性角色的社会价值容易得到社会的承认,而家庭妇女角色的社会价值不易被社会重视,更不能得到社会的赞赏。因此,现代女性要不断提高自身素质,以自由、积极、自信的姿态,投身于广阔的创造和生活之中,充分展示现代女性的社会价值和时代风采。

（2）妻子的角色

如果把婚姻比作一棵树,妻子便是这棵树的根须,唯有她的深植,婚姻才能幸福、稳定。妻子在家庭中起决定性作用,她可以使家庭和睦、幸福、温暖,也可使家庭生活沉闷、痛苦、出现危机。妻子的角色使现代女性担负着比男人更多的责任。在家庭生活中,妻子承担着生育孩子、抚养教育孩子、赡养老人等繁重的家务劳动。随着社会的发展,女性实现自我价值的意识增强,中国女性的社会属性和家庭属性被同时强化。社会对女性既有传统观念的要求,又有现代观念的要求;既有在家庭生活中担任传统妻子角色的要求,以表现女性温柔、贤惠、忍耐、奉献等女性气质的一面,又有在工作中冲破传统观念的要求,表现女性精明、强干、坚决、果断,实现自我价值的一面。作为妻子还承担着赡养老人、培育子女,统筹操持着一家人的吃、穿、住、行、三亲六故的往来等繁重的家务劳动。曾经有机构作过关于妻子角色研究的调查,理想的妻子应具备以下品质:温柔、体贴、温文尔雅、女性魅力、聪明。

妻子的角色使现代女性承受了比男性更大的精神压力和心理压力，这就要求女性克服本身的自卑心理，消除消极、失落情绪，努力调整自我，增强妻子角色的适应能力，建立文明、健康、科学的生活方式，打造自尊、自信、自强、自立的新时代女性形象。

(3) 母亲的角色

"母亲"是世界上最伟大的两个字，是作为女性最耀眼的桂冠，是人类的最高荣誉。"母亲"又是一种传统的最常见的身份。世界上绝大部分婴孩说出的第一个词就是"妈妈"。母亲是孩子最好的老师，母亲的一言一行给孩子起到表率和带头的作用。母亲的角色赋予了女性无私奉献、勤勤恳恳、任劳任怨的高尚品格。如何做一个称职的母亲，是选择母亲角色的女性深思的问题。

(二) 当代女性社会角色转换

1. 角色转换的概念

通常一个人会经常变换自己的角色，比如说下班回家，就要从职业角色变换为家庭成员角色。这种经常性的由上级到下级、由领导到子女、由学生到老师、由主人到客人等杂乱无章的变换即为角色转换。

不同的角色就会负有不同的责任和义务，这就需要女人做好角色转换的准备，随时随地适应需要，恰当地转换个人角色。

2. 女性社会角色转换的优点

(1) 能够成功地扮演社会角色的女性对自己会有清晰的认识，能够清楚地知道自己是一个怎样的人，自己的努力方向是什么，自己想成为怎样的人，从而使自己的行为举止恰到好处。

(2) 善于扮演社会角色和顺利实现社会角色转换的女性，会使人感到亲切、自然、可爱、可信。比较容易爱别人，同时接受他人的爱，能充分体验到自尊、自爱、自强与事业有成的快乐。

(3) 具有清晰社会角色观念的女性能够使自我角色期望与对他人的

角色期望相一致。能够客观地对待同事、朋友,能够深入到他人的内心世界,使自己的理智和情感都处在他人的位置,为其设身处地着想,产生移情作用,可以避免主观随意性的诱惑,做到心胸豁达。

(4) 善于扮演社会角色的女性能够真诚待人并与人和谐相处,进行有效的人际交往,获得良好的人际关系。

第三节　女性角色冲突

现代女性摆脱了传统思想对女人的束缚,已经不再是小女人形象,有自己的梦想、自己的职业、自己独立的人格和自己的活动圈子。女人一生中扮演了很多角色,当一个人成功地扮演了她的各种角色,就能既满足了社会的期望,也满足了个人的需求,所以她能过着正常的生活;反之,那些不能胜任各种角色的人,则很可能在不同的生活处境中遇到困难,其中经常碰到的一个问题就是不能适应角色冲突带来的麻烦。比如一位妇女,作为单位的领导者,人们希望她以工作为重,投身于事业;而作为家里的妻子与母亲,丈夫和孩子又希望她能更多地关心家庭,所以这位妇女就往往体验到角色冲突。

一、角色冲突概述

(一) 角色冲突的概念

角色冲突是指当个体的角色行为与角色认知或角色期待产生不协调状态时的内心体验。这种角色冲突的内心体验具有两个层次,第一个层次是在她本人所扮演的角色总体内,第二个层次是在她本人的角色与其他行为者的角色之间。

角色冲突,包括自我对她的角色认知与她对自己实际的角色行为之间存在矛盾时所产生的剧烈的内心体验,以及当自我认识到在执行她的角色某些行为规定与贯彻她所扮演的另一个社会角色之间,出现了某些不相容现象时所产生的内心体验。

(二)角色冲突的分类

1. 角色间的冲突

指同一个人担任两个以上角色,这两个(多个)角色之间的矛盾。如社会角色定式与个体角色行为的冲突,表现在女性角色上,即社会生活与家庭生活的矛盾。传统上,女性被要求在家庭生活中担负比男人更多的责任,因此她们在社会上与男性竞争时,不得不背上沉重的包袱,从而加大了压力。这是由于人一方面是社会的人,同时又是物质的人。作为社会人,她可以占有两个以上的社会空间,但作为物质人,她不能同时占有两处以上的空间。如当一个人同时在不同地点扮演两个角色时,就会感到"分身无术",从而出现角色间冲突。

2. 角色内冲突

同一角色内在规范的矛盾引起的冲突。如角色职能与角色期望的冲突;角色的职责要求与个人事业成就的冲突。表现在女性角色上,即职业角色与家庭角色的矛盾。也就是说,由于工作任务或者工作需要使得个体难以尽到对家庭的责任,或是因为家庭负担过重而影响工作任务的完成。工作单位要求所属成员具有敬业、进取和开拓精神;家庭里她们却被要求成为温柔、贤惠和本分的妻子、母亲。这种不同角色的反差所引起的冲突,必然会对她们的心理产生影响,发生过高期望与这一期望难以实现的矛盾。不少中年女性事业心较强,对自己的期望值比较高。但是,由于社会性别的差异,有些人常常遇到挫折,使期望难以实现,以致出现心理障碍。

二、女性角色冲突现状

(一)女性角色冲突的表现

角色冲突普遍存在于现代职业女性身上。现代职业女性面临着这样的困境:事业与家庭的冲突,就好似鱼与熊掌,总难兼得。众多的现代职业女性因事业而舍弃了天伦之乐,也有女性因家庭而舍弃了事业。类似的两难抉择广泛存在于全世界数以万计的女性身上,她们中的许多人生活在多重矛盾之中。传统观念与现代规范,家庭角色与事业要求的诸多不一致使得担任双重(或多重)角色的女性顾此失彼,难全其美。它表现为以下几个方面的冲突:

1. 传统观念和现代意识的冲突

传统观念和现代意识的冲突也时时向当代职业女性袭来。追求自由,实现价值是现代人思考的中心,也是女性思索的热点。职业女性深知,只有与男性一样奉献社会,才能找到完整的生命意义和价值。然而,儒家文化中的"男尊女卑"观念还弥漫在社会的各个角落,在一定程度上左右着社会和男性的认识,对女性的影响也很大。以男性为中心的传统意识影响着人们对女性的看法,其中不乏许多貌似科学、实则错误的观点。以对职业女性的评价为例,社会为职业女性建立了不同于男性的成功标准,即贤妻良母加社会成就型二者的统一,而男性只要有成就足以为人所称道。即使在社会进步的今天,仍有不少人认为,男性以事业为主,女性要以家庭为主,相比之下,知识女性就承担着更重的责任。看看我们周围,经常是女人下班一踏进家门就马上动手忙家务,而男人则可以喝茶、聊天、看电视,这似乎是天经地义的。当然有一部分男性也赞成家务活应该由夫妻二人共同承担,他们看到心爱的妻子从早到晚忙碌的背影也会感到心疼,但等到真正行动时,他们却很难放下男子汉的架子。尤其是在社会转型期,在市场经济大潮冲击下,传统性别观念的影响更是不可忽视。人们常以"男性能做的"来要求女性,甚至女性自己也以"男人能做的女人一样能做"而自豪。但问题在于:为何要以"男性能做的"为标准呢? 女性有自身特殊的生理、心理特征,在生产力的发展还远未能消除性别的天然分工差别时,以男性为行为向导和价值标准的"一样",只会把女性引入角色误区,压制女性主体意识的萌动。

2. 理想与现实的角色冲突

追求双重角色的完美和谐,是现代社会女性的角色理想和价值理想,也是现代女性完善自身的实践探索。如同现实自我和理想自我之间存在着矛盾和差距一样,现实探索和理想目标之间的矛盾和冲突是永恒存在的。社会上存在的事实不平等与女性素质不理想互为因果,使现代职业女性难以找到平衡各种角色的支点。历史的原因造成了女性的整体素质偏低,现代职业女性在提高自身素质的过程中,遇到了来自个人心理和意志的内在挑战。而在社会从观念到行为都未能将两性同等对待时,女性更需时时抵挡来自外界的压力,包括各种人为设置的障碍。众多职业女性在内外交困中难免顾此失彼。

3. 主体角色需要与角色能力的冲突

通常情况下,女性对自身双重角色的期望值很高,既想成就事业,又要搞好家庭。但在实际生活中,做到事业与家庭两者兼顾并非容易。因为女性两种角色的服务对象不同:社会和家庭的价值实现方式不同,有酬与无偿的评价标准不同。这种角色内在的矛盾性,集中表现为时间、空间、精力和行为方式的冲突和主体角色需要与角色能力的冲突。

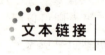

文本链接

"活得挺累"

在《关于北京大学女教职工双重角色选择的调查报告》中,很多女教师写下最想说的一句话是:"活得挺累"、"做知识女性真难"、"有知识的女性比无知识的女性更幸运,但做知识女性太累";"做女人难,做家庭事业两不误的知识女性更难"。这些发自肺腑的感叹,真切地反映出知识女性的心力疲惫,从一个侧面反映出女性自身资源——知识、能力和体力还难以满足理想的最佳双重角色的需要。

4. 异化自我与本质自我的角色冲突

社会发展尚未为实现人由异化自我向本质自我的转变,从而加剧了职业女性的角色分裂。人的异化突出表现在:现阶段中劳动仍然只是谋生手段,而非展示自我个性、提高主体素质的需要。因此,人们还不能依照个性和素质来选择工作,而是工作(或职位)按其要求选择劳动者。由于家政更多地与女性相关,女性所能自由支配的时间和精力被相对剥夺,加之女性特质在目前的许多工作中不成为优势,女性难以在付出和男性同等的努力时得到展示自我的机会,而必须按社会的要求对自我加以修正,异化的情况较男性更突出。可以说,只有当社会发展到以全面、真实的自我为行动主体时,职业女性才能从容游弋于各种不同的角色之间。

5. 女性职业角色与生活角色的冲突

女性职业角色与生活角色的冲突表现在:第一,职业角色与家庭角色冲突:女性肩负职业与家庭双重角色,现代职业女性是全职工作人员,同时是家庭的主心骨,事业与家庭两者兼顾常常力不从心;第二,职业角色与母亲角色冲突:女性不仅要在职场上拼杀,也要花费很多的精力照顾孩子的学习和生活;第三,职业角色与妻子角色冲突:职业女性一方面要全力投入工作,一方面要照顾丈夫,尽传统意义上的妻子之职;第四,职业角色与女性角色冲突:职场和家庭的压力在很大程度上使女性疲于奔命而无暇顾及个人的情感与生活体验。

女性职业角色与生活角色之间的跨度比男性要大得多,也就是说社会对女性的评价是一把两面尺,既有传统观念的要求,又有现代观念的要求。在家中要表现温柔、贤惠、体贴、文雅的一面,在外要表现精明、强干、坚决、果断的一面。因此在生活中,女性比男性面临更多的心理困惑和心理冲突。调查中还发现,女性对于感情的需要比男性要强烈,这使得女性比男性更加敏感、更加容易受到伤害。而且女性发泄情绪的欲望比较强烈,但是自我放松的技能比较差,从而导致女性很难从面临的工作困境中摆脱出来,比男性更容易疲劳,所以女性往往承受了比男性更大的精神压力和心理压力。

（二）产生女性角色冲突的原因

女性角色冲突妨碍与破坏了角色承担者的正常生活秩序。女性角色冲突的产生,兼有历史与现实、社会与个人的多重原因,从根本上说,在于传统的角色观念与现代女性价值的激烈碰撞。

1. 历史与现实的社会价值导向产生女性角色冲突

在长达数千年的中国封建社会制度下,产生了一套旨在使每个人的言行符合等级人伦关系规定的要求和规范,并形成了以"三纲五常"、"三从四德"、"男尊女卑"为基本特征和基本内容的封建女教。中国封建社会把"主内"作为对女性的角色定位,"相夫教子"变成了女性的天职。即主张通过男子——丈夫和儿子的社会地位和价值,来衡量与体现女子即妻子与母亲的功能和作用。它剥夺了女性应有的主体意识和自主精神,从行为范式上就把女子束缚在家庭生活的狭小天地里,令其从中去追求有限的情感满足和可怜的人生价值的实现。它使妇女沦为社会的最底层,而与此相关的以剥夺女性独立人格为代价的"母以子贵"、"妻以夫荣"的目的,也就变得十分虚伪和可怜。

新中国成立后,在"时代不同了,男女都一样"的平等观念推动下,大批妇女纷纷走出家门,以社会角色参与了国家建设和经济振兴,展示出"妇女能顶半边天"的实力。但是,倘若女性的价值取向出现偏转,角色理想仅仅是社会职业劳动者,那么,她的存在功能仍然会产生误差和不平衡。

随着改革开放的深入,中国女性,尤其是职业女性愈来愈强烈地感到自身社会属性与家庭属性的统一性,愈来愈明显地意识到自我实现的完整性,她们充分发挥自身的优势,广泛活跃在我国政治、经济、文化、教育、卫生、科研战线乃至整个社会大舞台上,成为推动现代化建设的一支重要力量。因此,女性力争在社会和家庭两方面都有所作为的愿望日益增强。

文本链接

人们心目中理想的男性与女性

曾经有一家机构作过角色研究的调查,以人们期望的或理想化的角色行为风格为标准,衡量男性和女性在职业角色与生活角色之间的差异。调查表明,人们心目中理想化的成功职业男性应具备以下品质:有雄心壮志、竞争性强、坚强、决策果断、富有正义感。理想化的好丈夫或好父亲应具备的品质为:坚强、责任感强、男性魅力、可依赖的、热情的。人们心目中理想化的成功职业女性应具备以下品质:有雄心壮志、竞争性强、坚强、决策果断、有正义感。理想的妻子、母亲应具备以下品质:温柔、体贴、温文尔雅、女性魅力、聪明。从以上研究可以看出,在职业角色上,人们对成功男性、成功女性的要求是几乎一致的,而在生活角色的要求上,则存在着很大的差异。男人只要职务升迁,专业晋升,甚至发财致富,就会被认为是一个成功者;而女人在取得了类似成就后,还要接受传统"贤妻良母"的家庭标准的检验。这种不公正、不合理、不易冲破的传统偏见和价值观念,就使得职业女性长期处于两重角色的矛盾冲突之中。她们有实现人生价值的愿望,但又害怕因此失去亲人的友爱和家庭的幸福,因而在人生道路的选择上踌躇徘徊,产生角色冲突。[①]

对于当今大多数职业女性来说,她们看到了自己有能力就业,有能力承担社会角色,也意识到自己应该也能够组织起一个美满幸福的家庭,承担起独特的家庭角色。她们清醒地认识到,不同的角色可以激发一个人

---

① 宁波电业局 郑晓 浅谈女性的角色冲突与心理冲突 http://www.nbgh.org.cn 宁波工会网 2003 - 01 - 10。

多方面的潜能,体现多方面的价值,而单一角色对于女性来说总是不完整的。所以当代职业女性宁愿承受双重角色的紧张人生压力,也不愿减少角色,成为现代社会中的一个"单面人"。女性实现自我价值的意识增强,中国女性的社会属性和家庭属性被同时强化,既要求妇女在家庭生活中担任传统角色,赞赏温顺、贤淑、忍耐、奉献等女性气质,又在工作中要求她们冲破传统观念的束缚,尽力实现自我价值。

2. 社会生产力水平影响女性角色冲突

由于当今中国生产力水平不高,家务劳动社会化程度还很低。职业妇女在参与社会物质生产的同时,又是人类自身再生产的主要承担者,女性在人类自身再生产中的巨大付出和贡献,没有形成合理的指标体系加以衡量并给予补偿。因此,女性主观上寻求发展的愿望和社会客观上能够提供的发展条件、女性主体能力的有限性与社会需求的多样性、社会对女性角色期待的理想化与女性主体的现实性之间便产生了矛盾和冲突。绝大多数职业女性认为,女性要获得与男性同等的成就,必须比男性付出得更多。在有关调查中,认同此看法的女性达91%。正如一位思想家所说:"她们为着完成做母亲的义务,没有一次不拼着她们的生命……这种特殊的作用,是任何男子不能代替的,没有妇女,没有妇女的吃苦和牺牲精神,就不可能有人类的今天。"但目前,妇女为生育所付出的高昂代价并未得到社会的普遍承认,人们常常把"女人生孩子"看作是家庭和个人的私事,有的甚至把女性所要扮演的社会劳动者和母亲的角色对立起来,互不相容,二者不可兼得,提出"妇女回家去"便是例证;有的还把女人要"生孩子"当作缺点,使职业妇女在优化组合、择优录取中处于明显的劣势。这些因素进一步导致了女性的角色冲突。

3. 女性自身心理因素加剧了女性角色冲突

(1) 成就动机低

女性成就动机低的表现:一是成就动机不稳定,受年龄和发展阶段的制约。尽管有些女性在结婚前还算是雄心勃勃,对学业、事业能孜孜不倦地追求,然而,一旦结了婚,多数在事业上不能就与丈夫并驾齐驱了。直到完成"贤妻良母"的使命后,才重新表达其成才的动机。人到中年才去实现青年时期的愿望。二是功利心弱。女性往往不太计较事业的成果,而常常受社会舆论的暗示,被别人对自己的态度所左右。传统观念要求女性谦让、细心、知礼、与世无争。这就形成她们将内化和产生较低的成就动机固定下来,使她们产生既想冲破传统观念的束缚,实现人生价值的愿望,又害怕因此失去亲人的关爱和家庭的幸福,从而陷入了两难的女性角色冲突。

(2) 自卑感强

男尊女卑的传统思想作用于女性,表现为懦弱、自卑、缺乏信心和自暴自弃。不少女性自我估价低,它产生的直接后果是,使女性在成才路上信心不足。目前,在改革中勇于出面承包、竞选的女性为数少得可怜。

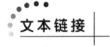

女性的缺位

《湖南日报》曾刊登过岳阳市委向社会公开招聘6名处级干部的公告,到报名日期截止时,来自省内外的报名者达307人,女性只有1人。而这唯一的女报名者,在接到考试通知书后,因不敢向单位请假没去应考。像这种缺乏竞争意识的根源在于自卑,自卑使她们放弃了许多成功的机会。①

---

① http://www.cnhan.com/gb/content/2001-03-09/content_60615.htm 女性成才的心理障碍是什么 2002-06-21。

三、缓解女性角色冲突的途径

（一）主动认知角色冲突

女性应主动地去认知角色冲突的现实和理论依据，勇敢地接受挑战、迎接挑战。克服女性本身的自卑心理、树立正确的理想和人生信念，消除思想上的狭隘性、生活上的依附性、心理上的自卑性。要积极参与社会主义物质文明、政治文明、精神文明建设，求新突破，迈出新步伐，在不断超越自我中建功立业；创造新生活，就是要以发展为主题，弘扬时代精神，提高综合素质，努力创造身心健康、家庭和睦、互相关爱的幸福生活。

（二）提高自身协调能力

要消除角色冲突对人的心理造成的不利影响，就要加强个体扮演各种"角色"的协调能力。家庭的稳定，女性起了更重要的作用，智慧的女性不仅是家庭生活的创造者，同时也应是家庭生活的受益者，她对家庭勤劳善良的付出，也应得到亲人对她的爱的回报。这种协调能力越强的人，由于她们具有处理和协调各种不和谐的角色要求的本领，因而产生角色冲突的可能性就越少。最近有研究发现，善于处理好各种角色要求的女性，其心理较为健康，这些妇女既是好职员，又是好妻子、好母亲，这在于她们有一种能化角色要求的彼此冲突为相互促进的能力。实际上，一份有意义的工作，可使为孩子忙得焦头烂额的母亲消除心理紧张与压力；同样，母子、夫妻关系良好的女性，心理压力自然较小，使她能更好地胜任本职工作。要多方面地完善自我，包括知识层次，仪容仪表等，终身学习，提高自身修养。

（三）发挥妇女组织的作用

妇女组织应发挥积极的作用，维护女性利益。呼吁社会为女性创造更好的社会环境，包括就业环境和生活环境，消除性别歧视。充分肯定女性为社会、为家庭作出的牺牲和贡献，促进《妇女特殊权益保护法》各项措施的落实，帮助女性减少角色冲突的负担。

(四)加强自我心理保健

女性要学会善待自己,注意自身的心理保健。以独立自主的精神,自立于社会、自立于人群。要有自己的思想、自己的追求、过自己想要的生活,反对依附和盲目顺从。要善待自己,就要学会放弃,只有放弃其他才能确保重心。要善待自己,就要学会释放自己,克服女性心理的完美主义色彩,不过分苛求自己必须达到尽善尽美。

(五)普及女性再教育

完善社会再教育机制,创办多种方式、多种等级的弥补性教育机构,提供各类层次的文化教育、职业教育、职业咨询、就业指导和信息服务。既能满足学历较高的女性再教育、继续接受新知识、新信息的要求,也让学历层次较低的女性有机会提高自身文化水平和职业技能水平,以具备良好的心理承受能力和综合应变能力。

(六)正确认识男女平等的真实含义

男女之间的平等,是人格意义的平等。在理论上要不断优化自己的选择,冲破束缚,勇敢地进行尝试;在实践中充分发挥自己的能动性,既要承认女性和男性同等地具有独立人格和自由意志,同时也要在合理范围内承认男女之间天然存在的性别差异,这样才能更好地实现自己的人生价值。

研究女性问题的学者们曾互为补充地提出了一些可操作的方式,以缓解当代职业女性的角色冲突,可以概括为"十个一点":第一,社会多分担一点,逐步建立一个完善的社会服务体系,使部分家务劳动社会化;第二,机器代替一点,转变消费观念,鼓励添置家用电器代替繁重的家务;第三,丈夫多体贴一点,多承担家务,当个"贤夫良父",帮助妻子去承担双重角色;第四,女性要学会把工作和家务安排得科学一点,从中求得人生乐趣;第五,让孩子独立性强一点,母亲要从孩子的奴隶变为孩子的朋友和教师;第六,女性自己在观念上再转变一点,在家庭里善于调适亲属关系;第七,角色调适的方法模式多样一点,社会要容忍夫妻双方自己的选择;第八,女性对家庭与职业的期望要实际一点,要克服完美主义倾向;第九,经济收入再高一点;第十,自我保健意识多一点,身体好一点。

　　追求人生双重价值的和谐统一已成为当代职业妇女内在的需求。目前我们身边已有一部分女性,虽然为数不多,但确实已经在现阶段社会环境下缓解了自身的双重角色冲突,实现了人生双重价值的和谐统一,她们自豪地拥有一个完整的自我,拥有一个完整的人的世界。让我们走近她们,走出职业女性角色冲突的心理误区。

本章小结

　　女性社会角色,就是个体在社会关系体系中所处的特定的社会地位、身份以及该身份所应发挥的功能。它表现出符合社会所期望的行为和态度的总模式。个体社会化是个人融入社会,接受社会影响、感受社会环境作用的途径。因此,个体社会化、女性社会角色也就成了女性学研究社会环境作用下女性活动的重要概念。本章从女性学角度,探讨和介绍女性社会角色的有关内容,包括个体社会化、女性角色的形成和女性角色的冲突等内容。

教学活动建议

　　对个体社会化的讲解可采用先讨论,后分析的方式。

　　社会角色的形成及角色冲突要多结合现实生活中学生熟悉的人物事例,并突出与女性相关内容的讲解。

思考与实践

1. 如何理解社会角色的含义?
2. 社会角色是如何表现出来的?
3. 女性社会角色转换具有哪些优点?
4. 社会角色是怎样形成的?
5. 结合实际分析产生女性角色冲突的原因,并阐述如何缓解女性角色冲突。

第五章

女性的政治权利与经济地位

【名人名言】

  妇女占人口的半数,劳动妇女在经济上的地位和她们特别受压迫的状况,不但证明妇女对革命的迫切需要,而且是决定革命胜负的一个力量。

——毛泽东

【本章教学目的和要求】

- 了解女性政治参与的内涵及当代中国女性政治参与的基本状况,明确影响女性政治参与的主要因素,为女性自身政治发展提供借鉴。
- 理解女性经济地位的基本内涵,了解女性就业的基本情况,明确社会经济地位与家庭经济地位之间的辩证关系。
- 了解家务劳动的概念和特点,明确家务劳动中性别分工演变及现状,理解家务劳动的价值。

第一节 女性的政治参与

政治参与是公民的政治权利得以实现的重要方式,它反映着公民在社会政治生活中的地位、作用和选择范围。我们研究女性的政治参与,旨在揭示女性政治权利的实现方式及其影响因素。

一、女性政治参与的内涵

女性的政治参与程度、参政状况是衡量一个国家民主政治建设状况的重要尺度,反映了女性在政治系统中的地位和作用,也是衡量一个民族妇女解放程度和社会文明进步的尺度之一。

女性的政治参与是指女性通过各种方式、渠道参与国家和社会公共事务的政治行为。

从内容上看,这种政治行为既包含女性政治参与的具体活动,又包含女性参政的意识和能力。其中,女性政治参与的具体活动可以从参政主体、参政形式等多个角度进行探讨,而女性的参政意识和参政能力更是女性参政得以实现的关键性因素。

从参政主体上看,女性的政治参与包括女性精英和普通女性两部分。女性精英作为女性中参政机会较多、能力较强的一部分,她们的参政情况和普通女性有很大差异,一般不具有代表性。同时,她们又在一定程度上能够反映广大女性的政治要求和愿望,因此对其政治参与情况的研究也很有意义。而普通女性的政治参与程度,更能揭示女性的政治权利状况。

从参政形式上看,女性的政治参与有直接参与和间接参与两种方式。直接参与是指女性进入各级领导机构直接行使权力,参与对政治、经济、文化等各方面的管理与决策。间接参与指女性通过媒体、会议、民主协商等各种渠道对国家和社会事务的管理和决策提出建议和意见,享有政治参与的发言权、建议权和监督权。

二、当代中国女性政治参与的基本情况

(一) 政治文明建设成果初步显现

1. 女性参政呈现出制度化、规范化的良性发展趋势

新中国成立后,颁布了一系列保障女性参政的法律,不断完善的政策与法规使女性的参政行为得到立法的保障。党和政府在民主法制建设中,十分重视提高妇女的法律地位,从而使西方妇女经过几百年时间取得的成果,在新中国成立后短短几年就得以实现。党和政府先后颁布了《中国人民政治协商会议共同纲领》、《婚姻法》、《选举法》、《宪法》等法律法规,对妇女的各种权利、义务、利益都做出明确规定,妇女获得了与男子平等的社会权利和参与国家事务管理的权利,以法律的权威性推进妇女参政的进程,是我国妇女参政的一个突出特色。

1992年10月1日开始实行的《中华人民共和国妇女权益保障法》明确指出:"全国人民代表大会的代表中,应当有适当数量的妇女代表,并逐步提高妇女代表的比例。"这是中国首次在立法中提出在国家权力机构中女代表应当有适当的数量和比例。此后,国家相关制度建设由过去主要侧重女性参政基本权利建设,发展为更重视女性参政的数量和质量,使相关制度的落实更具有可操作性。

1995年8月,在第四次世界妇女大会的推动下,我国政府颁布并实施我国第一部妇女发展的政府规划《妇女发展纲要(1995—2000)》标志着我国妇女发展事业的伟大进步。在地方,各级党和政府十分关心女性的政治权利,纷纷制定、出台了相关的政策与法规,在各级机构改革中积极促进女性参与民主政治建设。国家法律和党的政策的保障、支持和推动,为我国女性参政提供了优越条件,我国女性参政出现了稳步上升的局面,这也充分体现了社会主义制度的优越性。

2. 女性参政意识和参政能力提高较快

政治参与意识,一般是指人们对集体、国家乃至国际的大事及其相应的政治活动的自觉认识、积极投入的心理状态。所谓女性参政意识是指妇女对待政治活动的思想倾向和基本态度,包括对待政治事务的关心程度,对自我政治成长与发展的明确目标,对步入政界、登上政坛的愿望,对男女两性在从政素质和能力方面的评价等。1990年全国妇联就妇女社会地位进行了一次大规模的问卷调查,其中问及若被选为人大代表将作何反应。对这个问题,54.3%的妇女表明能够干好或努力去干,显示了妇女对参政议政的积极态度。目前,从女性自身来看,自我意识和与男性对等的价值观念日益增强,她们比以往更关心并参与社会政治生活,参政议政的要求不断提高,在全国各级人民代表的选举活动中,女公民的参选率目前高达95%以上。随着社会的发展,改革的深入,更有越来越多的女性参与社会工作,并跻身高级领导岗位。1997年北京市公开选拔副局级领导干部时,报名女性达278人,占总数的17%,经过激烈竞争和层层筛选,北京航空航天大学女博士汪群和其他两名女性中选,展示了妇女强烈的参政意识和雄厚的参与实力。女性主动报名参与领导职位竞争,在20世纪80年代尚属新奇,现在各地已屡见不鲜。

3. 女性参政的结构有所改善

20世纪90年代后,更多的女博士、女专家相继走上领导岗位,女知识分子、女专家的参政使中国参政女性的参政基础储备更加雄厚。同时,妇女干部的年龄结构趋于合理,年轻化进程明显加快,40岁左右的中青年已逐步成为女干部队伍的主体。一大批年轻的知识女性参政,使女干部队伍的年龄、专业、知识结构逐步趋向合理,孕育着女性参政新的发展生机。

(二)女性参政程度仍然不高

1. 女性政治参与的广度不够

从女性参政的总体情况来看,参政人数过少,比例偏低。人大代表中女性比例增长缓慢,政党党员中女党员的比例也明显低于男性。女性在政党党员中所占比例也是衡量妇女参政程度高低的一个指标,在某种程度上反映出我国女性的政治活跃程度。女性通过加入政党来参与政治是其获取政治地位的一条主要道路。目前在中共党员中,有女党员700多万人,占党员总数的14%,与女性占人口总数一半的比例差距很大。此外在中国其他几个民主党派中,女党员只占总数的11.4%。

2. 女性政治参与发展不均衡

中国社会城乡、区域发展不均衡的状况在女性政治参与问题上有明显反映,大中城市和沿海经济发达地区女性政治参与程度明显好于农村和内地,占中国女性大多数的广大农村妇女政治参与意识普遍不强,政治参与程度不高。"第二期中国妇女社会地位抽样调查主要数据报告"表明,在全国1,178个村委会样本中,女性担任村委会委员的已达75.9%,但尚有24.1%的村委会干部中没有女性,党支部中没有女委员的高达57.6%。从一些乡镇女干部在班子中的任职情况看,基层女干部来源渠道不畅,有些边远乡镇领导班子甚至多年未有女性干部。

从参政领域看,女性参政相对集中于行政机关,立法、司法系统明显滞后,参政女性与权力的结合也是边缘权力远甚于核心权力,女性在决策层的缺席还没有根本改变。我国拥有决策权力职位的女性比例偏低,并且在任职中仍然有"三多三少"现象即:虚职多,实职少;副职多,正职少;党务部门多,经济部门少。女性在各级政治机构中所占比例逐级降低,显现出某种"金字塔"或"类金字塔"型参政结构,高层决策机关更是难觅女性身影。根据联合国的有关研究,任何一个群体的代表在决策层达到30%以上的比例,才可能对公共政策产生实际影响力,当前我国各级各类女干部占干部总数的30.1%,但在高级干部中,女性比例还不足10%,不少女性在进入领导班子后,由于职级职务比较低,在性别数量上又处于劣势地位,很难在决策和实践中发挥重要作用。由于决策层中女性的缺席,女性群体利益往往被决策者的视野所忽视,女性群体的要求和声音难以在决策层表达出来,使得女性群体的合法利益整体上被遗忘被忽略。

3. 女性参政的社会文化基础仍很薄弱

在我国,政治体制和政治传统中大男子主义倾向仍然比较严重,"男尊女卑"意识还远未根除,性别歧视现象仍广泛存在,在公务员聘用和晋级时对女性附加苛刻条件,致使女性自身的参政意识与参政热情受到极大压抑,除精英女性外,普通女性并不具备适应参政的良好心理文化素质。广大女性自我意识不强,安于现状,习惯于依赖男性表达自身政治意志,已成为制约女性参政的最大障碍之一。虽然许多地方制定出种种保护女性参政的措施,但执行起来往往为社会文化因素所化解,难以真正落到实处。目前,我国多数参政女性与普通女性联系不甚紧密,她们之间并不存在某种同一性,即"政治契约",这使得参政女性缺乏广泛的群众基础,不能真正反映和代表女性权益,导致女性参政封闭式的发展,而各级妇女组织局限于社会经济事务,参政作用较小。

三、影响女性政治参与的因素

(一)影响女性政治参与的客观因素

1. 经济因素

马克思主义基本原理向我们揭示了经济基础决定上层建筑的客观规律,现实生活中人们也经常会说经济地位决定政治地位,在影响女性政治参与的各个因素中,经济因素无疑是最重要的一个。社会生产力发展水平以及对男性的经济依附程度都直接影响着女性的政治参与程度。

从国际比较上来看,经济比较发达的国家女性政治参与水平明显高于发展中国家。目前国际上通常以女议员的数量和比例作为衡量妇女参政水平的一个重要指标。女议员比例较高、居世界领先地位的是北欧国家。瑞典女议员比例达40%,排名世界第一,挪威39%,芬兰37%,冰岛33%。我国第十届全国人大女代表的比例只有21%左右。

新中国的成立改变了传统自然经济环境下产生的"男耕女织"的社会生活格局,但由于社会生产力发展水平不高,"男主外女主内"的基本性别分工格局并没有被打破。城市女性广泛就业并获得了经济上的独立,但在就业上并没有完全摆脱男尊女卑的处境,农村妇女则因在以体力劳动抗衡自然的落后生产手段中处于劣势,不得不在经济上依附男性,其社会地位更加低下。

2. 文化因素

传统的性别文化观念对女性参政有重大影响。很多欧洲国家在女性参政上的文化传统限制比中国要小得多,比如英国等国家在封建社会女性就与男性同样具有王位继承权,北欧国家的封建民主文化传统则更加浓厚,这些都为现代社会女性参政奠定了雄厚的基础。而中国封建社会积淀下来的"男尊女卑"、"男权至上"、"女子无才便是德"等思想始终是女性参与政治的障碍。即使在现代社会中,社会对妇女的家庭角色褒扬往往也多于社会角色,视妇女的家庭价值、爱情价值重于社会价值、事业价值。传统文化中女性贤妻良母的角色定位与现代社会的女性参政相悖,是严重影响和阻碍中国女性参与公共行政事务的一个重要因素。

3. 政治因素

政治制度和公共政策的制定都直接影响着女性的政治参与水平。如前所述,我国社会主义制度的建立和相关法律、政策的制定,极大地推动了中国女性政治参与水平的提高。但同时,政治制度和公共政策中性别意识的缺失也是制约女性政治参与质量提高的一个重要因素。千年封建思想的统治和渗透,逐渐形成了"三个为主"的格局,即社会组织和机构以男性为主,对人的评判标准以男性为主,决策意见以男性为主。这就不可避免地使我们现行的一些制度和政策打上了男权思想的烙印。社会组织和机构的构成男女从,对女性的价值评判标准不以能力为主,决策意见取决于决策者的认识水平而非制度保障。因而在我们的一些制度和政策中,对女性的轻视、歧视、排斥难以避免。

(二) 影响女性政治参与的主体因素

1. 生理因素

强健的体魄和充沛的精力是政治参与的基本生理条件,在此基础上参政主体才能以满腔的热情全身心地投入和奉献。与男性相比,女性的体力较小,生理负担比男性大。女性的一生要经历月经、怀孕、生育、哺乳等,对女性身体的损耗很大,使她们工作的连贯性、持续性不如男子,精力、体力不如同龄段的男性。女性的生理特色缩减了她们实现社会价值的宝贵时间,消耗了干事业的部分精力和体力,压抑了能力和智力。女性参政必须比男性付出更多的艰辛和努力以克服生理上的障碍。

2. 社会心理因素

由于中国历史上女性长期被排斥在国家的决策权力之外,女性难以从自己的行为中获取相应的心理成就感,使女性在社会化进程中渐渐形成了自卑、软弱、顺从、依赖等心理特点,对社会权力产生漠然视之的态度,在面临竞争之际,要么缺乏主动争取的精神,期待别人的照顾和支持,要么对自己成功的期望值较低,不敢担当重任,甘当副职和配角。良好的心理素质是参政人员不可缺少的,参政需要具备自信、独立、坚强、大胆、洒脱、乐观、果断等心理素质,而这些素质恰恰是女性群体中大部分人所缺少的。加之我国女性独立、解放和政治权利的获得是建国以来制度安排的结果,中国女性无须像西方女性那样为争取权力而进行激烈的群体抗争,使女性缺乏争取权力的紧迫感,其内在的参政诉求没有被激活。这些心理、观念的影响,使女性的参政态度大多处于一种消极被动的状态,参政意识薄弱。

3. 文化程度因素

受教育程度的高低是影响公民政治态度和政治行为的一个重要变量。一般来说,人们受教育的程度愈高,对民主的要求就愈强烈。女性文化程度的高低会影响其政治参与意识的强弱及参与政治的方式,一个人所受教育的程度和实际所具有的文化水平,涉及其个人的"政治效能感"。受教育程度高的人比受教育程度低的人更关注政治,政治参与意识较强,但较少参加投票选举等模式化的政治活动。

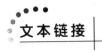

湖北省不同文化程度女性政治参与情况

表1 分文化程度湖北省女性投票选举地方一级人大代表的情况(%)

近5年你是否投票选举过地方一级人大代表			
	是	否	人数
未上过学	68.4	31.6	19
小学	71.0	29.0	434
初中	75.7	24.3	173
高中	78.1	21.9	114
中专	65.6	34.4	61
大学专科	75.0	25.0	24
大学本科	37.5	62.5	8

根据表1,分文化程度看,受教育年限的长短与女性的投票选举行为并不成正相关关系。未上过学的女性近5年来投票选举地方一级人大代表的比例为68.4%,而中专文化程度的女性参选率为65.6%,参选率最高的为高中文化程度的女性,参选率最低的为大学本科文化程度的女性。当然,人们是否参与选举不仅仅受文化程度这一变量的影响,背后动因是复杂的。

表 2　分文化程度湖北省女性担任各级领导人的情况(%)

你是否担任过领导或负责人(班组长及以上)		
是	否	人数
未上过学　　5.6	94.4	18
小学　　4.9	95.1	418
初中　　8.4	91.6	367
高中　　11.8	88.2	110
中专　　5.1	94.9	59
大学专科　　16.7	83.3	24
大学本科　　87.5	12.5	8

表2显示:文化程度越高的妇女,在企事业单位担任各级领导人的比例也越高。小学文化程度的女性担任各级领导人的比例为4.9%,初中文化程度的女性的比例为8.4%,大学专科文化程度的女性比例为16.7%,而大学文化程度的女性担任各级领导人的比例为87.5%。文化程度是影响参政主体行为的一个重要变量,受教育年限越长,掌握的政治知识越丰富,接受政治信息的渠道更多,行为主体的能力更强,参与各级领导工作和管理工作的机会就越多。当然,文化程度不是影响参政主体的唯一变量,还有其他因素制约着妇女的参政行为。如初中文化程度的女性比中专文化程度的女性担任各级领导人的比例略高就说明了这一点。

(资料来源:张凤华论文《妇女政治参与的行为分析——以湖北省为例》,原载《华中师范大学学报》(人文社会科学版)2005年第2期。)

四、女性政治参与的前景展望

人类的命运掌握在人类自己的手中,女性的未来也掌握在自己的手中。要预测21世纪妇女参政的前景,首先要对妇女参政的现实做出分析和评价。当今世界上,一个最令人瞩目的现象就是政坛女性群体的崛起,女性政治参与已经形成了多种模式。

女性政治参与模式是参政类型的固定化,是指女性在政治参与领域,有代表性、实践性的参与范式。根据参政类型的不同分类方法会出现不同的参政模式。按照马克斯·韦伯等学者的分析,政治参与的类型可以分为公民主动的接触、合作活动、投票、竞选活动。按照台湾学者胡佛的分析,女性政治参与模式采用主体划分法,可以分为精英模式和普遍参与模式;采用参与效果分法,可以分为维持模式、敦促模式、改革模式、推动模式以及干预模式五种;按照形式划分法,可以分为直接参政模式与间接参政模式。

从参政主体来看,中国女性政治参与目前还属于精英模式,知识分子精英女性的参政带动女性整体参政热情与意识的提高,同时从根本上为妇女赢得了一些权利。而且在中国目前女性参政以权力参与为主的前提下,从政妇女的作用是积极的,可以获得更多政治决策的偏向性,均衡政治权力的男权化,为女性今后平等参政奠定基础。然而现实条件告诉我们,女性参政的资源与动机仍然不足,除了依靠少数从政妇女的权力参与外,必须激发女性群体的参政能力,共同争取更多权利,因此普遍参与模式的构建是中国女性政治参与发展的方向。

目前女性参政正在从幼稚走向成熟。从个体来看,当今政坛女性比以往任何时候都发挥着强大的作用,她们已从政治上的点缀变成政治上的实力人物;从群体来看,女政治家越来越自觉地把自己看作女性的代表,为女性争利益。这是女性群体意识的觉醒,反映了政坛女性在思想上的成熟。从20世纪80年代以来,世界妇女参政事业发展很快,我们只要看看世界上涌现了越来越多的女元首、女部长、女议员,就可以乐观地断定,21世纪必定是女性参政高潮的世纪。

在政治参与方面,女性具有许多优于男性从政的优势。无数事实和科研结果证明:女性有观察敏锐、善于记忆和更容易做好政治思想工作的优势;女性的形象思维和语言认知能力优于男性;女性比男性更有调适能力和变通能力;女性更富同情心,在现实社会与未来社会中具有更好的情感发展基础,能产生更多的利他行为;女性的果断性虽不如男性,但其坚持性却胜过男性。只是由于条件的限制,女性的这些潜能和优势还没有发掘出来,更没有得到应有的发挥。

应该看到,女性参政是历史发展的必然趋势,如果没有女性的政治参与就不会有真正的社会发展与进步。社会发展与进步已经为女性自由而全面的发展提供了良好的物质准备和前所未有的机遇,女性只有抓住机遇,迎接挑战,才能实现男女平等、男女和谐发展,并获得女性的自由和人的自由而全面的发展。女性广泛、深入地参与国内、国际政治生活,必将对全球的和平与发展产生积极而深远的影响。

第二节 女性的经济地位

女性经济地位的提高,是女性解放最重要的基础。几个世纪以来,妇女解放运动的重要目标之一,就是争取女性的经济平等和独立,进而争取在政治的、文化的、社会的和家庭生活等各方面享有同男子同等的地位和权利。所以,女性经济地位的提高不只是妇女全面解放的先决条件,而且也是妇女解放程度的首要标志。

一、女性经济地位的内涵

女性的经济地位包括妇女在家庭和社会两个不同层面中的经济地位。

女性的社会经济地位是指妇女在社会经济活动中所处的位置,是妇女在社会经济关系中所拥有的权利和地位,具体包括女性的生产资料占有权、在社会劳动中的参与率和参与水平,以及她们的经济收入和经济实惠的数量等。女性在家庭中的经济地位主要是指女性在家庭中是否有家庭经济的支配权或这种支配权有多大。

西方传统的社会理论倾向于做一种公私划分,家庭被看作是"冷酷世界中的天堂",是独立于政治和经济等"公共领域"的私人领域,盛行着特殊的社会关系和价值体系。而事实上,女性的社会经济地位与家庭经济地位是密不可分的两个方面,影响女性在家庭中的经济地位的根本性因素是女性在经济上是否能够自立以及自立的程度,反过来,女性在家庭中经济地位的提高也有助于女性社会经济地位的改变和提升。因此,研究女性经济地位,必须从家庭与社会两个方面进行研究,并充分考虑到它们之间的辩证统一关系。

二、女性的就业

恩格斯一针见血地指出,"妇女的解放,只有在妇女可以大量地、社会规模地参加生产,而家务劳动只占她们极少的工夫的时候,才有可能"。也就是说,充分就业,是提高妇女地位,实现妇女解放的第一步。

(一)女性就业发展概况

1. 就业的概念

就业是指劳动者获得特定的社会工作岗位,从事相对稳定的社会劳动并取得报酬的过程。报酬是劳动的社会价值体现,它将就业同义务劳动和一般的家务劳动区分开来,从而又从实质上限定了就业的范围。

就业应该具有一定的稳定性,也就是说劳动者同一定生产资料相结合的劳动关系保持一种相对固定的状态,它可体现为生存依赖关系、劳动合同关系等。就业的稳定性使它同一般偶然性取得社会报酬的劳动区分开来,也就是说,那些依靠不断寻找临时性工作而生存的人不能视为就业人口。

就业还应该具有目的性。对于多数就业者而言,就业的主要目的是为了获得经济收入,以满足自身的生存和发展需要;同时,精神财富也是就业者追求的一个重要方面。人的社会性决定了人生活在这个社会中,不仅要有物质追求,而且要有更高的精神追求。对于许多女性而言,自我价值的实现也是其择业和就业的一个重要目标。

2. 女性就业状况的发展与变化

女性最早从事的主要职业是家庭服务,在整个19世纪,家庭仆人成为唯一持续增长的女性职业。1808年在工业革命的发源地英国,共有80万女佣,到1851年人口普查时增加到了113.5万人,占工作妇女总数的40.1%。① 1870年,美国妇女从事私人家庭和个人服务的人数所占工作妇女的比例更达到了49.7%。② 直到20世纪,随着工业化的推进,家庭主妇能够得到节省劳力的消费品物资和社会服务时,这一最早的女性职业开始明显减少。1900年时美国就业妇女中从事家庭服务和个人服务的比例下降为38.4%,1960年时仅为15%。③

自20世纪70年代以来,世界妇女的经济参与状况得到了很大改善,几乎世界上所有地区的妇女都比过去更多地参与家庭以外的经济活动。

据联合国劳工组织统计,1990年世界上约有8.28亿女性参与经济活动,她们之中半数以上(约占56%)生活在亚洲,29%在发达地区,9%在非洲,5%在拉丁美洲及加勒比地区。从1970年到1990年20年间,世界妇女在劳动力中所占比例持续增长,但增长的速度存在差异。在发达地区,劳动力中女性所占比例从35%提高到39%,在拉丁美洲和加勒比地区该比例从24%上升为29%;在北非和西亚该比例从12%提高到17%;东亚和东南亚女性在劳动力中所占比例较高,分别达到40%和25%,南亚相对较低为20%;大洋洲妇女在劳动力中所占比例由26%升至29%;而撒哈拉沙漠地区该比例则由39%下降至37%。在非洲女性劳动力的增长已落后于人口的增长。据联合国《1999年女性在发展中作用的世界调查》,1978年,孟加拉国只有4家服装厂,到1995年,增加到了2400家,雇用了120万工人,其中90%是女工。从全球来看,1970—1980

---

① 马缨:《工业革命与英国妇女》,上海:上海社会科学院出版社1993年版,第19页。
② Julie A. Matthaei: An Economic History of women in America, The Harvester Press, 1982, p. 284.
③ Ibid., p. 202.

年,女性劳动力在发展中国家平均增加了56%。

女性在农业生产中起着举足轻重的作用,在许多亚洲国家,大多数妇女在从事农业生产活动。据联合国粮农组织调查,发展中国家的妇女在农业和粮食生产、储藏、加工等各个环节都起着重要作用,她们承担了全部农业劳动工时的2/3,非洲80%的粮食出自农妇之手。

在经济发达地区、拉丁美洲和加勒比地区服务业则成了女性就业的主要部门,在拉丁美洲和加勒比地区71%参与经济活动的妇女在服务行业工作,发达地区有62%参与经济活动的妇女在这一领域工作,在亚洲和太平洋地区有40%的妇女受雇于服务行业,非洲参与经济活动的妇女中有20%在这一领域工作。在这一领域,妇女的劳动产量占一些非洲国家(如刚果和赞比亚)非正规部门总产量的2/3。服务业中妇女人数较多是多种因素造成的,由于男子占据了工业领域,迫使妇女去另谋职业,而服务业的一些工作(如护理、文秘、饮食服务等)由于同妇女的传统角色比较相似或人们认为比较相似,因此使这些工作带上了更多的女性色彩。

妇女不仅参与到经济活动中来,而且在经济活动中展现着自己的才能,她们中越来越多的人成为中小企业的所有者和管理者,如在法国,有1/4的中小企业老板是女性,在每年新创办的企业中,有30%的企业是由妇女创办的。据国际劳工组织统计,在管理职务中,妇女约占10%—30%,担任最高管理职务的妇女将近5%,在1 000家美国最大企业中,担任最高管理职务的妇女占8%。

妇女不仅在农业、服务业中发挥着作用,而且在科技、专业技术领域也取得了巨大成就,到1995年为止,就已有26名女性成为举世瞩目的诺贝尔奖获得者。

在经济领域,虽然越来越多的女性走出家门,跻身工作行列,但提供给女性的工作领域是有限的。她们大多集中在文书、销售和服务业,很少从事制造业、运输业和管理工作,在非洲和亚洲的许多国家中,多数妇女仍旧从事农业工作。从世界范围看,女性大多数聚集在社会地位和薪水较低的行业,即使在这些领域,也存在着严重的同工不同酬现象,一些国家和地区妇女的平均工资往往仅为男性的 75%—92%,甚至在一些国家中(如日本、韩国、塞浦路斯等),妇女的平均工资仅为男性的 50%—60%。在一些经济不发达国家和地区妇女大多在家庭农场或手工作坊中工作,她们根本不能像薪职工人那样得到现金,她们也很少能控制和继承财产。

(二) 中国女性就业的发展与现状

1. 女性就业的数量

中华人民共和国成立至改革开放前这一时期,女性就业的数量与以往相比,呈现出惊人的变化。1949 年,女职工人数是 60 万,占全国职工总数仅为 7.5%,至 1978 年,女职工人数是 3 128 万,比例上升到 32.9%,翻了好几倍。

改革开放以后,从总体上来说,女性就业数量还是在不断增长的。1979 年以来,中国经济体制由计划经济体制向社会主义市场经济体制转变,中国女性就业数量呈现出较大的波动。伴随所有制形式的改造、企业经营机制的转换,中国劳动力资源的配置也逐步艰难而稳妥地实现着由市场就业机制对计划就业机制的取代。这一时期,女性在就业方面获得了更广泛的参与空间及更灵活的就业选择。1979—1988 年的 10 年间,城镇女性就业增长率一直高于男性,年平均增长率为 4.9%,比全国职工队伍的年平均增长率高出 1.27 个百分点。1992 年中央明确提出建立社会主义市场经济体制的改革目标,经济体制改革进入深化阶段,虽然企业因产业结构调整等原因,带来局部女职工下岗,但 1995 年前,全国范围内的女职工总人数仍处于稳步增长的态势。1996 年开始,全国城镇单位女性从业人员数量开始逐年下降,到 2001 年末,其绝对数量减少了 1657 万,相对比例减少了 0.5 个百分点。

2004 年全国城乡就业总人口为 7.44 亿,其中女性为 3.37 亿,占 44.8%,妇女就业总量比 2000 年的 3.19 亿增加了 5.6%。2004 年城镇就业总人口为2.65亿,其中女性为1.14亿,占43.0%;城镇妇女就业总量比2000年增加了13.2%。2004年全国城镇单位就业人员总数为11 098.9万人,其中女性为4 227.3万人,占38.1%,城镇单位女性就业人员总数比2000年减少了4.2%。①

我们可以发现,20世纪50年代以来城市妇女生活方式的一个最明显的变化就是,"家庭妇女的比例从90%左右下降到10%;职业妇女的比例则从10%左右上升到了80%—90%"②。农村妇女的就业形势从农村劳动力的增长速度来看,也是一直处于稳步增长的态势。1982年为1.78亿,1990年上升为2.21亿,增长了24%。

中国女性劳动参与率从世界范围来看也是相当的高。截止2000年10月,中国女性就业人数已达3.3亿,女性就业占全国就业人员总数的比例从1949年的7.5%上升到46.7%,比世界女性就业34.5%的平均水平高出12个百分点。与世界较发达地区相比,女性在1980年、1995年、2000年的劳动参与率分别高出16.8个、16.4个和14.6个百分点,远远高出世界平均水平。

总之,新中国成立以来,随着社会的进步和女性社会地位的提高,我国女性就业情况有了很大改善。随着经济的发展和妇女社会参与程度的提高,中国妇女就业的规模继续增加,日益成为劳动大军中不可或缺的重要组成部分。但是,妇女参与经济的层次与男性相比仍然偏低,农业女性从业人口、城镇女性非正规就业人口持续增加,而就业稳定性和社会保障程度最好的城镇单位就业的女性的数量和相对比例均略有降低;形成总就业人口女性比例大于城镇就业女性比例,城镇就业人口女性比例大于城镇单位就业女性比例的态势。据国家统计局发布的数字,1998年全国登记失业人口中,女性占了52.93%。这样就反映一个问题,一方面女性

---

① 《1995—2005年:中国性别平等与妇女发展报告》,http://www.china.org.cn/chinese/zhuanti/fnfzbg/1151922.htm。

② 李银河著:《女性权力的崛起》,北京:中国社会科学出版社1997年版,第167页。

就业率不低,另一方面女性失业率也不低。这也就是说大部分女性经常处于就业与失业之间,或者叫做半就业状态。

2. 女性的就业结构

所谓就业结构,是指劳动力在国民经济各部门的分配比例。建国以来一段时期内,政府为保障女性的就业,通过行政手段将女性安置在各个行业,并鼓励妇女进入以往男性劳动领域,如商业、服务业、制造业等,实施以女替男的政策。政府劳动部门在审批企业用工计划时还采取男女搭配做法,以保证各行业的女性比例。可以说,在计划经济时期,中国女性借助国家的政策支持,就业范围涉及国民经济的各个领域、各个行业和各种职业,显示了以往从未被社会和女性自身认知和了解的巨大劳动潜力。

随着社会主义市场经济体制的建立,我国产业结构的调整及就业制度的变革,导致女性就业结构的重大调整。女性作为劳动力资源,由市场统一配置,流入与其自身相适应的就业领域。从产业结构来看,在第一产业、第二产业就业的女职工人数从1987年开始呈下降趋势。与之呈鲜明对比的是在第三产业就业的女职工人数则增长迅速。2001年在第一、二、三产业就业的女职工比例分别为37.5%、24.2%、39.2%,在第一产业和第二产业就业的比例分别比2000年下降了0.4个百分点和5.1个百分点,第三产业则上升了0.1个百分点。

就业层次是反映就业质量高低的重要指标。从就业层次来看,女性在高层职业岗位比例偏低。根据"第二期中国妇女社会地位抽样调查主要数据报告"显示,2000年城镇在业女性中,各类负责人只占6.1%,各类专业技术人员也只占22.8%。中国女企业家协会2001年的调查显示,目前女企业家在企业家总数中的比例不到20%,且主要集中于加工制造业和服务业。我国各级人大代表大会中,女代表所占的比例1999年还能排到世界第12位,到2002年则下降到第29位。

分性别的职业结构反映不同性别从业者在各种职业中所占的比例,

是衡量女性就业质量和就业层次以至社会经济地位的重要指标。数据显示,在由7个职业大类构成的职业结构中,全国女性就业人员中只有6.4%的女性从事的是技术和管理工作(男性为10.9%),而有79.8%的女性从事的是体力型和非管理类的劳动,其中60.1%的女性从事的是技术含量和经济收益相对偏低的农业工作,比男性高9.4个百分点。在职业分化迅速的社会转型期,女性职业层次偏低且非农转移速度相对滞后的状况由此可见一斑。城镇女性就业人员的职业结构数据表明,城镇女性就业者较为集中的职业是商业服务人员,占全部城镇女性就业者的25.5%,其次是办事人员和有关人员,占17.5%,而专业技术人员在女性城镇就业者中的比重还略高于生产运输设备操作人员及有关人员,但令人遗憾的是,城镇女性就业人员中单位负责人的比例(1.7%)仍然大大低于男性(5.5%)。[1]

3. 女性的就业收入

通常情况下,收入是衡量就业状况的主要指标之一。从不同性别之间的收入状况分布来看,女性群体的收入状况普遍低于男性群体,差异较为显著。

从就业与收入方面看,即使计划经济体制下低工资高就业的就业体制,规定男女同工同酬,但由于男性就业结构高于女性,男女收入也存在很大差距。尽管从全国来看,中国就业女性的收入大幅增长,但与男性的差距却明显扩大。从1988—1995年,城镇职工的性别工资差距有所扩大。就平均水平而言,女性与男性职工的工资之比,由1988年的0.84下降到1995年的0.82。在工资函数中,1988年女性职工变量的系数估计值比男性低1.8%,到1995年则大约低16%。1988—1994年期间,女性与男性的工资比一直在下降。也就是说,女性与男性的工资差距一直在扩大。

---

[1] 《1995—2005年:中国性别平等与妇女发展报告》,http://www.china.org.cn/chinese/zhuanti/fnfzbg/1151922.htm。

2000年城镇就业女性的年均收入为7 409.7元,是男性收入的70.1%,男女两性的收入差距比1990年扩大了7.4%。从收入分布看,城镇就业女性年收入低于5 000元的占47.4%,低收入的女性比男性高19.3%,而年收入高于15 000元的女性为6.1%,中等以上收入的女性比男性低6.6%。

城镇男女收入的差距与就业状况和职业层次直接相关。女性较多地集中在收入偏低的职业,在相同职业中,女性的职务级别又比男性偏低。女性中"白领"工作者的比例低于男性,"白领"工作者的平均受教育年限,女性高于男性。这在一定程度上反映出"白领"工作对女性受教育程度的要求往往高于男性。换句话说,女性只有比男性受教育程度高,才更可能获得"白领"工作。农村地区工资差距则与性别歧视有很大关系。

4. 女性就业中的性别歧视

从历史发展的进程来看,女性就业与劳动力市场供求关系的变化轨迹最能够体现出社会对女性就业的暧昧态度。即每当劳动力短缺而市场又迫切需要大量劳动力时,女性就业就受到宽容和鼓励;而每当社会的劳动力充足而就业岗位不足时,女性往往首先成为被淘汰的群体,女性的就业权利和经济利益即难以保障。20世纪80年代以后中国社会所谓"妇女回家"的论调实质上就是以劳动力市场的压力为其深层渊源的。这也昭示了将男性作为劳动力市场的正规军,而将女性作为劳动力市场的后备军的就业性别歧视事实。

当前女性就业求职遭到歧视的现象有增无减。最常见的是外貌歧视、年龄歧视和姓氏歧视等。不少企事业单位对所招聘的女性要求年轻貌美,招聘时量身高,问体重,测三围。更有甚者,血型歧视也粉墨登场。一家公司在招聘销售总监、市场销售经理时,对女性除了要求高学历和有一定的工作经验外,还有一个条件:血型必须是O型或B型的。有的单位干脆就将女性拒之门外,有的单位在招聘的女性到了28岁时就想办法将其解雇。

值得注意的是,女性隐性就业歧视也呈上升趋势。由于女性就业层次在下沉,相对的女性歧视仍然存在,相当多的妇女就业集中在劳动保障条件差、收入低、劳动条件艰苦的工作。劳动时间长,待遇低,没有劳动保险等等非正规就业中的女性权益极受忽视。种种对就业中的女性缺乏关注的做法,助长了企业中的隐性性别就业歧视。

社会主义市场经济的建立和发展极大地促进了生产力的发展和经济的快速增长,但市场经济的负面影响也对社会的全面进步,特别是社会主义的就业模式形成了巨大的挑战。在市场经济的模式中,各个用人单位作为劳动力市场的主体,其用人的规则必然是以最小的投入获取最大的收益。而女性由于有生育、操持家务等"自然附着成本",使追求利润最大化的企业及相关组织不愿接受这种"性别亏损"。尽管我国法律明确规定妇女享有与男子平等的就业权利,用人单位在录用职工时,除不适合女性的工作岗位外,不得以性别为由拒绝录用妇女或者提高女性的录用标准。但法律没有明确规定具体的保障措施,没有设置有效的保障机构,立法也仅仅停留在原则性的内容上,因此难以切实保障女性的就业平等权。从目前来看,大学生择业过程中存在明显的性别歧视现象,使女性的就业权利受到挑战,在就业难的大学生中女生占了2/3。另据陕西省总工会女职工委员会的一份下岗女工调查表明:女职工下岗高于女工占职工自然比例的20.74%,甚至高达32.3%。而其中生育成为女职工下岗的原因之一,如纺织业46%的下岗女职工是因怀孕、哺乳而下岗的。

三、女性在家庭中的经济地位

第二期中国妇女社会地位调查数据表明:丈夫在家庭中更多地拥有实权的近四成,夫妻平权的家庭也约为四成,妻子有更多实权的占二成强,也就是说,有六成妻子分享家庭实权(其中城镇达71%,农村为

56%）。与夫妻平权家庭为主流的欧美国家相比,中国家庭男女共同参与决策的比重仍不高。

由于对家庭事务更操心、付出更多的一方,通常拥有更多的家庭权力,城市妻子家庭决策权高于丈夫的现象有时会掩盖某些丈夫逃避"操心"的自由权和妻子被迫"独揽"大权的辛劳。因此,个人自主权标志着个人的独立意志和自由,或许以此作为妇女家庭地位的测量更合适。上述抽样调查结果表明:女性在家庭中完全或基本上可自主决定购买个人用的高档商品、外出工作、出差、学习和资助自己父母的,分别占89%、71%和91%,其中个人消费和资助自己父母的自主权与男子相比差距不大,但由于她们承担着更多的家庭义务,因此,女性外出工作、出差或学习所受到的牵制远多于男性。

此外,尽管42%的家庭由妻子掌握日常经济支配权（丈夫仅为21%）,然而比较而言,女性在家庭中购买个人用品的花费远少于男性,城乡丈夫承认自己的个人花费更多的分别达47%和60%,认为妻子花费更大的分别只占21%和14%（其余为差不多）,这主要是因为男性的个人消费损耗在烟酒上的较多,比重高达65%。

就女性在家庭中的经济地位而言,影响其地位高低的根本性因素是女性在经济上是否能够自立以及自立的程度。这就是说,女性的经济收入是其经济地位的基础,如果妇女没有独立的经济来源或稳定的经济收入,在家庭中就不可能不形成对男子的依附,就不可能从根本上取得对家庭经济收入及财产的支配权,因而在家庭中也不可能真正拥有同男子一样的平等地位。这不仅在旧中国封建式的家庭里是如此,就是在今天以及今后一个相当长的时间里仍然如此。尽管我们不排除当今社会关系的变革对旧的封建意识的冲击,使人们在观念上有了许多新的进步,家庭成员之间的关系已不再只是经济依存的关系,而更多地注入了爱情的内容,但就当今中国社会经济发展的基础而言,无论是观念上的进步,还是爱情的因素,都不可能超越经济的力量。因为,在今天的中国社会,女性不参加社会生产或社会活动,就意味着她或者是缺乏参与社会劳动和社会活动的能力;或者是缺乏自立、自强的愿望和信心,因而她们自身的素质一般来说都不是很高的。这样她们在心理上自然要形成对丈夫的依赖,即使有的家庭丈夫的收入相当可观,妻子已无须靠出去参加工作赚钱来获得自己对家庭经济的支配权,但由于不是对自己经济收入的支配,而完全是在行使丈夫交给的一部分经济权力,实质上并不具备真正的自主权。

第三节 女性与家务劳动

虽然女性在经济生活中发挥了重要作用,但囿于传统习惯,女性在家务劳动方面的作用并没有得到承认,如果把女性在维持生计的农业及家务劳动方面的无薪工作完全计入劳动力统计数字,她们的劳动力份额将同男子相等,甚至超过男子。如果她们的无薪家务劳动在国民核算中作生产性支出计算,全球的产量将增加25%—30%。

社会普遍无视家务劳动的社会价值,更没有从法律上为家务劳动确定合理的价值,使得从事家务劳动的女性变成了被抚养者,在社会经济地位上依附于男性,从而严重损害了妇女的正当权益。一般而言,经济地位是社会地位与政治地位的前提和基础,要保障女性的社会、政治地位就要从维护其经济地位入手。要从法律意义上客观评价家务劳动的价值和作用,评价女性家务劳动的目的旨在提高女性的实际地位,而不在于指定由谁来支付主妇工资。

一、家务劳动概述

(一)家务劳动的概念及种类

家务劳动是指家庭成员在本家庭内部,为直接满足本家庭成员精神生活和物质生活消费的需要而进行的劳动。在这里一定要区分家务劳动和家庭劳动的概念。那些在家庭中以家庭生产活动需要为目的进行的家庭劳动不属于家务劳动，如在家庭内从事手工业、副业、畜牧业以及为出售而经营的种植业、养殖业等。从概念的外延看，家务劳动就是通常说的"家务"一词所概括的劳作项目，包括买菜、做饭、洗衣、涮碗、打扫家庭卫生，以及抚育孩子、伺候老人、操持全家衣食住行等等。所以在家务后加上"劳动"二字，是要强调搞家务也是一种劳动，它也是创造使用价值的。而作这个强调的必要性，则在于人们长期以来不懂得或不承认干家务和在田间生产、在工厂做工一样，也是创造使用价值的活动，是整个社会劳动不可缺少的一部分，是一个真正的劳动种类、形式、部门。

家务劳动可以从不同的方面进行分类。

从家务劳动的具体用途来分，可以分为：为饮食服务的家务劳动；为衣着被服服务的家务劳动；为住所内外环境的清洁、美观服务的家务劳动；家庭用各种器具、电器、交通工具的购置、保养和维修所进行的劳动；生育及抚养、教育子女所进行的劳动；侍奉照料老人、病人所进行的劳动；家庭收支的预算安排、簿记、储蓄和投资的计划、家庭资源的节约利用、废旧物资的处理、家庭档案的建立和管理，以及其他为实现家庭成员衣食住行消费的科学性、文化娱乐的益智性和高品位性等所进行的劳动。

从家务劳动在劳动力再生产中的作用和性能看，又可划分为：为劳动力再生产服务的家务劳动，即为保证劳动者恢复和维持其体力和脑力而进行的家务劳动；为后备劳动力的生长服务的家务劳动，即为保证人口、劳动力再生产继续进行而从事的家务劳动；为退休劳动力的生活消费需要和精神需要服务的家务劳动，即为保证老人晚年幸福生活所进行的家务劳动。

（二）家务劳动的特点

1. 劳动者和劳动产品的消费者的直接同一性

一般劳动生产出的产品或提供的服务，都是供他人享用的，其"为自己劳动"体现在获得了工资报酬后可以购买到自己需要的东西,因而具有间接性。家务劳动不是如此。做出的饭菜是自己和家人吃,房屋打扫得清洁美观是自己和家人享用,在这里"为自己性"是直接的。就是家务劳动的这种劳动者和消费者的直接同一性,或者说它的为自己性不通过获得工资报酬的间接形式显现出来的特点,使得人们误认为搞家务是无报酬的活动,即使称为劳动,其意义也仅是指付出了体力,而不是着眼于它创造了使用价值。

2. 劳动的极端非专业性

一般说来,一个劳动门类,越是带有专业性,越是要求有较高的知识技能,也就越需要劳动者事先进行学习、培训,并且因此越能得到较高的报酬、社会的重视和众人的称羡,反之,得到的报酬越低,也越是被社会轻视和人们鄙夷。尽管干好家务也需要不断的学习,但家务劳动是同时代所有社会劳动形式中专业要求最低的一种。因为干家务和"过生活"在很大程度上是统一的,因而,一方面,从事家务劳动乃是人们参与其他社会劳动的最初准备,其原始性当然意味着劳动进化程度上的低级性;另一方面,人类任何高级劳动及其产品进入"寻常百姓家"而成为家务劳动的内容时,自然意味着它达到了最大限度的普及,它的操作就要被列入无师自通的劳动项目之中了。家务劳动的这个特点自然是人们轻视它的重要根据和原因。

3. 封闭性

家务劳动的活动范围多局限于家庭之内,即劳动场所就在自己家里,只在采购时才外出,交往的人也限于家庭成员,只在招待客人时才接触外人。家务劳动的封闭性更在于它的私人性。今天中饭吃什么,房子如何打扫,家具怎样摆设等等,全由自己决定,顶多需要征求一下家庭重要成员的意见,他人一律不得干涉,也不会来干涉。这与其他劳动都必须循规蹈矩,都得既听命于他人又制约着他人,是正好相反的。很明显,家务劳动的这种封闭性特点虽然最能表现人的个性特点,但它是以隔断同社会的联系为代价的,所以很容易使人产生这种工作对社会没有价值的认识。

就是家务劳动的上述特点决定了古今中外的人们尽管承认家务劳动不可少却又瞧不起家务劳动和家务劳动者。

二、家务劳动的性别分工

家庭就好像一个生产企业。为了追求家庭效用最大化,家庭成员之间的分工是必然的,谁能赚得的工资更高,谁就应该更多的就业,而另一位则应更多地从事家务劳动。而事实上真正的家庭分工却不能完全做到只受经济理性的影响,其中社会因素、观念因素都有重要影响。如前所述,中国"男主外女主内"的社会性别分工观念由来已久,其深远影响并不是在短时间内就可以消除的,而这一观念对家务劳动的性别分工有着直接的影响。

一直以来在中国家务劳动的主要承担者就是女性,尽管近年来随着女性整体社会地位的提高以及观念的进步这一情况已有所改变,但调查表明,目前女性承担家务仍然普遍比男性多。2000年妇女地位调查资料显示,85%以上的家庭做饭、洗碗、洗衣、打扫卫生等日常家务劳动主要由妻子承担。女性平均每天用于家务劳动的时间比男性多2个小时。而与此相对应的是,女性在休闲方面看电视的时间每天平均比男性少13分钟,学习时间及其他自由支配时间女性也低于男性。对于职业女性来说,繁重的家务劳动负担的确桎梏了她们的发展。

2000年妇女地位调查资料同时还显示,随着社会的进步和观念的变革,"男女平等"越来越被人们所接受,正在成为我国社会公众的主流意识,传统的社会角色分工受到了挑战,家务劳动的性别分工也有了很大的改变。尽管女性仍然是家务劳动的主要承担者,但两性家务劳动时间的差距,与1990年比已经缩短了6分钟。而对于挑战男性传统角色的"男人应该承担一半家务"的提法,有82.3%的被调查者表示"同意"和"非常同意",女性赞同比例比男性高10.6个百分点,无论城乡男性中都有大部分同意承担一半家务。

在女性的能力越来越被社会所认可的同时,女性的自立意识增强。在被调查者中,88%的女性认为,如果配偶的收入足够高或者家里有大量的钱财,自己仍然要工作劳动,持这一观点的城镇女性占84.9%,农村女性占89.1%。对于"女人干得好不如嫁得好"的观点,不太同意和很不同意的女性占57.2%,其中城镇为62.5%,农村为55.4%,均高于赞成此观点的比例,这也说明女性自我意识的增强。

总之,在家务劳动承担方面,传统的性别分工体系还没有从根本上发生变革,但人们观念上的进步已经引发了一定程度的变革,家务劳动的分工将趋向于理性化而非由性别来决定。

文本链接

男性应承担一半家务(%)——对男性家庭角色的认知

项 目	合计		城镇		农村	
	女	男	女	男	女	男
非常同意	46.4	32.3	49.5	33.0	45.3	32.0
比较同意	41.4	44.9	39.6	46.8	42.1	44.3
不太同意	7.5	16.1	6.7	14.3	7.8	16.7
很不同意	1.6	3.4	1.4	2.5	1.7	3.7
说不清	3.1	3.3	2.8	3.4	3.1	3.3
合计	100.0	100.0	100.0	100.0	100.0	100.0

资料来源:2000年第2期中国妇女地位调查。

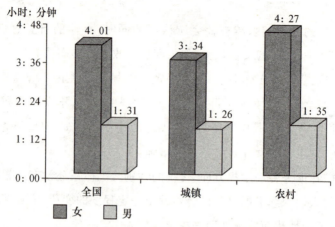

平均一天用于家务劳动时间的性别差异比较

资料来源:2000年第2期中国妇女社会地位调查。

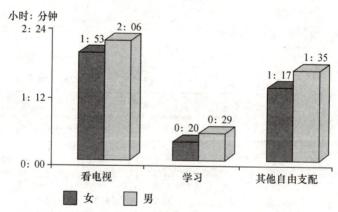

平均一天用于学习、看电视、其他自由支配时间的性别差异比较

资料来源:2000年第2期中国妇女社会地位调查。

三、家务劳动的价值

上世纪中叶就有许多国家开始争论是否需要评估家务劳动的价值,以及如何评价家务劳动价值的问题,并逐渐被女性主义者纳入其研究的领域。1960年,日本的学者矶野富士子教授在《妇女解放的混迷》一文中提出,家务劳动不仅有用,而且产生价值。他认为,是否承认家务劳动的价值,关系到妇女在社会和家庭中的地位,只要承认妻子具有独立的人格,则妻子应当对于自己的劳动,有要求相当报酬的权利。家务劳动是劳动力再生产所不可缺少的生产手段,当然产生价值,此价值构成劳动力即商品价值之一部分,因此,家庭主妇可以从丈夫的职业所得中要求因家务劳动所附加的价值部分。他的这一观点,得到许多学者的赞同。台湾学者林秀雄进一步指出,家务劳动非商品交换的劳动,故对社会而言,无经济的价值;但于社会关系中无经济价值的劳动,于家庭关系中未必就无价值。事实上,家务劳动对整个家庭或丈夫而言,不仅有用,而且有价值。妻子为家务劳动,则不必支付代价与他人,家计费用即可减少,而其减少部分,对家庭而言,就是家务劳动的价值。家务劳动之防止家庭中积极财产流出的功能,即为其获得评价的主要根据。①

诺贝尔经济奖得主加里·贝克认为,家庭实际上是个小型工厂,即使在提供各种重要服务和生产许多昂贵商品的最发达国家里情况也是如此,因此应该把家务劳动同样看作是一个国家的国内生产总值中像商品和服务那样的组成部分。

虽然有关承认家务劳动价值的理论与实践都将家务劳动视为妻子的当然职能,即所谓"主妇的权利",仍然没有摆脱传统的"男主外,女主内"的家庭分工模式,但毕竟对承认家务劳动的社会和经济价值在理论上进行了梳理和探讨,并在一些国家的法律或实务上予以了肯定,这是一个重大的进步。如前所析,家庭角色分工模式的转变,由男女双方共同承担家务劳动,或真正全面地实现家务劳动的社会化,尚需时日,在此之前,明确家务劳动的社会价值和经济价值,有利于保障从事家务劳动的妻子的权利。

---

① 林秀雄:《夫妻财产制度之研究》,北京:中国政法大学出版社2001年版,第147—155页。

（一）家务劳动的价值和使用价值

1. 家务劳动的使用价值

家务劳动的使用价值是没有疑义的。家务劳动的使用价值在于它的有用性。它通过其有形或无形的服务，满足包括现实劳动力和后备劳动力在内的全体家庭成员的物质和文化生活消费的需要，从而使家庭职能得以顺利实现。家务劳动的成果和社会生产成果一样，能满足家庭成员对物质产品、精神产品和劳务三方面的需要，使劳动者恢复体力和脑力，使儿童及老人身体健康，心情愉快，生活美满。

2. 家务劳动的价值

家务劳动的使用价值是其价值的承担者。家务劳动也同其他生产劳动一样，同样消耗作为自然物质的人的体力和脑力，消耗各种物质资料。家务劳动作为劳动的成果同样凝结了一定量的人类劳动，即是人类抽象劳动的结晶，因而它也是有价值的。

3. 家务劳动的价值量

家务劳动的价值量是由其创造物质产品、精神产品和劳务时所花费的社会必要劳动时间所决定的，它与家务劳动量成正比，与家务劳动的效率成反比。由于家务劳动构成社会总劳动的必要部分，家务劳动创造的价值同样是社会总价值的一部分。

家务劳动的价值量如何确定，这在家务劳动社会化程度较高的当代已不是不可解决的难题，一方面可以仿照已经社会化的家务劳动的价值量计算，另一方面可以仿照家庭服务人员（如保姆、小时工等）的工资量计算。

4. 家务劳动价值的实现

家务劳动是直接为劳动力的再生产服务的。劳动力本身是一个自然物质要素，这是家务劳动的结果。为此而耗费的劳动量，将通过新的生产过程再现在新产品中。家务劳动者把自己的劳动"物化"在劳动力上，这样增加的生产力要素的价值也将相应提高其生产的产品的价值，各种家务劳动所耗费的时间,最终都会增加劳动力的价值量。家务劳动价值是通过劳动力的生产与再生产费用和报酬实现的,即通过交换把这些价值加入到社会劳动能力的生产费用或再生产费用中去,最终在各类产品的价值中以工资的形式表现出来,并借以实现。

家务劳动价值的具体实现形式是:在宏观上,通过社会劳动者的工资和相应的社会保障、社会福利基金(如生育费、生育社会保障基金、生育补偿费、幼儿入托补贴、幼儿教育补助、养老基金、养老院补贴等等)得以实现和补偿;在微观上,由于家务劳动是在家庭内部进行的,因此,在家庭内部得到合理实现和补偿更有现实意义,即通过家庭收入(包括家庭成员的工资收入和各种交换收入)在家庭内部再分配,实现和补偿家务劳动的价值,承认家庭的各种收入和社会保障福利收益都有承担家务劳动的家庭成员的一份贡献,他们均应享有相应的一份收益。现在许多家庭中承担家务劳动重担的是妇女,承不承认妇女家务劳动的价值,直接影响到妇女的地位。

(二) 家务劳动的社会价值

1. 家务劳动是社会劳动的基础

家务劳动是人们从事其他任何劳动的前提,因而是整个社会劳动的基础部分。家庭是社会的细胞,任何人都不能完全不从事家务劳动,更决不会从不享有、消费家务劳动提供的服务。离开父母或其他人的家务劳动,孩子根本就不能长大,而且是家务劳动将他社会化了,才使他以后能够从事不属于家务劳动的种种"高级"工作。用通俗的比喻说法就是:人要吃饱饭才能干活,而做饭的劳动是家务劳动,餐馆职工的劳动也是社会化了的家务劳动。

2. 家务劳动是社会劳动产品使用价值实现的依托

许多劳动产品的使用价值只有通过家务劳动才能最终实现。从创造使用价值方面说,家务劳动不仅直接提供诸如可口的饭菜、舒适的生活环境、方便温馨的"休闲服务"等使用价值,由于享用、消费这类使用价值是人们进行其他价值创造的前提和基础,所以社会的一切劳动产品中都包含着家务劳动的贡献,都是家务劳动间接创造的使用价值。因此,如果说人类的价值创造活动是连续的,构成一条创造链,那么家务劳动就是这根链条的起始环节,其他所有环节对它都有或大或小、或远或近的依赖性。

家务劳动还是链条的最终端环节。生产是为了消费,创造使用价值是为了享用它。自从家庭产生以后,人类绝大部分消费、享用都是在家庭中完成的,所以家务劳动乃是人类创造使用价值活动的最后一道"工序"。粮食要做成饭后才能吃,洗衣机要有人去使用它,它才会把你的衣服洗干净,即使现成的食品如方便面之类,也必须经过采购、开包、开水冲泡的家务劳动,才真正成为你的享用品,它摆在商店里,尽管你口袋里有钱,对你也不是现实的使用价值。在相当大的范围内可以说,非家务劳动乃是为家务劳动作直接的或间接的准备,家务劳动者是它们产品的质量和它们自身意义与价值的最终的和权威的评判者。

3. 家务劳动最直接地关系到人的价值

家务劳动既是社会劳动的起点,又是社会劳动的终点,即它使社会劳动不是直链式地向前延伸,而是链环式的周期发展。其原因在于它最直接地体现着人的劳动的为我性和为他性的统一,生产和消费的统一,劳作和享受的统一,私人性和社会性的统一。因此,一个完全不从事家务劳动和不能直接得到家庭劳动服务的人,乃是一个不完整的人。这样的人如果是"一心为公",我们确实应该并且已经给予崇敬,但从根本上说,他们的生活方式超出了人类生活的常规,如果人人都像他们那样,社会生活反而会停止了。事实上,他们为自己不能亲自给家人搞点家务劳动和不能直接享受亲人们的家务劳动服务而遗憾,甚至感到痛苦和悲哀。在以家庭为基本单位的历史阶段,既然个人是以家庭为中介而社会化的,为人类、为人民服务的宏伟大业是通过为众多家庭造福而实现的,人们自然也就要以家庭为中介,即在从事家务劳动和享受人们的家务劳动服务中,才最直接、最深切地体认到自己作为人的存在的本质和价值。

总之,家务劳动既有价值又有社会价值,承认家务劳动的价值,给家务劳动以合理的地位,在家务劳动性别分工没有彻底改变的情况下,对于提高女性地位具有重要的意义。

本章小结

女性的政治参与是指女性通过各种方式、渠道参与国家和社会公共事务的政治行为。当代中国女性政治参与呈现出制度化、规范化的良性发展趋势,参政意识和参政能力提高较快,女性参政的结构有所改善,政治文明建设成果初步显现。但女性政治参与的广度不够,城乡、区域发展不均衡,女性参政的社会文化基础仍很薄弱,使女性参政程度仍然不高。女性经济地位的提高,是女性解放最重要的基础。女性的经济地位包括妇女在家庭和社会两个不同层面中的经济地位。从女性的就业状况的发展变化可以看到,我国女性在社会上的经济地位已经有了很大的改善,但就业歧视还在一定程度上存在着,而女性在家庭中的经济地位与其社会经济地位和政治地位都密切相关。虽然女性在经济生活中发挥了重要作用,但囿于传统习惯,女性在家务劳动方面的作用并没有得到承认,这一状况还有待于进一步改善。

教学活动建议

本章内容与现实生活联系紧密,建议教师在讲授前可以先布置学生做相应的社会调查。如女大学生就业状况调查、家务劳动承担情况调查等。

对于家务劳动价值的测算可以指导学生构建模型或做量表,以增加理论的直观性。

思考与实践

1. 请查阅资料总结各国对妇女参政的各种政策。

2. 你认为该如何促进女性参政?
3. 调查女大学生就业面临的问题。
4. 谈谈你对男女公平就业的理解。
5. 调查同学对家务劳动的认识。
6. 试制定一个衡量家务劳动价值的量表。

第六章

女性与法律

【名人名言】

法律不能使人人平等,但是在法律面前人人是平等的。

——〔英〕波洛克

【本章教学目的和要求】

- 了解中国妇女法律地位的历史变化过程。
- 理解妇女享有的法定权利。
- 掌握妇女维权的基本途径。

第一节　中国女性权利的历史演进

女性的法律地位关系着人类的发展和社会的进步,是一个国家文明的标志。现代社会妇女法律地位的核心问题是平等,即法律保护妇女在社会生活各方面与男性处于同等地位。中国妇女平等权利的获得经历了漫长的历史发展过程。

一、奴隶社会、封建社会中国女性的法律地位

在人类社会发展初期的母系氏族公社时代,婚姻的形态是群婚制,人们只知其母不知其父。在受生产力发展水平的制约而存在的原始公有制生产关系背景下,妇女在家庭内部组织生产和生活过程中,发挥着比男性更重要的作用,因而居于统治地位。随着生产力的发展,社会财富增多,伴随着剩余产品的出现,家庭私有制产生了。个体家庭脱离氏族公社成为社会的基本单位。在家庭内部,男子成为外出劳动获取生活资料的主力,因而享有对家庭财产的支配权,妇女由于被排斥在社会劳动之外,在生产关系中逐渐成为男人的附庸,由此开始了中国妇女在几千年的奴隶社会和封建社会始终处于与男性不平等地位的漫长历史。

（一）从政治权利看古代中国女性的法律地位

在中国古代,妇女不享有任何受法律保护的参与国家和社会事务管理的政治权利。

始于夏朝,盛行于商代和西周的宗法制和分封制是我国奴隶社会的基本政治制度,宗法和分封制度的基本原则,是由嫡长子继承父亲在政治、家族和财产方面的一切特权（两汉以后演变为诸子均分）,次子及诸庶兄弟则受分封。女子的受封和爵位继承权利被彻底剥夺。在封建社会鼎盛时期的唐朝,女子的受封和继承爵位的权利继续被剥夺,同时各级官

办学校不招收女学生,女子也不能参加科举考试,因此女子既不能通过继承爵位、也不能通过参加科举考试而步入仕途。虽然在历史上曾出现过吕后、武则天、慈禧这样一度掌握了至高无上的政治权力的女性,但一方面,这在男性统治中国古代几千年的历史过程中是屈指可数的特例,同时几位女性掌握政权的真正原因,也不是当时政治法律制度正常运行的结果,而是在宫廷斗争过程中形成的、超越了权力更替常规模式的意外结果。总之,古代中国社会女性基本上是不享有通过正当途径获得管理国家和社会事务的政治权利的。辛亥革命以前的中国历史上,只在太平天国的法律中妇女的地位有所提高。根据太平天国的法律,女子可以和男子一样获得官位和爵位,妇女享有与男子平等的政治、军事方面的权利。这是男女平等思想在几千年的中国封建社会中首次在立法中得到确认。

(二) 从经济权利看古代中国女性的法律地位

古代妇女的经济权利主要包括分得田地的权利和财产继承权。在始于北魏并在整个封建社会长期存在的均田制度(即把政府控制的无主荒地分配给农民的制度)中,从北魏到北齐再到隋朝,妇女受田为丁男的一半。到了唐朝,根据《唐六典》的规定,妇女不再是受田主体,只有丧夫的"寡妻妾"才能分得男丁一半的田地。无权分得土地这种基本生产资料,使妇女从根本上丧失了独立的经济地位。在家庭财产继承方面,奴隶和封建社会的法律制度都主张家庭财产由嫡长子继承或诸子均分,有兄弟的未出嫁的女儿(在室女)没有财产继承权。在唐朝的法律中,甚至规定在没有兄弟但有同宗子侄的情况下,未出嫁女子也不能继承家庭财产。女子出嫁后丧夫,在无子情况下寡妻妾才可以继承亡夫财产,如果继承了亡夫遗产的寡妻妾再嫁,已继承的财产必须归还亡夫家。可见寡妻妾的所谓财产继承权实质上不过是监管亡夫财产的权利,并非取得了财产所有权。因此,古代妇女的经济地位低下,即使是生活在官宦富裕之家、甚至在管理家庭财产方面拥有一定权力的古代妇女,从法律的角度看,仍然一无所有。

（三）从婚姻家庭关系看古代中国女性的法律地位

奴隶社会和封建社会的法律，普遍规定了男女在婚姻、家庭方面的不平等。在封建家庭中，丈夫既可以娶妾又可以休妻，而妻子通常只能从一而终。如果妻子与人通奸，按照汉朝法律要被处以极刑，而丈夫犯了同样的罪，则只需"耐为鬼薪"（即为他的宗祠砍木柴），刑罚反映出的男女地位差别之大令人一目了然。封建社会鼎盛时期的代表性法律《唐律疏议》中规定属于"十恶"而不能赦的罪名中，就包括妻子殴打丈夫（恶逆）、妻子告发丈夫（不睦）和妻子在丈夫丧期未满而改嫁（不义），要被处以极刑。就连妻子听到丈夫死亡的消息不立即"举哀"，或者丈夫孝期未满而不着孝服这些形式上对男权的"不敬"，都会被视为"不义"而引来杀身之祸。反之，如果丈夫殴打妻子，按《唐律》斗讼篇之规定，罪责要比普通伤人罪减轻两等，如果丈夫打伤的是妾，则再减两等。

总之，未嫁从父、即嫁从夫、夫死从子是中国古代占统治地位的儒家思想对女子的基本要求，也是历朝历代立法对女性在婚姻家庭中的地位的基本定位。从父、从夫、从子，使妇女丧失了独立的人格和地位，从出生伊始就成为家庭和社会生活中的被监护者，并且终生处于男权的绝对统治之下，成为男权的附庸。

二、半殖民地半封建社会中国妇女的法律地位

从1840年鸦片战争开始到1949年中华人民共和国成立，中国社会始终处于战乱和动荡之中，在西方民主思想的影响下，在中国先进知识分子和最早觉醒的一部分女性的努力之下，妇女的社会地位和法律地位发生了一定的变化。

（一）妇女享有一定的政治权利，政治地位有所提高

清末民初、军阀战乱时期，妇女法律地位变化之一是妇女获得了接受教育的法定权利。清政府颁布的《学部奏定女子小学堂章程》和《学部奏定女子师范学堂章程》确立了女子受教育的权力。接受教育使女子具备

了从家庭走向社会,参与社会活动的能力,为女子参政奠定了基础。民国初年,广州、湖南等地相继出现过女子参政运动,其直接结果是一些女子当选为各级政府议员。但是妇女参政的实践并不意味着妇女获得了真正的政治权利。《中华民国临时约法》第5条规定:"中华民国人民一律平等,无种族、阶级、宗教的区别",对平等的规定不可谓不全,却唯独没有规定男女平等。可见该阶段妇女的政治地位虽有所提高,但并未在法律上得到确认。

(二) 妇女就业人数增加,经济地位有所改变

清末民初,军阀混战时期,妇女的就业权得到承认。越来越多的妇女走出家庭,参与到社会生产领域。随着就业范围的扩大,经济能力的增强,妇女逐步摆脱对男性的依赖,经济地位也随之提高。以妇女在家庭中的经济地位为例,北洋政府的民事法律规范,承认妻子的财产所有权,承认妻子自主处置私人财产的权力,使女性在一定程度上获得了经济自主权。经济能力的增强,为女性获得更多政治及婚姻家庭方面的权利奠定了必要的基础。

(三) 女性在婚姻家庭方面获得了一定的平等权利

清末民初,妇女有了一定程度的婚姻自主权,包括结婚、离婚和再嫁的自由。以离婚自由为例,1915年北洋政府制定的《民律·亲属编草案》规定:"夫妻不和谐,两愿离婚的,应准予离婚。"该草案还规定受虐待、受重大侮辱、遭恶意遗弃或发现对方重婚者,都可提出离婚。妻子在丈夫与人通奸或被丈夫打伤,可以主动诉诸法律。可见此时离婚已不再是男子的独有权利。

总之,在清末民初、军阀混战以及国民党统治时期,一方面,法律规定妇女享有一定的参政权、财产权和婚姻自由权,但法律并未对男女在政治、经济、婚姻家庭方面的平等权利做出全面规定,相反,立法中大量保留了男女不平等的内容。

三、中华人民共和国成立后妇女法律地位的变化

中国共产党成立后,在根据地时期就颁布了一系列保障男女平等权利的法律条例和规章制度,使根据地妇女在社会生活、财产权利以及婚姻家庭方面获得了前所未有的与男子平等的权利。中华人民共和国成立后,中国妇女的地位更是发生了根本改变。1949 年,具有临时宪法性质的《中华人民共和国共同纲领》就明确宣告"废除束缚妇女的封建制度",建立男女平等的社会主义国家。1954 年颁布的《中华人民共和国宪法》明确规定"中华人民共和国妇女在政治的、经济的、文化的、社会的和家庭的生活等各方面享有同男子平等的权利"。此后的几部宪法及其修正案,都坚持这一基本主张。中华人民共和国成立半个多世纪以来,宪法有关男女平等基本原则,在我国刑法、民法、婚姻法、劳动法等一系列部门法律、法规中得到了全面体现。同时我国还积极参加有关保护妇女权益的国际公约。到目前为止,我国已批准加入了《男女同工同酬公约》和《消除对妇女一切歧视公约》。1992 年七届人大五次会议通过《中华人民共和国妇女权益保障法》,该法是我国首部以妇女为对象,以全面、系统保护妇女权益为宗旨的基本法律。2005 年 8 月,根据社会发展的实际情况以及保护妇女权益方面的新问题,全国人大对妇女权益保护法进行了系统修正,使该法成为在新的历史条件下,在男女平等的基础上,促进和保障女性在社会和家庭生活各个方面自我发展、自我实现的基本法律。

第二节　女性的法定权利

修订后的《中华人民共和国妇女权益保障法》第二条规定:"妇女在政治的、经济的、文化的、社会的和家庭的生活等各方面享有同男子平等的权利";"国家保护妇女依法享有的特殊权益"。就男女平等权利而言,

由于历史和现实的原因,法律上的男女平等在现实生活中并没有完全实现,歧视女性的现象仍然存在;就女性的特殊权利而言,其实现程度也极其有限。修订后的妇女权益保障法,对妇女的法定权利以及保证这些权利实现的具体措施进行了系统的规定,根据该法,女性享有六个方面的法定权利。

一、女性的政治权利

关于政治权利的通行定义是:"公民依法享有参与国家政治生活,管理国家以及在政治上表达个人见解和意见的权利。"首先,政治权利是公民参与政治生活的权利,不同于公民的人身、财产、劳动和社会保障等方面的权利;其次,通过行使政治权利,公民才能在社会的政治生活领域表达见解和发挥作用,从而在政治方面得到自我实现。妇女的政治权利是一项极为重要的基本权利,女性只有在获得政治权利的前提下,才能在其他方面获得平等地位。

1952年联合国通过了《妇女政治权利公约》,公约以《联合国宪章》和《世界人权宣言》为基础,主张男女应居于平等地位而享有并行使政治权利。《中华人民共和国宪法》第三十五条规定:"中华人民共和国妇女在政治的、经济的、文化的、社会的和家庭的生活等方面享有同男子平等的权利。"《中华人民共和国妇女权益保障法》第九条规定:"国家保障妇女享有与男子平等的政治权利。"

(一)男女平等的政治权利

女性与男性平等享有宪法规定的公民基本的政治权利。根据宪法规定,中华人民共和国公民享有依法通过各种途径和形式,管理国家事务,管理经济和文化事业,管理社会事务的权利;年满18周岁的公民,不分民族、种族、性别、职业、家庭出身、宗教信仰、教育程度、财产状况、居住期限,都有选举权和被选举权;公民有言论、出版、集会、结社、游行、示威的自由;公民对于任何国家机关和国家工作人员,有提出批评和建议的权利;对于任何国家机关和国家工作人员的违法失职行为,有向有关国家机关提出申诉、控告或者检举的权利;由于国家机关和国家工作人员侵犯公民权利受到损失的人,有依法取得赔偿的权利。

(二)法律对女性政治权利的特别保障

由于宪法中的男女平等享有政治权利的立法规定在实际执行中的不足,为了切实保障女性政治权利的实现,妇女权益保护法在重申"国家保障妇女享有与男子平等的政治权利"的基础上,做出了保护女性政治权利的特别规定:

1. 为保障"妇女享有与男子平等的选举权和被选举权",妇女权益保护法规定:"全国人民代表大会和地方各级人民代表大会的代表中,应当有适当数量的妇女代表。国家采取措施,逐步提高全国人民代表大会和地方各级人民代表大会的妇女代表的比例。"其中"国家采取措施"保障女性代表比例的部分,是修正妇女权益保护法时特别增加的内容。

全国和地方各级人民代表大会简称人大,是国家和地方的最高权力机构,是人民行使管理国家权利的机关,其代表由人民选举产生并对人民负责。国家行政机关、审判机关、检察机关都由人民代表大会产生,对它负责,受它监督。切实保障妇女的选举权和被选举权、保障妇女在人民代表大会中占有适当的比例,使妇女代表可以通过行使审议权、表决权、提案权、质疑权、批评权、罢免权等方式参与国家管理。女性代表在反映妇女在社会生活各个方面的要求和主张使其能够在人大制定的法律、法规和国家发展规划中更好地得以体现方面,无疑会起到重要作用。

2. 妇女权益保护法规定:"国家积极培养和选拔女干部","国家重视培养和选拔少数民族女干部",并要求"国家机关、社会团体、企业事业单位培养、选拔和任用干部,必须坚持男女平等的原则,并有适当数量的妇女担任领导成员"。作为前述规定的配套措施之一,妇女权益保护法还规定:"各级妇女联合会及其团体会员,可以向国家机关、社会团体、企业事业单位推荐女干部。"

女干部是指在国家机关、企事业单位、人民团体以及党和政协的各级组织中担任领导和管理工作的女性公职人员。选拔和任用女干部是女性自身和社会发展的共同要求。中国妇女占全国人口将近半数,中华人民共和国成立后,中国妇女尤其是城市妇女的整体素质全面提高。高层次复合型女性管理人才,需要社会提供发挥其才能的平台,满足其自我发展的内在需求;同时社会的发展客观上也要求女性积极发挥其在领导和管理方面的才能和特长,推动社会的进一步发展。

目前女性担任领导职务的实际情况是,虽然已有一大批妇女走上了各行各业的领导和管理岗位,但女性干部的人数还远远落后于男性,其工作岗位的重要性从总体上看也不及男性。这些现象在少数民族妇女中更为突出。针对此类问题,国家采取了诸如在选拔干部时预留岗位给女性候选人等各种措施,切实保障妇女管理国家和社会事务权利的实现。

3. 妇女权益保护法规定:"中华全国妇女联合会和地方各级妇女联合会代表妇女积极参与国家和社会事务的民主决策、民主管理和民主监督。"

妇女权益保护法第十条规定:"妇女有权通过各种途径和形式,管理国家事务,管理经济和文化事业,管理社会事务。"同时指出:"制定法律、法规、规章和公共政策,对涉及妇女权益的重大问题,应当听取妇女联合会的意见。""妇女和妇女组织有权向各级国家机关提出妇女权益保障方面的意见和建议。"

妇女联合会简称妇联,是全国妇女的群众组织,其基本职能是代表和维护妇女权益,促进男女平等。作为维护妇女权益的专门机构,妇联享有法律赋予的参与国家和社会事务的民主决策、民主管理和民主监督的权利,使其在维护妇女权利、促进妇女发展方面,发挥着不可替代的作用。

4. 妇女权益保护法第十四条规定:"对于有关保障妇女权益的批评或者合理建议,有关部门应当听取和采纳;对于有关侵害妇女权益的申诉、控告和检举,有关部门必须查清事实,负责处理,任何组织或者个人不得压制或者打击报复。"根据该条规定对于有关侵犯妇女权益的控告或者检举,司法机关、监察部门必须认真查清事实,负责处理。并不得对控告人、检举人进行压制或打击报复。司法实践中,国家机关或其工作人员对有关侵害妇女权益的申诉、控告、检举,推诿、拖延、压制不予查处的,由其所在单位或者上级机关责令改正,并可根据具体情况,对直接责任人员给予行政处分;对侵害妇女权益的行为提出申诉、控告、检举的人进行打击报复的,由其所在单位或者上级机关责令改正。

二、女性的文化教育权益

文化教育权益是指公民享有受教育的权利以及从事科学技术、文学艺术等文化活动的权利,是公民的基本权益之一。享有文化教育方面的权益,使公民能够在提高自身素质的基础上,得到更好的自我发展。

(一)男女平等的文化教育权益

我国宪法规定:"中华人民共和国公民有受教育的权利和义务","中华人民共和国公民有进行科学研究、文学艺术创作和其他文化活动的自由"。妇女权益保障法规定:"学校和有关部门应当执行国家有关规定,保障妇女在入学、升学、毕业分配、授予学位、派出留学等方面享有与男子平等的权利","学校在录取学生时,除特殊专业外,不得以性别为由拒绝录取女性或者提高对女性的录取标准","国家机关、社会团体和企业事业单位应当执行国家有关规定,保障妇女从事科学、技术、文学、艺术和其他文化活动,享有与男子平等的权利"。这是对妇女享有的与男性平等的文化教育权益基本权利的再次确认。

(二)法律对女性文化教育权利的特别保护

由于宪法规定的男女平等的文化教育权利并未真正得以实现,《中华人民共和国妇女权益保障法》在重申"国家保障妇女享有与男子平等的文化教育权利"的同时,对女性的文化教育权利作出了以下特别规定:

1. 保障适龄女童、少年接受义务教育的权利

我国实行九年制义务教育,保障适龄儿童、少年接受义务教育是国家、社会、家庭和学校的共同义务。由于历史和现实原因,一些受封建思想影响的家长、尤其是存在家庭经济困难的城市和农村家庭中,适龄女性儿童、少年接受义务教育的权利往往难以实现。

妇女权益保障法规定:"父母或者其他监护人必须履行保障适龄女性儿童、少年接受义务教育的义务。""除因疾病或者其他特殊情况经当地人民政府批准的以外,对不送适龄女性儿童少年入学的父母或者其他监护人,由当地人民政府予以批评教育,并采取有效措施,责令送适龄女性儿童少年入学。政府、社会、学校应当采取有效措施,解决适龄女性儿童少年就学存在的实际困难,并创造条件,保证贫困、残疾和流动人口中的适龄女性儿童少年完成义务教育。"并要求"学校应当根据女性青少年的特点,在教育、管理、设施等方面采取措施,保障女性青少年身心健康发展"。

2. 提高妇女文化素质方面的特殊规定

文化素质低下,是影响女性自我发展、自我实现的主要羁绊。为全面提高妇女素质、改善贫穷落后地区以及由于其他原因而导致的部分妇女文化素质低下的状况,妇女权益保障法规定:"各级人民政府应当依照规定把扫除妇女中的文盲、半文盲工作,纳入扫盲和扫盲后继续教育规划,采取符合妇女特点的组织形式和工作方法,组织、监督有关部门具体实施。"

3. 妇女接受职业教育和实用技术培训的权利

社会发展对劳动者的劳动能力提出了越来越高的要求,在就业之前和工作过程中接受职业教育和实用技术培训是作为一个合格或优秀劳动者的基本要求。为保障妇女就业机会、提高妇女就业能力,妇女权益保障法规定:各级人民政府和有关部门应当采取措施,根据城镇和农村妇女的需要,组织妇女接受职业教育和实用技术培训。

三、妇女的劳动和社会保障权益

劳动和社会保障权是指公民有权获得有保障的工作、合理的劳动报酬以及享受社会福利待遇和劳动安全等方面的权利。通过劳动获得国家和社会的物质帮助,使公民可以获得生存和发展的必要物质条件以及经济方面的独立,这是公民在社会生活中自主发展的必要条件。

(一) 男女平等的劳动和社会保障权

宪法规定"中华人民共和国公民有劳动的权利","中华人民共和国劳动者有休息的权利","中华人民共和国公民在年老、疾病、或者丧失劳动能力的情况下,有从国家和社会获得物质帮助的权利"。

根据劳动法,劳动权包括:平等就业权、选择职业权、取得劳动报酬权、休息休假权、获得劳动安全卫生保护权、接受职业技能培训权、享受社会保险和福利权、提请劳动争议处理权,以及法律规定的其他劳动权。在劳动权中,平等就业权、取得报酬权以及平等发展权居于重要地位。妇女权益保护法第二十三条、二十四条、二十五条就这三个方面的男女平等权利,作出了系统规定:"各单位在录用职工时,除不适合妇女的工种或者岗位外,不得以性别为由拒绝录用妇女或者提高对妇女的录用标准";国家"实行男女同工同酬。妇女在享受福利待遇方面享有与男子平等的权利";"在晋职、晋级、评定专业技术职务等方面,应当坚持男女平等的原则,不得歧视妇女"。平等就业权和取得报酬权是其他劳动权利存在的前提。没有就业权,公民不可能进入劳动力市场,与劳动用人单位形成劳动关系,继而享有其他一系列的劳动权。就业是公民利用自己的劳动力在社会中生存的主要途径,保证就业是提供公民生存的基本条件;而取得报酬权是公民劳动的所得,是体现其劳动价值、维持劳动、生命和健康及家人生活的前提。

根据社会保障法,公民的劳动保障权包括:社会保险权(即劳动者在丧失劳动能力或在职业中断期间,有依法取得保障其基本生活的保险的权利。主要包括养老保险、失业保险、工伤保险、生育保险和疾病医疗保险)、社会救济权(即因自身、自然和社会原因不能维持最低生活标准的贫困者有从国家处获得帮助、以保障他们基本生活的权利)、社会优抚权(即为维护国家安全或社会秩序作出贡献和牺牲的人员及其家属所应享有的获得国家在物质上的优抚和抚恤的权利)、社会福利权(即全体社会成员有享受国家为提高和改善全体社会成员的物质、精神生活而采取的措施、提供的设施和服务的权利)。妇女权益保障法第二十八条规定:"国家发展社会保险、社会救助、社会福利和医疗卫生事业,保障妇女享有社会保险、社会救助、社会福利和卫生保健等权益。"

(二)法律对妇女劳动和社会保障权利的特别保护

妇女权益保障法在重申"国家保障妇女享有与男子平等的劳动权利和社会保障权利"的同时,针对妇女劳动和社会保障权利在实施方面的不足以及由于妇女自身生理方面的特殊性所产生的妇女在劳动和社会保障方面的特殊要求,进行了系统、全面的规定:

1. 有关保证妇女就业范围的特别规定

妇女权益保障法第二十三条规定:"各单位在录用职工时,除不适合妇女的工种或者岗位外,不得以性别为由拒绝录用妇女或者提高对妇女的录用标准。"根据该规定,凡适合妇女从事劳动的单位,不得拒绝招收女职工。根据《女职工禁忌劳动范围的规定》,"不适合妇女的工种或者岗位"是指矿山井下作业;森林也伐木、归楞及流放作业;《体力劳动强度分级》标准中劳动强度第四级的作业;建筑业脚手架的组装和拆除作业以及电力、电信作业的高处架线作业;连续负重每次超过20千克,间断负重每次超过25千克的作业等。除此之外,用人单位不得以任何借口拒绝录用女职工。

2. 对用工单位的特别要求

妇女权益保障法第二十三条规定:"各单位在录用女职工时,应当依法与其签订劳动（聘用）合同或者服务协议，劳动（聘用）合同或者服务协议中不得规定限制女职工结婚、生育的内容。禁止录用未满十六周岁的女性未成年人，国家另有规定的除外。"

首先，该条规定强调用人单位有与被雇用女工签订劳动合同的义务。劳动合同是劳动者与用人单位确立劳动关系、明确双方权利义务的协议。与用人单位签订劳动合同，是维护女工合法权益的基本要求，也是解决劳动争议的基本依据；其次，该条规定与妇女权益保障法第二十七条规定的"任何单位不得因结婚、怀孕、产假、哺乳等情形，降低女职工的工资，辞退女职工，单方解除劳动（聘用）合同或者服务协议"，共同对妇女在劳动中的婚育自由以及女性在婚育、哺乳期间应当享有的特殊权利加以规定。婚育自由是宪法规定的公民基本权利之一，而女职工结婚、怀孕、生产和哺乳子女，是女性在履行其在婚姻家庭和人类繁衍发展方面的特定职责。因此，对处于上述特殊阶段的女工，不仅不应歧视，还要给予特殊保护。最后，为更好保护未成年女性的身心健康，该条要求用人单位在没有法律特别规定的情况下"禁止录用未满十六周岁的女性未成年人"。法律对禁止录用未成年人的例外规定主要是为满足文艺、体育等职业的特殊要求而制定的，特定行业在录用未满十六周岁的未成年女性的同时，便负有保护未成年人接受教育和身心健康成长的义务。

3. 妇女享有特殊的劳动安全和健康权

妇女权益保障法第二十六条规定："任何单位均应根据妇女的特点，依法保护妇女在工作和劳动时的安全和健康，不得安排不适合妇女从事的工作和劳动。妇女在经期、孕期、产期、哺乳期受特殊保护。"

女性的生理结构不同于男性，当妇女在劳动过程中经历经期、孕期、产期和哺乳期等特殊阶段时，应当得到符合女性生理特点的特殊关爱，这既是保护妇女健康权利的需要，也是人类自身繁衍发展的需要。国家通过劳动法、女职工劳动保护规定以及女工禁忌劳动范围等方面的规定确保女工特殊生理阶段享有的特殊权利。

4. 国家执行退休制度不得歧视妇女

妇女权益保护法规定:"各单位在执行国家退休制度时,不得以性别为由歧视妇女。"实践中一些用人单位强迫女工提前退休或变相提前退休,是对女工劳动权利的严重侵害。国际劳工组织性别问题专家耐琳·哈斯拜尔女士指出,女性提早退休带来的后果是女性可能无法获得比较高级的职位,也给社会保障体系带来一定负担。遭遇此类问题,女工可以请求劳动仲裁部门或人民法院保护自己的合法权益并要求用人单位赔偿损失。

5. 妇女在生育方面享有社会保障权

妇女权益保护法第二十九条规定:"国家推行生育保险制度,建立健全与生育相关的其他保障制度。地方各级人民政府和有关部门应当按照有关规定为贫困妇女提供必要的生育救助。"

生育保险制度是国家和社会为妇女劳动者因生育子女而暂时丧失劳动能力,失去正常工资收入来源时,提供物质帮助的社会保险制度。该项制度的具体内容包括职业妇女在分娩前后的一定时间内所享受的带薪假期、对职业妇女因生育而离开工作岗位以致中断期间,及时给予定期的现金补助以及由医院、开业医生或合格的助产士为职业妇女提供的妊娠、分娩和产后的一系列医疗服务。该制度与对贫困妇女的生育救助制度设立的宗旨,在于保护妇女和婴儿的身体健康。

文本链接

为防止用人单位滥用劳动合同解除权,侵害女性劳动者的合法权利,《中华人民共和国劳动法》规定:女职工在孕期、产期、哺乳期内,用人单位不得解除其劳动合同。虽然有明确的法律规定,很多女职工在就业和工作中仍然会因为怀孕、生育问题受到不平等待遇。

2001年1月,跟随丈夫从农村到城里打工的女青年田某与江苏某机械厂签订劳动合同,期限为3年,至2003年12月31日。2002年12月初,厂方知道田某怀孕即将生产后,向其发出了书面终止劳动合同意向书,将合同终止日期提前到2002年底,田某不同意解除合同,但机械厂于2003年1月起停发田某的工资。田某遂以合同未到期,用人单位因其怀孕提前解除劳动合同违反《劳动法》为理由,向当地劳动争议仲裁委员会申请仲裁,要求机械厂继续履行劳动合同,并支付她产假期间的工资。当地劳动争议仲裁委员会进行调解,双方未能达成协议。后经过仲裁裁决:双方劳动关系应按照原合同至2003年末终止;机械厂应支付田某休产假期间的工资。

案件评析:

该案例中劳动争议仲裁委员会的裁决是正确的。根据劳动法,劳动合同期满的依据为当事人的约定或法律规定。在约定和法定期限内,用人单位不能因为妇女怀孕、生产、哺乳而解除劳动关系。按照劳动法关于女职工生育享受不少于九十天的产假的规定,机械厂在不能提前解除劳动合同的前提下,要给付田某法定休产假期间的工资。与本案有关的规定还包括:如果劳动者在医疗期、孕期、产期内,劳动合同期满,终止劳动合同的期限顺延至劳动者医疗期、孕期、产期届满为止。即如果本案当事人的怀孕或者生育发生于合同即将届满之前,并延续到合同届满之后,则劳动合同不能在原约定或法定期限解除,而要顺延到孕期或产期结束之时。

四、女性的财产权利

财产权是指直接和经济利益相联系的民事权利,包括财产所有权、财产继承权、土地占用、使用权、债权以及其他财产方面的权益。财产权是公民经济权利的核心内容,可以被依法转让和继承。拥有该项权利,使公民可以获得生存和发展的物质保障。对女性而言,拥有该项权利,可以使其在保持经济独立的基础上,在家庭和社会生活中得到更好的发展。

(一) 男女平等的财产权利

妇女权益保护法第三十条规定:"国家保障妇女享有与男子平等的财产权利。"

就财产所有权而言,妇女与男子一样,对自己的财产享有占有、使用、收益和处分的完整权益。如果财产所有权受到侵害,公民可以请求确认所有权、请求返还原物、请求排除妨害、停止侵害、恢复原状以及赔偿损失;

根据财产继承权这一法律规定,妇女可以依法或依遗嘱继承死者个人所遗留的合法财产,并且可以依自己意愿决定放弃继承。在法定继承和遗嘱继承中,第一顺序的继承人为配偶、子女、父母;第二顺序的继承人为兄弟姐妹、祖父母、外祖父母;丧偶儿媳对公婆、丧偶女婿对岳父母尽了主要赡养义务的,作为第一顺序继承人。

土地占有、使用权包括土地承包经营权和宅基地使用权。土地承包经营权是指从事农业生产的人通过签订承包合同而取得的,利用国家或集体的土地资源从事农业生产经营活动的权利。宅基地使用权即国家或集体经济组织划给农民建造房屋的国有土地或集体所有的土地,农民对其享有占有、使用权。

债权即债权人按照合同的规定或者法律的规定而享有的,要求特定的债务人履行义务的权利。如果妇女享有因合同、不当得利、侵权等产生的债权,有权请求义务人偿还债务。

妇女和男子共同享有的财产权利还包括知识产权中的财产权利(即妇女基于著作权、专利权、商标权等知识产权获得财产利益的权利);相邻权(即作为相邻的不动产所有人或占有人,对不动产行使占有、使用、收益、处分权利时,在处理截水、排水、通风、采光等方面所享有的权利)。

共同生活的家庭成员,不分男女,都有要求扶(抚)养、赡养的权利。

即在婚姻家庭关系中,夫妻之间有相互扶养的义务;未成年的或无独立生活能力的子女,有要求父母抚养的权利。父母已故或无抚养能力,有要求有实际负担能力的祖父母、外祖父母或已成年具有实际抚养能力的兄、姐抚养的权利;作为无劳动能力或生活困难的父母,有要求子女或受其抚养的有实际负担能力的弟、妹赡养的权利;作为无劳动能力或生活困难且其子女已经死亡的祖父母、外祖父母,有要求孙子女、外孙子女或受其抚养的有实际负担能力的弟、妹赡养的权利。由于履行扶(抚)养、赡养义务必然要有经济方面的付出,因而在一定意义上属于财产权利。

(二) 法律对女性财产权利的特别保障

1. 对农村妇女财产权益的特别保护

土地是农民的基本生产资料,与土地相关的各项权利,使农民可以获得基本的生活保障。针对重男轻女的封建思想导致的农村妇女在分配土地、分配集体经济收益和获得土地补偿、生活保障款等方面农村妇女的基本权益得不到保障的实际情况,妇女权益保护法第三十二条、三十三条条规定:"妇女在农村土地承包经营、集体经济组织收益分配、土地征收或者征用补偿费使用以及宅基地使用等方面,享有与男子平等的权利","任何组织和个人不得以妇女未婚、结婚、离婚、丧偶等为由,侵害妇女在农村集体经济组织中的各项权益"。

根据前述规定,农村承包土地以及批准宅基地,妇女与男子享有平等权利,不得侵害妇女的合法权益。妇女结婚、离婚后,其承包的土地和宅基地等,应当得到保障。即不能因性别不同而压低妇女应得的承包土地的数量,也不能降低质量。农村妇女结婚、离婚后,应当由该妇女户口所在地的农村集体经济组织负责保障其土地方面的合法权益。同时在农村和城郊土地被征用时,基于土地承包权,农村妇女应得到与男村民同等的土地补偿款和生活保障款。

婚姻法规定:"登记结婚后,根据男女双方约定,女方可以成为男方家庭的成员,男方可以成为女方家庭的成员。"但在农村,男方到女方家落户后,男女双方及其子女的权益往往得不到保障。针对此类问题,妇女权益保护法特别强调:"因结婚男方到女方住所落户的,男方和子女享有与所在地农村集体经济组织成员平等的权益。"

为保障农村妇女的基本财产权益,妇女权益保障法第五十五条规定了侵权后果:对侵害了妇女的合法权益的由集体经济组织或上级机关责令其改正,并可根据具体情况,对直接责任人员给予行政处分;造成财产损失或者其他损害的,应当依法赔偿或者承担其他民事责任。

文本链接

土地是农民的基本生活保障。对农村妇女而言,虽然有明确的法律,规定其与男子享有同等的土地方面的权利,但法律上的平等不等于事实上的平等。尤其在农村妇女出嫁、离婚或丧偶之后,其土地权利往往得不到有效保障。

2000年,黑龙江省某山村女青年邱某出嫁。出嫁前邱某与其他村民一样承包了两亩耕地。出嫁后,邱某未迁出户口,其名下耕地由其父母耕种。邱某未在其婆家所在地分得土地,并且每年都向娘家所在地有关部门交纳各种税费。2005年,邱某娘家所在地部分耕地被征用,其中包括邱某承包的土地。村委会和村民代表在制定土地征用补偿款分配方案时,决定已经出嫁的本村妇女,即使名下有承包耕地,也有没有资格分得土地征用补偿款。邱某对该项决定不服,联合本村其他三名出嫁女,在与村委会协商无效后,将村委会告到法院,要求获得土地征用补偿款。法院审理后判决,村委会关于剥夺出嫁女土地出让款分配权的决定违法,村委会应当支付出嫁女土地征用补偿款。

案件评析:

该案中的农村妇女在出嫁前的土地承包中,分得了应有土地。出嫁后,在其户口并未迁出、其婆家所在村也未再次分给其耕地的情况下,保留其承包权,这些做法都符合新颁布的《土地承包法》规定,即"承包期内,妇女结婚,在新居住地未取得承包地的,原发包方不得收回其承包地"。但村委会与村民代表在土地征用承包款发放中作出的剥夺出嫁女获得土地征用补偿款决定,侵害了妇女基于土地承包权的收益权,损害了出嫁女的利益。在侵害农村妇女土地权益的事件中,出嫁女不能得到失地补偿安置已成为较为突出的问题。农村妇女应当运用法律武器,维护自己正当利益。

2. 法律对妇女继承权的特别保护

妇女权益保护法第三十四条规定:"妇女享有的与男子平等的财产继承权受法律保护。在同一顺序法定继承人中,不得歧视妇女","丧偶妇女有权处分继承的财产,任何人不得干涉"。第三十五条规定:"丧偶妇女对公、婆尽了主要赡养义务的,作为公、婆的第一顺序法定继承人,其继承权不受子女代位继承的影响。"

根据前述规定,在同一顺序的继承人中,儿子和女儿,父亲和母亲,兄弟和姐妹,都有权继承遗产并且继承遗产的份额原则上应当平等。继承权上的男女平等还包括代位继承的转继承男女平等:儿子先于父母死亡,孙子女可代替父亲继承祖父母的遗产,女儿先于父母去世,外孙子女可以代替母亲继承外祖父母的遗产。

对于夫妻在婚姻关系存续期间所得的共同所有财产,除有约定的以外,一方死亡后,应先将共同所有的财产的一半分为配偶所有,其余一半再由配偶和同一顺序的其他继承人分配。丧偶妇女对其通过继承得到的财产享有完整的财产所有权,可以自由处置。丧偶妇女再婚,并不影响该项权利,即寡妇可以带产再嫁。

儿媳与公婆之间无血缘关系,不是公婆的法定继承人。但是,根据《最高人民法院关于贯彻执行〈中华人民共和国继承法〉若干问题的意见》,如果丧偶的儿媳对公婆的生活提供了主要经济来源,或在劳务方面给予了主要扶助,就成为与配偶、子女和父母具有同样继承权的第一顺序继承人。该项权利不受丧偶妇女的子女行使代位继承权的影响。

五、女性的人身权利

公民的人身权利是指法律保护公民的与人身不可分离的、不具有直接财产内容的权利,它由人格权和身份权两部分组成,具体包括公民的生命权、健康权、性的不可侵犯权、人身自由权、人格名誉权、通信自由权以及与人身直接相关的住宅不受侵犯权等。人身权是公民的基本权利中最重要的权利。享有人身权利是公民行使其他法定权利的基础。公民的人身权利得不到有效保障,其他权利的行使就无从谈起。

(一)男女平等的人身权利

妇女权益保障法第三十六条规定:"国家保障妇女享有与男子平等的人身权利。"即女性的生命、健康、人格、名誉、自由及隐私权等权利与男性一样受法律保护。

由于人身权利对公民的重要意义,宪法对其中的部分内容专门做出规定。其中包括公民的人身自由权(宪法第三十七条规定:中华人民共和国公民的人身自由不受侵犯。任何公民,非经人民检察院批准或者人民法院决定,并由公安机关执行,不受逮捕。禁止非法拘禁和以其他方法非法剥夺或者限制公民的人身自由,禁止非法搜查公民的身体)、公民的人格尊严权(宪法第三十八条规定:中华人民共和国公民的人格尊严不受侵犯。禁止用任何方法对公民进行侮辱、诽谤和诬告陷害)、公民的住宅权(宪法第三十九条规定:中华人民共和国公民的住宅不受侵犯。禁止非法搜查或者非法侵入公民的住宅)、公民的通信自由和秘密权(宪法第四十条规定:中华人民共和国公民的通信自由和通信秘密受法律的保护。除因国家安全或者追查刑事犯罪的需要,由公安机关或者检察机关依照法律规定的程序对通信进行检查外,任何组织或者个人不得以任何理由侵犯公民的通信自由和通信秘密)。

(二)法律对女性人身权利的特别保护

1. 法律对妇女生命健康权的特别保护

受男尊女卑传统思想以及男女在现实生活诸多方面不平等的现实的影响,有些家庭尤其是个别农村家庭认为生育女婴是"家门不幸"。有人利用现代医疗方法进行产前性别选择避免生育女婴,有人歧视女婴及其生育女婴的妇女,甚至对其进行虐待和残害。上述行为是对女性人身权利的严重侵害,同时也导致中国人口性别比例严重失调;病残及老年妇女属于社会弱势群体,有些丧失劳动能力的病残妇女因为需要依靠其他家庭成员维持生活而被当成负担,遭到遗弃或虐待。针对上述问题,妇女权益保护法第三十八条规定:"妇女的生命健康权不受侵犯。禁止溺、弃、残害女婴;禁止歧视、虐待生育女婴的妇女和不育的妇女;禁止用迷信、暴力等手段残害妇女;禁止虐待、遗弃病、残妇女和老年妇女。"根据刑法规定,溺、弃、残害女婴和妇女的行为可能构成故意杀人或故意伤害罪,虐待遗弃女婴和妇女的行为可能构成虐待罪或遗弃罪,依法应承担刑事责任。

2. 法律对妇女人身自由权的特别保护

拐卖以及收买被拐卖的妇女的行为严重侵犯妇女人身自由权利。由于在拐卖和收买被拐卖妇女的过程中存在强迫妇女卖淫或奸淫妇女的情况,又会对妇女的人格尊严和性的自由权利造成严重侵害。妇女权益保护法第三十九条规定:"禁止拐卖、绑架妇女;禁止收买被拐卖、绑架的妇女;禁止阻碍解救被拐卖、绑架的妇女。"根据刑法规定上述行为均构成刑事犯罪。

我国政府历来重视打击拐卖、绑架妇女违法犯罪行为,修改后的妇女权益保障法要求:"各级人民政府和公安、民政、劳动和社会保障、卫生等部门按照其职责及时采取措施解救被拐卖、绑架的妇女,做好善后工作,妇女联合会协助和配合做好有关工作。任何人不得歧视被拐卖、绑架的妇女。"该项规定确立了各部门通力合作预防、打击拐卖、绑架妇女、解救和妥善安置被解救妇女的基本原则。

3. 法律对妇女人格尊严的特别保护

妇女权益保护法第四十条规定："禁止对妇女实施性骚扰。受害妇女有权向单位和有关机关投诉。"这是我国立法首次对性骚扰做出规定。

根据联合国文件,性骚扰是指以语言或行动形式,带有黄色或性要求性质,具有性取向的不受欢迎的身体的接触和冒犯,或带有性色彩的话语。性骚扰通常发生在工作场所,主要表现为男性有权者对女性下属或同事的骚扰。在国际社会,性骚扰被看作是一种性别歧视,是一种基于性别的暴力,是侵犯妇女人格尊严以及身体和性的自由权利的行为,会给受害者造成心理伤害,使之产生耻辱感、恐惧感、自我封闭和盲目依赖等,甚至可能导致抑郁症、精神分裂等,严重影响妇女的生存状态和自我发展。

虽然妇女权益保障法第五十八条规定,对妇女实施性骚扰构成违反治安管理行为的,受害人可以提请公安机关,对违法行为人依法予以行政处罚,也可向人民法院提起民事诉讼。但调查显示,大多数被害人出于害怕不被周围人理解或损害自身名誉等原因,对被骚扰多采取隐忍或逃避态度。同时由于性骚扰行为通常发生在隐秘场合,证据难以搜集,立法也未明确性骚扰的认定标准、证据规格和证明责任,使指证性骚扰颇具难度。实践中,比例极低的告发性骚扰的案件,绝大部分因证据不足而败诉,这更加重了被害人告发侵害者的顾虑。目前,在加强性骚扰立法的基础上努力提高司法打击力度,使实施性骚扰者受到应有制裁,使女性尊严得到有效保障。

妇女权益保护法第四十一条规定："禁止卖淫、嫖娼。禁止组织、强迫、引诱、容留、介绍妇女卖淫或者对妇女进行猥亵活动。禁止组织、强迫、引诱妇女进行淫秽表演活动。"

卖淫或者进行淫秽表演是女性丧失人格的表现,而组织、强迫妇女卖淫或者进行淫秽表演,则使妇女被迫放弃独立人格,作为商品被消费,既有伤风化,又严重侵害妇女人格尊严和性的自由权利。在现行刑法中,危害严重的此类行为构成刑事犯罪。

六、女性的婚姻家庭权益

婚姻家庭权益,是指婚姻当事人及家庭成员在婚姻家庭关系中依法享有的权益。该类权利涉及夫妻、父母、子女、兄弟姐妹及祖孙之间的关系,但以夫妻间的权利义务为核心。夫妻间的权利义务关系可以分为两大类:一是人身方面的权益,包括婚姻当事人即夫妻双方的婚姻自主权和人身自由权;二是财产方面的权益,即家庭成员的财产所有权、财产继承权以及抚养教育和赡养扶助权等。家庭是社会的细胞,是女性重要的生活舞台,保障妇女婚姻家庭权益是提高妇女整体地位的重要步骤。

(一)男女平等的婚姻家庭权益

宪法规定:"婚姻、家庭、母亲和儿童受国家的保护","禁止破坏婚姻自由,禁止虐待老人、妇女和儿童"。妇女权益保障法第四十三条规定:"国家保障妇女享有与男子平等的婚姻家庭权利",该法第四十四条强调"国家保护妇女的婚姻自主权"。禁止干涉妇女的结婚、离婚自由。男女双方在婚姻、家庭方面的平等权利主要包括以下内容:其一,男女双方共同享有在婚姻问题上决定自己婚姻大事的自由,不允许任何一方对他方进行强迫或任何第三者干涉婚姻自主权;其二,夫妻双方都享有使用自己的姓名、参加学习、工作和其他社会活动的人身自由权;其三,男女双方享有平等抚育子女的权利;其四,男女双方平等享有实行计划生育之权利与义务。切实保障公民在婚姻、家庭方面的平等权利,对于建立和睦幸福的婚姻家庭关系意义重大。

(二)法律对妇女婚姻家庭权益的特别保护

1. 法律对孕、产妇女身心健康的特别保护

怀孕生子是女性的家庭责任,也是女性所担负的人类种族繁衍使命。如果在妇女孕、产阶段发生家庭矛盾、甚至面临家庭解体,应当考虑在此特殊生理阶段,妇女对婚姻家庭的态度和实际需要,从保护孕、产妇身心

健康以及胎儿及婴儿健康成长的角度出发,对妇女给予特别关照,对男方权利进行适当限制。妇女权益保护法第四十五条规定:"女方在怀孕期间、分娩后一年内或者终止妊娠后六个月内,男方不得提出离婚。女方提出离婚的,或者人民法院认为确有必要受理男方离婚请求的,不在此限。"

2. 法律对妇女在婚姻家庭中的生命健康权的特别保障

妇女权益保护法第四十六条规定:"禁止对妇女实施家庭暴力。"

根据最高人民法院的司法解释,家庭暴力是行为人以殴打、捆绑、残害、强行限制人身自由或以其他手段,给家庭成员的身体、精神等方面造成一定伤害后果的行为。绝大多数家庭暴力的受害者为女性。家庭暴力,使妇女的生命健康权利遭受侵害的同时,还使妇女丧失自尊心和自信心,甚至使其丧失生存的勇气。针对妇女的家庭暴力是对妇女的一种严重歧视,严重侵害妇女权利,也是"以暴抗暴"类型的女性犯罪的主要原因。

为预防和制止家庭暴力,保障妇女在婚姻家庭中的合法权益,妇女权益保障法要求:"公安、民政、司法行政等部门以及城乡基层群众性自治组织、社会团体,应当在各自的职责范围内预防和制止家庭暴力,依法为受害妇女提供救助。"

文本链接

中年妇女李某与丈夫刘某来北京打工。李某原为风湿病患者,由于工作劳累加之居住环境潮湿,李某旧病复发并暂时不能工作,只能依靠丈夫打工收入生活。其丈夫在经济条件允许的情况下,不给她治病,还经常对其进行辱骂和殴打。一次,李某与其丈夫发生争执,其丈夫再次对她拳脚相加,并用铁链抽打李某,李某无力反抗,逃出家门,其丈夫追到邻居家继续施暴致使李某全身多处软组织损伤、右眼眶裂伤、脑震荡。派出所接到邻居报警后及时达到现场,制止了侵害,制作了调查讯问笔录,并为李某开具了法医鉴定委托书。

经法医鉴定,李某为轻伤。拿到鉴定结论后,李某到北京市妇联寻求帮助。妇联向公安局出具了强烈要求追究李某丈夫刑事责任的意见函并为李某提供了法律援助。援助律师与公安机关沟通,对刘某行为涉嫌犯罪取得了一致意见,公安机关将此案移送检察机关。检察院以故意伤害罪起诉刘某。李某同时向法院提起刑事附带民事诉讼,要求刘某赔偿李某因其侵害行为遭受的经济损失。经审理,法院认定刘某犯故意伤害罪,判处有期徒刑一年零六个月,并赔偿李某经济损失五千余元。

案件评析:

针对妇女的家庭暴力严重危害妇女身心健康。但是由于家庭暴力发生在家庭成员之间,被害人与加害人在人身、经济、情感方面的特殊关系使该类问题的处理面临如下问题:一是侵害发生后,被害人往往因为考虑亲情、家庭稳定等原因而不积极要求甚至阻止处理加害人;二是社会对家庭暴力的危害重视不够。派出所、居委会这些受害妇女首选的投诉对象,往往认为家庭暴力是家庭内部矛盾,对于没有造成严重后果的,往往批评教育了事,并不能从根本上解决问题。这种思想和做法导致一些受害妇女求助无门,或者长期忍受侵害,或者走上犯罪道路。而本案最大的特点是被害人要求处理加害人态度坚决;邻居、居委会在目睹侵害的时候积极行动;派出所出警迅速、处理得当,取得了日后追究加害人的重要证据;妇联、法律援助组织、医疗组织及时给予被害人必要的帮助,使李某在自身人力、财力匮乏的情况下能够通过诉讼维护自身合法权益。本案正是在被害人与相关社会组织的积极配合、良性互动的作用下,得到了妥善的处理。

3. 法律对离婚妇女权利的特别保护

法律对离婚妇女的特别保护,体现在财产分割和确立对子女的监护权两个方面。

在财产分割方面,针对妇女通常承担较多家务劳动以及由此导致妇女收入可能低于男性的实际情况,妇女权益保障法规定:"夫妻书面约定婚姻关系存续期间所得的财产归各自所有,女方因抚育子女、照料老人、协助男方工作等承担较多义务的,有权在离婚时要求男方予以补偿";离婚时对夫妻共有的房屋或夫妻共同租用的房屋,如何分割或使用无法达成协议的,人民法院应当"按照照顾子女和女方权益的原则判决"。

在确立子女监护权方面,针对在计划生育基本国策观测实施过程中,妇女实施绝育手术比例远远超过男性的实际情况,为使不具有生育能力但有养育子女愿望的妇女得到应有的情感慰藉,妇女权益保障法第五十条规定:"离婚时,女方因实施绝育手术或者其他原因丧失生育能力的,处理子女抚养问题,应在有利于子女权益的条件下,照顾女方的合理要求。"

4. 法律对妇女生育权和生殖健康的特别保护

根据妇女权益保障法第五十一条的规定,妇女有生育和不生育的自由,夫妻间在此问题上有不同意见时,应当优先考虑女方意见;有关部门应当提供安全、有效的避孕药具和技术,保障实施节育手术妇女的健康和安全;国家实行婚前保健、孕期保健制度,各级政府应当采取相关措施,切实提高妇女生殖健康水平。

第三节 女性权利的维护

女性权利的维护,体现在立法和司法两方面。目前,我国已经形成了以宪法为核心、以妇女权益保障法为主体、包括各部门法、单行法规、行政规章和地方性法律、法规在内的比较完整的法律体系,在立法上对女性应当享有的各项权利作出了较为全面的规定,这是女性维权的基础。而女性维权的关键,则是法定的男女平等及女性的特殊权利如何实现。

一、女性维权的基本途径

尊重和保护妇女权益是全社会的共同责任。修订后的妇女权益保护法,强化了侵害妇女合法权益的法律责任,并进一步完善了妇女权益遭受侵害的救济措施。根据妇女权益保护法第五十二条的规定:"妇女的合法权益受到侵害的,有权要求有关部门依法处理,或者依法向仲裁机构申请仲裁,或者向人民法院起诉。"即妇女维权的基本途径有三:一是要求政府各职能部门处理;二是申请仲裁;三是提起诉讼。政府及其职能部门、仲裁机构和各级法院,是裁断妇女维权争议的主体。妇女组织和法律援助机构以及社区等社会工作机构,在妇女维权的过程中,发挥着重要作用。

(一)妇女组织在维护女性权利方面的作用

代表和维护妇女权益是各级妇联的基本职责。作为全国各界妇女的群众组织,各级妇联虽然无权裁断争议,但在妇女维权的过程中,各级妇联发挥不可替代的重要作用。

根据妇女权益保护法第五十三条的规定,妇女的合法权益受到侵害时,可以向妇女组织投诉,有权获得各级妇联的帮助;妇联接到投诉后,有权要求并协助有关部门或者单位查处;有关部门或者单位应当依法查处,并将处理结果向妇联通报。妇女组织对于受害妇女进行诉讼需要帮助的,应当给予支持。妇女联合会或者相关妇女组织对侵害特定妇女群体利益的行为,可以通过大众传播媒介揭露、批评,并有权要求有关部门依法查处。该项规定,明确了妇联在妇女维权方面的权利和义务,同时明确了有关部门的责任。

(二)各级政府及有关职能部门在维护女性权利方面的作用

各级政府及有关职能部门在处理侵害妇女权益的行为方面发挥广泛作用。例如,农村基层组织以妇女未婚、结婚、离婚、丧偶等为由,侵害妇女在农村集体经济组织中的各项权益的,或者因结婚男方到女方住所落户,侵害男方和子女享有与所在地农村集体经济组织成员平等权益的,乡镇人民政府应当依法进行调解;对于侵害妇女劳动和社会保障权益的行为,可以要求劳动和社会保障部门处理;对于通过大众传媒贬低损害妇女人格的行为,可以要求新闻出版、广播、电视等部门责令改正或给予行政处分;对于侵害妇女人身权益的性骚扰、家庭暴力行为,未达到犯罪程度的可以要求公安机关依法予以行政处分。

(三) 仲裁机构在维护女性权利方面的作用

仲裁是指纠纷当事人在自愿基础上达成协议,将纠纷提交非司法机构的第三者审理,由第三者作出对争议各方均有约束力的裁决的解决纠纷的制度。其范围限于合同纠纷和其他财产权益纠纷。对于侵害妇女在农村集体经济组织中的各项权益或者侵害到女方住所落户的男方和子女权益的行为,受害人也可以依法向农村土地承包仲裁机构申请仲裁;妇女与用人单位发生劳动争议,首先要由劳动争议仲裁部门进行仲裁,不服仲裁裁决的才可以向法院提起一审民事诉讼。

(四) 法院在维护女性权利方面的作用

妇女的各项权益受到侵害,符合人民法院受案范围的,可以向人民法院起诉。人民法院应当受理侵害妇女权益的行政、民事和刑事案件,并且依法予以公正裁决,使侵权者得到应有制裁,是妇女维权的重要手段。

对有经济困难需要司法救助的妇女,法院应当通过缓交、减交、免交诉讼费用等方式为其提供司法救助,以确保受害妇女的诉讼权利得以实现。根据最高人民法院规定,对于要求赡养费、抚养费、抚育费、抚恤金、养老金、社会保险金、劳动报酬、医疗费的诉讼,当事人确有经济困难的,或者其他由于生活困难,影响其行使正常诉讼权利的妇女,法院应当给予司法救助。

(五) 法律援助机构在维护女性权利方面的作用

法律援助是为经济困难或者特殊案件的当事人,提供免费法律帮助的制度。根据《法律援助条例》,请求国家赔偿、社会保险待遇、最低生活保障、抚恤金、救济金、赡养、抚养(扶养)费、劳动报酬等,确有经济困难和其他因经济困难无法委托代理人或辩护人的妇女,可以请求法律援助机构提供包括法律咨询、代写法律文书、提供民事、行政诉讼代理以及刑事辩护的免费服务。

二、侵害女性合法权利的法律责任

妇女权益保护法第五十六条规定:"违反本法规定,侵害妇女的合法权益,其他法律、法规规定行政处罚的,从其规定;造成财产损失或者其他损害的,依法承担民事责任;构成犯罪的,依法追究刑事责任。"

(一) 侵犯妇女合法权益的行政责任

行政责任是行政法律责任的简称,指行政法律主体违反有关行政管理的法律、法规的规定,但尚未构成犯罪的行为所依法应当承担的法律后果。分为行政处分和行政处罚。

行政处分是对国家工作人员及由国家机关委派到企业事业单位任职的人员的行政违法行为,给予的一种制裁性处理。行政处分的种类包括警告、记过、降级、降职、撤职、开除等。根据妇女权益保护法规定,对侵害妇女权益的申诉、控告、检举,推诿、拖延、压制不予查处,或者对提出申诉、控告、检举的人进行打击报复的,由其所在单位、主管部门或者上级机关应责令改正,并依法对直接负责的主管人员和其他直接责任人员给予行政处分;国家机关及其工作人员未依法履行职责,对侵害妇女权益的行为未及时制止或者未给予受害妇女必要帮助,造成严重后果的,由其所在单位或者上级机关依法对直接负责的主管人员和其他直接责任人员给予行政处分;侵害妇女文化教育权益、劳动和社会保障权益、人身和财产权益以及婚姻家庭权益的,由其所在单位、主管部门或者上级机关责令改正,直接负责的主管人员和其他直接责任人员属于国家工作人员的,由其所在单位或者上级机关依法给予行政处分。

行政处罚是指国家行政机关及其他依法可以实施行政处罚权的组织，对违反行政法律、法规、规章，尚不构成犯罪的公民、法人及其他组织实施的一种制裁行为。行政处罚是追究行政责任的主要方式，是行政责任中适用最广的一种责任形式。行政处罚的种类主要包括警告、罚款、没收违法所得、没收非法财物、责令停产停业、暂扣或者吊销许可证、暂扣或者吊销执照、行政拘留以及法律、法规规定的其他行政处罚。妇女权益保护法规定，对妇女实施性骚扰或者家庭暴力，构成违反治安管理行为的，受害人可以提请公安机关对违法行为人依法给予行政处罚；通过大众传播媒介或者其他方式贬低损害妇女人格的，由文化、广播电影电视、新闻出版或者其他有关部门依据各自的职权责令改正，并依法给予行政处罚。

（二）侵犯妇女合法权益的民事责任

民事责任，是指民事法律关系主体在侵犯民事权利或违反民事义务的情况下，依照民法所应承担的强制性法律后果。民事法律责任分为违约责任和侵权责任。根据妇女权益保护法的规定，侵害妇女民事权益的行为承担的民事责任主要有停止侵害、排除妨害、消除危险、返还原物、恢复原状、消除影响、赔礼道歉、赔偿损失以及丧失继承权和监护权、中止探视权、解除收养关系等。以性骚扰为例，妇女权益保护法规定，对妇女实施性骚扰，受害人可以依法向人民法院提起民事诉讼。性骚扰受害人，可以请求法院要求侵害人终止侵害。对于已经使被害人的人格名誉遭受影响的，法院可要求侵害人在影响所及范围内，以一定的方式消除影响，恢复被害人名誉或向被害人赔礼道歉。被害人因此遭受精神损害的，还可以要求精神损害赔偿。

（三）侵犯妇女合法权益的刑事责任

刑事责任是刑事法律规定的，因实施犯罪行为而产生的，由司法机关强制犯罪者承受的刑事惩罚或单纯否定性法律评价的负担。刑事责任最主要的解决方式是定罪判刑。对侵害妇女权益达到犯罪程度的，可依法判处管制、拘役、有期徒刑、无期徒刑、死刑、罚金、剥夺政治权利、没收财产，对侵害妇女权益的外国人还可以判处驱逐出境。根据刑法规定，行为人实施强奸、强制猥亵、侮辱妇女、拐卖妇女、收买被拐卖的妇女、聚众阻碍解救被收买的妇女、不解救被拐卖、绑架妇女、阻碍解救被拐卖、绑架妇女、引诱幼女卖淫、嫖宿幼女行为，或者针对妇女实施了暴力干涉婚姻自由、虐待、遗弃、组织、强迫、引诱、容留、介绍卖淫行为构成犯罪的，都要依法追究其刑事责任。

本章小结

本章讨论了古代中国社会中女性的法律地位，帮助学生了解我国妇女法律地位的历史演进过程。

历届女性的法定权利的分类：一类是女性作为社会成员与男子平等享有宪法和法律所规定的公民的各项权利，即男女平等权利；另一类是由女性的生理特点及其社会角色的特殊性所决定的、女性独有的在劳动和社会保障以及婚姻家庭等方面的权益，即妇女的特殊权利。重点掌握妇女享有特殊的法定权利。

了解体现在立法和司法两方面的女性权利的维护，掌握妇女维权的基本途径和方法。

教学活动建议

教师可以组织同学们开展社会调查，了解当前社会在女性的婚恋、就业以及其他方面存在的法律问题，深入分析其原因，提出解决的办法。

通过本章的学习，结合同学们看到、听到或亲身经历的事件，探讨学习与女性相关的法律问题的必要性和现实意义。

思考与实践

1. 目前维护妇女权益立法和执法的不足及完善。

2. 妇女的政治权利包括哪些内容？
3. 法律对女职工的特殊劳动保护包括哪些内容？
4. 如何保护妇女在农村经济组织中的各项合法权益？
5. 性骚扰受害人可以通过哪些途径维护自身合法权益？
6. 如何有效预防和制止家庭暴力？
7. 法律对离婚妇女的特别保护有哪些？
8. 妇女可以获得哪些方面的法律援助和司法救助？

第七章

女性与健康

【名人名言】

在所有生物的自然环境里,健康是与生俱来的权利。只要尊重大自然的规律,健康就会得到保障。

——〔澳〕罗斯·霍恩

【本章教学目的和要求】

- 帮助女性了解自身的生理、病理特点。
- 培养健康的生活方式。
- 了解女性常见疾病的特点。
- 懂得女性常见疾病的预防和治疗。

一位刚刚分娩的产妇仅仅因为生下的不是一个男孩而歉意地看着他的丈夫说"对不起!"

第七章 女性与健康

在经历了十月怀胎的辛劳和分娩的痛苦,却仅仅因为生下的不是男孩便要自责道歉,这样似乎有些匪夷所思的场景不知有多少次重复出现在产房里,让人真切地感觉到对女性的拒斥意识是多么地古老而根深蒂固,而这种拒斥不仅来自于异性,而且来自于女性自身。

我们的文化传统传输给女性们的信息是:需要为自己的身体,自己的生命乃至自己的性别道歉。

西蒙·波伏娃在她的《第二性》一书中写道"男人从上帝那里受益无穷,因为上帝认可他们写就的礼仪规范。自从男人开始对女人的统治以来,最值得大书特书的是君临一切的上帝亲自将象征权威的祭袍穿在了男人身上。不论是对犹太人、穆斯林还是基督徒来说,男人都是神圣权力的掌管者,正是对上帝的畏惧压抑了被蹂躏的女性的反叛冲动。"

当今社会的父权体制要求女性,即社会的第二阶层——要乖乖放弃她们的希望和梦想,转而去迎合男性和家庭的需求。设想一下,即使女性生病了,还是求助于一个男权医疗体制。这种医疗体制,在描述女性的身体时,不是心平气和地将它看作一个与健康息息相关的自然系统,而是把它视为一个军事地带。这种病情很少被视为信号而引起人们的注意。现代医学在治疗过程中对药物和手术的偏爱,仍是受富有侵略性的男权制思想影响的产物。

我们业已被灌输了一个医学神话——医生比我们更了解我们的身体,应当由专家来主持治疗。一个医生会遇到这样的情形,当询问病人身体出了什么毛病时,女性们有时竟会如是回答:"应当是你先告诉我——你是医生!"其实任何一个女性应该比别的任何一个人都更了解自己。一种压抑女性的文化一开始就为健康问题搭建了舞台,因为女性生活的许多方面都影响到健康状况。如未经宣泄的情绪就像是放在我们体内的一个滴嗒作响的定时炸弹——它们是潜伏的疾病。数以百万计的女性患有与女性生殖器有关的疾病,如慢性盆腔炎、子宫内膜异位症等。这些发病器官都是女性所独有的。其实,这些状况正是我们的身体借以向我们述说的语言，身体常常把我们的注意力吸引到"罪恶的一幕"上来，从而帮助我们对其治疗。不能否认许多时候生理疾病是由精神创伤引起的。

精神和肉体由免疫系统、内分泌系统和中枢神经系统紧密联系在一起，情绪和思想会在身体内产生生化反应，所以心理因素和感情因素对我们的身体有很大的影响。即使是一些偶发事故，一些在我们看来不可思议的事情，也被证明是与情绪有关系的。一些研究结果表明，易于发生事故的个人都是有某种个性特征的，如冲动、仇恨、富于攻击性、无依无靠、压抑、悲伤、孤独、不可化解的忧郁等。当他们对别人感到气愤时，他们都倾向于对自己进行惩罚。

思想乃是身体智慧的一部分。如果长久地持有并不断重复一种思想，就会使之转变成一种信念，信念又会转变为生物机能。信念是一种能量巨大的驱动力，它为生命和健康创造出生理基础。甚至有人说信念影响身体，并且完完全全地构造着身体，专家对这一问题专门进行探讨，结果发现，社会地位、教育程度、生活能力、与家庭和社会集体的亲密程度是决定个体生活定向的关键因素。

在所有的这些因素中，教育又是最重要的因素，希望、自尊以及教育都是日常生活中保持健康的最重要因素。几乎所有疾病都是受情绪影响造成的。可喜的是当今许多医学人士注意到了这个问题，从医学模式从单纯生物医学模式到生物—心理—社会医学模式的转变亦在某种程度上说明这一问题。

大家知道，直到不久前科学家们仍然认为，神经的信息传输是一种线性传输，就像电线一样。在一个神经系统内，信息从一根神经传到另一根神经。但是我们现在已经懂得，身体的各个器官可以通过一种叫神经肽的化学传导体直接与大脑进行信息交换，反之亦然。神经肽在神经细胞之间传输信息。当我们的思想、情绪释放出信息时，神经肽中的接受细胞就负责将这些信息接受过来。过去认为，神经肽的接受只限于大脑和神经组织。但是现在已经发现，神经肽的接受区遍布全身。研究结果已初步证明,女性的生殖器官子宫、卵巢以及乳腺组织也像大脑和其他器官一样,可以产生并能接受产生思想和情绪的神经化学物质,比如,激素就可以传输情绪和观念。同样,免疫系统也具有信息传输细胞,也可以接受神经肽的信息,卵巢和子宫可以分泌雌性激素和孕激素,这些激素可以传递信息,并影响人的情绪和思想。这些器官,也都有特殊的区域用以接受大脑和免疫系统的信息。由此不难理解,当情绪不佳时,女性器官也会感到难过,其机能也会受到影响。

第一节 女性的生理特点

女性一生的各个阶段有其不同的生理特点。女性生殖系统又是女性机体中的一个重要组成部分,它不仅有自己独特的功能,而且与其他系统功能及其心理、情绪的变化相互联系和影响。①

一、女性一生各阶段的生理特点

女性从新生儿到衰老,分为几个时期,但受遗传、周围环境、营养条件的影响,每个人各阶段的年龄划分可稍有差异。

（一）新生儿期

出生后 1 个月内称新生儿期。胎儿在母体内受到了胎盘女性激素的影响,子宫、卵巢及乳房均有一定程度的发育。出生后因与母体分离,血液中女性激素量迅速下降直至消失。新生儿可有乳房肿大,个别出现少量阴道出血,或分泌少量乳汁,这些都是生理现象,在短期内自然消失。

（二）幼童期

从出生到 10 岁左右为幼童期。此期性腺、生殖器仍在幼稚状态,阴道狭长,子宫小,子宫颈占全子宫长度的 2/3。到 10 岁左右,卵巢中少量

---

① 王冬梅:《妇产科病学》,太原:山西科学技术出版社 1997 年版,第 3 页。

卵泡发育,但不到成熟阶段,有少量性激素分泌,乳房及生殖器开始发育,女性特征开始出现。

(三) 青春期

从月经初潮到生殖器发育成熟的过渡阶段为青春期。随着卵巢发育和性激素分泌的逐步增加,生殖器有明显的变化。阴阜隆起,大小阴唇变厚变大,有色素沉着;阴道长度及宽度增加,黏膜变厚,出现皱襞;子宫体占子宫全长的2/3;输卵管变粗,弯曲度减少;卵巢增大,皮质内有不同发育阶段的卵泡。除外生殖器外,还出现女性特有的征象,乳房丰满,出现腋毛和阴毛,骨盆横径的发育大于前后径的发育,胸、肩、髋部的皮下脂肪增多,音调变高。而月经初潮则是进入青春期的重要标志,此时卵巢功能尚不稳定,所以月经也常不规律。

(四) 性成熟期

又称生育期。一般自18岁开始,持续近30年。此期卵巢的功能成熟,有周期性的排卵和分泌性激素。

(五) 更年期

更年期是女性从生殖功能旺盛的状态,向老年衰萎的过渡时期,一般开始于40岁,持续10年至20年不等。此期卵巢功能逐渐降低,失去排卵的周期性,直到无排卵,生殖功能逐渐衰退,生殖器官开始萎缩。绝经期包括在更年期中,是月经最终停止的时期。

(六) 老年期

继更年期之后的生命时期。一般认为60岁后女性机体逐渐老化,进入老年期。此期常伴有血压升高、肥胖、骨质疏松易于骨折等病症。

二、女性的生殖生理

(一) 月经周期

子宫内膜有规律地、周期性地脱落及出血称为月经。月经初潮的年龄多在13—15岁。出血的第一天为月经周期的开始,两次月经第一天的间隔时间称为1个月经周期,一般为28—30天,但周期长短因人而异,提前或延后7天仍属正常。月经期指月经持续时间,一般为3—7天。一次月经量约30—80 ml,一般月经第2天—第3天出血量最多。经血一般呈暗红色,除血液外,尚含子宫内膜碎片、子宫颈黏膜及脱落的阴道上皮细胞。月经血的主要特点是不凝固,因为初剥离的子宫内膜中,有一种激活因子能使血中纤溶酶原成为纤溶酶,导致经血中纤维蛋白裂解而液化经血。由于月经期有时盆腔充血,少部分女性有可能有下坠及腰骶部酸胀不适感。

(二)卵巢的周期性变化

卵巢是位于子宫两侧输卵管正下方的小长椭圆形、珍珠色器官,卵巢产生卵子。当女性在母体中还是仅20周的胚胎时,她卵巢中的卵子数量是其一生中最多的时候——大约两千万个。从那一刻起,她的卵细胞就开始减少。

从大约十四五岁开始,卵巢大约每个月产生一次卵子,有时候早一点儿,有时候晚一点儿。女孩子第一次月经期到来之后,过两三年时间才能归于正常,这就像在更年期一样,要等上数年月经才能完全停止。因为每次月经总会在卵巢内产生一个小囊肿,所以卵巢内有小囊肿也很正常。这要么是新近制造卵细胞的结果,要么是月经之后所致。当每个月卵子开始发育时,在它周围就会形成充满液体的滋养区,使它包在囊肿或者和卵巢的其他部分隔开。这一充满液体的囊肿区形成,从生理学角度讲属完全正常的现象。月经时,卵子被释放出来,首先进入输卵管,囊肿的突然产生实际上是月经过程的一部分。囊肿周围我们称作卵胞汁的液体随着卵子一起流到盆腔内。

月经过后,在卵子存在过的地方,另一种被称作黄体素体的小囊肿区发育并开始分泌孕激素。黄体素体最终被卵巢重新吸收。新的卵细胞不断发育成熟,小囊肿不断形成,在这种情况下一个小囊肿会在卵巢的这一区域停留一段时间。正由于这种每月一次的卵子发育和囊肿形成过程,对于女性来说在她的生殖系统发育成熟之后,卵巢内总会有小的充满液体的卵巢囊肿存在。

当一个女性由于慢性下腹疼痛或长了纤维肌瘤或由于其他原因而对骨盆进行检查时,在卵巢内就会发现这些囊肿。直径一到三厘米大小的囊肿几乎总是正常的,因为产生小的、有其形成和消失过程的生理囊肿是卵巢正常功能的一部分。在生命周期的全过程中,卵巢产生激素,包括雌性激素、孕激素和雄性激素——虽然根据女性的年龄,这些激素的量也会发生变化(不一定减少)。雄性激素是一种和性欲的产生有联系的激素。过去这种激素一直被认为几乎完全是由肾上腺这一位于两肾上端的内分泌腺产生的。但是现在不同的研究已经发现,更年期前后卵巢都会产生一定量的雄性激素——可能占身体全部供应量的50%。

通常认为,当女性停经之后,卵巢从根本上来讲已不再起作用。但现在,卵巢在生命中第二阶段所起的作用正被重新评价。一些研究表明,卵巢不能实行外科切除,因为在停经之后的数十年里它一直保持产生类固醇激素的能力。当女性到30岁时,她卵巢的一些部分的确开始缩小,到45岁之后,质量的确迅速失掉,但这些失去的并不是它们以往被认为的惰性纤维组织体。

随着女性年龄增长,她们的卵巢只有部分萎缩,这部分我们称作外皮。外皮是卵子得以生长发育、生理囊肿得以形成的卵巢的最外表。女性到中年时期外皮开始萎缩,但卵巢的最里面被称为内部间质的部分却在其生命中第一次变得十分活跃。换句话说,当一种功能趋于停止的时候,另一种功能也就开始发挥作用了。到现在为止,对这一过程的研究还远远不够。在生命的第二个阶段里,女性的卵巢仍然产生相当多的被称作雄素酮的激素,这是一种雄性激素。这种物质通常在我们体内的脂肪层中被转化成雌素酮(一种雌性激素)。研究结果表明,甚至在停经之后卵巢也能产生孕激素和雌二醇。这些激素对于预防骨质疏松、保持能量和性欲很重要。

（三）乳房

从解剖学角度讲，女人的乳房最适合给婴儿哺乳以及给女人带来性快感。乳房是腺器官，对人体的内分泌变化十分敏感，其变化周期与月经变化周期同步，它们与女性生殖系统有着非常密切的联系。

刺激乳头会使脑垂体分泌的催乳激素增加。激素同样也会对子宫产生影响使其发生挛缩。乳房组织一直伸展到腋下，连接乳房组织的淋巴结也同样位于腋下，当一个女人生育孩子后，乳房开始分泌乳汁，腋下的乳房组织也会因乳汁充盈而发生肿胀。乳房的大小和形状因人而异，乳头也是如此。大多数女人的乳房会有一只比另一只略小一点的情况。

如何进行乳房的自我检查？

乳房的自我检查，最好是在每次月经刚结束的时候进行，这是激素对乳房组织的刺激最小的时候。

具体方法：仰面平躺，将一只手置于脑后，这样做会让你的乳房在你的胸腔上平展开来，使你更易于感觉到位于胸肌和肋骨之上的乳房组织。用右手手指上平坦的部分而不是手指尖，去探察左乳房，由于手指尖过于灵敏，所有细密的导管它都能感觉出来，这会让你感到害怕，除非你已经完全了解了对你来说什么是正常状态，只有当你对自己的乳房有充分了解并很自信时，才可用你的手指尖去探察你的乳房。用你的左手对你的右乳房重复同样的检查。

请记住，我们不论什么时候触摸自己的乳房，并不是要去"寻找那些可疑的肿块"，而是要向身体的这个部位传输自己的关切和敬意。

对你自己的乳房要怀有敬意。如果你目前还常常对自己的乳房有恐惧心理，觉得它们里面充满着肿块，请你开始改变对它们的态度，当你每天进行沐浴的时候，对它们给予特别的注意。当你擦洗你身体的这个部位时注意你的手指触摸它们的感觉，想象在你的手上有一种能治病的能量（事实上你真的有），并在心中默默地为你身体上这个神圣的部位祝福。

(四）子宫

子宫位于盆腔下部的中心,它通过子宫颈与阴道相连,通过宽大的深红色的韧带与骨盆壁相连。膀胱的后部黏连在子宫前边靠下的部位上。输卵管排列在子宫上部的两边,通常称为基底。卵巢位于输卵管末段的下方。通称为输卵管伞。输卵管伞看起来像纤细的蕨类植物复叶。

卵巢、输卵管与子宫都是女性内分泌系统的组成部分。这些器官相互间紧密相连。卵巢里的血液循环多多少少都依赖于完整的子宫。做过子宫切除术的许多女性,由于其卵巢内血液供应的变化,导致她们的绝经期提前到来。子宫本身对激素的影响也很敏捷。

第二节 女性健康生活方式的养成

改变意识,从而改变细胞。放射性同位素的研究已经表明,红细胞每28天更新一次,而人体内的全部细胞每六个月更新一次。如果我们能改变创造细胞的意识,那么我们的细胞和生命就会自动更新,因为健康和快乐才是我们的自然状态。

一、学会爱自己的身体,不要在乎它的胖瘦

在现实生活中,你是否听到过许多女性抱怨自己的身材,或许在今天"骨感美人"当行之时,这已是司空见惯。但请记住,爱你自己的身体将最终使你获得理想的体形,这一点很重要。因为与自爱密不可分的人的情感,将帮助你创造一个有利于身体分解脂肪的新陈代谢环境。相反,如果你整天为身材之事而紧张兮兮,你的新陈代谢也随之发生变化,这样体内的脂肪就会大量积累。

学会"爱"自己身体,每天至少一次专心地注视镜子中的自己,同时大声地对自己说:"我爱你、尊重你、我要每天照顾你。"

二、停止节食,坦然面对体重

几乎所有女人,在某个特定时期都会给自己设定一个理想体重的目标。女孩子通常在青春期的时候就给自己的理想体重制定了目标,而这个理想体重的目标又总是比我们自己的实际体重少许多。

结果是,我们总是依据媒体报道的理想体重标准来判断自己的体重,自己永远与自己的身体作对。

而实际上,传媒报道的模特的体重对大多数女性来说是不可能实现的。现在杂志充斥的节食和体重信息,将诱导女性、尤其是年轻的女性盲目地追求苗条,不停地节食。目前不少女性患有神经性厌食症。其病因就是节食、通便、使用利尿剂等,这其中就有一些是女大学生。

其实,体内脂肪对年轻的女性并不是多余的。研究显示,就一名年轻女性来说,通常体内脂肪含量达到17%时才能开始行经。对大多数女性而言,承受排卵周期需要平均22%的身体脂肪含量。这就是为什么年轻女性中的厌食者、舞蹈家和运动员中,那些身体非常消瘦的人一般没有固定的月经周期的原因。

大部分女性的身体都比文化传统上的理想体型要重。女人的身体要比男人的身体拥有更多的脂肪,以保证即使在饥饿状态下也能怀孕生产和哺育孩子。

我们说的自尊和自我承认是正视自己体型的开始,承认现实所产生的改变是永恒的,而通过自虐式减肥达到的改变是暂时的。

三、为健康而吃

改善饮食和坚持不懈地锻炼是创造健康的最有效方法。

有调查显示,在得乳腺癌、卵巢癌、子宫癌等女性生殖系统肿瘤的女性中,40%与饮食有关。

研究表明,食用纤维含量丰富的各种蔬菜可以降低雌激素的分泌水平，从而减少妇女患乳腺癌的几率。植物纤维可以改变肠中雌性激素的新陈代谢，使进入血液循环的雌性激素相对减少，更多地排出体外。所以饮食提倡以低脂肪多蔬菜为主。

另外，注意摄入足够的蛋白质。因为只有通过摄入大量蛋白质才能使我们的机体保持或生成足够的肌肉组织，由此最大限度地消耗脂肪。但提示你没有必要为了增加蛋白质摄入而单纯吃肉，许多植物蛋白可以从豆腐和奶制品中获得。

一个人到底需要多少脂肪？太多肯定会导致肥胖，太少又不能满足人体对能量的需求。这个问题的奥秘很大程度在碳水化合物与脂肪的关系上。

一方面，体内的碳水化合物越多，摄入的脂肪沉积为赘肉的可能性越大；另一方面，如果体内的碳水化合物十分有限，又会使摄入的蛋白质和脂肪迅速消耗掉。这就是为什么许多人减少了脂肪的总消费量，可仍然长胖的原因。因此，只要食用碳水化合物总量不减少，胖人想变瘦的愿望就难以实现。所以建议，晚餐主食（碳水化合物）的量要适当。如常言所说，早餐不能少、中餐要吃好、晚餐要吃少。

记住吃好是善待自己，为生命的价值添加营养。

四、运动的作用

一定形式的体育锻炼是塑造健康身体的一个非常重要的环节。"怎样的努力就有怎样的收获"，对于锻炼也是这样。

在现实生活中，我们绝大多数人养成这样的思维定式："身体自然会随着年龄增长而变得越来越弱。"事实上年龄增长与身体衰弱并不存在直接必然关系。

一位教育家把体能定义为："满足一个人日常生活以及紧急情况下身体需要的能力。"实际上感到身体强壮，感到能力增强是锻炼身体的一个最基本目的。

研究结果表明,锻炼可以减少脂肪含量,坚持锻炼的女人比不锻炼的女人衰老期延长20年左右。

有人总结适度的运动对女性的八大优势:

1. 癌症患病率较低,免疫功能较好(白血球数目与免疫球蛋白更多)
2. 患乳腺癌危险降低
3. 平均寿命延长7年
4. 心情压抑与烦躁减少,思维敏捷
5. 心情放松、处事果断、热情、容易自我欣赏
6. 骨质增密,筋骨抗机械强压和打击的能力增强
7. 睡眠更香
8. 更自信

有氧运动是运动生理学领域的一个革命性突破。有氧运动使心脏、肺乃至整个心血管系统保持良好运作状态,它同时也可以消耗掉多余的脂肪。[1] 有氧运动在上世纪60年代的美国兴起,90年代逐渐在我国开展起来。

有氧运动是指在15分钟至20分钟内使心跳加速至所谓的"终极区"运动。

你自己的终极心跳速度可以用下列公式计算:

1. 从220中减去你的年龄
2. 再减去你平时的心跳(每分钟心跳次数)
3. 用余下的数乘以你的"运动商"(新手为0.6,老手为0.8)
4. 然后再加上你的平均心跳(第二条里的数字)

其结果是你每分钟的终极心跳数。

例如:如果你22岁,平时心跳为60,而你又是一名新手就这样计算:
$220-22=198, 198-60=138, 138×0.6=82.2, 82.8+60=142.8$。

这样你的终极心跳为每分钟143次。

---

[1] 周育平:《OFFICE健康宝典》,北京:科学技术文献出版社2005年版,第152页。

专家认为每周 3—5 次,每次 20—30 分钟的有氧运动锻炼足够维持心血管健康。常见的有氧运动有爬山游泳、慢跑、快速走等。但锻炼不可一曝十寒,贵在坚持,方可见效。

五、充实自己的心灵

一个充实的心灵才会自信,活泼而有力量。自我修养就是一种自我暗示,是一种思想的实践。① 如果可能请尝试着通过写日记、冥想等接触自己的内心世界,了解自己的内心世界。一位学者说过,写作的益处在于它能使你与自己进行最深层次的对话,你有机会知道自己是谁,知道自己在干什么,你也就开始了与心灵进行沟通。

要改变外在的生活首先改变内在。充实你的心灵可以通过阅读和生活中的细心观察思考,在你的专业之外尽可能涉猎广泛。如果能把自己的想法随时写下来,起初可能看上去杂乱无章,但随着写作的继续,会发现你的想法慢慢形成一张相互连接的网,随着不断记录你所听到的、感觉到的,最后总能前后呼应并加深自己的认识,增长了人的才智。无论你做得如何,都会从中学会崇尚智慧,丰富心灵,挖掘你的快乐源泉,发现你的痛苦所在。

六、尊重情绪及适当发泄情绪

孩子们天生就知道感知情绪,然后释放出来。每当受到伤害,他就会大哭,可不一会儿又会破涕而笑。其实,情绪一直是我们身体内部的重要组成部分。正如梦境一样,情绪是我们自己的,因而我们必须拥有和学会关注它。学会感知自己的情绪,放弃对它的批判,感激它的指引。

压抑情绪的做法,作为一种模式可以说代代相传。实际上控制情绪需要我们很多的能量,又常常令人疲惫不堪。调查显示,服务行业人员如酒店及商场服务员,因为要经常保持职业微笑而不快乐。要学会适当的

---

① 端木源:《心灵健身——超越亚健康时代》,北京:中国工人出版社 2003 年版,第 163 页。

发泄,我们称之为"情绪切口引流"。

声音在发泄情绪中很重要。有人说:"唱歌是情绪体的消化系统。"唱歌是有治愈力声音中的一种,而号啕大哭或啜泣是另一种。另外,走近适合的倾诉对象,讲出你的不快。可以得到发泄而逐渐恢复平静,也不失为一个可选择的做法。

七、远离烟草

(一)吸烟的危害

1. 吸烟的女士比不吸烟的女士流产的可能性要大两倍。
2. 怀孕期间吸烟还可能产下超轻婴儿,他们的死亡率远高于正常体重的婴儿。
3. 吸烟的女士更易患子宫癌、阴道癌和乳头变形。
4. 吸烟的女士的皮肤比正常人更易老化。
5. 现在,肺癌超过乳腺癌成为妇女疾病的第一杀手。
6. 吸烟的女士更易患骨质疏松症、早衰和心脏病。

(二)有效戒烟法

1. 任何一次戒烟的尝试都会增加戒烟的可能性,给自己再次尝试的信心。
2. 从现在开始,有意识地注意你还在吸烟,马上掐灭,到户外大口呼吸新鲜空气,体会一下肺部的美妙感受。
3. 理解到下面一点非常重要:戒烟不仅意味着你得放弃吸烟的行动,还得从思想上认识到:"我不再是个瘾君子了。"这意味着你的整个交往方式(经常是在烟雾缭绕中进行的)得改变。
4. 享受完整的感觉。任何一种上瘾都会使感觉麻木。虽然吸烟可以暂时缓解焦虑,减轻痛苦,舒缓怒气,但它更能阻碍心脏机能的正常发挥,使人难以感受深层次的激情和欢乐。
5. 不用担心减肥失效。体重增加不是戒烟带来的不可避免的后果。

6. 获取支援。可以寻找一些热情鼓励你戒烟的支持者。

7. 最重要的一点:毅力。

八、不要酗酒

酒精,是一种抑制药——放慢中枢神经系统,作用类似于安神剂和麻醉药。

喝酒的时候,酒精被吸收进入血液,并输送到全身,这时酒精使血管扩张,脉搏加快;酒还充当利尿剂,使人产生更多的尿液。

人体利用酒精同利用其他事物一样获得能量,人是通过肝脏来运送酒精的。因此,饮酒伤肝。酒精的营养有限,缺乏维生素、矿物质和蛋白质。大量饮酒的人可能出现严重的营养不良。

酗酒的女士的死亡率比男性高,因为女性更有可能自杀、喝酒出事和患上肝病。

一般女性开始喝酒的时间较男性晚,量也少一些,但出现问题却更快更容易,而且不用喝太多就可能出问题。这是因为女性体内的脂肪多于水分,因而酒精浓度更大。还因为女性体内促进酒精新陈代谢的胃酶更少一些。月经引起的激素变化也会影响女性的酒精耐受性和新陈代谢。

对女性来说,酒精带来的健康风险还包括:患乳腺癌的风险更高、流产和月经失调的可能性更高、危险行为的机会更大。[①] 此外,若母亲在怀孕期间饮酒,所生婴儿可能患上酒精综合症,出现身心缺陷,如面部头部变形,发育迟缓及弱智。所以建议女性不饮酒或少饮,尤其是孕妇及母乳喂养的女性更是不要喝酒,因为母乳喂养可能会把酒精从母体传给婴儿。

---

① 〔美〕Pamela Maraldo:《健康女人》,上海:文汇出版社 2000 年版,第 72 页。

第三节　女性青春期常见疾病的防治

处在青春期的少女,身体在快速地生长发育,智力与知识在日益提高,情感日趋丰富,心理在逐渐成熟。但在发展和变化的过程中,也常常会出现这样或那样的问题,也常有一些疾病使少女们备感烦恼。

一、外阴炎

少女的外阴是一个很娇嫩的地方,因为少女的激素水平不稳定,造成外阴黏膜的抵抗力较差,所以很容易发炎。感染的原因主要是病原微生物(细菌、真菌、滴虫等)的侵袭、化学性刺激和机械摩擦的结果。于是出现局部红肿、分泌物增多,瘙痒。并因抓痒可造成黏膜裂口,小便时有疼痛和烧灼感。

防治方法

1. 预防

(1)保持外阴清洁与干燥,经常清洗外阴;内衣、内裤要勤换洗,有条件的可定期消毒。

(2)避免接触有刺激性的物品,如化纤织物、洗涤液等。

(3)避免机械摩擦,不要穿太瘦或太紧的裤子,尤其是较胖的女孩子,更要选透气性好,稍宽松一点的裤子。

2. 治疗

一旦发生以上的问题,最好的办法就是及时就医,因为医生可根据病因进行有针对性的治疗。有些女孩患病后,觉得难于启齿,甚至连妈妈也不告诉,自作主张地用水洗或乱用药,这样不仅病没好还会加重,甚至造成深度感染。少女们不要认为去妇产科看病是难为情的事,有病就医,这是天经地义的,是不会受到耻笑的。

治疗的方法有：(1) 局部应用具有消炎、止痒或用抗过敏的药膏或洗液；(2) 根据不同的病原微生物，选择适当的抗生素口服或注射。

二、阴道炎

正常情况下有许多细菌生长在健康女性的阴道内，它们对人体是有益的，可以保持阴道的酸性环境，从而抑制其他有害微生物的生长。有时因月经血、过度的阴道冲洗，使阴道的酸性环境降低，或者过多服用抗生素使正常细菌减少以及机体抵抗力降低时，有害微生物就会乘机而入，导致阴道炎发生。

阴道炎最主要的表现是阴道分泌物增多，不同病原体感染所出现的阴道分泌物的性状也不一样。例如真菌感染，分泌物如豆腐渣样，而滴虫则呈泡沫样。另一个表现是外阴瘙痒等外阴炎的症状，有时可令病人坐卧不安。

防治方法

（一）预防：同外阴炎的预防。但要注意：(1) 清洗外阴、阴道要适度，不要超过1次/日；(2) 无特殊需要，不要长期滥用抗生素。

（二）治疗：(1) 局部用药，用抗致病微生物的阴道药栓以及对症治疗的洗液或药膏。药栓比处女膜孔小得多，只要使用正确是不会损伤处女膜，毕竟阴道用药的作用最直接，效果也最好。如果上药实在有困难，可让妈妈来帮助你，或到医院请医护人员帮忙上；(2) 全身治疗，有针对性的口服抗生素。一般一周即可治愈，但阴道炎容易在月经前后复发，所以，最好在下一次月经来潮后进行巩固治疗。

三、青春期功能性子宫出血

青春期功能性子宫出血简称"青春期功血"，是青春期少女常患的一种月经病，多发生在初潮后的头几年里。表现为月经不规律，有时几个月来潮一次，而有时却一个月来潮两次；血量时多时少（以多为主），持续时间少则几日,多则近一个月。病情较轻的少女可能并不十分在意,也不需治疗,随着年龄的增长,月经也逐渐规律起来。但也有不少不幸的姑娘,经常2—3个月无月经来潮,而来一次就如"决堤洪水"或"细雨绵绵",没完没了。这样时间一长,因流血过多,出现贫血,产生头晕、乏力、面色苍白、食欲不振,甚至晕厥、休克。

这是因青春期卵巢的功能尚不完善,不能规律地排出卵子,与其他内分泌腺的相互作用也不够协调,来自卵巢分泌的雌、孕激素极不规律,导致子宫内膜的生长、脱落也毫无规律,于是出现了不规则的阴道流血。

治疗方法

1. 止血。有两个办法,一是单纯应用止血药物,但往往效果不佳,只适用于轻症患者,二是应用使子宫内膜生长、修复及同步脱落的性激素药物,此法止血作用好,但要严格遵从医嘱,止血后必须配合调经治疗。

2. 调理月经。月经不能按期来潮,是导致出血多、时间长的根本所在,所以调整月经乃治疗其根本。方法有很多,主要是模仿正常月经周期中体内激素水平的变化给予激素治疗,使卵巢、垂体及丘脑等器官休息和恢复。这样经过一段时间的治疗,停药后月经多能恢复正常。还可用促排卵药物及中药治疗,效果也都不错。

3. 纠正贫血。在补血、升血药物治疗的同时,要注意造血原料(铁、叶酸及各种维生素)的补充。

通过以上治疗以及平时的休息、营养方面的调整,此病多不难治愈,以后随着年龄增长,卵巢功能的完善,月经会逐渐规律起来。

除了上述疾病外,个别少女还可患有其他妇科疾病,如妇科肿瘤中的卵巢肿瘤。像卵巢囊肿、畸胎瘤等疾病偏偏好发于青春期女性。所以,少女们不要以为妇科疾病是成年女性的事,少女也可以得。

四、青春痘

少女的皮肤本是女性一生中最细腻、最光滑、最有弹性的,当然也是最美丽的。哪一个女孩子不希望自己拥有姣好、亮丽的面容呢？然而一些"痘痘"偏偏爱找少女的麻烦，这就是青春痘，医学上称痤疮。它常常出现在前额、双颊、下颏甚至前胸、肩及背部。这些痘痘总是层出不穷，不仅难看，而且还发炎、痛痒，有的在患处留下明显的色斑、凹洞，甚至疤痕，真令少女们烦恼不已。

（一）它是怎样产生的？

正常情况下皮脂腺会分泌适量的称作皮脂的油性物质，来润滑及防止皮肤水分蒸发，青春期因雄激素分泌相对增加，导致皮脂腺分泌过量的皮脂，这些皮脂阻塞了毛囊出口，于是形成粉刺（非炎性青春痘）进而因皮脂被细菌感染，于是产生了毛囊及毛囊周围的皮肤发炎。

（二）如何治疗

分局部治疗和全身治疗两类。

1. 局部治疗：早期未红肿发炎时，只需使用含有杀菌成分的乳剂、凝胶或霜剂等外用药物做局部治疗。这些药物既可杀菌又可抑制过多的皮脂分泌。

2. 全身治疗：当"青春痘"已经发炎或外用药效果不明显时，就应口服抗生素来杀灭细菌，同时应用抑制皮脂分泌的药物（如维胺脂）。抗生素以美满霉素和红霉素效果较好。

目前，"青春痘"尚无十分有效的防治方法，但下面的建议将有助于治疗和减少"青春痘"的发生。

- 青春痘的治疗是一个缓慢的过程，你要有足够的耐心。
- 要尽早开始治疗，不要认为成年后，它会自然消失而任其发展。
- 因为它一旦在皮肤上形成凹坑或疤痕，再高明的医生也很难使皮肤恢复本来面目。
- 不要随便挤压患处，以免炎症扩大，恶化。
- 保持皮肤清洁，每天用无刺激性肥皂清洗患处可减少皮肤表面的细菌及油脂。

- 注意饮食,少食有刺激性的、油炸及高糖分的食物。
- 避免使用油性化妆品。
- 慎用偏方,警惕江湖骗术,切勿盲目投医。

五、青青期的乳房发育问题

少女进入青春期后,乳房开始逐渐发育,胸部隆起,呈现出女性特有的曲线美。可有的少女到了十七八岁,却依然胸部平平;另有些少女乳房发育良好,却又自觉羞怯。乳房的发育问题也常常使少女们感到烦恼。

乳房的发育多在 10—16 岁之间,进入青春期后,在垂体的内分泌作用下,特别是卵巢分泌的雌激素作用于乳腺细胞,使乳腺的腺泡、导管及间质逐渐增生,整个乳房便渐渐隆起、丰满。实际上乳房的发育受多方面因素影响,一方面受雌激素的作用,一方面还要看乳腺组织本身是否对雌激素敏感,并能做出相应的反应。其次,乳房的发育还与机体的营养、健康状况有关。所以,乳房发育不良的少女应首先检查内分泌功能,如果确系内分泌功能低下,则应在医生的指导下补充相应的激素,促进乳房的发育。有些少女因为体弱多病、营养不良或精神抑郁而影响了乳房的发育,则应从改善机体状况入手,随着病因的去除,乳房的发育也会得到相应的改善。

还有少部分人身体健康,内分泌功能也无异常。但就是乳房平坦,她们多半是由于乳腺组织本身对雌激素不敏感,而影响了乳房的发育。对于她们,随着年龄的增长,以及日后的结婚生育,乳房会慢慢地丰满起来。经常做乳房按摩也会对乳房的发育起到一定的帮助。

乳房的发育不仅关系到女性的体态,也关系到后代的哺育,所以少女要重视乳房的卫生。要选择合适的乳罩,即要起到支托、保护的作用,又不要限制乳房的增长、发育。注意坐、立、行走的姿势,要保持上身挺拔,不要含胸低头,以免影响整个胸部的发育。另外,体育运动也可促进乳房的发育,经常做一些扩胸以及上肢伸展的运动,可促进胸部及乳房的发育,使体态更加健美。

六、常见性病

在工业发达国家,性传播疾病的发病率呈持续上升趋势。性病患者的人数令人震惊,同时也说明了这一问题的严重性。在法国,每年有70万衣原体病新发病例,50万淋病新例,疱疹引起大约30万人溃疡。在美国,统计数字更令人瞠目:200万淋病患者,300万人感染衣原体病,10万梅毒患者和2 000万疱疹病人。

如今,随着医学科技的进步和预防措施的完善,一些危及生命的性病发病率和严重程度较过去已经明显下降了。而其他一些性病的发生率则不断升高,局势非常严峻。

性传播疾病治疗费用昂贵,给社会造成了极大的经济负担,而实际上,这一切本该很容易避免的。比如输卵管炎,一种生殖器官感染常见的并发症,会严重损伤年轻女性的输卵管(50%的炎症患者小于25岁),这是构成女性不孕的主要原因之一。今天,防治性传播疾病比以往任何时候都更具紧迫性。正确、认真地进行性常识教育,能使我们清楚地了解性病的病症病因,以便更好地预防。

(一) 了解有关性传播疾病的知识

• 以性接触为传播途径传染,包括生殖器官接触、口交式(嘴与生殖器官相接触)或者肛交式(阴茎插入肛门)。接吻很少传染性病。

• **传染性极强**:传染性的大小根据病菌种类而异,淋球菌或乙型肝炎病毒仅一次性交接触就可传染。

• 通常不易觉察,尤其对女性而言,受传染的患者可能无任何明显症状。然而,发现得越晚,受到传染的时间也就越长,也因此而延误了治疗。未发病的感染者和悄然无声、虽已具传染性但还处在潜伏期的感染者使性病传染网快速形成,也就是说病菌在人群中急速传播。

• 与水痘和麻疹不同,性传播疾病不产生免疫,即使机体血液中有抗体,也会多次感染性病。

- 性传播疾病危及社会的各个阶层,无人豁免。
- 性传播疾病不应再被认为是羞耻的和难以向性伙伴承认的疾病,而是必须告知他人的一般病症。这是截断传染源的唯一方法。

(二) 性传播疾病的征象

尽管难以对性传播疾病进行预防,但及早发现生殖器官感染的初期症状却是容易做到的。每个人都可以自我检查,以便尽快接受治疗,而不留下任何后遗症。

- 阴道异常分泌物
- 腰部(肾区)疼痛
- 阴道有灼痛感
- 性交疼痛
- 生殖器官处瘙痒
- 不规律阴道出血
- 以上症状伴有发烧
- 淋巴结肿大
- 出现生殖器官病损:丘疹、疣、赘生物、溃疡
- 外阴疼痛
- 周身瘙痒

我们建议:只要生殖器官某部位一出现可疑或异常迹象,就应立即告知医生。只有医生才能借助化验检查做出诊断及早处理,治愈疾病,不留下任何后遗症。主要的性传播疾病有:

1. 珠菌病

俗称为真菌病,是发病率最高的一种性病,极大地影响妇女的身心健康。

(1) 症状表现

- 真菌病最常见、最令人不适的症状是外阴和阴道入口处持续的内

在瘙痒。

- 白带黏稠、奶油状,量不多。
- 小便时出现阴道烧灼感。
- 性交越来越疼痛,会加重阴道壁炎症。
- 外阴呈鲜红色、水肿状,通常十分严重;可能导致皮疹等疾病发生,最常见的是外阴覆盖了一层凝乳似的白色分泌物。

(2) 病因

白色念珠菌是酵母菌类的一种,普遍存在于大自然,寄存在人体中,包括阴道,但并不因此产生病变;也就是说,它的出现不总是代表疾病。只有在生理环境平衡遭到破坏时,它才会在泌尿及生殖道中繁殖增生。

(3) 传染途径

- 60%以上的真菌病出于患者本身:内平衡改变,阴道菌群遭到破坏。所以它的传染性不强。
- 在三分之一的情况下为外源传染,或通过性接触,或是与被感染者性交。

(4) 诱发因素

- 某些药物,如抗生素、可的松激素及其衍生物,还有免疫抑制剂和杀灭毛滴虫的药剂。
- 性交:长期禁欲后,性交频繁或性交剧烈是导致真菌病的常见原因。
- 行经前是真菌病发生的危险时期。
- 生活紧张极有可能降低人体免疫功能。
- 少穿过紧的牛仔衣和牛仔裤,最好不穿紧身袜。否则,在30%的情况下会出现不适。
- 不要长时间穿着潮湿的游泳衣。

(5) 洗浴时应注意

- 禁止使用酸性肥皂,不要重复性地灌洗阴道而破坏阴道的生理平衡。
- 洗浴后,好好擦干身体。

(6)治疗建议
- 向医生核实自己确实患有真菌病,而不是某一局部发炎或异常。
- 局部治疗不要超过6天。
- 口服药物不要服用过量。
- 确认性伙伴无任何生理畸形,例如包皮过长、过紧。
- 服用抗生素,局部用抗真菌药。
- 在月经前使用阴道内抗真菌栓剂。

2. 衣原体病

(1)症状表现

女性病人无实在征象。当阴道出现异常分泌物,或小便时伴有烧灼感或性交疼痛时,应想到此病。三分之一的受感染者无症状,但已成为传染源。

(2)病因

沙眼衣原体病菌是一种极小的圆形细菌,比链球菌还小三倍。它的特性是侵害黏膜,包括眼内膜。

(3)传播途径

主要通过性接触传染,但也有其他传播途径。新生儿出生时就可能被感染,患上严重的结膜炎或肺炎。因此,患病孕妇必须接受治疗。

(4)可能诱发的并发症

若未及时治疗,衣原体病会诱发输卵管炎,导致可怕的输卵管狭窄,甚至堵塞,造成不孕——50%的急性输卵管炎缘于衣原体病菌。

(5)治疗

患者及其性伙伴接受20天的抗生素治疗。与其他性传播疾病相同,衣原体病要求患者暂时中止性行为。

3. 湿疣或性赘生物

(1) 症状表现

没有或很少症状。感觉到的不适微乎其微,更通常的情况下,患者根本注意不到疾病发生。这些疣状病损,也被称为"鸡冠",出现在生殖器官部位,肉眼可见。形状根据湿疣发生部位,皮肤或黏膜上而有所差异。

(2) 病因

湿疣由乳头瘤病毒引起,至少有40种不同类型。其中大部分无伤害性,但有一部分湿疣会导致某些癌症发生,特别是子宫颈癌。

(3) 传染途径

湿疣几乎都是由于不洁性接触而传染的,尤其当性交频率,与赘生物大而多的患者有性接触时更要受到传染。此病潜伏期较长,大约为两个月。也可能通过其他传播方式传染:产道分娩后,带病毒的手或床单被褥会将病毒传给新生儿。某些因素如妊娠、避孕药、糖尿药、免疫功能下降等都使孩子有潜在的湿疣生长或复发可能。

(4) 治疗

正如其他所有的病毒性疾病一样,不管采用何种方法治疗湿疣,都令人失望,因为将其彻底治愈十分困难,而且不能杜绝复发的可能。治疗通常为化学和局部性疗法,如果湿疣十分严重,最好借助于电凝固、激光喷射烧灼法。必须消灭所有赘生物,否则不久之后就会复发。

4. 淋病

俗称"热尿症",是最普遍的发生传播疾病之一。

青年人,特别是单身者、放置了宫内节育器的妇女,危险性对她们而言增加四倍。但主要的易发人群是有多个性伙伴者,或经常更换性伴侣者。

(1) 症状表现

• 男性病人中90%以上的病例有急性尿道炎、阴茎末端针扎状痒痛感觉、小便伴有十分强烈的烧灼之感、尿液混浊等明显表现。不久之后有脓性、略黄或暗绿色的液体流出,弄脏内裤。

• 女性病人尽管最初症状不如男性多,也不如男性明显,甚至难以意识到,但生殖器官很快被彻底感染。有时,小便会伴有隐隐的不适感觉,或灼痛;分泌物量多,发黄,伴有下腹痛。但65%的女性病人对病情毫无察觉,无任何症状,但她们已经受到感染,且极具传染力。

（2）病因

淋球菌在机体中寄生在白血球上,在机体外则变得十分脆弱,灭菌剂,甚至肥皂都可轻易将其杀灭。但它可在温度为20℃的湿热毛巾上存活几个小时,成为传染源。

（3）传染途径

一般情况下,传播途径是性行为。与带菌患者一次性交即可传染,传染率为50%;两次性接触后为100%。除直接感染外,还有间接感染,使用淋球菌污染的湿毛巾或厕所坐便,就有可能被感染。婴儿淋病多见于分娩时,通过感染的子宫颈传播。受传染的新生儿可能患结膜炎。

（4）并发症

只要及时诊断和治疗,此病无任何严重后果。但若迁延日久,耽误了病情,忽视了治疗,则可能诱发多种并发症。

在女性身上,感染悄然发生,并迅速遍及所有生殖器官;子宫(引发淋菌性子宫炎)、输卵管(淋菌性输卵管炎)。致使输卵管狭窄,受到损伤,甚至堵塞。淋病后遗症则会严重威胁年轻女性的生育能力。淋球菌还会在血液中流动,侵及关节(手腕、膝盖、手指、脚趾和踝骨)、眼睛(结膜炎)和心脏。

（5）治疗

若无淋病并发症出现,治疗简单、快捷。只需使用一次性剂量的抗生素,口服或肌肉内注射,24小时内即可治愈。

5. 生殖器疱疹

这一病毒性感染在古代就已出现,是世界上流行最广的性传播疾病。

目前,患者人数有惊人的增长。在美国,患者总数达 2500 万人,占性传播疾病病人总数的 13%。

生殖器疱疹大部分通过性接触感染,但也可能突发在任何性行为之外,甚至在一个小女孩身上;病毒可长久滞留于水中或湿热的物体表面(厕所坐便、塑料器皿上)。

只在极少数情况下,它才属严重疾病。但其传染力极强,经常造成患者思想负担沉重,并且复发率高。既无法预测,亦不能彻底治愈。

它诱发皮肤和黏膜处的病损,主要受损部位是耻骨和肛门处;女性的外阴、子宫颈;男性的阴茎体和龟头内膜。

(1) 症状表现

开始时,有针扎似的刺痒感或局部性的瘙痒;然后红丘疹块结成,局部快速长满别针头大小的水疱。

在几小时之内,疱疹停止生长,表面有淡青色液体涌出;然后水泡破裂变化溃疡,好似口疮,非常疼痛。风干结痂后,形成淡褐色痂块,自行脱落,无任何痕迹。在半数情况下,整个过程伴有一个或多个腋窝淋巴结生长,以及周身性的疲乏感,甚至发热。

(2) 病因

生殖器疱疹是由单纯疱疹病毒引起的疾病,有两种相近的类型:类型甲,更容易引起嘴边疱疹(这就是传统上所说的"热疹");类型乙,会引发生殖器官疾病。但应注意,两种类型的病毒很可能相互转换。一旦进入人体,病毒就从此"长居久住",不再出户。它悄无声息地隐藏着,潜伏在神经淋巴结部位,可随时猛烈突发。

(3) 传播方式

几乎总是通过性接触,极少数是通过间接传染。但某些人对疱疹更敏感,特别是免疫功能低下的妇女。

(4) 诱发因素

绝大多数是由于心理原因造成的,紧张、感情冲动、种种气恼。但同时也有身体原因,疲劳、其他感染和月经。复发频率差异很大。有些妇女一生中只复发一次,有的每月一次。

(5)并发症

除了眼疾之外,严重的角膜炎及其他并发症都十分罕见。但是新生儿若在分娩中被感染,则有可能患疱疹性脑膜炎或者极为严重的脑炎,会有一半婴儿死亡。

(6)治疗

诸多药品因为不能完全杀灭病毒而令人失望,没有一种药物可高效地彻底治愈疾病,防止复发。药物主要被用来减轻痛苦、缩短病情发作时间、限制感染范围。目前,疫苗接种仍处于研究阶段。

为了缓解痛苦、对伤口进行消毒,并加速其愈合,医生建议病人采用坐浴,或用稀释的高锰酸钾治疗。

6. 滴虫病

滴虫病是世界上极为流行的一种性传播疾病(每年约有1.8亿人发病),女性患者多于男性,它的危害性已明显减弱。

滴虫病令人感觉不适,但无任何严重表现。疾病本身不具危险,但毛滴虫却可能携带其他病菌(淋球菌、衣原体)而成为性传播疾病的载体。

(1)症状表现

滴虫性阴道炎通常表现为阴道分泌物增多,呈液体状,泡沫状,有暗绿色反光,恶臭;并伴有阴道瘙痒和烧灼感。性交疼痛,甚至无法进行。因为经血有助于毛滴虫繁殖,所以这些表现常常突发在行经之后。

(2)病因

阴道毛滴虫是一种有四条鞭毛的原虫,鞭毛助其活动。适宜生活在酸性比较弱的阴道环境中,若阴道酸性环境受到破坏,则易大量繁殖生长。

(3)传播方式

滴虫通过性接触或性交直接感染。除此之外,还有非性途径传播方式,如潮湿物浴巾、工具手套、游泳衣或内衣、厕所坐垫和厕所用水。在极少数情况下,游泳池中的水也会导致传染。

如果女性为带菌者,与之发生性关系的男性有三分之一的感染可能;若男性为带菌者,女性则有四分之三的可能受到传染。

(4) 治疗

现有一次性口服片剂特效药(速效疗法),首次服药后 8 天重新服用,或连续服用 10—15 天;还有阴道栓剂,如打算选用,应注意以下几点:

- 孕妇禁用;
- 切忌酗酒;
- 大量饮水;
- 服用适宜的药剂预防真菌病发生;
- 性伙伴应同时接受治疗;治疗期间,应避免性交。

7. 艾滋病

艾滋病,全称为"获得性免疫功能缺失综合征",是一种非遗传性后天免疫系统功能降低的疾病。人体一旦失去了原有的自我防御能力,面对各种病菌和癌细胞的侵袭就束手无策了。

艾滋病也是一种传染性疾病、性传播疾病,由病毒引起。今天,艾滋病同时危及到男性和女性,人数相当。

艾滋病令人闻声色变,因为它是一种性传播疾病,所以尤其危害到社会生活最活跃的人群(29—42 岁的青壮年),而正是他们承担着人类繁衍的重大责任。

女性受到越来越严重的威胁。女性在异性性感染中的患病几率要比男性高。大部分被感染的妇女都很年轻,正值生育年龄。若她们受孕妊娠,病毒将严重危害孩子的未来。

(1) 艾滋病病毒

巴黎巴斯德学院首先将其简称为 LAV,由巴雷西努西(F. barre-Sinoussi)、谢尔曼(J.-C-Chermann)和蒙田涅(L. Montangier)教授共同研究发现,于1986年正式命名人类免疫缺陷病毒,缩写为HIV。

(2)艾滋病病毒作用于人体的途径

艾滋病病毒侵蚀人的免疫系统:一旦进入机体,就深入到血液中;随后即向指挥机体防御功能的巨噬细胞,特别是T4淋巴细胞(存在于血液中和淋巴结中,属白血球类)发动攻势;甚至进攻那些负责清除异常病毒的人体细胞。一旦病毒进入细胞,它就将滞留其中,直至自己的生命结束;当细胞分裂时,子细胞复制病毒基因信息密码。机体对此产生抗体应激。由此,我们可以检测出血清阳性。

(3)传播途径

艾滋病不像伤风、流行性感冒,它只通过血液、精液传播及母婴传播。日常行为并不会传播艾滋病,即使在唾液或眼泪等其他分泌物中集中了少量病毒,也不会导致感染。传染只有在机体内集中了大量病毒的情况下才会发生。

病毒传播不以日常行为为传播接触也并不会导致感染。抚摸、唾沫、痰、器皿(即使没有经过正确洗涤的盘子、刀叉、玻璃杯)、床单、公共浴池、淋浴、游泳池、食品,特别是食堂、地铁均不会传染艾滋病,没有必要为此担心。

1)血液传播

血液与血液之间的传播最直接,最迅速,因而也就最危险。血液传播可能在下述情况中发生:

- 共用被艾滋病病毒污染的注射器或针头。
- 输注感染艾滋病病毒供血者的血液及制品。
- 器官移植:器官中含有被艾滋病病毒感染的淋巴细胞。
- 意外皮肤伤口:医务人员在接触被艾滋病病毒感染的血过程中被感染。

2)精液传播

一切通过黏膜(阴道黏膜、直肠黏膜,口腔黏膜)与精液或阴道分泌物接触,又无任何保护措施的性交都可能传播艾滋病病毒。与艾滋病病毒携带者有一次性接触即可感染。

3）母婴传播

短短几年内,人类对母婴传播艾滋病病毒 HIV 的危险因素的认识及其预防都取得了重大进步,母婴传播艾滋病病毒 HIV 的比率在发展中国家则高达 30%。

（4）预防艾滋病

- 静脉注射时千万不要与他人共用注射器。
- 性交是传播艾滋病传染的主要途径,目前,避孕套是唯一预防艾滋病的"疫苗"。

本章小结

凡是与我们身体有关的事情都是非常重要的。在本章内容中,与同学们探讨了作为一位女性不同人生阶段的生理特点及女性的生殖生理。有人说女性是情感动物,不管这话有几分道理,我们的健康和快乐的确与我们的情绪有极大的关系。为了获得健康,必须消除诱发疾病的生活方式因素,有人说,"收获十年种树,收获一生种理念",建立良好的生活观念在青年时期更为重要。另外对青春期女性常见疾病的认识和了解,将预防放在首位当是要旨。

教学活动建议

在本章整个教学活动中,注重引导学生树立科学的健康观,学会一定的自我保健知识和技能。

同学们可划分为若干个小组,每组分别讨论一个问题,如女性青春期的特点、如何树立健康生活方式、性病、艾滋病的预防等大家感兴趣的问题。最后,每组选出一名同学为代表,在全班谈出本组大多数同学认同的观点,与全体同学共同分享。

思考与实践

1. 女性一生不同阶段的生理特点有哪些？
2. 女性月经周期有哪些变化？
3. 你对树立健康生活方式是怎样理解的？
4. 生了"青春痘"该怎么办？
5. 性病、艾滋病的危害有哪些？

第八章

女性的优势与潜能

【名人名言】

> 聪明的人只要能认识自己，便什么也不会失去。
>
> ——尼采

【本章教学目的和要求】

- 了解女性在生理学和社会学角度优于男性的特点。
- 熟悉女性潜能的激发过程。
- 掌握促进女性成功的要素。

在古希腊戴尔菲城那座神庙里镌刻着唯一的一句碑铭——"认识自我"。"认识自我"犹如一把千年不熄的火炬，传达了人类与生俱来的内在要求和至高无上的思考命题。本章就要带你走进女性的世界，从两性差别的视角分析女性的优势与潜能，审视女性的成功，从而"认识你自己"。

第一节 女性的优势

一、问题的提出

我们知道,女性的地位一直是人们探讨的热门话题,除去母系社会短暂的理想状态外,女性似乎从未摆脱弱者的形象。究其原因,主要来自两方面:一方面是以往哲学家们的论述,构建了人们对女性认识的心理定位。如早在两千多年以前,古希腊的哲学家亚里士多德就认为"女性之为女性是由于某种优良品质的缺乏",并把女人理性的薄弱和物质上的虚荣归结为巴比伦没落的原因。科学主义思潮的开创者、实证主义的创始人孔德也认为,女人之所以地位低于男人,是因为女人的成长停止于儿童期。人本主义思潮的开创者、唯意志论的第一个代表人物叔本华则把女人看成是"矮小、窄肩、宽臀、短腿的人群",他把女性称为"第二性",他认为"女性在任何方面都次于男性",女性存在的价值"基本上是为了人类的繁衍",因此,如果"对女人表示崇敬是极端荒谬的"。

另一方面是早期理论家们的论述,透视出女性的现实处境。如俄国无产阶级革命家倍倍尔认为:"妇女和工人的地位有许多类似的地方,但妇女有一件事却先于工人,就是她们是最先做奴隶的人类,在男的奴隶未曾存在之前,妇女已经是奴隶了。"德国著名女学者西蒙娜·波伏娃,在其著作《第二性》中分析女性由来已久的从属地位时也认为:"女人的依附性是内在的,即使她的行动有表现上的自由,她也还是个奴隶,而男人从本质上就是独立的,他受到的束缚来自外部,如果他似乎是个受害者,那是由于他的负担十分明显。"①

波伏娃有一个著名的观点:"女性是养成的",在社会对女性"应该"

---

① 〔德〕西蒙娜·波伏娃:《第二性》,北京:中国古籍出版社1998年版,第209页。

具备的性格与行为模式的规范中,女性形成了人们所期望的角色,母亲或女人。但这种养成结果与女性内在的关于独立自主的本性冲突。她的生理本能与她的人格本能,形成了经常出现的困惑。波伏娃深刻描述了这种矛盾:"对于女人的要求是,为了实现自己的女性气质,她必须成为客体和猎物,必须放弃成为主权主体的权利要求……"但女性"认识把握和发现周围世界的自由越少,她对自身资源的开发也就越少,也就越不能肯定自己是主体"①。这样,女性便渐渐地失去了自我。

美国学者B.傅莱丹曾描述过70年代美国妇女的现实处境:"当丈夫坐在房间的另一端高谈阔论什么工厂、政治、化粪池的时候,那些写给妇女的文章以及妇女们相互谈论的话题,却不外乎是她们的孩子,怎样取悦丈夫,让儿女学习进步,以及怎样烧鸡,做沙发等,谁也不会对女人是不是不如还是超过男人这样的问题而争辩,因为男人女人根本就不同。"这种描述,不经意间流露出社会历史文化观念中对女性价值的极大贬抑。所以,直到今天,在我们的思想意识中,女性都是被视为弱者而存在的。

有这样一个例子:父亲和儿子同时遇到车祸,父亲死了,脑部严重受伤的儿子被送进了一家医院。小伙子运气特别好,这家医院正好有一个权威的脑外科专家,可是当这位权威看到这个小伙子时却说:"换别人吧,我无法心平气和地给他做手术,因为他是我儿子!"这个近乎脑筋急转弯的问题,如果你没有这样的类似答题经验,它肯定会让你费一番周折:父亲不是死了吗?其实,这时你已经上当了,我们的习惯思维总是让我们忽略:那位权威是女性,小伙子的母亲。如果大多数的人都绕不过这个脑筋急转弯,那么我们就应该老老实实地承认,我们往往忽略了女性,而这种忽略不仅深刻影响着女性的自我认知,而且影响着女性优势和潜能的发挥,进而影响到女性的成功。因此我们有必要从性别平等的角度出发梳理已有的研究成果,重新分析和认识女性的优势。

---

① 〔德〕西蒙娜·波伏娃:《第二性》,北京:中国古籍出版社1998年版,第324页。

二、女性优势分析

（一）在直觉方面，母性的天性使女性具有高度的敏感性和观察力，往往能捕捉到男性感觉不到的信息，甚至是下意识的信息。

有这样一组调查：在对两组男女进行听觉、色彩、声音等测试时，女性对这方面的敏感度比男性高40%左右。女性对某些人、某些事常常不需要逻辑推理，单凭直觉就能做出判断。美国作家纳黛尔在其著作《第六感觉》中确认，女性的第六感觉并非是虚构的神话，第六感觉伴随着直觉，有时两者几乎无法分清。在这本书中，她认为，几乎任何人都无法像母亲那样经常拥有"第六感觉"。这是为什么呢？有人论证说，婴儿在降临人世的最初几年，和母亲的关系达到了"水乳交融"的地步。无论是操持家务活还是忙碌于工作，做母亲的总是自觉或不自觉地用其大部分身心关注着孩子的安危冷暖，即使孩子身处自己都未意识到的险境，母亲们却常常会凭着一种不可理喻的反应而隐约感知。于是，"母亲的直觉"成了对女性心理研究中的一个"斯芬克斯之谜"。

纳黛尔认为：女性的直觉是真实的，这种下意识的直接感觉不掺杂观察思考和理性分析的结果，它产生于一种近乎不知不觉的境界。不过，女性直觉出现的形式又是各种各样的，可能是一种心理现象，一种内心声音，或者是体内的某些实质感觉。①

文本链接

1995年1月17日星期二清晨，野岛断层（位于地球主要断层线上的日本大阪弯里）突然大发作，为人类地震灾难史上增添了新的一页。在地震前的那几天，日本西南隅地下水中的氡——一种辐射性气体——陡然

---

① 秀川：《女性的第六感觉存在吗？》，载《中国妇女报》2001年8月13日第6版。

增高,达正常时期的20倍。1月17日清晨5时半左右,神户市周围水的温度突然下降。在神户市内,狗纷纷狂吠,许多人在黎明前的黑暗中看到了像北极光般的闪光。

5时46分,本州岛海岸外一个小岛的下面,地壳突然猛烈隆起。在其后的20秒钟,神户市陷入了一场大灾难中,结果有550万人死亡。日本政府倾全国之力进行了一场抢救埋在废墟下灾民的工作,否则死亡人数当远远超过此数。

在挖掘埋在废墟下的灾民中,有一名被埋在废墟下8天的6岁女孩居然活着被救了出来,这是天灾史上的一个奇迹。这个小女孩在回忆中追述道:

"当时我被埋在废墟中动弹不得,压得几乎喘不过气来。我在痛苦中不自觉地连声喊道:'妈妈,你在哪里?救救我!'蓦地她在心灵深处清清楚楚地听到了她母亲的答话:'宝贝,不要怕,我会来救你的!'"

小女孩信心大增,她迷迷糊糊地睡着了,发现自己还埋在地下,她又喊道:"妈妈,你怎么还不来,我等不及了。"此时她忽然觉得她的母亲又在和她说话了:"乖乖,要有耐心,妈妈离你不远,不久就会把你救出来!"这句话使她安下心来,又昏昏沉沉地睡着了。醒来后她又饥又渴,喊道:"妈妈,我又饥又渴,受不了了,你怎么还不来?"此时她好像又听到了她母亲的声音:"忍一忍,忍一忍,我的好女儿,马上我们就会救你出来的!"

小女孩被救出来后,她的母亲还住在医院里,原来她的母亲在地震当天上午10时就被救出,但因头部受了重伤,马上就被送进一公里外的一家医院,她一直接着氧气筒,在昏昏沉沉中仿佛听到了她的女儿向她发出的求救声,说的话正是她女儿埋在废墟中说的那几句,而她的答话却莫名其妙地被她的女儿"听"到了。当时她躺在病床上,接着氧气筒,发出的答话声音低得连站在身旁的人都听不清楚,却被埋在废墟中的女儿"接收"到了,这部"接收器"就是女人的第六感觉。①

---

① 选自《中国妇女报》2001年8月13日第6版。

其实第六感觉并不神秘,揭开笼罩在直觉灵感、梦境灵感上面的神秘帷幕,就会发现,它不过是以往未被完全认识的自然规律而已。

第六感觉虽然不属于五官五觉,但却与之息息相关。可以说,它是相对意义上的超视波、超声波、超嗅波、超触波。这些潜波作用于潜意识,以其敏感和善藏,成为五官五觉的微妙补充。①

在现实生活中,女性出色的观察力和感知力处处可见。英国的一位心理学家曾做过一项试验,他把男女学生带到远处一个从未去过的荒岛上去旅游,在岛上的一个岩洞中把他们的眼睛蒙住,叫他们指出学校所在的方位。结果发现,女生的准确率达95%以上,男生只有30%。美国有一个电视节目也做过这样一项试验:一组婴儿啼哭的无声电影剪辑,请父母们观看,结果大多数母亲能分辨出婴儿饥饿、疼痛、喘息、疲倦等一系列表情,而父亲们基本上都不能理解。②

事实上,我们面对面交流中有相当大的一部分采用了非语言的交流方式,非语言信号占60%—80%,语言信号占20%—30%。③

有一项叫做非语言敏感力的研究,通过对一个人面部表情的观察,测试了人们对非语言暗示的含义确定和领悟能力,几乎全世界的女性都比男性要强。从人体头部的生理结构看,眼睛位于头颅之外,是大脑的延伸,眼球后部视网膜上容纳着1.3亿能感知黑色和白色的棒体细胞,700万能感受彩色的锥体细胞,通常这些颜色细胞是由X染色体所决定的。女性有两个X染色体,因此有比男性更多的视椎细胞,④正是这些多出来的视椎细胞帮助女孩识别面部表情的细微变化,更擅长于感知人们的情绪。宾夕法尼亚大学的神经心理学教授鲁本·戈尔和雷卡·戈尔博士通过一项分析面部照片的系列实验,进一步指出,女性和男性都能注意到其

---

① 秀川:《女性的第六感觉存在吗?》,载《中国妇女报》2001年8月13日第6版。
② 〔澳〕阿伦·皮斯/巴巴拉·皮斯:《亚当的脑夏娃的脑》,北京:新华出版社2001年版,第35页。
③ 〔美〕罗娜·李顿勃:《女人天生就能赢》,北京:新华出版社2005年版,第44页。
④ 转引自罗慧兰:《女性学》,北京:中国国际广播出版社2002年版,第195页。

他人是否快乐,但女性能够很容易地察觉悲哀的表情,她们的判断准确率大约在90%左右,不管被观察者是男性还是女性。而男性则不同,他们对其他男人脸上的悲哀表情更敏感,而如果被观察者是女人,男人判断的准确性就会降低。事实上,90%的时候他们判断男人的表情是对的,但是,当他们看女人的脸时,准确率只有70%。鲁本·戈尔说:"女人的脸需要真正陷入很深的悲哀,男人才能看得出来,细致的表情往往被他们忽略过去了。"这从一定程度上告诉我们:如果女性在工作中对一些事情"有点不满"或"中度不满",要等男人注意到,那恐怕得等到猴年马月了。

(二)在语言方面,女性具有较好的天赋,运用语言词汇的能力强于男性,能更加自如恰当地表达自己的思想。

女性是用语言而非行动来进行思考的。在女性的大脑上,连接着语言、判断和记忆功能的大脑皮层,包含着比男性更多的神经元。这使女性能更好地识别语言和音乐的音调差异,更可能运用标准的语法结构和正确的发音,因此,她们擅长于语言表达,说话毫不费力,且口齿伶俐,在语言的流畅性、语言的长度甚至于语法、造句、阅读等方面表现出色。

有人认为,男女在这方面的差异可能与"脑性别"有关。关于脑性别,研究人员做过许多科学测试。结果表明,在确定空间关系上,男性比女性有更强的能力。男性能够敏锐地看见空间里的物体,并迅速做出反应,这是因为他们的每个脑半球,都有对移动信息反映的神经元,因此,男性更容易掌握看地图和球类运动的技巧,他们更容易在思维中想象、转换和旋转物体。负责这项研究的科恩博士指出:"男孩子,尤其是高年级的男孩子,趋向于使用图表、曲线这些象征符号来展示他们的思想……男孩趋向于使用代码语言,依靠代码进行交流,而女孩更喜欢文字"。[1] 因此,女性在语言的学习上比男性有天赋。在此基础上,科恩进一步研究了人类的大脑分类情况。在《基本研究》中,他论证人类的大脑可分为两种类型:一是"移情脑"。"移情是一种感觉到情绪反应的能力,为了理解另一

---

[1] 〔美〕罗娜·李顿勒:《女人天生就能赢》,北京:新华出版社2005年版,第49页。

个人预知他们的行为,或与他们的情绪形成共振,因而被另一个人的情绪触发"①,女性脑大多数属于这种类型。二是"系统脑"。"这种脑适宜分析和建造一个系统,系统脑的人总是喜欢直观地指出事情是怎样进行的,或找出潜在的控制行为的规律,这样便于理解和预测系统,或创造一个新系统"②,大多数男人属于这种类型。正因为女性属于"移情脑",所以在现实生活中,女性往往表现出较强的"移情"技巧:更关注事务人性化的一面,更强调事实和问题的细节,并有效地利用"故事"的作用。

(三)在耐力方面,长期处于弱势的地位使女性养成了坚忍的好习性,用更适合的语言来形容就是蓄势待发。

从先天来看,女性比男性有更强的生命力。在母腹中,男性和女性的胚胎比例是145∶100,但到分娩时,男婴和女婴的比例为106∶103,即1/7的男性胚胎不能成活。③

从后天看,女性对疾病的抵抗力也高于男性。德国慕尼黑大学发表的一份调研报告强调说,世界各地的妇女平均寿命高于男子。根据临床统计报告确认,男子死于血栓、黄疸性肝炎和自杀的人数高于妇女,其主要原因除妇女不吸烟、不饮酒等因素以外,她们体内的雌激素有重要影响。根据对德国巴伐利亚州1万多男女公民的调查表明,德国死于血栓的男女比例是4∶1。雌激素在减少血栓对女性的危害方面发挥了巨大的作用,它可直接影响心脏和血液循环。德国每年有2.8万名男子死于肺癌,而死于肺癌的妇女只有8000人。④ 而且,无论从哪一个国家的统计数字来看,都是女性的平均寿命长。中国妇女平均寿命比男子长两岁。西方国家妇女寿命平均比男子长3—7年,特别是法国,妇女平均寿命74岁,男子为68岁。俄罗斯妇女平均寿命则比男子要长13岁。⑤

---

① 〔美〕罗娜·李顿勃:《女人天生就能赢》,北京:新华出版社2005年版,第50页。
② 同上。
③ 罗慧兰:《女性学》,北京:中国国际广播出版社2002年版,第191页。
④ 《女性长寿的秘密》,载《参考消息》1998年12月12日。
⑤ 同上。

研究者发现,女性的脂肪量大,新陈代谢率低,消耗的热量少,同时女性血液中较高的雌性激素含量可能对血液循环具有促进作用,从而使女性具有比男性更强的耐受性,抗饥饿能力高于男性。日本战后一两年间,粮食极端匮乏,政府每月给每人只配给能吃两天的米。据统计,当时日本男人饿死的人数是女性的两倍。同样,在天灾人祸和痛苦煎熬面前,女性的强者本性表现得十分充分。在列车、汽车颠覆事故和空难中,在受伤程度相仿的情况下,女性比男性活下来的可能性要大。这就是为什么在困难和挫折面前,包括发生家庭变故或灾难时,男人往往一蹶不振,失去生活的信心,而女性能够以惊人的毅力渡过难关的原因。①

近年来,许多临床医生发现,在疼痛感知、疼痛耐受性的程度上存在明显的性别差异。首先发现这一现象的是口腔科医生。在所有的临床工作中,只有口腔科的患者是最常见导致直接痛感反应的,但口腔科医生们很快注意到,并不是所有的人都对钻牙那么恐怖,也不是所有的人都要控制不住地大声嚷嚷。他们通过门诊纪录,总结出对牙疼和治疗痛反应过于激烈的患者具有以下两个特点:一是年轻,年龄范围在18岁到40岁之间;二是男性多于女性,这个比例大概是4:1,即每五个因疼痛而不得不停止治疗的患者中,男人占四个。这一现象为普通外科的医生所证实,在他们的记忆中,能够忍受疼痛的反倒是那些老人、孩子和看上去柔弱的女子。"他们很坚强,至少比大多数小伙子坚强","在外伤缝合的时候,因为疼痛(已经注射过麻醉药后)疼晕过去的,绝大部分是二三十岁的男同志"②。

(四)在行为方式上,女性更倾向于"间接方式",她们往往能超越狭隘的价值底线,在"关系"中发现价值。

美国作家安妮·莫伊贝博士和大卫·耶西尔在其早期著作《脑性别》中指出:"我们是什么,我们怎么行为,我们如何思考和感觉,这些都

---

① 罗慧兰:《女性学》,北京:中国国际广播出版社2002年版,第191页。
② 《什么人更感觉到痛》,载《北京青年报》2001年4月14日13版。

不是我们的心而是由大脑控制的。大脑本身的结构和运转又受到荷尔蒙的影响。如果男人与女人的大脑结构和荷尔蒙不同，那么男女的行为方式也不同。"[1]这种不同从小就表现出来了。新泽西罗伯特医院儿童发展研究室主任迈克尔·刘易斯博士在一项研究中证明了一岁孩子的行为差异。他把初学走路的孩子放在一个栅栏后面，和他（她）们的妈妈们隔离开，结果，男孩和女孩使用了完全不同的方法，男孩子们设法爬过去，"男孩子想撞倒栅栏，推倒它，或者他要设法从旁边绕过去"。而女孩子的策略是说明了她们的困难请别人帮忙，这样，女孩比男孩子先离开栅栏，回到妈妈的身边。这是为什么呢？临床研究表明：雄性激素增加了男性的进攻性、竞争性和自我意识，使他更容易把目标集中于个人的胜利，而雌性激素使女性关注的是"胜利所涉及到的所有的人"。

关于这一点，研究人员作了这样一个测验：让孩子们说服他们的朋友，吃下一种味道恶心的饼干，如果他们成功了，会得到奖励。女孩和男孩都想得到奖励，但是，他们使用的方法不同。男孩子们使上浑身解数，开始撒谎哄骗，威胁恐吓，让他们的目标人群就范成为他们的牺牲品。女孩对这项任务深感为难，她会向那个小朋友道歉，尽量避免直接撒谎，她们试着劝说她们的实验对象，而不是设法强迫他们把饼干吃下，为了完成任务、拿到奖品，女孩们甚至自愿分担，帮她的朋友一起吃。这意味着尽管男性和女性都渴望达成目标并表现优异，但在通往成功的道路上，男性不仅具有进攻性，而且倾向直接进攻，女性则倾向于间接方式，并关注人际关系。

女性在这方面表现出来的优势，往往和女性的"情感"密切相关。有人说：女性是"感情的动物"，"感情用事"往往被看成是女性的一大缺点，尤其对职业女性更是一个大问题，因为几乎全世界的舆论都认为女性比男性更加情绪化，这是为什么呢？

研究表明，男性和女性在大脑的不同部分处理感情问题。加拿大科

---

[1] 〔美〕罗娜·李顿勃：《女人天生就能赢》，北京：新华出版社2005年版，第35页。

学家桑德拉·维特尔森博士做了一项这样的试验。首先,在实验对象的右眼显示图像,在他的右耳处演奏声音,这些信息进入他的左侧脑半球,然后,在实验对象的左眼显示图像,在他的左耳处演奏声音,让这些信息进入他的右侧脑半球。当男性和女性看到或听到这些负载情感的图像时,桑德拉·维特尔森博士对他们的大脑进行了核磁共振成像扫描,结果她发现,男性是在右脑半球的两个区域处理感情,而女性处理感情则在两个脑半球。

这项试验结果从一个方面为我们解释了为什么女性更加感情用事的原因。因为感情位于男性的右脑,它能与大脑的其他功能分开运行。男性能使用左侧大脑讨论逻辑,而无须活动右脑,感情完全在逻辑之外,男人需要先认识,然后才能感觉。对女性而言,感情同时在她的两个脑半球运行,可同时处理感情和逻辑,在思考的同时进行感觉。

不仅如此,女性在处理自己"感情"的同时,也随时"准备倾听"别人的感情信息。同一个痛苦给女性的打击往往要大得多,往往需要更长的时间才能忘记"那些旧的伤痛"。正如一些研究显示的,在女人的大脑中,情绪的痛苦"更精确地储存在更深处"。男人对打架的疼痛忘记得很快,他们能在几小时后不再想它,甚至可以立刻忘记。比如在一个充满争执和冲突的会议结束后,男人感觉很好,他们会出去喝茶,而女人则觉得很糟糕,甚至于当她们向你诉说这件事时,你会从她们的表情上感觉到整个事件是多么的丑陋和残酷。如果你看到一个女人在听别人讲述感情的故事,她脸上的表情好像故事就发生在她自己身上一样。正是女性的这种感情决定了她有别于男性的行为方式,这种行为方式在突出团队精神和创造性的今天,无疑是一种巨大的财富。

(五)在管理方面,女性的性别优势得以充分展现,从而形成了有别于男性的独特的管理风格。

近30年来,在世界范围内有越来越多的女性创业者崛起,使女企业家队伍蔚为壮观。截至2003年底,中国女性业主和法人已经超过2 000

万人。女性企业家在全国企业家中的比例也从上个世纪80年代的不到10%快速上升到现在的20%，预计在接下来的3年至5年内，这一数据会增加到30%。① 来自中国企业家调查系统的一份研究报告显示：相对于男企业家而言，女企业家的年龄相对年轻，平均是46.5岁，而经营的企业中赢利的却比男性高出7.8%，亏损企业仅占1.5%。

无独有偶，这种现象在国外也同样存在。美国从1980年到1988年的9年间，企业家人数增加了56%，而女企业家的人数增加了82%，同期，女性领导的企业产值比所有企业的平均产值增加快一倍。② 另一项统计显示，在德国东部地区，1990年之后，1/3的新建企业是女性领导的，她们总计提供了100万个工作岗位，创造的年产值平均为150亿美元。据欧洲经济合作与发展组织统计，在其25个成员国里，女性领导的企业活动占全部企业活动的28%，其中最高的是加拿大，占39%；而美国女企业家的经营活动已占到50%。③ 就全世界而论，70%的小型企业是由女性经营的，而女性企业失败的比例却小于1/4。可见，在这个充满挑战与机遇的时代，男性以其刚毅、果断在商海中沉浮、搏击，女性则凭借其独特的个性创造了令人惊羡的业绩。

女性企业家在全球范围内的崛起，说明了女性企业家更能适应现代管理的潮流，更具民主参与的管理风格。

1994年，美国妇女创业者基金会曾就男女企业家的差异问题进行过一项调查，结果显示，男女企业家的思维方式和理念大致相同，但管理风格却有所不同。因为男性更重逻辑，即左脑半球的功能，在做决策时强调的是合理性，女性则把逻辑思维与右半脑的思维功能结合起来，即把感觉、直觉、关系、体谅等因素用于决策过程，力求做到全面周到，既合情又合理。这种不同在谈判风格上表现得更为明显，男性往往以"背水一战"

---

① 转载自《解放日报》2005年1月10日。
② 〔美〕约翰·奈斯比特/帕特里夏·艾柏登：《女性大趋势》，北京：新华出版社1993年版，第5页。
③ 同上。

的心态、奔着"只赢不输"的目标与对手较量,女生则表现出进退自如、委婉求全、耐心等待,期盼"双赢"的态度。

　　如果我们仔细观察女企业家的管理风格,的确有许多地方是很独特的,例如:她们把做母亲和持家的技能用于职业角色上,表现出高超的人际交往才能。她们较富于同情心,容易设身处地为人着想,口头表达及肢体语言的技巧高明,善于倾听对方的表述从而判断是非。她们期待合作,善于协商,既重理性又重直觉。她们看问题比较善于分析背景,容易捕捉到事物之间的相关性,因而较少主观、武断、僵化、一意孤行等作风。她们对待员工的态度并不是简单地发号施令、设法控制或显示权威,而是努力以教育、指导、说服、影响等方法去达到管理的目的。

　　近年来,管理学界有这样一种说法,女性化的模式是未来社会发展趋势,那么未来社会发展对管理者的要求是什么呢?概括来说主要是:善于观察和发现人才,进行快速的信息交流,具有远见和多样才能,具有创造性思维并勇于创新,能够发现事物之间的关联,不仅重视结果,同时关注人,具有策划和解决问题的能力,具有卓越的人际交往能力。显然社会发展对管理者的要求和我们女性的管理风格相符。未来的管理风格就是女性的管理风格。"这是因为母亲是管理者最好的学校,我们有理由相信,能够推动摇篮的手,也能推动整个世界。"①

第二节　女性的潜能

一、人的潜能是无限的

　　人类学、心理学、生理学和逻辑学的最新发现证实,一个平常人的大脑与一个伟大科学家的大脑并没有本质上的区别,也没有不可跨越的鸿

---

① http://finance.sina.com.cn/roll/20050526/16101627142.sheml.

沟，它们之间的差异只是用脑程度与方式的不同，而这种差异一旦被消除，两者之间的鸿沟便可以被填平，甚至可以超越。

著名的前苏联学者兼作家伊凡·业夫里莫夫指出："一旦科学的发展能够更深入了解脑的构造和功能，人类将会为储存在脑内的巨大能力所震惊。人类平常只发挥了极小部分的大脑功能，如果人类能够发挥一半的大脑功能，将轻易地学会40种语言，背诵整本百科全书，拿12个博士学位。"这种描述并不夸张，而是一般人所接受的观点。

人类的大脑是世界上最复杂也是效率最高的信息处理系统。别看它的重量只有1 400克左右，其中却包含着100多亿个神经元，在这些神经元的周围还有1 000多亿个胶质细胞。人脑能存储大量的信息，在从出生到死亡的漫长岁月中，我们的大脑足以记录每秒钟1 000个信息单位。

每一个人，即使是创造了辉煌成就的人，在他的一生中，只发挥了其头脑潜能的一小部分，绝大部分脑细胞仍处于"待业状态"。美国学者詹姆斯说："普通人只发掘了蕴藏能力的1/10，与应当取得的成就相比较，我们不过半醒着，我们只利用了我们身心资源的很小一部分。"而最新的研究更进一步指出，以前人们对头脑的潜能估计太低，我们根本没有运用头脑能力的1/10，甚至1/100也不到。

大自然赐予我们每个人巨大的潜能，并非大多数人命中注定不能成为爱因斯坦式的人物，相反，任何一个平凡的人都可以成就一番惊天动地的事业，天才所具有的特征在每一个普通人身上都能找到。有人把人的潜能比作海中的冰川，露在水面上的部分是已经被开发出来的能量，而巨大的能量则是蕴藏在水下面的部分。那么人的潜能到底有多大呢？让我们看看有关潜能的两个实例：

文本链接

一位农夫在他的谷仓前注视着一辆车快速地开过，他14岁的儿子正开着这辆车，由于年纪还小，他还不够资格取得驾驶执照，但是他对汽车很着迷，已经能够独立驾驶了，因此农夫就准许他在自己的农场里开这辆车。突然，卡车翻到了沟里，他的儿子被压在车下。农夫十分惊慌，他急忙跑过去，毫不犹豫地伸出双手，把车抬了起来，另一位跑来援助的工人赶紧把孩子从车底下拖出来。孩子得救了。这时，缓过神来的农夫不觉奇怪，刚才他去抬车的时候根本没想到自己是不是能抬得动，出于好奇他再试了一次，结果他根本就抬不动那辆车。①

文本链接

一位名叫史蒂文的美国人，因一次意外导致双腿无法行走，已经依靠轮椅生活了20年。他觉得自己的人生已没有了意义，喝酒成了他忘记愁闷和打发时间的最好方式。有一天，他从酒馆出来，照常坐轮椅回家，却碰上3个劫匪要抢他的钱包。他拼命呐喊，拼命反抗，被逼急了的劫匪竟然放火烧他的轮椅。轮椅很快燃烧起来，求生的欲望让史蒂文忘记了自己的双腿不能行走，他立即从轮椅上站起来，一口气跑了一条街。事后，史蒂文说："如果当时我不逃走，就必然被烧伤，甚至被烧死。我忘记了一切，一跃而起，拼命逃走。当我终于停下脚步后，才发现自己竟然会走了。"现在，史蒂文已经找到一份工作，他身体健康，与正常人一样行走，并到处旅游。

---

① 华蕾蕾、卢大振：《学会开发人的潜能》，北京：金盾出版社2005年版。

一位身材并不高大的农夫(据报上说,这位农夫只有170公分,重70千克)在危急时刻用双手把汽车抬了起来,一双20年来无法动弹的腿在危急关头站了起来,到底是什么原因使他们产生了这种"超常的力量"呢?医生说这是由于身体机能对紧急状况产生反应时,肾上腺分泌出的大量激素传遍全身而产生的额外能量,这是医生做出的唯一解释。显然,这并不仅仅是身体的本能反应,它还涉及到人的内在精神在关键时刻所爆发出的巨大力量。著名作家柯林·威尔森曾用富有激情的笔调写道:"在我们的潜意识中,在靠近日常生活意识的表层的地方,有一种'过剩能量储藏箱'存放着准备使用的能量,就好像存放在银行里个人账户中的钱一样,在我们需要使用的时候,就可以派上用场。"

二、潜能的开发

美国心理学教授陆哥·赫胥勒曾这样说过:"编撰20世纪人类历史的时候,可以这样写:我们最大的悲剧不是地震、连年的战争,甚至也不是原子弹投向日本广岛,而是千千万万的人们生活着然后死去,却从未意识到存在于他自身的人类尚未开发的潜能。"今天,人类历史的脚步已经跨入21世纪,我们已经"意识到"人类有"尚未开发"的潜能,问题是怎样才能把这座"潜能金矿"开发出来呢?

潜能需要激发,激发是一个过程,在这个过程中有四个关键因素:

(一) 拥有"光明思维"

所谓光明思维,就是在思考问题时,要看到事物的两个方面,推动事物向好的方面发展,因为任何事物都具有两面性,我们应着眼于事物的光明面。光明思维的一个重要背景就是拥有积极的心态。

心态是一个人在处理问题过程中所持的态度。由于心态不同可能会采取不同的方法,因而也必然会出现完全不同的结局。如两个饥饿的人,面对一个面包,一个很振奋,看到面包很大,一个很沮丧,看到面包的空洞很大,这就是心态问题。美国的成功学大师拿破仑·希尔认为,每个人都随身带着一个看不见的法宝,一面写着"积极心态",一面写着"消极心态"。这个看不见的法宝有两种令人吃惊的力量,第一种即积极心态,它有获得财富、成功、幸福和健康的力量,可以使人攀登到顶峰,并且逗留在那里,第二种力量则可使人在他们的整个人生中都处于底层,当别人已经达到顶峰时,正是消极心态使他们只能望顶兴叹。因此,他深为感慨地说:人与人之间只有很小的差异,但这种很小的差异却造成了巨大的差异!

拥有积极心态的人,把生活的每一天都当作新生命的诞生而充满希望,尽管这一天有许多麻烦事在等着他。比如摔了一跤,把手磕破了,他会想:多亏没把胳膊摔断;比如遭遇了车祸,把腿摔折了,他会想:大难不死必有后福。一个有积极心态的人并不否认消极因素的存在,他只是学会了不让自己沉溺于其中。即使身陷困境,也能以愉悦和创造的态度走出困境,走向光明。如果你选择了积极的心态就等于选择了光明。相反,拥有消极心态的人老为已经过去的事情后悔怨恨,往往没有目标,缺乏动力,表现为固执己见,缺乏恒心,或自卑懦弱,自我退缩,这样注定要走向失败的沼泽。

美国宾州大学的教授塞利格曼曾对人类的消极心态做过深入的研究,他指出三种特别模式的心态会造成人们的无力感。一是永远长存,即把短暂的困难在时间上无限延长,看作是永远挥之不去的怪物,从而使自己束缚于消极的心态不能自拔;二是无所不在,即把困难在空间上无限扩大,因为某一方面的失败而相信其他方面也会失败,从而使自己笼罩在失败的阴影里;三是问题在我,即认为自己能力不足,一味地打击自己、贬损自己。

现实中我们也常常听到人们这样说:"哎,像我这的人,肯定一无所成","我们单位最有前途的人就是那些既年轻,又有学历的人,我这样的人还能有什么机会呢,随大流吧",如此等等。如果心态过于消极,就会看不到将来的希望,失去前进的动力,失去面对困难的勇气,就会越来越自卑。因为在人的本性中有这样一种倾向:我们把自己想象成什么样子,就会真的成为什么样子,"你就是你所想的那样的人"。

你有过这样的情形吗?如果有,尽快从消极心态的阴影里解脱出来吧,虽然我们无法改变人生际遇,但是我们可以改变面对不幸的心境,我们无法改变生活环境,但我们可以改变面对生活环境的态度。请记住德国人爱说的一句话:即使世界明天毁灭,我也要在今天种下我的葡萄树。

(二)突破"自我设限"

生活中你只要留心观察,就会发现这样一种现象,同样学历、同样工作经历的人,在处理事务的能力方面却有着明显的差异,这种差异我们通常称之为人的潜在能力实现程度的不同,而产生这种差异的一个重要因素就是人的"自我设限"。

很多人都有过让机会从身边溜走的经历,"当初那件事,只要我再加把劲就成了"。当你有这种惋惜的感觉时,是否曾经想过,当初的那一丝动摇,使机会和你失之交臂的一个重要原因,就是你对自己"设限"太多。

有这样一个例子:科学家把跳蚤放到盘子里,并用一个透明的玻璃罩住它。跳蚤往上跳,被玻璃罩挡住,掉下来,跳蚤跳了几次就不跳了。科学家把玻璃罩移走,但跳蚤也不会跳出来了,因为它认为自己是跳不出去的。这个例子让我们联想到伊索寓言中狐狸和葡萄的故事。当狐狸第一次看见葡萄的时候,它觉得这些葡萄肯定好吃,这一想法使狐狸一次一次跳起来,试图摘到葡萄,当它够不着葡萄而放弃的时候,它改变了想法,认为这些葡萄一定是酸的。跳蚤不跳了,狐狸吃不到葡萄,就是一种"自我设限"。如果一个人自我设限了,就等于自己给自己贴上了标签,你的潜力就被彻底封杀了。所以,只有突破"自我设限"才能消除开发潜能的最大障碍。

突破"自我设限"必须从观念开始,因为"最常见的同时也是代价最高昂的一个错误,就是认为成功依赖于某种天才、某种魔力、某些我们不具备的东西"。如果你想使你的潜能得到发挥,使你的人生处于最佳状态,那么首要条件就是必须绝对坚信自己,确立"自我心象"。对于自我心象,成功大师马尔登有着形象的描述,他说:一个人到医院去做整容手术,术后对着镜子照起来,如果手术满意,也就是说现实与自我一致,心情就非常高兴,反之就会心情沮丧。

生活中我们常常看到这种现象:整过容的女性结果并不完全一致,一种人精神振奋、意气风发、充满自信,与原来相比变得光彩照人,漂亮了许多;另一种人整容后变化却不大,原因在于在这些人潜意识中容貌并没有改变,还保留着原来的自己。这种现象引起了美国心理学家马克斯威尔的深思,原来,在每个人心中都有一个自我心象,是这个自我心象在影响着一个人的行为方式,因为,必须坚持不断地完善"自我心象",进行"超我观想"。

所谓超我观想,就是在照镜子时,镜中的人是"我",在潜意识中想象出一个比镜中的"我"更好的一个"我"。这种超我观想类似于文学创作中的想象,但又不同于想象,是一种更为生动细腻的想象。如果我们每次照镜子时都能经常想象超越镜中的自己,超越生活中的自己,并付诸实践,你就会在不知不觉中走出了"自我设限"的阴影,你的潜力就会迸发出来。

(三) 确立明确目标

一位取得优秀成绩的经理人讲过这样一段有趣的经历:小时候,他跟两位朋友在一段废弃的铁轨上走,其中一位朋友身材瘦小,另一位朋友是胖子,他们比赛,看谁在铁轨上走得最远。结果,瘦小的朋友和他只走了几步就跌了下来,胖男孩却走得很远。于是他就去问胖男孩,胖男孩说:"你们俩走铁轨时只看自己的脚,所以跌了下来。而我太胖,看不到自己的脚,只看铁轨远处的一个目标,并朝着目标走。"可见,只有确定目标,眼光看得远一点,脚步才会更稳。

目标是人的想法,是愿望,"是支撑行动的动力"源泉,也许你一直渴望做一名舞蹈家,也许你一直渴望有一个温暖的家,也许你会想要一份属于自己的事业,那么,就要清醒地看待自己与周围世界的关系,确立明确的目标。

耶鲁大学曾就目标对人生的影响进行过一项长达25年的跟踪研究,研究对象在智力、学历等其他条件上都差不多。研究结果如下表:

比例	25年前	25年后
27%	没有目标	生活在社会最底层,生活过得很不如意
60%	目标模糊	生活在社会的中下层,并无突出成就
10%	有清晰但较短期的目标	生活在社会的中上层,在各自所在的领域取得了相当的成就
3%	有清晰且长期的目标	成为各领域的顶尖人士

上述统计数字表明,具有明确的人生目标对一个人来说是多么的重要,有了远大的目标,行动才有正确的方向。

确立目标的第一步是选好目标的类型,通常目标的类型主要有:个人目标、职业目标、短期目标、长期目标等。第二步是用积极肯定的语言叙述自己的目标,使自己的目标具有可行性。一旦确立了目标,就要专心致志地为实现自己的目标锲而不舍,再冷的石头,坐上三年也会变暖。

生活的旧习惯往往会给人一种惯性去"循规蹈矩",所以进行目标的第一步往往很艰难。但如果不开始行动,而总是给自己找借口拖延,就肯定不会成功,因为拖延不会使事情变得简单。为了克服拖延,一个重要的办法是"前景展望",即你可以想象当你达到目标时的美好景象,这种前景展望,可以激励自己从现在做起,同时要给自己何时开始行动定出最后期限。

每个人都渴望实现目标,实现卓越,然而现实中这些美好的东西却总是那么难以拥有,或者即使拥有了一部分后,也似乎不那么尽如人意,总觉得还缺少点什么,还存在着某种说不清道不明的遗憾和距离。

于是,我们常常为多种难以言状的困境叹息,为多种莫名其妙的烦恼所困扰,那么,是什么因素在影响制约着我们呢?答案只有一个:就是目标的确立及其实现程度,如果你确立了目标不去行动,或中途放弃,那么你就会永远生活在自己所设置的误区和阴影中。毫无疑问,只有那些目标明确并付诸行动的人,才能在实现目标的过程中放飞自己的潜能,从而真切地体会到其中的成功与卓越,幸福与快乐,并切切实实地拥有它们。

(四)磨砺"坚持意志"

意志是指人们为达到特定的目的,有意识地支配和调节自己的行为以克服困难实现目标的心理过程。"坚持意志"是潜能开发不可缺少的因素之一。

现实生活中许多女性并不缺乏远大目标,然而潜能开发的程度却很低。女性在追求实现目标的过程中,常常遇到事业与家庭的矛盾,有些女性的家庭成了事业的羁绊,浅尝辄止,半途而废;有些女性虽然能够摆正家庭与事业的关系,但不能勇于克服困难,在顺境情况下,还能努力进取,信心十足,一遇困难,又扬帆转舵,知难而退了。这里一个很重要的因素,就是缺乏"坚持意志"。

"坚持意志"就如一把凝聚了个人全部力量的利剑,有了这把利剑,你才有能力挑战命运,才能将你的聪明才智发挥得淋漓尽致,才能有机会走向生命的卓越和伟大。

坚持意志的核心特征是克服困难,只有不断克服困难,才能体现坚持意志。也许有人会认为"坚持意志"是一个空泛的概念,其实不然,坚持意志并非生而具有或永不改变的特征,它实际上是一种能够培养和发展的"技能"。

在现实生活中,要培养这种"坚持意识"必须从两方面着手:

一方面是学会面对压力。任何人的一生中都会有压力,尤其在当今社会,打倒我们、阻碍我们潜能发挥的是压力。有人做过这样的统计:19

世纪末20初,美国人健康的"十大杀手"是传染病,而今十大杀手全部是和压力有关的疾病。对于压力,不同的人有不同的反应。压力可以促使人找到更好更聪明的处事方式,"置之死地而后生"、"破釜沉舟"等说的就是这个道理。

有人说压力是"潜能之母",有些压力常常激发人的潜能。美国的茱莉·郝尔是一个超越压力而发挥潜能的典型。

  茱莉·郝尔是两个孩子的母亲。十几年前,她失业了。她已离婚,没有固定收入,加之,她既未受过正式教育,又没有谋生技能,危机降临到茱莉的头上,更可怜的是:在决定试着创业后,她却选错了从商时机,所有的努力都付诸东流,境遇比以前更悲惨。可是她却不因此放弃希望。

  在凑足旅费,带着两个女儿回到故乡——夏威夷后,有一天,她去市场选购夏威夷罩袍,发现这些服装只有一种尺码,同时花色非常呆板,缺少变化。这大量的服装是由当地的染织厂制造的,样式千篇一律,做工粗糙,一点也不适合特殊的场合穿着。危机中的茱莉马上意识到这一发现的价值,以仅有的100美元资金开始在家里为别人改缝她设计的衣服。由于她改缝的衣服美观、实用且有特殊风格,因而立即受到当地的欢迎,茱莉的生意也就越做越大。后来,茱莉的服装卖到了美国本土,公司也不断扩大。茱莉在压力中产生的灵感不但从危机中挽救了她,而且还促成了她的成功。

茱莉的例子在生活中并不少见,你也许对她的灵感产生怀疑。事实上,如果一个养尊处优的人,是绝不会想到那一点的,因为他没压力感,根本不会去积极发挥自己的全部潜能,寻求摆脱困境的办法,而一旦人们调动起自己的潜能,其力量是令人惊讶的。

另一方面是养成良好的习惯。习惯就像一个调节器,好习惯自发地使我们的潜能指导思维和行为朝成功的方向前进,坏习惯则反之。好习惯会激发成功所必需的潜能,坏习惯则在腐蚀有助于我们成功的潜能宝库。

有一个已为人们所熟知的"煮青蛙"理论，如果将一只青蛙丢进滚烫的开水中，它会迅速跳出来，以免一死，但若把青蛙放在冷水中慢慢加热，它会很安逸地在铁锅里游泳，直到最后被烫死在里面。因为到水烫得实在受不了时，青蛙已无力挣扎。其实，人很多时候也会像青蛙那样，沉湎于逐渐变热的水，被坏习惯所捆绑、蚕食。更可怕的是，甚至连我们自己也不知道我们身上有很多的坏习惯。如有的人回家就看电视，在感官愉悦的同时滋生了惰性；有的人"循规蹈矩"，"求同从众"缺少了创新；有的人凡事依赖他人，等现成的……所有这些，都是阻碍我们在成功的道路上释放潜能的"慢性毒药"。

不妨试试，选一个静谧的夜晚，拿出一张纸，把自己通常会出现的思维方式和行为方式写在纸上，然后通过分析把这些思维方式和行为方式按好习惯、坏习惯进行分类。也许，你会惊讶地发现，自己原来有那么多坏习惯而不自知。因此，要养成良好的习惯，就必须从克服这些坏习惯开始，而坏习惯的克服，离不开"坚持意志"。只有具备了良好的习惯，我们才会像那只突然被放进滚烫开水里的青蛙一样，被激发出无尽潜能，始终保持生命的活跃状态，而不会在无所事事中趋于平庸和颓废。

第三节 女性与成功

一、大众话语中的成功

在中华文化的语言丛林中，"成功"是一个较易被人们在多种语境中使用的概念。所以，为了理解女性的成功，有必要对成功的概念进行解读。

有人认为成功是"获得预期的成果"；有人认为"成功是一种快乐"；有人认为"成功是日积月累，日复一日地实现对你和其他人而言有价值的目标";也有人认为"成功 = 物质外衣 + 心灵的满足","因为没有物质作为基础的心灵的满足,只能是无源之水,无木之本,只有物质外衣和心灵满足的契合,才能形成完整而平衡的成功"。

　　由于人们理解成功的视角不同,对成功的认识也不一样。那么成功意味着什么呢?"成功意味着许多美好积极的事物。成功意味着个人的兴隆:享有好的住宅、假期、旅行、新奇的事物、经济保障,以及使你的小孩能享有最优厚的条件。成功意味能获得赞美,拥有领导权,并且在职业与社交圈中赢得别人的尊重。成功意味着自由:免于各种的烦恼、恐惧、挫折与失败的自由。成功意味着自重,能追求生命中最大的快乐和满足,也能为那些赖你维生的人做更多的事情。"

　　这是成功学家卡尔博士所做的描述,这种描述根据每个人的不同理解,还可以无限地延长下去。但究其本质,成功其实包含两方面的含义:一是社会承认了个人的价值,并赋予个人相应的酬谢,如金钱、地位、房屋、尊重等等。二是自己承认自己的价值,从而充满自信、充实感和幸福感。但是人们往往忽略了成功的后一种含义,认为只有在社会承认我们、他人尊敬我们时,我们才算度过了成功的人生,只有在鲜花和掌声环绕着我们时,才算是达到了成功的时刻;而仅仅自己认为成功是没有意义的。实际上,一个人只有对自己有较高评价并认为自己一定会成功时,他才可能真正成功。这中间的道理也很简单,那就是人不可能给别人他自己都没有的东西。从某种意义上来说,成功的标准主要在自己,只有自己才能判断自己是否成功,也只有自己才能体会真正意义上的成功。

　　可见,成功是人的一种心态,一种习惯,是人的一种思考模式,也是人的一种生活方式。如果我们不锁定事业的成功才算是成功,那么世界上成功的男女数目,应该是惊人的。因为,有序持家的家庭妇女,或是无志于职场沉浮的住家男人,只要他们无愧于天,无负于人,生活得怡然自如,时时都快乐满足,他们都是成功的人。一些从事音乐、艺术、文学、影剧的人,不是人人都能"成名",但是不能定论于他们"不成名"就是"不成功"。

只要他们的一曲音乐篇章,一幅艺术创造,一部文学作品或是一次影剧的演出,能真正感动一个以上的人,使他们的人生更美更善,这就是成功。

二、女性成功的金钥匙

(一)双性气质

在性别角色的塑造过程中,以往的理论对性别采用的是一种最原始的分类方法,这种分类方法将所有的人分为两类,一类是生物学意义上的女性,一类是生物学意义上的男性。所有女性皆具女性气质,所有男性皆具男性气质,把男性和女性看成单一维度上的两极。比如说一个人富于攻击性,富于独立性,喜好数学和科学,积极主动,爱好探险,决策果断……一般人的脑海中马上会浮现出一个男性形象,而如果谈到一个女性,我们往往认为她应该是感情丰富,心思细密,擅长做家务,温柔体贴……这实际上是在人们脑海中被界定的不同性别的"刻板印象"。

首先打破这种两极式分类方法框架的研究者是罗尔,他于1964年提出了双性化的概念,他认为个体可以同时拥有传统意义上男女两性的人格特质。1974年,贝姆在前人研究的基础上为性别角色双性化的研究做出了突出贡献,她认为,许多个体可能是双性化的,无论他是生物学意义上的男性还是生物学意义上的女性,他们既可能带有男性化特质,也可能带有女性化特质,这依赖于各种行为发生时的情景适宜性,当男性化特质高时称为男性型个体,女性化特质高时称为女性型个体,男性特质和女性特质在一个人身上表现都比较高时,这个人就被称作双性化个体。在性别特质类型上非常传统的个体,会抵制任何被认为与其角色不符的行为,而双性化类型的个体,则会自由表现男性化和女性化行为,因而更具有灵活性和适应性。

这种新的性别特质类型的划分方法,为我们理解和认识女性的成功开拓了新的研究视角。实际上,生活中不乏独立性强、具有攻击性、喜好数学和科学、爱好探险、决策果断的女性,也有很多感情丰富、心思细密、擅长做家务、温柔体贴的男性,尤其是在成功的女性身上,往往融合了男女两性的气质,既有女性的温柔、细腻、富于情感的一面,又有男性的刚强、果断、意志坚强的一面,因为"人类的特殊生存能力主要是建立在男性和女性共同拥有一个巨大的多种多样的能力上,它能使人类对各种生存条件进行适应。两性能力的强烈重叠也是一个重大的优点,因为两性会根据需要在许多能力方面相互补充"。女性要想在事业上有所成就,就必须同时具有男女两性的性别优势,要以男性为榜样,善于向男性学习,善于吸取男性性别上的优势。现实中我们经常看到:成功的女性形象与过去的贤妻良母不同,它是一个新的混合体,既有"女性"的身体特征和角色特点,同时又具备一定的"男性"精神。

(二)情商

长期以来,我们已经习惯了用"智商"来预测人的成功,然而,现代心理学的研究表明:在决定一个人的成功因素中,智商因素只占20%,情商因素起到80%的作用。因此,决定一个人成功的主要因素不是智商(IQ)而是情商(EQ)。

美国哈佛大学的心理学家丹尼尔·戈尔曼对1528名智力超常儿童进行过研究。结果表明,智力水平确实与人的成就密切相关。但同时戈尔曼对成就最大的20%与成就最小的20%又进行了比较研究,结果表明,成就最大的一组人的谨慎、进取心、不屈不挠、自信心、坚持性都明显高于成就最小的那一组人。也就是说,诸如情绪、意志、兴趣、性格等非智力因素对人的成功同样起着举足轻重的作用。那些在考试中或在智商测试中成绩最好的学生的成功率并不比那些当时看上去并不那么突出的学生高。

在此基础上,丹尼尔·戈尔曼提出了情商的概念,认为情商是个体重要的生存能力,是一种发掘情感潜能、运用情感能力影响生活各个层面和人生未来的关键因素。它包括一个人把握与控制自己情绪的能力;了解、疏导与驾驭别人情绪的能力;自我激励与自我管理的能力;面对逆境与挫折的承受能力;人际关系的处理能力以及通过情绪的自我调节不断提高生存质量的能力。

在美国流行这样一句话:"智商使人得以录用,情商使人得以提升。"一个著名的案例是,被誉为新泽西聪明工程师思想库的AT&T贝尔实验室的一位经理受命列出他手下工作绩效最佳的人,从他所列出的名单看,那些被认为工作绩效最好的人不是具有最高智商的人,而是那些情绪传递得到回应的人。这表明,与在社会交往方面不灵、性格孤僻的天才相比,那些良好的合作者和善于与同事相处的员工更可能达到自己的目标。

美国"领导者中心研究所"的一份报告也指出,一些高级管理人员无法正常开展工作,其原因往往是"人际关系紧张",而并非是"计划有误"等一系列技术问题。该中心在向美国及欧洲的大企业总裁调查之后,列出管理人员的"九大致命缺陷",这九大缺陷大多与个人情绪素养有关,如"工作关系处理不好"、"太武断"、"野心勃勃"、"常与上级对着干"。美国电报电话公司经理对表现上乘的工作人员有这样形象的说法:他们不是那些高智商的人;而是这样一些人,他们家的电子信箱总是音讯不断。

在现实生活中,越来越多的人意识到,智商发达而不注意发展情商的人很难成为成功的人,真正决定一个人成功与否的关键因素是情商而不是智商,所以情商比智商更重要。

20世纪80年代中期,美国某保险公司曾雇佣了5 000名推销员并对他们进行培训,每名推销员的培训费高达3 000美元。谁知雇佣后一年就有一半人辞职,四年后这批人只剩下五分之一。原因是,在推销人寿保险的过程中,推销员得一次又一次地面对被人拒之门外的境况,许多人在遭到多次拒绝之后,便失去了继续从事这项工作的耐心了。为了确定是不是那些比较善于对付挫折,并将每一次挑战都当成挫折的人更可以成为成功的推销员,该公司向宾夕法尼亚大学因"在人的成功中乐观情绪的重要性"理论而闻名的心理学家马丁·塞里格曼讨教,希望他能为公司的招聘工作提供帮助。塞里格曼认为,当乐观主义者失败时,他们会将失败归结为某些他们可以改变的事物,而不是某些固定的东西,因此,他们会努力改变现状,争取成功。在接受该保险公司的邀请后,塞里格曼对15 000名新员工进行了两次测试,一次是该公司常规的以智商测试为主的甄别测试,另一次是塞里格曼自己设计的用于测试被测试者乐观程度的测试。尔后,塞里格曼对这些新员工进行了跟踪研究。在这些新员工当中,有一组人没有通过甄别测试,但在乐观测试中他们却取得"超级乐观主义者"的好成绩。跟踪研究的结果表明,这一组人在所有人中工作任务完成得最好。第一年,他们的推销额比"一般悲观主义者"高出21%,第二年高出57%。从此,通过塞里格曼的"乐观测试"便成了该公司录用推销员的一个重要条件。[①]

塞里格曼的"乐观成功理论"告诉我们:一个人能力的高低不能只看智商,还要看他是否善于运用自己的智力和各种资源解决日常生活中的实际问题。一个具有自信和乐观精神的人往往比缺乏自信或悲观失败的人更容易取得成功,尽管两者在智能上相差无几。因此,能否有效地控制自己的情绪,并对自己的情绪进行调节,是决定一个人情商高低的重要因素。女性要充分利用自己在直觉力、理解力、亲和力、柔性、细腻、协调沟通能力等方面的性别优势,在社会实践和广泛的人际交往中充实自我,完善自我,培养和发展自己的情商。只有情商高的人才能成为一个人格健全的人,才能走向成功。

(三)学会自我激励

我们从小就生活在一个教导我们要"自谦"、"自制"的环境中,许多人生箴言如"出头的椽子先烂"、"夹着尾巴做人"等等,更无时不在提醒我们要压抑自己、小看自己。尽管这些观念在有的时候可能是一种对外的托词,可能是一种自我保护策略,但是,任由这些观念泛滥,就会形成一种洪流在社会上流淌。人刚开始就像一个个棱角犀利的岩石,在这种抹

---

① 罗慧兰:《女性学》,北京:中国国际广播出版社2002年版,第202—203页。

杀个性的观念洪流中,久而久之被变成了没有棱角的鹅卵石,失去了信心,甚至失去了期望,不敢再有什么美好的憧憬,碌碌无为地度过了一生。

人们常说"期望什么,得到什么",期望平庸,就得到平庸,期望伟大,就有可能真的伟大。现代社会更是一个人才济济、充满竞争的社会,只有自信并敢于行动的人才有成功的机会。美国哈佛大学约翰·科特关于美国成功企业家的一项调查中,研究了数百个个案,他发现成功人士的一个共同特征就是有很高的自我评价,认为自己的行为代表了正确的方向,这种自我评价实质上就是一种自我激励。当然,在生活中也有另一面,那就是任何人都会遇到不如意的事,每个人都难免产生烦恼、悲哀、失望等情绪。面对失败,有人会不断地提醒自己是个失败者,从而在战战兢兢中等待下一次的失败,而失败也常常如约再次降临到这些人的身上,所以失败有时也是自找的,在真正的失败到来之前,他们已经在心中对自己的能力产生了怀疑,放弃了努力,坐等失败的来临。

因此,在人生的旅途中,最糟糕的境遇往往不是贫困,不是厄运,而是精神和心境处于一种无知无觉的疲惫状态,感动过你的一切不再感动你,吸引过你的一切不再吸引你,甚至激怒过你的一切也不再激怒你,这时,你就需要进行自我激励了。

自我激励之一:世界上绝对没有不能成功的事,只有不愿意走向成功的人。爱迪生为发明电灯,失败了5万次没有放弃,终于成功了;著名影星史泰龙面对1 855次的拒绝仍然不放弃,终于成功了。你能面对5万次失败,1 855次拒绝吗?如果能,你也能成功。

自我激励之二:没有失败,只有暂时停止的成功。有这样一个人:

21岁时,做生意失败

22岁时,角逐州议员落选

24岁时,做生意再度失败

26岁时,爱侣去世

27岁时,一度精神崩溃

34岁时,角逐联邦众议员落选

36岁时,角逐联邦众议员再度落选

45岁时,角逐联邦参议员落选

47岁时,提名副总统落选

49岁时,角逐联邦参议员再度落选

52岁时,当选美国第十六任总统

这个人就是林肯,因为他相信没有失败,只有暂时停止的成功,因此才能最终成就不凡。你有这样的坚定信念吗?如果有,你也能成功。

自我激励之三:成功者绝不放弃,放弃者绝不成功。全美四大推销师之一的汤姆·霍普金斯,从小就背负着父亲希望他当律师的期许,当他浪费了父亲毕生的积蓄,从学校休学回家时,他的父亲失望地流下了眼泪并说:"汤姆,我看你这辈子都不会成功了!"汤姆只得在第二天离家出走,接着选择了推销房地产的行业。前六个月,汤姆一点业绩都没有,身上只有100元,又花了这仅有的100元参加了推销技巧的研讨会,之后,他连续8年得到全美房地产的销售冠军,开劳斯莱斯轿车,环游世界,并教导无数业务员推销的方法。他成功的原因何在?他说:"支持我遇到挫折也勇往直前的一个信念是:成功者绝不放弃,放弃者绝不成功。"

这样的激励还可以无限延伸下去,如果你在生活中学会了自我激励,并善于运用自我激励,那么,成功只是时间早晚的问题。

本章小结

女性在直觉、耐力、语言、行为方式和管理五个方面比男性更具有优势。

女性只有充分认识自己的优势,才能在实践中更好地开发自己的潜能。

具有双性气质、良好情商、善于自我激励的女性更容易走上成功之路。

教学活动建议

同学们结合一些成功女性的事迹,采用小组讨论、案例分析法进行本章的学习。

同学们可结合自己的切身经历或发生在自己身边的事例,谈一谈人的潜能的开发。

思考题

1. 本章中对女性优势的分析有哪些方面对你具有启发意义。
2. 你心目中的成功女性是什么样的?
3. 结合实际谈谈如何开发你的潜能。

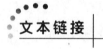

郗慧林:从天才少女到驰骋商场的美女 CEO

一个 10 岁的小女孩带着她的弟弟,为了求学的需要,来往于西安至北京的列车上。列车上的人谁也不会留意,身边的这个小女孩 4 岁就上学了,半年后就跳级进了三年级。14 岁就进了北京师范大学的校园,成为当时班里最小的学生,并同时攻读外国语言文学和国际贸易两个学位。毕业后,她只身飞赴大洋彼岸攻读美国西北大学高级金融管理学,19 岁时就担任了北京石油大学国际商业经济学讲师。这位小女孩已出落成一个亭亭玉立的美少女,成为学校的一道风景线。两年后,集智慧和美貌于一身的她毅然辞掉了自己这份舒适的职业,怀揣 2 万美元独闯华尔街,并让自己的资本迅速增值到 1 000 万美元。27 岁的她创办了国内首家大型网络教育机构,30 岁出头就掌控了规模达 6 000 万美元的企业资产。一个女孩拥有其中的一项经历就足以令人刮目相看,而这个女孩却拥有这么多传奇。8月4日,《天下》周刊记者在广州见到了这位奇女子,她就是全国连锁朗文成功英语中心CEO、校园在线教育集团CEO、终生领导艺术管理学院、财富·知识会所创办者、董事会主席郗慧林。

"我的成功来自自己的亲和力"

《天下》周刊:郗总,像你这样集美貌与智慧于一身的女性CEO国内很少见,你认为自己事业上的成功除了自己这些天生的条件外,还来自于哪里?

郗慧林:你刚才说的对我的事业确实有帮助,但不全是来自这些。我的一个很突出的特点就是亲和力强。作为一个高级知识女性,亲和力就像水的力量一样。所谓滴水穿石,亲和力在商场里就像水一样具有穿透力,很容易得到认同和欣赏。不过,我做事还是很有干劲的,所谓士为知己者死,我也会站在我的合作伙伴角度上,认同他们的工作和理念,这样就可以拉近彼此之间的距离,很快地达成共识,为公司做出最大的贡献。但亲和力不代表没有威严,这种亲和力是在大家都遵守商务规则和法律的前提下来使用的。在这种前提下,亲和力用在商业活动中往往会带来意想不到的效果。

"在事业上女性并不比男性差"

《天下》周刊:目前社会竞争的压力非常大,身为CEO的女性,你是如何应对这些压力的? 在一个男性统治为主的社会里,一个成功的女性该如何突围?

郗慧林:不管面对什么样的社会环境和工作压力、阻力,我认为女性应对的能力并不比男性弱,因为从小男性都不会比女性有什么优越的东西。在工作上,女性的直觉和敏锐程度超过男性,尽管在管理、战略和筹划上,女性稍逊于男性。我也不觉得女性在与商业伙伴打交道上有什么劣势,除非这个人是一个根本不懂人情世故的人。一个公司管理者无论什么时候都要懂得人情世故和中国的文化,特别是要懂得亲和力。我就比较喜欢女性的伙伴同事,因为我们是做教育和多媒体的,所以在教学管理和客户服务上,我们更需要女性的细心。

"商场中男女是平等的"

《天下》周刊:就你自己的经历而言,你认为一个知识女性要在事业上取得成功需具备哪些条件?

郄慧林:一个女性想要在事业上有所成就,首先要选择自己热爱的事业,要选择自己擅长发挥的岗位,选择一个适合自己发挥的平台;其次,在商场上,男性和女性要相互尊重,要以诚信、诚恳的态度去待人接物。女性是和男性一样的,在商业活动中是处于相等地位的,女性不要以为自己是女性就天生要受到别人的照顾,更不能因为自己有美貌就能有什么优越,而应该诚恳地待人处世;再次,女性要接触最新的技术,用最有潜力性的视野来充实自己。其实很多女性很热爱自己的老公、孩子,在家里做个贤妻良母,这也是一个选择。如果一旦选择在商场里打拼的话,就一定要接触最深的、最新的、最国际化的、最有潜力性的视野,这样她才能够运筹帷幄,才能在谈笑风生中发挥自己。一个人的人格培养不是一朝一夕、短时间就能促成的,而是一段很长的时间或者从小就养成的,是全方位的思维智慧、潜能开发、处世之道和人生观的培养,这些都对一个人的未来很有影响。

资料来源:2005年8月10日金羊网

第九章

女性与恋爱、婚姻和家庭

【名人名言】

　　最伟大的爱的先决条件,也许就是给所爱之人的最充分自由,对他们的权利、习惯、方式,像对自己的一样表示尊重。

——布斯加利亚

【本章教学目的和要求】

- 掌握爱情真谛,树立正确的婚恋观。
- 熟悉调适婚姻、教育孩子的一些方法和技巧。
- 学习家政管理知识,为将来的婚姻家庭生活做准备。

第一节 爱情的真谛

一、爱情及其女性爱情的特点

（一）何谓爱情

人们赋予爱情无穷的魅力,给予爱情无数的赞誉。那么,什么是爱情?爱情是以互爱为前提、性爱为基础、情爱为目的,是男女之间基于一定客观基础和共同的人生理想,在各自内心形成的最真挚的彼此仰慕,并渴望对方成为自己终身伴侣的最强烈的、稳定的、专一的高级情感。

1. 爱情以互爱为前提

"单相思"不是爱情,好感不是爱情,同情不是爱情,解闷更不是爱情。爱情是双方的情感,爱与被爱同是人的情感需要,爱是给予而非占有,爱是一种奉献的激情。

2. 爱情以性爱为基础、情爱为目的

爱情具有自然与社会的双重性质。爱情的自然属性,是指其满足人们的生理需要的一面,可以被称作"性爱";爱情的社会属性,是指其还有满足精神属性的一面,可以称作"情爱"。爱情是性爱与情爱的结合。男女双方只有彼此在精神和肉体两个方面都觉得美好,才可能产生爱情。爱情是两性之间最严肃的情感,爱是在乎的,是认真的。有人认为不要爱情,只要性,就是因为爱情太严肃了,但实际上一万件风流韵事也不能填补爱情的空白。

3. 爱情是两性间专一的高级情感

爱情是人类最高尚的情感交流。因为真正的爱情是持久而非短暂的,是专一而非广泛的,是严肃而非轻率的。它体现出人世间最真、最善、最美的情感追求。爱情的真谛是相爱者心灵的长久相守,因为心与心的距离最近,也最远。拥有爱情,天涯咫尺;失去爱情,咫尺天涯。

(二)女性爱情的特点

1. 专一性

女性对爱情忠贞,不能有半点虚假,愿意与爱人终生相伴,但往往对爱人限制得很多。女性要懂得,任何人也不会为爱情而失去自由的。

2. 平等性

女性对尊重、理解的渴求更强烈,但往往过于唠叨。女性要懂得只有自尊、自爱、自强,才能赢得应有的尊重,要保持女人天性的淳朴与善良。要想得到他人的尊重,最重要的是尊重自己。

3. 包容性

爱情使女人变得宽宏,有忍耐性,愿意接受爱人的一切。但一味地忍让、迁就,不仅不能赢得爱情,往往易失去爱情。

4. 奉献性

女性在爱情上有强烈的奉献精神,更无私,为爱情甚至可以牺牲一切。但奉献太多,往往使男人认为理所当然、不珍惜。女性不要以牺牲自己去赢得爱情。

二、与爱情相关的几对范畴

(一)友情与爱情

女性的友情与爱情是辩证统一关系,二者紧密相连,密不可分,既有联系,又有区别。友情是人与人之间的亲密情谊,是心灵的默契,具有无私性、可信性。友情与爱情是两种不同性质的情感,但它们都是人们彼此相互倾慕而产生的一种深厚的情感。友情是爱情的基础,爱情是友情的升华。爱情不能没有友情,友情不能都发展成爱情。

友情与爱情是不同的:

1. 支柱不同

友情的支柱是理解,爱情的支柱是感情。爱情仅有理解是不够的,爱情更重要的是感情,而感情是变化的,要保持感情的持久、稳定,双方得经营爱情、呵护爱情。

2. 基础不同

友情的基础是信赖,爱情的基础是性爱。爱情的双方要相互信任、依赖,但是爱情更需要情感和性的满足。人到了一定的年龄,随着身体发育的成熟,就会产生性欲,即同异性想结合的欲望。这种欲望是人与动物共同的自然本能,人类依赖这种自然本能繁衍后代,延续种族。这种性欲是男女之间建立爱情的内在动力。因此,男女之间的性爱是合乎人的自然本性的,满足人的性欲是保证人的身体健康和精神健康的重要条件。

3. 体系不同

友情是开放的,爱情是专一的。异性朋友是越多越好,而爱情是专一的、排他的。专一排他并不等于排斥与其他异性的正常交往。

4. 心境不同

友情永远充满着"充足感",爱情永远充满着"欠缺感"。因为没有完美无缺的人,任何人都是优缺点共存,爱一个人就要学会容忍他的不足。所以,恋爱阶段要"睁大双眼选择你所爱的",尽可能多看对方的缺点;而结婚后要"闭上眼睛爱你所选择的",尽可能多看对方的优点。

(二) 时机与爱情

1. 合理选择恋爱时机

(1) 等到人生观相对稳定时

人生观是人们对人生的根本观点和根本看法,包括人生目的、人生态度与人生价值。爱情是建立在共同人生观和共同志向基础上的特定关系。人生观深深影响着人们对于人生、幸福、爱情的理解与认识,如果人生观不稳定,谈恋爱的时机就不成熟。如果对人生道路的选择、爱情与事业的关系等问题的认识缺乏深刻的理解,就会对恋爱所应承担的社会责任和义务等道德要求缺乏必要的准备。女性往往过于感情化,谈恋爱最好等到人生观稳定时。

(2) 等到心理相对成熟时

爱情是一种比较稳定的高级情感,需要有相对成熟的心理来保障。对于性格尚未定型、心理发育不成熟的人来说,谈恋爱的时机尚不成熟。因为他们的情绪有较大的不稳定性,对自我和他人的认识缺乏全面、客观的评价,承受挫折的能力就比较弱。因此,如果对爱情的认识过于理想化,在遇到挫折时就难以应付。女性对爱情充满幻想、过于理想化,谈恋爱最好等到心理相对成熟时。

(3) 等到社会阅历相对丰富时

社会阅历是人们认识社会的程度。有着相对丰富人生经历社会经验的人,考虑问题时相对客观理智,其判断和选择比较科学。如果社会阅历比较少,缺乏社会经验,对爱情尚缺乏准确的分析和判断能力,考虑问题往往与社会实际有较大距离,与人交往多倾向于感性作用,因此很难对恋爱对象做出谨慎的选择与判断。

(4) 等到经济地位相对独立时

恋爱需要一定的经济基础。恋爱的过程绝不是纯理念式的,需要一定的经济支出。大学生活毕竟短暂而简单,且工作没有着落,经济不独立,而毕业后可能不处一地又是必须面对的现实问题。大学生不要急于谈恋爱,缺乏必要的经济支撑,常常使恋爱的人捉襟见肘、力不从心。只有具备了一定的经济基础时,恋爱的顺利进行才能得到保证。

2. 理智地对待失恋

(1) 失恋不是失败

对于有些女性来说,爱人就是她的一切,一旦失恋了,就自暴自弃,觉得自己什么也不是,很自卑。恋爱不成功,不等于做人不合格,也许两个很好的人不能做恋人,但可以做朋友。失恋绝对不是失败。

(2) 失恋不要失德

恋爱的双方即使对方中断恋情,也要尊重对方的选择和决定。既然互相存在过良好的感情经历,就不应该否定或打碎这种事实。希望对方过得更好,尊重对方的选择,是对自己的未来充满自信的表现,也是良好道德素质的体现。到什么时候也不要忘记做人的本分。

(3) 失恋不要失志

志是指志向、追求、理想。女性要赢得爱情,不要盲目地依附男人,而是要自己有追求。只要一个人有志向、有追求,总有一天会赢得爱情的。

(4) 失恋不要失命

有的女性经不起失恋的冲击,以死殉情或以死解脱,这是对爱情绝望、对自己彻底失去信心的表现。选择死才是弱者的表现,因为死仅仅需要一时的勇气,而生却需要一世的勇气。我们要珍重生命,生命对于每个人只有一次,没有权利放弃。

(三) 道德与爱情

爱情与道德责任紧密结合在一起,有高尚的道德作为基础,才能获得真正的爱情。要使爱情健康地发展下去,必须珍惜恋爱过程中爱情的道德价值,遵循恋爱的道德要求。

(1) 恋爱交往要彼此真诚

那种视爱情为儿戏,或保持多头恋情的行为是不道德的。恋爱的前提是双方平等、相互尊重。恋爱过程中应互敬互助、真诚相待、纯洁专一。

(2) 表达和接受爱情要慎重

慎重体现了对自己也是为对方负责,选择恋爱对象时应注意道德品质。

(3) 恋爱行为要文明

女大学生的恋爱要含蓄、自尊、自重、自制、自爱,提倡热烈、含蓄、谦虚、端庄、委婉细腻的风格。

第二节 婚姻的调适

一、我国婚姻家庭的现状与未来

（一）我国婚姻家庭基本现状

要全面评价我国的婚姻现状是很困难的,但对婚姻质量做个基本的估价是可以做到的。从总体上说,我国婚姻质量是好的,并不断向健康的方向发展。人们更加重视爱情在人生中的地位,重视爱情在生活中的价值。婚姻家庭观念在回归,但当代人即使认为婚姻非常重要,更关注的还是自我。平等、和谐的婚姻关系是我国婚姻的主流。

与此同时,我国的婚姻也存在一些问题。主要有两个方面:

1. 离婚率较高

20世纪80年代离婚率为5%,90年代为13%,离婚率逐年上升。对离婚这个曾经敏感的话题,很多年轻人已经能洒脱面对。有很多人认为"合则聚,不合则分,没什么"。

2. 夫妻之间缺乏深厚的感情基础

恩格斯说:"如果说只有以爱情为基础的婚姻才是合乎道德的,那么也只有继续保持爱情的婚姻才合乎道德。"这段话是说,不仅没有爱情的两性结合是不道德的,而且爱情消失之后还继续保持的婚姻也是不道德的。目前我国的家庭现状并不是爱情是婚姻的道德标准。

（二）我国婚姻家庭将出现的变化

21世纪我国婚姻呈现多元化趋势,家庭形式更为丰富。男人和女人都将不依赖他人而生存。个人的权利受到尊重,生活将趋于个性化。

1. 家庭结构小型化

三世同堂的大家庭减少,婚姻的期望随着小康生活的来临而变化,比如对收入的多少,家务的投入,是否生育不再重视,双方更注重的是保持亲热,遵守婚姻协议,互相谅解,创造舒坦、静逸的安乐窝。

2. 婚姻自由度增加

晚婚晚育人数增加,单身不结婚者增加,自愿不育者有上升趋势。婚姻不再是从众行为,结婚与否是个人经过深思熟虑的选择,单身不婚、"丁克家庭"等生活方式可能成为多样化选择的内容。人们要求婚姻的质量和情感,要求性的权利和享受,有了更多选择的自由和自主意识。

3. 婚前性教育更为普遍

年轻人因好奇心导致的轻率性体验减少,但是婚前性行为不会减少,同居数量有可能上升。

4. 择偶标准个性化

择偶注重情趣相投,经济条件重要性降低。女青年心目中的理想伴侣,通常是富有幽默感、懂得尊重人、生活充满乐趣,而政治观点、宗教信仰、家庭背景的影响将淡化。

5. 婚姻质量提高

多数家庭不再凑合,婚姻调适能力有所提高,家庭生活更丰富、新鲜、幸福。婚姻中男女更加平等,家庭暴力减少,丈夫与妻子共同承担家庭义务。

6. 家庭理财方式变化

家庭理财将由一人为主向 AA 制过渡,婚前财产公证,婚后夫妇双方在银行开设账户,独立进行经济核算。按婚姻协议,夫妻各自承担自己在家庭生活中的经济义务。

7. 家务劳动强度降低

家用电器的普及缩短了家务劳动的时间,夫妻因家务劳动导致的矛盾减少,家务劳动越来越社会化。

8. 离婚方式更文明

协议离婚、试离婚成为理智分手的首选方式,但离婚率仍会呈上升态势。知识、文化水平越高的人,情感丰富的人,对爱情要求就越高越多,因此离婚的可能性越大。

总之,21世纪的婚姻变迁,无论在中国还是在世界,都将朝着多元的、理性的、进步的、以人为本的、男女更加平等的方向发展。

二、婚姻调适的有效方式

(一)女性是婚姻幸福的主角

正如培根所说:"在人生中,妻子是青年时代的情人,中年时代的伴侣,暮年时代的守护。"

1. 女性应尽自己的责任

(1)妻子是丈夫的情人

婚姻需要情感和性的满足,婚姻是男女满足性需要的主要途径,性行为是夫妻之间不断表示结合和亲近的方式。夫妻之间要努力维持性的相互吸引,这种吸引的表达方式不一定天天都有目的的行为,可以用一种非语言的方式表达。如:深情的凝视,亲切的笑容,火热的亲吻和拥抱等。这种情感交流给对方提供了充满爱意的信息。

(2)妻子是丈夫的朋友

今天的社会竞争激烈,人们的压力很大,特别是男性,要在社会上立足的确不容易。做妻子的应学会理解,不要整日唠唠叨叨,也不要攀比。

(3)妻子应承担必要的家务

妇女解放是个政治概念,并不意味着在家里少干活。在家庭中什么也不干,丝毫不值得自豪。在家务劳动上要把握好一个"度",既不是什么也不干,也不是一切全包了。什么也不干对方受不了,可一切全包了,并不能赢得对方的感恩戴德。做妻子的应意识到,丈夫找的是爱人,决不是女佣人,不要以为自己辛辛苦苦一生就能赢得丈夫的爱。有的女性把家庭中的三个支点变成两个支点,即在妻子心目中,只有丈夫和孩子,为他们可以做最大的牺牲,而放弃了自身的提高。妻子尽自己的责任,并不是以牺牲自己为代价的。

2. 女性应有自己的事业

妇女就业是夫妻情感的需要,是家庭稳定的需要。共同语言是夫妻情感交流的前提,如果没有夫妻双方的社会职业,没有各自的社会经历,没有在各自事业上拼搏的酸甜苦辣历尽艰辛,何来共同感受、共同语言呢?

步入婚姻的女性仍应保有自己的一块天地,独立自主,自尊自爱,而不要过分地依赖丈夫。过分地依赖,会使男人感到劳累和无聊,甚至弃你如敝屣。当然女性也不要因自己的事业成功而对平凡的丈夫居高临下。因此,夫妻双方都要学会角色转变,不管彼此在外的社会地位多高,进了家门就是普通的一对饮食男女、柴米夫妻。

3. 女性应注意仪表美与内在美的和谐

仪表是一个人的生活品位,是人的内在素质的外在显露。仪表主要包括衣着发式、修饰打扮等。已婚女性适当地化妆、修饰一下自己,不仅是保养爱情的需要,也是自我尊重、热爱生活的表现。与此同时,已婚女性更要精心塑造自身的内在美,包括人格美、精神美、心灵美等。随着岁月的流逝,女人的脸上会有皱纹,但一个拥有内在美的人每道皱纹都代表智慧。

妻子做到了上述几点,她在丈夫心目中永远是最可爱的。夫妻感情将得到升华,婚姻不会变成爱情的坟墓,婚姻也不会失去魅力;相反,爱情会更甜美,婚姻会更稳定。一个好男人其实离不开一个好女人的辅助。

(二) 学会欣赏对方

婚姻如同彩电,当"婚姻"的屏幕出现阴影、雪花点、颤动等不和谐现象时,采用调适的办法,可以重新获得赏心悦目的画面。每个人都有缺点、特点和优点。调适婚姻可以试着从这"三点"入手——忽略缺点、宽容特点、赞美优点,还要给对方自由。

1. 忽略对方的缺点,可以消除婚姻的"阴影"

俗话说:金无足赤,人无完人。作为柴米夫妻,食的是人间烟火,谁也不可能完美无缺,所以双方都应当学会忽略对方的缺点,只要不是原则性的大问题,就不要求全责备,该装糊涂就装糊涂,该和稀泥就和稀泥。对方无意间带给你的小小伤害或不悦,不要时刻放在心上,挂在嘴边,打个哈哈就过去了。比如,妻子对待双方父母的问题上,往往不能一碗水端平,只要不太离谱,丈夫睁一只眼闭一只眼就是了。而丈夫或忙或累或粗心,忘记了妻子的生日,妻子也不要过于计较,顶多选个合适的机会作委屈状让丈夫知道就行了。

2. 宽容对方的特点,可以消除婚姻的"斑点"

婚姻的密码在于"和而不同",夫妻就像两块拼在一起的木板,其接合并非天衣无缝,质地和纹路也不尽相同。有句话说得好:"距离产生美感。"这里指的距离,自然也包括夫妻双方的差异。因此两人世界没有圆心,任何一方都不能按照自己的标准去雕刻对方,夫妻双方应该相互理解,相互包涵,允许各自保留一块独具特色的"自留地"。

3. 赞美对方的优点,可以改善婚姻的"色彩"

在家庭生活中学会赞赏尤为重要。只要用心,你会随时发现丈夫身上的亮点,然后赞其所长,赞其所好,赞其所想。赞美的方式既可以是"甜言蜜语",也可以是拥抱接吻之类的身体语言。来自妻子的赞美,既能让丈夫用加倍的柔情和体贴进行回报,也会令丈夫的生命充满激情和活力。如果你感叹自己的婚姻如同一潭死水,不妨轻轻地把赞美之词投进去,相信定会激起一阵阵美丽的涟漪。

4. 给对方适度的自由空间

人人都需要独处的机会,夫妻也不例外。夫妻双方不仅需要物质上的独处空间,而且需要心理上的冥想空间。心理空间就像一间属于自己的精神小屋,没有这种空间,夫妻关系就不可能有所发展。

夫妻要给对方一个宽松自在的空间,这是爱的一种境界。特别是妻子,千万别因为爱丈夫而剥夺了丈夫的精神自由。对对方的过分关爱,剥夺其独处的机会,比直接让对方干自己不喜欢的事情更糟糕。懂得关爱的人往往会给对方充分独处的机会,包括尊重对方的隐私,不偷看对方信件、不过分追问对方去向,在家里允许对方有上锁的抽屉、柜子等。

在人生的天平上,婚姻的分量不可谓不重,婚姻质量如何,往往会改变一个人的人生轨迹。因此无论男人女人,都应善待自己的婚姻。其实,和谐的婚姻就是幸福的婚姻,如果不会协调,鸡毛蒜皮的小事也会变成缠绕家门的大事,最终导致同床异梦甚至劳燕分飞。所以希望与伴侣永远牵手的人们,都应用心学一学婚姻的微调技术。

第三节 女性与家政

一、家政管理的基本原则

(一)家政的涵义

家政一词有多种涵义,主要包括四层意思:

1. 家政是指家庭事务的管理,包括规划决策;领导、指挥、协调和控制;参与、监督与评议。

2. 家政是指在家庭这个小群体中,与全体或部分家庭成员生活有关的事情,它带有"公事"、"要事"的意思。家庭的吃喝拉撒睡、锅碗勺盆交响曲无不是家政内容。

3. 家政指家庭生活办事的规则或者行为准则,家庭生活中需要有一些关于行为和关系的规定,有的写成条文,有的经过协商形成口头协定,有的在长期生活中成为不成文的习惯规则。这些规则有综合的,也有单项的。

4. 家政指家庭生活中实用知识与技能技巧。家庭事务是很具体、很实际的,人们的修养、认识都要与日常行为结合起来,才能表明其意图,实现其愿望。

总之,家政是家庭中对有关各个家庭成员的各项事务进行科学认识,科学管理与实际操作,以利于家庭生活的安宁、舒适,确保家庭关系的和谐、亲密以及家庭成员的全面发展。

(二)家政管理的基本原则

家政管理有许多原则,最主要的有以下几条:

1. 目标原则

目标是家政管理的要素,每个家庭都有其家庭生活的目标和建设的蓝图。这个目标和蓝图凝聚着家庭的期盼愿望,激励家人不断地为之努力工作和奋斗。家庭目标是由远期、中期和近期目标构成的。

远期目标是家庭生活的总目标。它的实现,需要家人长期努力。一般来说,建立一个美满和睦的幸福家庭,是家庭生活的总目标。这里的幸福与美满,带有很多理想和憧憬的成分,而且不同的人,不同的家庭,所追求的幸福与美满的含义也各不相同。所以,家庭生活的长远目标总体上较为笼统,但它对其他目标的设置与实施有极大的指导与推动作用。

中期目标与远期目标相比有一定的操作性,与近期目标相比不够具体和细化。但一些大的目标是可操作的,如经过几年的奋斗,攒一笔钱,给孩子上大学用,或攒一笔钱买住房或家用轿车等。近期目标时间短、难度小、容易实现。如在较短的时间搞一次装修,或购买一些大的家用电器等。目标作为家政管理的原则,就要求管理所实施的每个步骤,都要有明确的目标,所有的组织、协调活动大都为目标服务,只有这样,才能使管理有的放矢,才能取得管理的最佳效能。

2. 民主原则

家庭是由血缘关系组成的社会生活单位。在家庭管理活动中,一定要坚持民主的原则。民主是一种权利,也是一种手段。说它是权利,是因为所有的家庭成员都有参与家庭管理的权利。家庭管理的民主原则,就是家庭的每个成员都有权参与家庭事务的研究与议论。即使是孩子,也要尊重他的民主权利,要平等相待,让他们自由地发表意见。

3. 科学原则

科学原则就是管理者在民主科学的决策基础上,在掌握家庭生活规律的前提下进行有效的管理。凡是家庭的活动或重要的投资、消费项目,都要集中家庭成员的智慧,做出科学决策,防止给家庭生活造成困难或挫折。作为家庭管理者,要多学一些管理学的知识,掌握家庭生活的规律,如家庭生活周期的规律,投资与消费的规律等,如此,家庭管理才能进入科学的轨道。

4. 量入为出和超前消费相结合原则

随着经济的发展,生活的富裕,家庭的消费功能越来越突出,如何科学消费也随之成为家庭管理的重要内容和原则。家庭消费首先要量入为出,做到收支平衡,略有节余。但家庭消费也要融入"现代"要素,即适当超前消费,提前使用未来的购买力,提前享受未来的高水平的生活,其方式是信贷消费或分期付款消费等。

5. 教育优先原则

重视子女教育和投资子女教育是现代家庭的一个特点,也是家庭管理的一项重要原则。家庭生活千头万绪,但首先要管理好的是"衣食住行"的基本生活,在此基础上,要优先考虑对子女的教育。这里包括:一是优先考虑对子女德智体全面发展的教育;二是通过储蓄和购买保险的手段,为子女教育进行未来的投资。

(三) 家政管理的功能

1. 协调功能

家政管理的功能是协调,如:协调家庭人际关系,协调投资与消费关系,协调家庭生活现在与未来的关系等。协调是为了平衡,为了和睦。家庭各种关系协调了,关系平衡了家庭生活就和谐了。

2. 调动和激励功能

调动就是调动所有家庭成员的积极性与创造性,为家庭生活目标的实现辛勤工作与劳动;激励则是因尊重和奖赏而引起心理和精神的亢奋。

调动和激励功能是实行家庭民主管理的重要手段,能取得较好的心理成果和精神成果。

3. 凝聚功能

凝聚是指家庭成员思想感情的凝聚。家庭的血缘是一种自然的凝聚剂,但是要在道德思想的层面上实现家庭成员的团结、和睦,从而有效地实现生活目标,仅靠血缘的凝聚是不行的,还必须有思想道德层面上的思想感情的凝聚。这是因为,血缘情感是一种自然状态的东西,虽然可凝聚情感,但有时显得很脆弱。因此,要实现家庭生活的总体目标,还必须在思想层面上凝聚家人的情感。这就要强化家庭管理的凝聚功能。

二、家政管理的有效方式

(一) 家政管理的重要内容

家庭生活的内容很多,随着家庭收入的增加和生活水平的提高,家庭生活内容会越来越丰富,其类别也越来越多。丰富的家庭生活可划分为:家庭物质生活、家庭精神生活、家庭感情生活、家庭交际生活、家庭道德生活等。

1. 家庭物质生活

家庭物质生活是整个家庭生活正常运行的前提和基础,没有这个基础,家庭生活和家庭成员就无从谈起。家庭物质生活包括衣食住行等多方面,如服装与饰物、饮食与营养、住宅与环境、交通与车辆等。物质生活内容的丰富,可以促进精神文化生活水平的提高,反过来,精神文化生活的丰富和品位的提高,也可以促进家庭物质生活质量的提高和水平的提升。家庭物质生活管理要坚持"兵马未动,粮草先行"的原则,把基本生活的调配放在优先地位。同时,还要做到:看着今天,想着明天和后天,使管理有一定的兼顾性与战略性。

2. 家庭精神生活

家庭精神生活是家庭物质生活内容品位在精神文化层面上的反映,其内容包括家庭教育、家庭学习、家庭娱乐等。在家庭精神生活中,家庭教育和家庭文化环境、文化氛围和言语的文明程度最为重要。如今,诸多家庭十分重视家庭教育,但家长们往往忽视家庭文化环境的建设、文化氛围的营造和文化品位的提升。目前,不少家庭出现家庭暴力、家庭黄色文化以及青少年自杀或犯罪等现象,这是家庭教育失误问题,但更有家庭文化环境氛围不良的问题。管理家庭精神生活,要做到既要强化家庭教育的力度,又要净化家庭文化环境。注重家庭精神文化的建设,使家庭成员的精神和灵魂不断得到陶冶和升华。

3. 家庭感情生活

家庭感情生活是家庭生活内容中最具亲情性和凝聚力的内容。它主要是指夫妻感情生活。夫妻感情生活的质量,决定着家庭生活的水平。一个家庭出现功能性的障碍和结构性的破坏,其根源往往是因为家庭的夫妻感情生活出了问题。我们说,夫妻感情生活优则家合,夫妻感情生活劣则家败就是出于这方面的考虑。

4. 家庭交际生活

家庭交际生活包括家庭与亲戚、邻居、社会的交际与往来。家庭是社会的细胞,家庭生活一定与周围环境、社区、社会发生这样或那样的联系,家庭的交往生活实际上就是正常地与周围环境交流信息,处理好与生活大环境的关系。这些关系处理好了,有利于家庭功能的发挥和家庭生活的和谐。

5. 家庭道德生活

德是做人之本、立业之基,没有道德何为家庭,何言做人?家庭道德伦理生活强调人与人之间要以人伦为标准,尊老爱幼、长幼有序、和睦相处。在人与人相处时,讲文明、讲礼貌、说话得体,行之有矩。只有这样,家人在人际关系中,才能做到分善恶、辨是非、重诚信、尚仁爱。如果家长自私自利,培养的孩子或有才无德,或无德无才。

(二)家政管理的主要方法

1. 统筹规划,分工管理

一个家庭就像一个小的国家,应管理的内容实在太多,如内政(家政)外政(对外关系),养老育幼,购物理财,保健饮食,交际礼仪,娱乐旅游,衣着装束,家务劳动等。如此多的内容项目,不进行统筹规划,管理就无从着手;不分工协作,就难以实现管理的目标。

统筹规划是指把家庭生活内容按轻重缓急和近期、远期实施等不同要求,进行分类,统筹安排,做出计划,一项一项地安排,实施、监督、反馈,直至达到管理的目标。分工合作就是按家庭成员的能力和特长,对管理内容进行分工管理,做到各司其职,各负其责,分工管理,合作实施。在分工合作实施家庭管理的过程中,家长处于主导地位,他(她)要在民主讨论的基础上,做出规划,进行分工,实施监督和调度,使管理规划得以顺利实施。

2. 档案管理

档案管理不仅是一种手段,更是一种管理方法。目前,一般家庭很少设置家庭档案,把档案管理作为一种家庭管理的方法就更少了。但随着生活水平的提高,生活内容的增多和管理的科学性增强,档案管理越来越被更多的家庭所重视并接纳。档案管理就是要对档案进行分类,档案分类项目包括家史类、证书类、奖励类、书信类、学习资料类、音像类、图书类、保健类、证券类、家产资料类等。

3. 运筹管理

现代运筹学是研究人力、物力的运用、筹划,使其发挥最大效率的科学,运用运筹学的一些基本原理来管理家庭,就成为一种运筹管理的方法,其最突出的特点是节省时间,提高效率。

4. 家训管理

运用家训、家规等训诫性规则来管理家庭、教育子女是自古就有的一种极为有效的管理家庭的方法,可惜如今的多数家庭已弃之不用。今天的家庭有必要制定自己的家训。家训一经制定,全家成员都要遵守,其中家长要以身作则,做出表率。

5. 评议管理

家庭也应该定期开展民主评议活动。评议的内容是家庭管理计划的实施情况,评议的对象是家庭的每个成员,评议的方法是民主的自评与互评相结合。评议是一种民主,是一种监督,是一种表扬与批评,也是一种反馈。评议对家庭成员来说,既是一种约束和监督,是一种教育,也是一种发扬家庭民主的方法与手段。家庭评议搞好了,不仅能管理好家庭和家庭成员,而且还能提高家庭成员的素质和家庭生活的质量水平。

6. 开办家庭"道德银行"

现在几乎每个家庭在银行里都有存款。金钱是物质财富,物质财富越多,家庭就越富有。但作为一个文明的、富裕的家庭,仅有物质财富还不够,还必须拥有道德财富。道德财富越多,家庭越文明,越具有品位。所以要倡导现代社会的居民,都要开办家庭"道德银行",这是现代管理的一种新理念、新方法。家庭道德银行的运行方式是:家庭每个成员(婴儿除外)都有一个"存折",每个存折是分"存入"和"支出"两栏,"存入"栏所存的是个人给他人的帮助,"支出"栏支出的是他人给自己的帮助,每半年结算一次,看看自己存折上结余多少。根据"存入"和"支出"情况,经过家庭评议,给予适当的鼓励和表彰。

总之,家政管理是使家庭经济生活顺利进行的前提,是提高家庭经济效益的主要途径,是提高家庭生活质量建设文明幸福家庭的重要手段,有利于社会的安定团结和国家的现代化建设。

第四节 亲子教育

一、学会爱孩子

女性走入家庭生活,除了要适应从恋人到妻子的角色转换外,往往随之而来的就是扮演母亲的角色。经历过十月怀胎之苦的女性,每个人都认为自己是爱孩子的,可是现实生活中许多孩子却并没有感受到充分的母爱。所以,要做一个合格的母亲,首要的一点就是学会爱孩子。

母亲该怎样爱孩子?不妨从以下几点做起:

(一)学会尊重孩子

1. 尊重孩子的人格

人格是"个体在遗传素质的基础上,通过与后天环境的相互作用而形成的相对稳定和独特的心理行为模式"[①]。身为母亲,应采取平等友好的态度,充分尊重孩子的人格尊严,而不能处处显示高孩子一等、简单粗暴地对待他们。为此,母亲要善于自我克制,不意气用事。要善于发现孩子身上的优点和长处,让他们学会自尊、自信而不骄傲。要确立这样一种教育信念:完全一无是处的人,实际上是不存在的;在那些尚未被发现的优点和长处后面,一定有孩子自尊感的灿烂花朵在开放。

2. 尊重孩子的天性

孩子都是充满阳光的,天真可爱、活泼好动。不能以成年人的眼光去要求孩子,不要对孩子期望太高。母亲们望子成龙、望女成凤心切,对待孩子的心态扭曲了,各种拔苗助长的措施也就出笼了。于是孩子尝到了辱骂和拳头的滋味,尝到了压力和恐惧下学习的苦头。孩子的金色童年黯然失色,亮丽的眼神变得黯淡无光。

有的母亲把早期教育理解为对孩子进行早期知识技能的训练。其实,多年的早期教育实践和研究已经证明,提前开始的知识技能的强化训练,并不能给孩子带来适应未来社会生活挑战所必须的素质与能力。而其所造成的短期危害是使幼儿出现过度紧张、厌食、头晕及耳鸣等症状,长期危害是使幼儿的学习积极性受到伤害。

鲁迅说:"游戏是宝宝最正当的行为。"孩子在童年期对世界充满了无限的热情和渴望,脑袋里装满了无数个为什么。身为母亲,要引导孩子带着喜悦和期待开始学习。要知道,适当的期望可以成为孩子进步的动

---

① 引自华南师范大学郑雪主编的《人格心理学》,北京:高等教育出版社2004年版。

力,促进成材。但不根据孩子特点、智力水平,盲目地期望过高,孩子虽经过努力,还是达不到要求,就会使孩子丧失信心,给孩子的心灵蒙上阴影。

3. 尊重孩子的责任

孩子是要长大成人的,他们身上肩负着我们未来的希望。因此,母亲要给孩子身心成长的自由,特别是注意培养孩子对自己、对家庭乃至对社会的高度责任感。现在有太多的母亲只关注孩子的学业,让孩子"一切行动都为了考试成绩",结果孩子认为是为了母亲而学习,是自己在替母亲完成任务。如此,望子成龙的母亲们一方面剥夺了孩子的自由,另一方面又把孩子应付的责任担在了自己的肩上。到头来,她们的孩子很难成龙——没有奋发向上愿望的孩子将来是不可能腾飞的。

文本链接

一个10岁的男孩期末考了"双百"又被评为"三好"学生,其绘画作品还获得了全国性的奖励。家长会上,当让他的母亲介绍一下是如何教育孩子时,母亲说:"我从不管孩子的作业,也不看着他学习。因为在孩子上学前,我就给他灌输一种观念:学习是他自己的事,将来有出息也是他自己的事。"几年来,母亲把责任交给了孩子,同时也把自由还给了孩子。儿子每天的作业基本上都是在学校完成的,即使作业多做不完,回家后第一件事情就是做作业。母亲要求他每晚8点半睡觉,有一次儿子贪玩忘了做作业,到睡觉时才想起来,母亲告诉他,作业没有完成是你自己的事,等明天挨老师批评吧,现在是睡觉时间,你必须上床睡觉。从那天以后,儿子再也没有耽误过作业。

正是由于母亲的"放权",才使儿子有了许多自由,也使他产生了许多兴趣与爱好。没有作业的时候,儿子一边查字典,一边读安徒生童话、格林童话、伊索寓言和一些有趣的故事。母亲问他为什么爱读这些书,他说:因为同学们都爱听他讲故事。儿子还爱画漫画,把父母、亲人、老师、同学都画在他的画里,觉得这样有趣好玩。母亲过生日,他送给妈妈一张自己画的漫画作为礼物,画面上画了一个小老虎,用头顶着一本厚厚的书,递到了一头戴眼镜的大牛的眼前——儿子解释说:"我是属虎的,妈妈是属牛的,妈妈爱看书,我送你一本厚厚的书。"

(二)学会了解孩子

了解是教育的起点,是教育的重要前提。德国诗人海涅说过:"每一个人就是一个世界,这个世界是随他而生,随他而灭的。"没有了解的爱,只能是盲目的爱;没有了解的教育,只能是主观主义的教育。

母亲要真正做到了解孩子,就必须在尊重孩子的基础上认真地下一番工夫。要把握孩子的思想脉搏、喜怒哀乐和性格特点,善于对孩子的内心世界体察入微,不应当以自己的心理去代替孩子的心理。只有在实践中细心地去揣摩这一切,从中摸索出规律,才不至于对孩子产生误解,使孩子感到孤独、委屈和无望。

文本链接

苏霍姆林斯基曾经通过一个典型事例来专门阐述了解儿童的重要性和困难程度。一个叫托里亚的小学生,只因为在数学课堂的一次提问中得了"2"分,便不辞而别,离家出走,引起了教师们的震惊。三个月后这名学生被找回,苏霍姆林斯基同他进行了推心置腹的个别谈话,终于了解到隐藏在他心中的秘密。原来,多年来积累的许多似乎"微不足道"的小事,早已伤透了他的心。二年级时,托里亚与同学玩打仗游戏,突然"军刀"断了,他十分害怕,抱住老师,但老师没有鼓励他,反而讥笑他。不久,他的爷爷去世了,他悲伤得三天没有上学,但到校后老师却没有安慰他。

有一次,托里亚在花园里发现了一朵大白花,他请大家去看看,遇到拒绝,他把花采下来插在花瓶里,也没有人理睬。五年级时,为了庆祝新年,同学们都准备了朗诵诗,可到了节日那天,老师却说:"托里亚,你嘟嘟囔囔,声音太低,别念了!"等等。早就使托里亚的内心充满了委屈和愤懑,就如同一只盛满了水的碗,尽管数学老师只往里面滴了一个"2"分,却使碗里的水猛然溢了出来,托里亚再也无法忍受了。听完这些叙述之后,苏霍姆林斯基深有感触地说:"学生们的幼小心灵中有多少伤心、痛苦的事不为我们所知啊!这种无知是我们学校生活中最大的不幸之一。"

(三)学会关心孩子

1. 关心孩子的生活

生活上的关心要从一些极为平常的、琐碎的事情做起,特别是照顾好孩子的饮食起居、身体健康。现代社会生活节奏加快,许多母亲为了忙工作,把孩子交给了老人、保姆,甚至连跟孩子好好玩一会儿的时间都没有。这不能不说是做母亲的失职。当然,生活上的关心不是溺爱,更不是一切都包办代替。孩子能做的事情就让他自己做。如果母亲一心扑在孩子身上,使其饭来张口,衣来伸手,长此以往,母亲辛劳半生,孩子却可能不知感恩,不懂回报,这显然也有违我们教育的初衷。

文本链接

一个10岁的小女孩,有一天妈妈批评她几句,她就从家里跑出来,离家出走。一天下来她疲惫不堪、又累又饿,看到一个卖油条的铺子,她站在那儿直舔嘴唇。卖油条的中年妇女看到她问:"小姑娘你饿了吧?"然后给了她一根油条、一碗豆浆,小女孩眼泪都下来了,吃完后向中年妇女深深鞠了一躬,说:"谢谢阿姨。"阿姨说:"小姑娘你是不是从家跑出来了？你知道你妈妈会多担心吗？我给你一根油条、一碗豆浆你是这样感谢，想想你从小到大妈妈为你付出多少？你感谢过吗？赶快回家吧。"

2. 关心孩子的爱好

每个孩子都是不同的个体，都有着自己独特的兴趣和爱好。因此，生活中母亲要成为一个细心人，要有一双善于发现孩子兴趣的眼睛，及时培养和发展孩子的正当爱好。现在许多母亲热衷于让年幼的孩子学习各种热门的技艺，如书法、音乐、钢琴、体育等。在宝贵的童年时光，孩子们学这学那，在各种训练班疲于奔命，快乐变成了责任甚至是痛苦，真正的爱好也常常被这样扼杀了。

3. 关注孩子的内心

每个人的内心都是一个独立的世界，儿童也一样。而孩子的内心世界往往更丰富、更敏感，因此也更容易被伤害。一些妈妈爱用成人的方式来纠正孩子的所谓错误的行为，却在不知不觉间促成了孩子心理问题的产生。如果这些障碍不能被及时消除，孩子对来自成人世界的指令会响应得越来越消极。在防御的心理状态下，孩子会在心里砌起一堵高墙，逐渐把家长拒之墙外。

二、学会教育孩子

（一）以身作则

1. 行动是最美的誓言

身教是孩子成长的阳光。身为母亲要率先垂范，做出榜样，让富有模仿能力的孩子去效仿。在家庭教育中，母亲是长辈，是教师，但又是一种活的教学媒体，其一言一行、一举一动都是一种生动的教育信息的传递，都在明显地或潜移默化地影响着子女的思想和灵魂。

2. 勇于承认自己的错误

母亲敢于说出自己的缺点，承认自己的错误，其实一点也不会损害自己的面子,因为这会使年幼的孩子认识到成人也是有毛病的,世界上并没有完美无缺的人。在家庭生活中,母亲要学会与孩子平等交流,互相帮助,可以向孩子倾诉烦恼,特别是要敢于在孩子面前承认自己的过失。

(二)善于赏识

1. 赏识是一种心态

态度的力量是神奇的,家长的态度往往决定了孩子是天才还是庸才、长大后成功还是失败。看这样一个例子:玲玲并不是一个在学习上十分聪明的孩子,但她对自己的学习很在意。有一天,玲玲兴高采烈地拿着一张数学考试卷跑回家,一进家门就嚷:"妈妈,我今天数学得了100分。"妈妈正在忙着,说:"有什么好高兴的,你早该得100分了,别的小朋友不是经常得100分吗?你要注意保持成绩,别骄傲啊!下次测验时还应得100分。"玲玲本来是想让妈妈夸奖一番,和妈妈一起分享自己的快乐,没想到妈妈的一瓢冷水泼得她一点兴致都没有了。

要知道好孩子是夸出来的,抱怨使人失败,赏识使人成功。

2. 赏识是发现孩子的闪光点

人性当中最深切的需要是被人赏识的渴望,母亲要善于通过适度的赞赏发现孩子身上的一个个闪光点,让孩子拥有自尊与自信。人人需要赞美,如同人人需要吃饭一样。没有赞美,人就会产生精神的失落。"闪光点"是一个人自尊、自信、自爱的基石。一个人必须感到成功,才能成功。所以母亲对孩子应多鼓励、肯定,让其获得成就感,增强自信心。

文本链接

一个孤独的男孩常常悲观地问年长的智者:"像我这样没有人看得起的孩子,活着究竟有什么意思?生命的价值又在哪里呢?"有一天,智者将男孩叫到眼前,递了一块色彩斑斓的石头给男孩,并对他说:"明天一早,你拿它到市场上去卖,但不要真卖,记住,不论别人出多少钱,绝对不能卖!"男孩满腹狐疑,心想这块石头虽然不错,但怎么会有人肯花钱买呢?第二天,男孩蹲在市场的角落,意外地有好多人要问他买那块石头,而且价钱越出越高。回到院子内,男孩兴奋地向智者报告:"想不到一块石头值那么多钱。"智者笑笑说:"明天你拿到黄金市场去,记住,不论人家出多少钱都不能卖。"在黄金市场中,有人出比昨天高10倍的价钱买那块石头,令男孩大为惊讶。第三天,智者又叫男孩拿石头到宝石市场去展示,结果,石头的身价较昨天又涨了十倍,更由于男孩怎么也不卖的缘故,被传扬为"稀世珍宝"。男孩大惑不解,智者说:"人的生命价值就像这块石头一样,在不同环境下就会有不同的意义。一块不起眼的石头,由于你的珍惜而提升了它的价值,被说成是'稀世珍宝'。你不就像这块石头一样吗?只要自己看重自己,热爱自己,生命就会有意义,有价值。"

(三) 慎用批评

批评是对孩子做错的事及时指出并给予矫正,在批评的过程中,重要的是母亲要让孩子懂得犯错误其实也是一种学习的机会,引导孩子从错误中吸取教训。

1. 孩子被批评时的心态

当孩子犯了错误,心态会变得很复杂。一种是防御心理,他们态度拘谨,神情警觉,语言搪塞。一种是惶恐心理,会感到不知所措,惶恐不安,非常内疚、痛苦。还可能表现为对立心理,如果家长批评得不得法,孩子不仅无悔改之意,很可能破罐子破摔,情绪对立。一种是懊丧心理,偶尔犯了一点错误就受到批评,深感后果严重,灰心丧气,后悔莫及,心情沉重,一蹶不振。一种是揣测心理,犯了错误后,总会避重就轻,并在语言上多加试探,在行动上企图大事化小,小事化了。还有轻视心理,往往对批评敷衍了事,漫不经心。因此母亲对孩子的批评要保持慎重的态度,要及时看清孩子的不同心态,对症下药。

2. 有效地运用批评

首先,母亲要有威信、有吸引力、有人格魅力。其次,态度要真诚,只有母亲自己态度真诚,才能唤起对方的真诚感、亲切感、温暖感、信任感。第三,要把握好度。不要孩子每做错一件事就责罚一次,吹毛求疵对孩子或对父母都是不好的。第四,要言而有理。批评的目的是帮助孩子纠正错误,而不是挖苦、讽刺。最后,要严而有方,不能居高临下、盛气凌人。盛气凌人是自身无能的表现,盛气凌人不仅不利于孩子认识自己的错误,反而会使孩子产生强烈的逆反心理,不利于改正缺点。

母亲是孩子当之无愧的第一任老师,因此在家庭生活中要给孩子做出表率,从小事做起,要常常告诫自己"不以善小而不为,不以恶小而为之"。因为你的一言一行、一举一动、工作态度、待人接物、文化素养、治学精神,都会在孩子的心灵上产生积极的或消极的影响,有的甚至会影响他们一生。

本章小结

爱情是发生在男女之间,以互爱为前提、性爱为基础、情爱为目的的一种稳定、专一的高级情感。

女性的爱情具有平等、专一、包容、奉献等特点。

女性是婚姻幸福的主角,在婚姻生活中要保持独立个性、提高自身素质并学会尊重、欣赏对方。

丰富的家庭生活可划分为:家庭物质生活、家庭精神生活、家庭感情生活、家庭交际生活、家庭道德生活等。女性要学会主要的家政管理方法。

母亲是孩子的第一任老师,要学会真正地爱孩子,在此基础上掌握正确的教育方法。

教学活动建议

处于大学阶段的女性是恋爱的实践者、婚姻和家庭的预备队,本章的教学内容对女性有着极强的现实针对性。应注意小组讨论和课堂案例分析相结合,以解决其真实的情感困惑。

思考题

1. 何谓爱情?爱情与友情有何区别?
2. 正确把握爱情在人生中的位置。
3. 怎样调适婚姻?
4. 家政管理的内容与方法是什么?
5. 如何教育孩子?

第十章

女性与审美

【名人名言】

  爱美之心人人有之,这是人的天性,也是人们热爱生活,追求美的动力源泉。

——法·安格尔

【本章教学目的和要求】

- 帮助学生树立正确的审美观,明确认识什么是真正的美。
- 掌握内在美与外在美的基本要求。
- 提高自身的审美修养和审美能力,达到懂美、爱美、善美,更好地追求美、欣赏美和创造美的目的。

第一节 美 的 本 质

人类从形成真正的人类生活之日起,就开始关注美,发现美和创造美。只要稍加留意就不难发现,人的衣食住行、言谈举止、发明创造和自我塑造等等,都贯穿着一条明显的主线,这就是对美的强烈追求,对审美思维方式自觉或不自觉的运用。人们在审美活动和劳动实践中,不断地按照美的规律改造世界、创造世界,从而推动着社会物质文明和精神文明的发展。

一、美学中基本理论问题

(一) 什么是美

所谓美,就是客观事物所具有的能唤起人们美感的具体形象。凡是美的事物,不论是自然形态的或是社会形态的,都是能被人直接感知的。例如,旭日出海,月照星空,湖光潋滟,奇石凌空,蝶舞花海,梅傲飞雪等等,都是具有足以唤起人们美感的自然景观。而孔子、耶稣,则是光照千古的东西方思想大师的典型代表,至今仍令人崇尚其人格之美、思想之美;马克思、爱因斯坦更是以其学说、人格之美,为现代人所崇敬称赞。还有那些千姿百态的古今中外的文学艺术杰作,无不以其感人的形象让人赏心悦目、动人心魄。所有这些现象都表明,美是一种具体的、可感知的、动情彻悟的形象。这种形象是客观事物、即审美对象所特有的。没有客观事物美的形象,就不会形成人的美感。所以,美具有客观实在性或客观现实性①。

(二) 关于美的本质的基本观点

美的本质,就是对于一个事物美与不美具有决定作用的根本属性和

---

① 王文博主编:《现代应用学入门》,北京:中国纺织出版社 2001 年版,第 2 页。

特质。美的本质是美学中最基本的理论问题。千百年来,人们始终面临着这样一种显而易见的困难,即一方面,美好像是容易被感觉到的、在日常生活经验中都能体验到的东西;另一方面,美却又是非常难以言之成理地找出它的本质。美的欣赏是生动具体的、轻松愉快的,美的本质却是抽象的,要把各种形式的美简化为任何简单的原则都是非常困难的。在美的概念下,包含着各种性质极不相同的事物,从日月星辰、花鸟树木、各种劳动产品以至人们的高尚品质、动作、表情、长相等。因此,善于把握美的本质的问题,一直是多少年以来许多哲学家、思想家的不懈追求,同时也是一个歧见迭出的问题[1]。

两千多年前,柏拉图曾在《大希庇阿斯篇》中讲到苏格拉底与希庇阿斯关于美的本质的一场辩论。苏格拉底问希庇阿斯"什么是美"时,希庇阿斯不假思索地回答道"美就是一位漂亮的小姐"。由于他把个别事物的美当成了所有事物的美,当苏格拉底反问他,一匹漂亮的母马,一个美的竖琴,一个美的汤罐美不美时,希庇阿斯便陷入窘境。所以,苏格拉底明确指出,他们所要探讨的问题不是"什么是美的",而是"什么是美",即"美本身"。这"美本身"即美的本质,是存在于各种美的事物之中的具有普遍性与必然性的东西,是使"漂亮的小姐"、"美的竖琴"、"美的汤罐"等事物成其为美的内在规定性。尽管双方在论辩中为美下了一个又一个定义,却都露出了破绽,被他们自己所否定。最后,苏格拉底用一句古希腊谚语结束了这场辩论:"美是难的。"的确,美的奥秘是令人难解的。两千多年来,为了解这个美学中的"哥德巴赫猜想",众多的哲人智者,穷毕生之精力,尽全部之智慧,进行艰辛的探索。他们都从不同的角度对美的本质提出了许多富有启发性的看法[2]。例如,赫拉克利特认为美是"和谐",是"对立的统一",柏拉图则认为"美在

---

[1] 刘忠孝、陈桂芝主编:《思想道德修养概论》,哈尔滨:东北林业大学出版社2003年版,第119页。

[2] 周忠厚主编:《当代青年实用美学手册》,北京:北京出版社1990年版,第6页。

理念",狄德罗认为"美在关系",歌德说"美在自然",车尔尼雪夫斯基则提出"美在生活"的观点。而在中国,对美的探索也是百花齐放、百家争鸣。孔子以"乐而不淫,哀而不伤"的中庸思想为美,孟子以"充实之谓美",老子以"见素抱朴"为美,王阳明认为"美在吾心中",李贺则认为"自然之为美"等等①。

"美是难的",究其原因,从审美客体方面来看,美的事物是无限的、发展的、变化的,美的形态是多种多样的,要在千差万别、千变万化的美的事物中,找出其共同的质的规定性,是相当困难的;从审美主体方面来看,人们对美的欣赏呈现出极为复杂的情况和差异,这种对美的主观感受的相对性和差异性,必然会产生不同的审美评价,从而对认识和把握美的本质带来困难。但是,难的事物并非不可以认识。随着现代科学的发展,随着哲学、文学艺术、心理学及各门社会科学的进步,当代的美学家们将会从新的理论高度,运用科学的方法论,一步一步地接近对美的本质的正确理解和把握②。

(三)美的特征

任何事物和现象,都必有其与众不同的特征,美也是一样。美的特征主要有以下内容:

1. 形象性

美的事物总是具体的、形象的,可以通过人的感官直接感受到的。这是因为不论哪类美(自然美、社会美或艺术美),其载体都有一种感性的形态,它们的内容都要通过由一定的形、色、声等物质要素所构成的外在形式表现出来。比如,人的美有着丰富的外在形式,形体、外貌、姿态、衣着装饰、行为动作、仪表风度、情操、追求、作为等。人之美有天生的,也有后天塑造的,其形象性十分丰富。

---

① 刘忠孝、陈桂芝主编:《思想道德修养概论》,哈尔滨:东北林业大学出版社2003年版,第119页。
② 周忠厚主编:《当代青年实用美学手册》,北京:北京出版社1990年版,第6页。

2. 感染性

凡是美的东西,不仅形象动人,而且具有强烈的感染力。任何美的事物都能唤起人的情感,使人在心灵上得到很大的愉悦与满足。例如,面对绚丽的鲜花、"血染"的红旗,谛听优雅的民歌、气势磅礴的交响曲,人们都会情不自禁地感到心旷神怡。

3. 创造性

美来源于人类自由的创意和创造实践,是人的本质力量的感性显现。譬如,大诗人杜甫看到一幅壮丽的春景,湛蓝的天空、翠绿的柳树、鸣唱飞翔的黄鹂白鹭,还有远处的高山、白雪、门口的江河、停泊的商船。这是何等美的意境!于是他欣然命笔,写下了一首绝句:

> 两个黄鹂鸣翠柳,一行白鹭上青天。
> 窗含西岭千秋雪,门泊东吴万里船。

正是诗人发现了这幅春天美景中美的特色和审美价值,并进行了审美创意和创造,才赋予了这片美景以美的生命,使之延续千载。

4. 社会性

美的社会性,首先表现在它对人类社会生活的依赖。不论任何一种类型的美,都要依赖于人类审美活动去发现、丰富、发展。例如,各种飞禽走兽、花草虫鱼,从野生到人工繁殖饲养,使之不断繁衍,除了实用价值之外,很多还在于其审美价值,宠物、宠花就更是如此。

美的社会性还表现它的社会功利性上。人类之所以需要美、追求美、创造美,就因为它对自身有利有用。

5. 时代性

美具有时代性,它随着人类社会实践的发展而不断发展,尤其是社会美、艺术美的变化发展更为明显。譬如,服装美的历史、建筑美的历史等,都是由简单的美,演化到现在的层出不穷的美[①]。

---

① 王文博主编:《现代应用学入门》,北京:中国纺织出版社2001年版,第5页。

二、审美

（一）何为审美

法国雕塑家罗丹有一句名言："美是到处都有的,对于我们的眼睛,不是缺少美,而是缺少发现。"审美是人们在社会实践中认识美,鉴赏美,寻找美,探索美的一种活动。审美的实质是人们在认识、领会、鉴赏美的事物过程中的心理感受。审美是审美主体对审美客体的反映,是人们在欣赏、鉴赏活动中由美的事物所引起的愉悦、赏心的感受活动。在审美活动中,人的感受起重要的作用,没有感受的主体,也就无所谓对美的反映。人的审美感受是通过人的感觉、知觉、联想和想象来完成的。人们要审美就要有与美的特性相适应的感受器官。如果要观赏视觉艺术,最起码的条件就是要有能欣赏色彩、线条和形式美的眼睛。如果你品评听觉艺术美时,就不光要有健康的耳朵,而且要求具有善辨音律的耳朵。因此,感觉器官是进行审美活动的必要条件。

（二）审美的特性

审美有一定的客观标准,具有时代性、民族性和阶级性。美是人类社会实践的产物,它随着时代的发展而发展,因而审美不是绝对的,永恒不变的,它也势必随着社会发展而发展。例如,在魏晋以前,女子以窈窕为美,唐代的女子则以丰腴为美,这就体现了人们的审美理想是随着时代的发展而逐渐演变的。又如,我国的少数民族,各有自己喜爱的民歌和舞蹈,傣族、景颇族喜象脚鼓舞,而蒙古族则喜爱马刀舞。这些喜爱与他们的生活条件和地理环境有关。此外,由于人们的审美兴趣和审美对象以及对审美对象的评价受其地位影响,反映其阶级性。用鲁迅先生的话说:"饥区的灾民,大约不去种兰花,像阔人的老太爷一样,贾府上的焦大,也不爱林妹妹的。"

社会生活本身是丰富多彩的,所以审美对象的具体形象也是变化多端、无比丰富的。每个人的生活经验和审美经验不同,形成了各自独特的审美趣味。面对同样美丽的景色,不同的人会有不同的感受。其原因是多方面的,其中主要的是个人的修养不一样,兴趣、性格、心境以及政治、伦理、文化方面的素质也不一样。审美修养的深浅差异影响着审美感受的深浅差异。人们审美修养与审美能力并不是天生的,而是逐步在审美实践过程中形成起来的。人们在审美过程中,往往由于社会分工、个人经历、主观感受、审美修养、审美趣味等等存在很大差别,这就决定着我们在审美认识上存在着不同,存在着差别。

(三)男性与女性审美的差别

1. 审美主体地位差异

在以往的社会生活中,男性与女性被规定在不同层次。对男性而言,生殖繁衍、政治活动、艺术创造、社会生产等所有领域都是他们可以参与、可以施展才能、弘扬生命力的区域。在与大自然的搏斗中,在与他人的角逐中,在为自身获取实利的盘算中,男人们强烈地感悟了人在自然中的特殊地位,感受了个人才干的重要,强化了自我意识,形成了个人的主体观念,并用自身的标准审视、对待所有对象物。在这个世界上,他们是大自然的精华,是上帝的宠儿,是自然万物和人类社会的主人,他们以自己的标准规定其他对象物的位置。女性则被规定为"男人必要的附属品",是男人多余的一根肋骨(《圣经》)。在审美活动中,男性正是以自己确定的审美主体地位来选择对象、确定标准的。而女性,从其出生那时起,便被男性文化规定好了位置:即父亲的女儿、丈夫的妻子、儿子的母亲,始终附属于某一男性,没有自己独立的身份。作为审美的主体,其地位也是相对而言的。虽然在对常用物品的审美中,女性貌似依据自己的意愿、以自己的实用目的与审美要求为标准。然而实际上,并不是在物质和精神方面完全拥有审美的自主权,许多时候是为了博取男性的欢心,得到他们的肯定,因而其审美标准只能是男性的。女性的审美主体地位是在男性文化规范内、相对物品而言的,是不确定的,这与男性明显不在同一层次上。两性审美主体地位的差异,显示了男权社会两性不平等的现实。

2. 审美对象差异

在相当长的一个历史时期内,由于男性生活的范围很广阔,社会要求他们做的与他们想做的事很多,一个人的能力与精力毕竟有限,就只能根据实际需要的程度做出选择,久而久之,功利目的被他们特别看重,并内化为相当一部分男性的天性。而要进行审美活动,审美对象必须既能满足男性基本的实际需要,又能激起他们的精神愉悦。在生产力相对落后,物质产品并不丰富的社会条件下,男性不得不为获得自己和家人必需的物质产品而劳作、奔波,要实现对物质产品的审美超越是不可能的,他不得不将社会物质产品排除在审美对象以外。而对家庭常用物品,男性也是只要求实用,并不注意审美特征,即使注意了,也将安排女人做,自然也将它们排除于审美对象以外。只有女性本身,既是男性个人的生理欲望渴求的,又是令他不解和着迷的;既能满足他生儿育女的现实目的,又能补偿他在外部活动中感到的缺憾,得到精神慰藉,因而成为他主要的审美对象,并由此规定了女性被审视的位置。

与男性相对照,女性生活的位置被规范,生活范围是有限的。首先,由于家庭日常生活成为女性唯一的生活,家庭中的人和常用物品是她仅有的对象物。生活常用品作为女性才能的集中表现物,是可以引起男性的注目的,女性自然在满足实用目的的基础上,追求物品的优美、典雅了。作为一个人,女性有旺盛的生命力、丰富的创造力,自然要表现、要排遣,她们对审视、创造周围人与常用物品表现出较高的热情。其次,就女性而言,对男性是只能服从而无权要求的,自然不能以自己的审美标准去审视和塑造;孩子是只能爱、奉献而无法选择的,虽然可以美化他(她),却不能要求,因而也不可以作为审美的对象。但女性自身的容貌、形体、品德、行为,完全属于自己而又为男人所注意,因此美化自己、塑造自己,成为女性自觉创造美的主要途径,女性自身就成为女性审美的重要对象了。两性审美对象的差异正是两性社会生活范围不同、社会分工不合理的反映,也必将随着两性社会分工、生活范围的改变而变化。

(四)女性审美的新变化

今天,女性走出家庭,进入了社会生活的各个领域,开始获得了独立的群体意识,她们开始以自己的标准来判断自己的存在价值,以自己的方式争取社会地位。这样,传统的男权社会和男性文化被彻底动摇并逐步消解,女性开始自觉地参与人类文化的创造。随着社会文化的变化,两性审美活动也有了极大变革。

首先,表现在审美对象的扩展方面。随着女性生活范围的扩展,将整个世界纳入了观照审视的范围。除依然保持着对食物、服装、室内用品及自身的审美兴趣外,她们对所有接触的事物,像生产工具、生活环境、城市面貌等都提出了既实用又美观的要求,甚至男性本身也成了她们审美的对象。只要留心,你就会从女性对男性身高、外貌、气质、风度等各方面的要求中感到这变化。而男性呢?他们对待现实物质产品、对待家庭日用品的态度,也从单纯注意实用转向了要求实用与美观的统一。各类装饰装潢的精致追求,各种实用美学术语的出现就是其反映。在现代社会中,男性也以审美的态度来观照整个世界,而不再局限于女性。他们甚至利用现代科技,把艺术审美拉向了民间,建筑艺术、摄影艺术、广告艺术、电视艺术等审美艺术的出现是现代社会生产审美化趋势的具体体现。

其次,表现在审美主体地位的变化方面。女性在社会实践活动中,强化了自我意识,确定了自己独立的审美标准。尽管现在仍有许多女性依赖着男性的肯定,习惯以男性标准审视、选择审美对象,但越来越多的女性已经或正在摆脱男性标准而根据自己的意愿,从自己的实际需要出发选择、运用对象物,并进而改造、审视男性自身,使曾经至高无上的他成了她的审美客体。男人们尽管依旧保持着独立的审美主体地位,却不得不同时成了审美客体,为了得到女性的青睐而美化自己。选购时装,佩戴饰物,整容美颜等传统社会里只属于女性的活动,男性们也参与进来了。男性、女性终于在当代社会站在了同一审美层次上,各自独立又相互参照、互相审视、互为对象,共同为实现人类各种活动的审美化而创造着。审美对象与审美主体地位的变化,促使两性审美的效果日趋一致。

今天,男性和女性以所有领域为对象,以自我为主体的审美活动,已成为充分体现人的生命本质、丰富人的个性、提高身心健康的必要活动。爱美之心,人皆有之,作为最符合人类本质需要的活动,审美必将随着人类社会生产的进步、人类文明的发展,扩展到所有人类活动的领域,这是人类审美史发展的必然,是人类向往、追求的未来。

三、女性美

(一) 什么是女性美

从目前美学界的讨论来看,对女性美的理解有很大差异。归纳起来,对于女性美主要有以下几种看法。

女性美就是人性美。这是较高层次男性知识分子的看法。他们的主要根据是马克思在对19世纪法国浪漫主义小说家欧仁·苏《巴黎的秘密》进行评论时,称女主人公玛丽花的美是人性美。

女性美是女性内在素质美。这是大部分女性特别是知识女性对女性美的界定。认为女性美不在于外在形象如何,而在于独立自尊的人格,自立自强、奋发向上的精神;对社会和家庭强烈的责任感、对事业的使命感;互助互利的团结精神、集体主义意识、爱国主义精神等等。这种对女性美的界定,使外在美从属于内在美,与现代女性的自我认同接近。

女性美是性美、性感。这是有一定文化的"知识男性"的看法。

我们还应看到,在现代传媒发展过程中,受自身的不完善和外界诸多因素的影响,也导致了女性生活、形象、发展当中的不少消极取向。过度渲染女性年轻貌美的外在价值,而忽略了其内在本质。在美丽的后面,是大量整容整形和减肥产业。在大众传媒无处不娱乐的传播态势下,美貌女性(选美佳丽、形象代言人、美女作家、时装模特等)的形象,以惊人的比例和密度出现在公共视野中,给女性提供了模仿的对象。年轻漂亮的脸蛋、光洁的皮肤、高挑的身材、丰满的乳房等等,对女性形象赋予的含义——即"丑"与"美"的标准。美丽面庞、曲线身材,已成为当今女性的首要追求,致使对女性外在美的要求越来越普遍,对外表美的过分追求,限制了女性的思维深度和视野范围,限制了女性的内涵塑造,使她们陷于外在的自我欣赏的小天地。漂亮即可获得幸福的意识,在一定程度上导致了在就业、婚姻、社会生活领域中对女性年龄和外貌的偏见。

如果说女性美仅仅是内在美,就不是美学研究对象了,因为那不是美,而是善,是道德研究的对象。美学研究的女性美,还应该是以性别为特征的美,应包括性美、性感。由于男女天生的生理差异,在气质、性格和外貌上必然有着显著的差异,这不是承认不承认的问题,而是如何把握和欣赏的问题。如果抹杀男女性别的差异,就无法理解女性美。女性美是由不同方面和层次的美构成的整体美,片面强调哪一方面都不可取。

人性美不能代替女性美。如果女性美就是人性美,那么就没必要把女性美作为一个范畴提出来讨论了。内在素质美也不能代替女性美的全部内容。内在素质美归根结底是人的品质的表述。美作为感性形象必须有外在感性特征,女性美作为感性对象也必然有其感性形式。然而,由性别特征决定的女性外在形象是构成女性美的不可或缺的内容。外在性感特征也不能代替女性美的全部内容。人不是单纯的自然物,女性美也不是单纯自然属性的美。

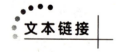

"真实的女人"

1997年,美国几位女医生发起了"真实的女人"运动。无论你在世界的哪个角落,只要进入互联网上这个网址:www.realwomenproject.com,就能看到"真实的女人"雕刻组像。发起人康海姆和她的同事不满于传统文化和传媒规范的女性美标准,奋起抗争。这些形象与人们对女性体态美的传统看法大相径庭,没有所谓丰乳细腰,更谈不上苗条匀称。它复制女性身体的真相,这样的真实展现,令寻常女子看到自己的身体,看到自己的姐妹,看到母亲或祖母含辛茹苦的身体,承载过生育、养育和教育、经历了岁月磨洗的身体。女人们毫不掩饰地袒露着,这身体不取悦欲望的视线,不诉诸男性的观看。它只是表达这一个女人生命的此刻,她是2岁的爱丽丝、27岁的朱丽安娜、33岁的左娜、75岁的埃斯特娜,她们就在这儿,告诉你生命多姿、身体故事动人心魄。35岁的凯伦腹中有孕,她正抚摩未来的婴儿,与之柔声交谈;51岁的贝弗莉是一位癌症幸存者,癌细胞侵入她的子宫颈、子宫体、淋巴腺、乳腺,然而她昂首挺立,面带微笑。她们还为这些雕像配了诗,以加强雕像所展现的多姿多彩女性的含义。这些不同年龄、不同形态的女性,展示了女性生活的真实状态。这组雕塑不仅突破了只把妙龄少女作为美女对象的模式,还突破了把外貌作为女性美的衡量标准,用一种更加开阔,内容更加丰富的视角来看待女性的美,大大超越了狭隘的、只以身体和外貌来衡量女性美的传统价值标准。

我们研究的正是构成女性美的自然基础和社会条件,由此才能找到女性美的根源和标准,并指导我们追求和欣赏女性美。因此,女性美是人的美和女人的美、自然美和社会美、女性自我认同的美和男性认可的美的统一。

作为一名真正的现代女性,在女性美的标准方面,要从"女为悦己者容"的传统观念中解放出来。女性要追求美、要修饰打扮自己,这是文明,是修养,是对自己和他人的尊重。但女性更应注重自身素质的提高,自身能力的提高;更注重女性自身文化品位的提升,精神境界的提升,尤其注重独立自主精神的培养和女性主体价值的弘扬。人格独立的魅力比容颜的魅力会更令我们获得做女人的尊严,获得社会的尊重和公正对待,获得作为一个"人"的主体地位。让我们为自己的独立与自主感到自豪,让我们为自己的个性和能力感到自豪,让我们为自己的胸怀和追求感到自豪,让我们为自己的头脑和智慧感到自豪。

(二) 女性美研究的内容

女性美对女性自身来说具有十分重要的意义。现代女性求美的动机虽仍不排除为悦己者,但更多地是为自己。

女性美,是自然形体和相貌美、服饰打扮美、内在素质美等互相联系的三个层次美的统一,归根结底是女性全面发展的整体美。女性应把追求心灵、情感、性格等精神方面的美放在第一位,女性形象最高层次、最具魅力的美是由知识、性格、道德、艺术修养等构成的。

1. 女性美与爱情

渴望并追求美好爱情是男女两性的共同心愿。瓦西列夫在《情爱论》中指出,"爱情的最高境界是关系的审美化。人的文化修养愈高,精神境界愈丰富,爱情的审美化程度就愈高"。女人应懂得创造爱与被爱的条件。首先是从自身修养开始,并通过外部形象表现出来。不论爱还是被爱,都离不开美,是对美的追求和自身美的塑造。当然,女性如何塑造自身形象美,不仅反映出女性的修养和品味,也反映出男性的审美需求及内在素质。所以脱离男性讲女性美的创造是不可能的。一般来说,男性对女性美的挑剔胜于女性对男性的挑剔,其积极意义在于能促进女性美的发展,因为挑剔作为人的本性的含义在于:人总要寻找完美,总会因现实的缺陷而感到不满。只要精神上有对美的追求,现实中就有对美的挑剔。但男性若把对女性美挑剔的标准局限于传统观念,则会束缚女性美的发展。这样,在探讨女性美与爱情的关系时,就把对男性素质的要求提到理论层面:必须探讨"男性美"的内涵与表现。

2. 女性美与性

作为人类爱情和精神活动基础的性与美有关。人类美感虽然是无目的、无功利的精神活动,但美感从发生意义上来讲,与生理快感密切相关。两性的互相欣赏,特别是男性对女性美的欣赏,归根结底不能脱离人的自然基础——性。因此,许多艺术理论认为女性美对男性具有永久的魅力,女性美是艺术创作激情的源泉,甚至认为艺术离不开女性及女性美,西方艺术发展史就是一条女性形象的画廊,一曲女性美的赞歌。从现代女性视角看,这种看法显然是男权意识和男性话语的表达,但我们确实不能否认,艺术及艺术美的根源之一是两性关系及由此产生的女性美。把性与美联系起来,有助于理解人类美感的生理和心理基础,有助于了解女性美与两性生理、心理之间的关系。

3. 女性美与婚姻家庭

女性美与建立在性和爱情基础上的婚姻家庭密切联系。在男女不平等的社会条件下,女人在社会生活中缺乏主动权和决策权。"男主外女主内"、温柔贤惠、牺牲奉献等传统观念,虽然束缚了女性在社会上的发展,但它客观地反映了女性在营造家庭氛围中举足轻重的地位和作用。对女性外在美的强调,虽然包含着男权思想和男性话语弊端,但对增进夫妻感情、家庭和谐具有重要意义。因此,女性提高自身的文化艺术修养和外在修饰技巧,就成为提高婚姻家庭质量的必要条件之一。如前所述,性与美有关,女性美与夫妻性生活的和谐美满有关。懂得这点,并创造和体验性生活中的美感因素,是和谐性生活的必要条件。

随着女性地位的提高,女性追求美再也不仅仅是为了获得异性的好感。但是值得思考的是,由于我们社会长期以来忽视女性自我意识和个体意识的觉醒,大多数女性还是以周围人的要求和眼光来扮演他人所喜欢的求全角色。所以许多女性,尤其是知识女性面临既要符合传统,又要打破传统的两难困境,感受到可能是比以往任何时候都觉沉重的精神压力。

由于历史的积淀,女性的一切活动,均受到男性文化的制约,女性对自身美的观念同样还是离不开男性的眼光。受此约束,现代女性对自我形象的美化与塑造,也很难说是建立在对自身社会地位和价值认定基础上的一种"真正的人"的自觉与自信。美国教育学家亨利·亚当斯有一句箴言:"只通过男子去了解妇女,所得出的是错误的认识。"现代女性只有勇敢地挣脱传统枷锁的束缚,坚决顺应本性,抉择出最适合自己的人生角色,才能是一个真正意义上的主体。她要既摆脱社会只注重她的性别"女性"所被动展现的物化形象的美,又不满足于社会只注重她所追求的"人格",而忽视了她作为女性特有的情感、精神需要。总之,女性只有在人的基础上舒展并享受女性的魅力,这样才能构造一个较为完整的女性美的世界。

第二节　女性的内涵美

德国诗人歌德说:"外貌美只能取悦一时,内心美方能经久不衰。"法国作家雨果也认为:"假如没有内在美加以充实,任何外貌美都不完备。"内涵美即内在美,也称心灵美,是指人的内心世界的美,是人的思想、品德、情操、性格等内在素质的具体体现。

一、心灵美

心灵美是指人的内心精神世界所显现出来的美。是人内在素质美的体现,是人的美的核心。哲学家黑格尔是这样赞美心灵美的:一个有美的心灵的人,总是有所作为而且是一个实实在在的人。在众多构成女性美的因素中,道德人格的美是第一重要的,没有道德人格的美,其他任何美都失去了存在的意义。

一个人道德人格的高尚,以诚信为核心,高尚的道德人格体现在日常的行为中。道德人格美,是构成一切美的基石。心灵美不是一个单一的概念,女性的心灵美是女性的一种内在美,近似于灵魂美、精神美,它所包含的内容较之单纯的灵魂美、精神美稍为宽泛一点。如,忠贞、温和、善良、聪慧、热情、大度等等,当然更应表现在品德、情操等素质方面。

二、才智美

才智美是指才能和学识的美,是指一个人具有丰富的知识和出众的才能所体现出的美。智慧是环绕在女性头上的一道闪亮的光环,从她明亮的眼睛里透出,从她甜蜜的微笑中透出,从她风情万种的仪态中透出,从她艰苦卓绝的奋斗中透出。拥有智慧的女人就是不一样,她机智灵敏,勇敢坚定,行动敏捷,开朗乐观,透着灵气的美。哲学家培根说:"读诗使人灵秀,读历史使人明智,学逻辑使人周密,学哲学使人善辩,学数学使人聪明……凡有所学皆成性格。"只有单一专业知识的女性是单色调的,狭窄的知识面使她们无法理解今天丰富多彩的生活,无法适应瞬息万变的环境,无法跟上时代的步伐,从某种意义上来说,她们是孤独的。只有当她们广泛阅读各类书籍,如哲学、文学、天文、地理、历史、音乐、美术、科普、教育、心理、思想修养等方面的论著,眼前才会打开一个多彩的世界,才会有一种豁然开朗的感觉,才会有一下子明白了许多事理的感叹。人生本来就蕴藏着无数哲理,只是我们没有领悟到。这些书籍正是作者们对大自然、对社会、对人生的感悟,它们定会给我们许多启迪。

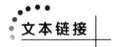
文本链接

"职场偶像"——杨澜

杨澜是当今中国最出色的女性之一。"职场偶像"是不少女人心中对杨澜的定格。她的思辨,她的透析在她不动声色的从容和干练中无不流露理性色彩,那是她智慧的浓缩,自信的凝练。她的美丽聪慧、优雅、知性实现了许多人一生都无法实现的人生梦想,在中国老百姓心中,如果知性美女有一张面孔,那就是杨澜的面孔。如今的杨澜身兼多种角色:阳光卫视主席、《杨澜访谈录》主持人、妻子、母亲等等。她展现给公众的是一个多角度的形象,点点滴滴的渗透和积累、成就了如今杨澜的知性和大气之美。所以说,具有丰富知识的女性才会变得聪慧美丽。

三、气质美

　　气质美是指人的个性特点、风格和气度的美。气质美是让你看到、觉察得到,但又无法用语言准确表达出来的一种立体感受。它是文化,是教养,是品德,是气度,它是无法隐瞒的一个人心理空间的外在展现。"气质"是一个心理学名词,而我们平常说"气质"的时候,更多的是说一个人的风度秉性的综合素质。决定人的气质的因素是多方面的,有遗传的因素,但更重要的是后天的教育和社会影响。气质是一种综合性的指标,它是对一个人的知识修养、思想情操、言谈举止、形体状态、穿着打扮等各方面内容的综合评定。它不仅是看外部的形态,更要看内在的素质。

　　女性独具的气质特征,是建立在自尊、自信、自爱、自强的基础上的,并且有母性深沉的内涵和使人感到亲切的特征,是高品位的美。有这样气质的女性,受人尊敬,使人羡慕。女性的风度气质美,不仅表现在她体态本身的线条、质感色彩的美,更表现在她的动态美。女性的动态美让人心动,具有入诗入画的美感。有人说:"一位姿态优雅的女性,就是一个流动的艺术长廊。"真是贴切不过了,这样的女性一举手,一投足,一道眼波,一种表情,都会留给人落落大方、温文尔雅的印象。这种美透着成熟的风韵,是一个人文化修养、艺术修养、道德修养的体现,是经过岁月冲击的积淀,会随着年龄的增长而增厚。

　　气质是一个人从内到外的素质闪耀出来的光彩,靠东施效颦,学的再像也不能打动人。一个人的魅力是独一无二的,是综合素质的体现,而素质是可以不断增强的。意大利籍影星索非亚·罗兰的形象条件并不好,许多人挑剔她的臀部太大,鼻子太长,胸部太高,但她并没有根据别人的挑剔改变自己的容貌和气质,她说:"我谁也不摹仿,我只要求看上去就像我自己,非我莫属。"当她成功之后,这些却成了"美女罗兰"最有魅力的特征了。她的美是自然的,更是独特的,绝非靠摹仿他人所能取得的。

气质反映人的个性,个性体现人的魅力。女性魅力包含着深厚而丰富的心理内容,是一种人格特征。是人们心理机制与外部行为的完美统一,是人的最佳心理状态,也是人际间关于你我他评价美的唯一标准。有的人是因为漂亮而被人记住;有的人是因为优雅而侵占别人的记忆;另有一种人,不漂亮不优雅,却令人难忘,是因为她们的个性。

女性魅力并不是一种遥不可及的梦想,我们每一个人都可以做一个有魅力的人。任何一个人的魅力都首先应该来自于她个人所具备的优秀品质。只不过我们必须首先懂得一些基本原则和行为规范,学会尊重自己和尊重他人,学会怎样与别人相处,形成自己的一种处世方式。有了这种根基,你才有可能成为一个有品位,有风度,有修养,有魅力的现代女性。

女性的魅力固然与形体、容貌、皮肤等这些外在生理特征有关系,但更重要的是与一个女性的性格、气质、修养等这些内在的素质有关系。内在素质不会随着年龄的增长而减弱,反而会随着岁月的流逝而焕发出更加迷人的魅力,其中经常起作用的是文化素养和心理状态。女性真正的魅力主要表现在她特有的气质上。外表的美总是最初的、静态的、肤浅的,也总是短暂的,似天空中的流星,倏忽即逝,没有生命力。光靠美丽的脸蛋、窈窕的身材,而胸无点墨,只能称之为"金玉其外,败絮其中"。美国作家文森特·希思曾经高度赞扬了现代中国伟大的女性宋庆龄的魅力,他写道:"她雍容华贵,却又那么朴实无华,堪称稳重端庄。"在欧洲的王子和公主中,尤其是在年龄较长者的身上,偶尔也能看到同样的品质,但是,对这些人说来,这显然是终生培养训练的结果。而宋庆龄的雍容华贵有所不同,这主要是一种内在的品质。她发自内心,而不是装出来的。她的胆略见识之高,人所罕见,从而使她能够在紧急关头镇定自若。端庄、忠诚和胆识使她具有一种强大的力量,这种力量有时能消除人们由于她的外表而产生的那种柔弱的印象,使她具有最坚毅的英雄主义的形象。

在当今社会,女性已不再是"客体",而是和男性一样,都是主体。要看到在促进社会发展方面,两性并驾齐驱,比翼双飞,没有主次之分。女性应该充分认识到要彻底解放自己,不能只靠外力,更主要的是在于自身,要在自身的潜意识里树立起自强不息的信念。要获得社会的认可、获得支持、获得爱情、获得幸福,必须自信、自立、自强、自重、自爱,要学会掌握自己、开发自己、经营自己,不要将自己交付给任何除自己以外的人。要期望自己做一个顶天立地的人,不要一想到性别就对目标打折扣或者让步。站得起,自然就会焕发出魅力。

文本链接

政坛"铁娘子"——玛格丽特·撒切尔夫人

前英国首相玛格丽特·撒切尔夫人曾连续执政长达 11 年,是当代世界政治中最卓越的权力女性之一,因其强硬而果断的领导风格被称为政坛"铁娘子"。在社交场合的举止得体,让人感觉到,她是一个政治家又是一个充满女性风采的人。一个短片,记录着撒切尔夫人在舰艇上对海军战士讲话的镜头。她很幽默,她说,现在站在你们面前的我,化了一点淡妆,穿了一套粉红色的连衣裙,我感觉我又跟你们一样年轻了……当她讲到这几句话的时候,她哪是一个 60 多岁的女人啊!她的眼睛,她的神态仿佛又回到了少女时代。她的装束跟她当时的场合是多么贴切呀,绝没有一点做作的感觉。她的那种自信,机智,那种美,那种女性的魅力,确实深深地打动着每一个人。所以她很简短的话一讲完,那些年轻的战士们就欢呼起来,兴奋得直往空中抛帽子。她和别人握手,谈话,告别,都是在用她的心和对方交流,眼睛里透着对对方的尊重。一个 60 多岁的女人能让全世界叹服,这里面有着人们无法抗拒的女性魅力。

撒切尔夫人、贝隆夫人、贝·布托、宋氏姐妹、陈香梅等在政治方面的才华;西蒙娜·波伏娃、玛格丽特·杜拉斯、西尔维亚·普拉斯、玛丽娜·茨维塔耶娃、张爱玲等在文学方面的才华;伊莎多拉·邓肯、葛丽泰·嘉宝、费雯丽·哈利、奥黛丽·赫本、伊丽莎白·泰勒、阮玲玉等在表演方面的才华;卡米尔·克洛岱尔、潘玉良等在雕塑、绘画方面的才华;董竹君等在经商方面的才华都曾令世人刮目相看,赞不绝口。她们不仅奇在有才、有识、有大志、有深情,更奇在有胆、有量、有心劲、有行动、有叛逆精神,因此她们活得更狂恣、更奔放、更张扬、更热烈、更多承担而更少羁绊。她们不是从石头缝里蹦出来的,不是使用固定模式、规范而成的,而是由环境、机遇和自身的修养综合造就的。她们活出了美丽和善良,活出了真情和挚爱,活出了快乐和成功,也活出了血性和悲伤,活出了女人之为女人的生命质量和女性魅力。

总之,现代女性要树立自身美的形象,要培养正确的价值观、审美观,培养审美感受力和创造力,学习各种知识,特别是文学艺术、美学等有关的知识,只有提高了内在素质和修养,才能使外貌的美更具内涵。所以,女性应把内在美的修养作为终生的追求。

第三节 女性的形象美

著名女作家冰心说:"世界上若没有女人,这世界至少要失去十分之五的'真',十分之六的'善',十分之七的'美'。"美是自然给女人的最高礼物。女性美包括外在美和内在美两个方面,内容涉及女性的仪容美、服饰美、言谈举止美、风度气质美、知识智慧美、情感个性美、道德人格美等。

形象美即外在美,是指人的形体、容貌、服装、修饰等偏重于静态外观的美,它是相对于心理素质与外在行为而言的造型、形态等表现形式美的总称。一个眼神、一句话语、一个动作、一抹微笑,走路姿态从容恬静,穿着衣饰合时宜,谈话平静温柔,行动适度,落落大方,和气温逊,举止得体等都体现了外在美。

一、人体美

在一切自然事物之中,最高阶段的美是人体美。它是指人体自然形象和自然形象所表现出的形式美,即人的整体形态的美。著名美学家朱光潜先生说:"人体以它生动、柔和的线条和轮廓,有力的体魄和匀称的形态,滋润、光泽、透明的色彩成为大自然中最完美的一部分,标志着我们这个星球上最高级生命的尊严。"四肢匀称,五官端正,色泽鲜明是构成人体自然美的三大因素。

人类在追求人体美的情节驱使下,在不断的膜拜的过程当中,科学规律的逐渐被掌握,也成为人类进一步审视人体美的计量器。黄金切割比率的发现,以希腊雕刻家菲荻亚斯为名,意思是线与图形分割后小部分与大部分的比率等于大部分与全部的比率,这个分割比率被认为是最美的。

对于男性的形体美,人们往往着重于其强健的肌肉与体魄;而对于女性,则不仅要有强健的体魄,更重要的是其形体曲线之美。曲线是女性所特有的,女性只有在具备适度的凹凸感和玲珑有致的曲线才称为形体美。曲线是由什么构成的呢?整体而言,女性的曲线由六个部分构成:

颈部:细长、柔美而挺拔的脖颈,端庄地耸立在双肩之间,左右上下运动自如,肌肉柔软且富有弹性,给人以婀娜雅致的感觉。柔美的颈部,能衬托匀称的肩膀,丰腴的乳房等女性特有的姿色韵味,是曲线美的首要环节。

肩背:肩部的姿势与胸部美密切相关。女性的肩膀柔软而不下塌,挺拔而不上耸,胸部才会匀称隆起。标准的背部上宽下细,西方人称背为"生命之树",指挥全身神经的脊髓就在椎骨里,人体各个系统都受神经的支配,因此,背一旦失去平衡,全身皆受其影响。

胸部:女性的胸部即乳房,是女性曲线的主要部分,理想的乳房应是大小适当,匀称,丰满的半球形,具性感美。

腹、腰:腰围是三围中最重要的一环,曲线的美感在三围的比例中,中围尤其重要,因为对比的关系,腰围最能影响上围和下围的视觉。然而,女性的腹部,往往是脂肪最容易囤积的部位,所以腰围是造就女性曲线的关键所在。腹部的美取决于背的姿势,背直腰正,将内脏器官保持在应有的位置上,腹部自然扁平美丽。

臀部:乳房乃上半身的美丽焦点,下半身焦点当属臀部和大腿。圆润丰满有弹性的臀部,让人感受女性的魅力,极富女性曲线美。

腿部:漂亮的双腿是美好身材的一部分,决定腿部美观的两大要素,是腿的长短比例与肌肉的弹性光泽的程度[①]。

歌德说:"不断升华的自然界的最后创造物就是美丽的人。"女性由于自身生理特征,表现出的美,可以唤起种种不同的意象,"有时像一朵含苞待放的花,体态的婀娜仿佛花茎,面容的微笑,发丝的辉煌,宛如花萼的吐放"。女性美确实是具有无穷的魅力,无论是秀美娴静、亭亭玉立的少女,还是美丽庄重、风度潇洒的成熟女性,她们那温情、丰润、矫健、稳重的形态美和婀娜多姿、楚楚动人的线条美,都会引起人们的遐思和好感,从美学的角度来看,世界上最美的线条是曲线,S形的曲线。我们最为欣赏流水波纹之美,也最为欣赏女性曲线之美,欣赏一种处于"和谐中的对比",而失去双臂后的维纳斯无疑更符合美学上对曲线之美的最高要求。

二、仪态美

赛缪尔·斯迈尔斯说过,"一个人的行为举止,风度仪表是展现一个人外在魅力的主要方式之一。优雅的行为举止使人风度翩翩"。

仪态美是指人的仪表、举止、姿态所显现出的美。一个人即使长得很漂亮,有出众的身材外貌,如果他的举止不美,他的外在美就不完善,甚至

---

① 〔加〕南希·蔷,蒋蓝著:《身体传奇》,成都:四川出版集团四川人民出版社2004年版,第274页。

外形美也会受到破坏。人们在日常生活和社会实践中的形体姿态,如站、坐、走、面部表情等等都属仪态范畴。

有魅力的女人应该有她特有的姿态,这种姿态是静态与动态的结合,是欣赏与想象的结合,是一种超越视觉范围的默契,是一种动作的优雅。姿态美不受先天遗传因素的影响,主要靠后天的培养与锻炼。

有条件的女性最好能去参加芭蕾基础形体训练,在一些发达国家芭蕾教育早已成为普通教育结构的一个组成部分。芭蕾舞经过几百年的发展已经形成了整套科学规范的训练方法,它能使人的每个关节和每块肌肉得到锻炼。通过训练会向纵向发展,使身材显得修长,从根本上改善人的形体,令练习者的站、坐、走等姿态具有美感,从而影响人的气质和修养。改善不良的身体姿态,形成良好的行为举止,并在日常生活社会交往中自然地表现出来。

(一) 站姿

正确的站立姿势是形成正确优美的动作和身体姿态的基础,人的一切姿势都是从站立开始的。正确的站姿是:两腿自然站立,两手体侧自然下垂,头部正直,肩部放松下沉,后背伸直,挺胸、立腰、收腹、收臀、两膝伸直,两腿肌肉收紧,下颌微抬,目视前方,呼吸自然。纠正不正确的站立姿态可进行贴墙而立,要求头、后背、双肩、臀部至脚跟均在一个垂直平面上,就像仰卧在地板上伸直身体触地的几个部位。贴墙而立时关键是要找到身体向上的挺拔感觉,自然呼吸的同时要注意提气。

社会交际中几种常见的站姿:

1. 垂臂式站姿

预备姿势:双脚成"V"型,保持站立的基本姿态,面带微笑,双目平视,双手自然下垂。动作要求:收腹挺胸,保持上体端直。双臂自然下垂,呼吸自然均匀。

2. 前合手式站姿

预备姿势同1。动作要求:双手交叉置于腹前,右手虎口卡住左手虎口,右手在上。

3. 后合手式站姿

预备姿势同1。动作要求:双手交叉置于背后髋骨处,右手虎口卡住左手虎口左手在上。

4. 单臂后背式站姿

预备姿势同1。动作要求:左(右)手后背,左(右)手自然下垂。

5. 单臂前屈式站姿

预备姿势同1。动作要求:左(右)臂弯屈,抬至腰际,左(右)手心向里,手指自然弯曲,左(右)臂自然下垂。

注:以标准站姿的形体感觉为基础,注意矫正不标准的站立姿势。要强调眼神、面部表情与站姿的配合,形视统一,才能显示出站立姿态的美。

(二) 坐姿

坐姿是指人在就座以后身体所保持的一种姿势。坐姿的基本要领是:入座时走到座位前,转身后把右脚向后撤半步,轻稳坐下,然后把右脚与左脚并齐,坐在椅上,上体自然挺直,头正,表情自然亲切,目光柔和平视,两肩平正放松,两臂自然弯曲放在膝上,也可以放在椅子或沙发扶手上,掌心向下,两脚平落地面,起立时右脚先后收半步然后站起。

为使你的坐姿更加正确优美,应该注意:入座要轻柔和缓,起立要端庄稳重,不可弄得座椅乱响,就座时不可以扭扭歪歪,两腿过于叉开,不可以高跷起二郎腿,若跷腿时悬空的脚尖应向下,切忌脚尖朝天。坐下后不要随意挪动椅子,腿脚不停地抖动。女士着裙装入座时,应用手将裙装稍稍拢一下,不要坐下后再站起来整理衣服。正式场合与人会面时,10分钟左右不可松懈。就座时,一般至少坐满椅子的三分之二,不可坐满椅子,也不要坐在椅子边上过分前倾;沙发椅的座位深广,坐下来时不要太靠里面。座位高低不同时,坐姿也有不同要求:低座位:轻轻坐下,臀部后面距座椅背约2厘米,背部靠座椅靠背。如果你穿的是高跟鞋,坐在低座位上,膝盖会高出腰部,你应当并拢两腿,使膝盖平行靠紧,然后将膝盖偏向你的对话者,偏的角度应根据座位高低来定,但以大腿和上半身构成直角为标准。较高的座位:上身仍然要正直,可以跷大腿。其方法是将左腿微向右倾,右大腿放在左大腿上,脚尖朝向地面。座位不高也不低:两脚尽量向后左方,让大腿和你的上半身成90度以上角度,双膝并拢,再把右脚从左脚外侧伸出,两脚外侧相靠,这样不但雅致,而且显得文静而优美。不论何种坐姿,上身都应保持端正。

几种常用的坐姿:

1. 端坐式坐姿

又称最基本的坐姿,适用于最正规的场合。要求:挺胸、立腰,双腿垂直于地面,上体稍前倾,双膝双脚完全并拢,双手交叉置于腹前。(如图10-1所示)

2. 双脚前置式坐姿

成正坐姿势,两小腿向前置45度为宜,两脚并拢,脚尖绷直,双手交叉置于腹前。(如图10-2所示)

图10-1 端坐式坐姿

图10-2 双脚前置式坐姿

3. 脚恋式坐姿

它适合穿短裙子的女士或处于身份地位高时场合采用。将双腿完全地一上一下交叠在一起,交叠后的两腿之间没有任何缝隙,犹如一条直线。双腿斜放于左右一侧,斜放后的腿部与地面呈 45 度夹角,叠放在上的脚尖垂向地面。(如图 10-3 所示)

4. 伸屈式坐姿

大腿并紧之后,向前伸出一条腿,并将另一条腿屈后,两脚脚掌着地,双脚前后要保持在同一条直线上。要求伸出腿,脚尖绷直,后脚掌着地,左右大腿要紧靠。(如图 10-4 所示)

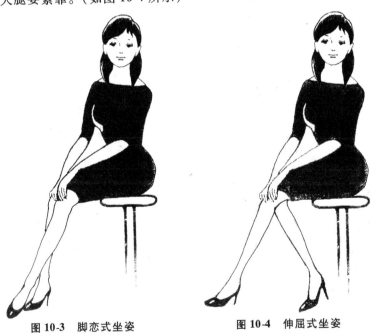

图 10-3　脚恋式坐姿　　　　图 10-4　伸屈式坐姿

5. 后屈式坐姿

两大腿首先并拢,双小腿向后屈回;双脚后屈,前脚掌着地,后跟提起。(如图 10-5 所示)

6. 双腿斜放式坐姿

双膝先并拢,然后双脚向左或向右斜放,力求使斜放后的腿部与地面

呈45度角。（如图10-6所示）

图10-5　后屈式坐姿　　　10-6　双腿斜放式坐姿

注意：头、胸、髋三轴与四肢的开、合、屈、直对比与配合得当，协调自然，才会形成优美坐姿。不同场合应选择不同的坐姿。

（三）走姿

1. 正确走姿

正确走姿的基本要领是：以站姿为基础，抬头、挺胸、立腰、收腹，眼睛平视，双肩平稳，双臂以肩关节为轴前后自然摆动。行走时，两脚行走的线迹为正对前方成一条直线（因为，踩两条平行线，臀部就会失去摆动，腰部会显得僵硬），步幅要适当，一般应该是前脚的脚跟与后脚的脚尖相距为一脚长。跨出的步子应是脚跟先着地，走路时应有一定的节奏感，随身体重心移动髋部自然前顶走出步韵来，姿态要力求优美、正确。

2. 变向行走

在行走中，需要转身改变方向时，要采用简捷合理的途径，才能体现出步态美。

（1）前行步

行进中与他（她）人问候时，要伴随着头和上体向左或向右的转动，微笑点头致意，并配以恰当的语言。

（2）后退步

当与他人告别时，扭头就走是欠礼貌的。应该是先向后退步，再转体离去。一般情况下退两三步较宜。退步时脚轻擦地面，勿高抬小腿，后退的步幅要小，两腿之间的距离不宜大。转体时要身先转，头稍后一些转。

3．前行转身步

（1）前行左转身步

在行进中，当要向左转体时，要在右脚迈步落地时，以右脚掌为轴心，向左转90度，同时迈左脚。

（2）前行右转身步

与前行左转身相反，在行进中要向右转体时，应在左脚迈步落地时，以左脚掌为轴心，向右转体90度，同时迈右脚。

4．后退转身步

（1）后退左转身步

当后退向左转体走时，如左脚先退，要在退两步或四步时，以右脚掌为轴心向左转体，同时向左迈左脚。

（2）后退右转身步

当后退向右转体走时，如左脚先退，要在退一步或三步，赶在左脚后退时，以左脚掌为轴心，向右转体90度，同时向右迈右脚。

（3）后退后转身步

要向后转体走时，如左脚先退，要在后退一步或三步时，赶在左脚后退时，以左脚为轴心，向右转体180度，再迈右脚，如向左转体，要赶在右脚后退时，再左转体180度走。

以上是不同方向的转身行走法，不论向哪个方向转体走，都要注意身体先转，头随后转，同时可伴随着告别、祝愿、提醒等礼貌用语。

保持优雅仪态最重要的是,应经常练习检查自己的仪态是否正确。站在能够照到全身的镜子前来进行仪态美的情境训练。此外,可利用街头橱窗来随时随地检查自己形体姿态也很有效。

三、仪表

(一)服饰

服饰美是指通常服装穿戴赋予人并呈现出来的和谐美。女性的服饰美,也是女性外在形体美的一个不可或缺的重要组成部分。衣装贵在气韵。衣装气韵,是由服装的色彩、款型、质地和着装者的文化素养、精神气质、穿着方式、着装环境等多种因素,在交流与统一中表现出来的一种由衣装意境、韵味组成的状态美。

女性服装应适合社交环境。在隆重的场合或宴会应穿着严肃、大方、庄重、典雅的礼服,而在正式或较严肃的场合,女性不应穿奇装异服,应整洁得体、朴素无华、自然大方。紧身短裙上身配一件小西装,是职业女性喜爱的搭配方式之一,穿着它显得干练,潇洒,有风度。这种短裙最早是法国的时装设计师设计的。他先是把女人裙子的长度从小腿往上提了四五寸,直达大腿这个部位。这在当时是个很大胆的创举,这样就把女性的美腿给展现出来了。这种裙子当然适合腿型漂亮的女性穿,美腿被恰到好处地展现出来,既端庄又能显示出女性的魅力。但是,这种套装并不是所有女人都适合穿。腿型不好的,比如O型腿,腿肚子粗,下肢短,还有臀部下坠等,有这类形体问题的女性却不适合穿,它恰恰暴露了自己的缺点。择衣选装的首要标准是,着装要能正确表露自我气质、身材条件和身份。女性要学会自己设计自己,要根据具体社交环境合理搭配服装,让服饰真正起到烘托自己,扬长避短的作用。因为,作为非语言性的信息传达媒体,服装在参与人体造型的过程中,是能将着装者的气质揉为一体,对衣物的形态美进行再雕塑,对着装者的衣装形象再创作的。

(二)化妆

修饰美即化妆美,是指人们为了使自己的外观更美些,常常借助于修饰打扮的手段。汉朝的乐府诗有一句"失我燕支山,使我妇女无颜色",意思是说北方靠近塞外的燕支山生产胭脂原料(燕支其实也就是胭脂的谐音),现在沦陷到游牧民族匈奴的手里去了,使得国内无法再制造胭脂,女人要化妆的时候,也就没有口红可用,因而打扮起来大感美中不足,姿色也就减损了不少。这句诗给我们的讯息是,原在两千年前的汉朝,也就是王昭君时代,女人就懂得用口红了。

妆容得体的女性最美丽。适度的修饰自己的形象,其实也是对自我人格的一种塑造和珍惜。爱化妆的女性是积极的,会化妆的女性是智慧的。懂得在什么时间,什么场合,化什么妆的女性是美丽的。同时,还要明确女性外出不化妆就是对别人的不尊重。化妆忌讳"唯我"和"孤芳自赏",有的人仅仅以个人的喜好和情绪设计妆容,也有的人仅仅是为了漂亮而化妆,这些观念是片面甚至错误的,这通常是很多女性化妆不美的真正症结所在。其实,每一次化什么妆是需要学习和思量的。如职业妆。妆容应具有较强的包容性,应讲究和精细,能够与服饰以及办公室气氛融为一体,色彩切忌过浓过艳,既要适于对内外人士近距离的接触和交流,也要能够表达你的品位。粗糙的妆容会影响你的素质和职场形象,也会因妆容不得体产生与他人的距离感。色彩淡雅是办公室妆容的基本要求,你必须明确职业妆的目的是为了有益于工作,而不是让自己如同明星脱颖而出、光彩夺目。

四、语言

语言美是指书面或口头语言表达的美,包括谈吐文雅、内容得当,而且文明健康。美国著名成人教育家卡耐基说过:"一个人的成功,85%在于他的口才和他的人际关系。"说话的内容、遣词造句、语气、语调以及说话时的身姿、手势、表情等,均能表现出女性的外在形象。因此,在交往中,说话要态度诚恳,语气亲切,语调平和,音量适中,声音清亮柔和。说话要有艺术,委婉表达自己的意见,用商量、谦虚的口吻与人说话,并注意自己的肢体语言及表情的配合。要在实践中不断丰富自己的词汇。对于新鲜的有用的词汇、名人的精辟言辞不妨摘记一些,时常翻阅。平时多留意听取周围人的谈话,注意电视、广播及戏剧中精彩的对话和演讲,加以吸取和运用。

总之,语言是一门应用的艺术,应时时练习和仿效,唯有常常运用它才属于自己。

五、风度

风度美是指人的容貌、形体、动作、举止言谈、修饰打扮、表情神态等所体现出来的一种美。风度美是内在素质和外在表现的统一,是人的外表美与内心美的统一,风度就是美好的举止姿态,也就是言谈举止所表现出来的总体形象和气质。在人际交往中,我们常常羡慕那种洒脱大方的风度。它自然而不做作,节制而不拘束,令人喜爱而不可亵渎,使人亲近而不腻烦……那么,这种风度是怎样培养起来的呢?

女性的风度美在现实生活中受社会、家庭以及个人经历和修养等各种因素的影响、熏陶。经过自己长期不懈的奋斗追求、磨炼而成的现代女性,举止应适度、端庄。待人接物时,应自信、自重,尊重他人;与人交谈时,应大方、爽朗,不要孤傲清高。

女性美应是内在美与外在美的统一。

柏拉图认为:"最美的境界是心灵的优美与身体的优美和谐一致,融成一个整体。"外在美需要内在美作底蕴,内在美需要外在美来展现。外在美和内在美互为表里、相互依存,二者缺一不可。内在美为支柱、为中心,内在美决定一切外在美的表现形式,如果没有内在美的决定性作用,外在美的举止、仪态、服饰、语言就都会失色,不会被人认为是美的外在形式。只有当外在美和内在美达到和谐统一时,一个人的美才能真正显现出来,这种内外和谐一致的美才能让人感受到。因此,当我们希望通过各种办法寻找自己外在美的时候,一定不要忘记内在的美才是永恒不变的财富。

本章小结

本章学习了什么是美、美的本质、美的特征,特别是学习了女性美的一般知识、内在美和外在美的辩证关系,这对我们塑造自己的新形象会起到很大的帮助。通过学习能够提高交际、语言表达、服饰搭配等能力。让自己的仪态仪表更能反映自己的气质风度。进一步提升女性主体意识,活出美丽,活出真情,活出快乐,活出女人的生命质量。

教学活动建议

在教师的引导下,学生分小组讨论美与女性美的有关问题。

按照教材中有关女性形象美的要求,学生可自愿分组,相互指导,进行形体等方面的训练。

组织学生参观美术馆、科技馆、博物馆等展馆。

学生可广泛开展社会实践,走出课堂,到大自然中去、到社会生活中去发现美、感受美、体会美、实践美。

学生应对京剧、话剧、歌剧、芭蕾舞、交响乐、民族音乐、民族歌舞等高雅艺术进行鉴赏。

思考与实践

1. 怎样理解女性美与审美?
2. 内在美由哪些因素构成?
3. 外在美是从哪几个方面表现出来?
4. 内在美与外在美的关系?举例说明。

第十一章
女性与交往

【名人名言】

    美丽的女性实际上是诗人,她能驯服野蛮的同伴,在她周围的人的心里播下温情、希望和雄辩的种子。

——爱默生

【本章教学目的和要求】

- 了解女性交往的历史演变。
- 明确女性交往的特征。
- 掌握影响女性交往的心理因素。
- 掌握女性友谊的价值及特性。
- 了解及掌握女性交往的技巧。

人际交往活动是一种文化现象,人际互动行为是与人们的观念文化密切相关的。观念文化是社会文化的内核或深层结构,它包括价值观念和价值取向、社会意识、精神追求、精神境界、理想信念、伦理道德、传统、风俗习惯等社会心理的总和。同时,又对人的行为方式起到指导、影响、支配的作用。一个社会的文化水平的高低,往往是通过民风民俗以及人们的精神面貌和道德水准表现出来的。应该说,现代女性的行为方式和指导、影响、支配行为的一整套规范、准则、价值观念等,都是对社会现实的反映。而女性人际交往活动也是社会现实条件的反映。在当代中国社会,人际交往不但具有全球化背景下的现代化特色,同时,又是中国传统文化的心理积淀。

第一节 女性交往的特征

现代女性是和男性平等地构成整个人类社会的重要一极,在社会生活中广泛地发挥着重要作用。特别是"二战"后,女性的人身权利、教育权利和政治权利得到了大幅度的提升,女性的角色也不再是原来的母亲和妻子,而是在社会生活的一系列领域同男性分庭抗礼的更为重要的社会角色。女性社会地位的提高和社会角色的丰富决定了女性的生活空间不会再是从前的"三房"——闺房、卧房、厨房,而是自由广阔的社会舞台。因此,社会交往作为现代人必不可少的生活方式必然成为现代女性与人相互接触、交流信息、沟通思想、联络感情的重要活动。

一、女性交往的历史演变

从人类诞生之日起到父系氏族公社的产生,女性一直是受人尊敬的性别,在社会生活居于主导地位。但是当时人类还处于幼年时期,生产力水平极为低下,通讯交通也十分不便,人们的交流仅仅限于生产协作、劳动分工等,特别是语言和思维还处于十分幼稚的水平,因而同今天的社会交往是不可同日而语的。伴随着夫权社会的形成、私有财产的产生、女性逐渐丧失了社会的主导地位,成为男性的附庸,女性的各种权利甚至是人身自由权也受到极大的限制和束缚,社会交往更是无从谈起。总的来说,在近代以前,女性的交往是没有多少自由可言的。

在我国,商周二代是华夏制度文明确立的关键时期,正是这两个王朝的更迭完成了由父系制的高级阶段(商代)向父权制时代(以周礼确立为标志)的过渡。从此,为巩固和强化男性的支配地位,便造出了一系列宗法伦理的信条,既以规范社会,更以桎梏女性。女性地位之全面低落,既肇因于这种宗法伦理所维护的男性统治,男性统治更借助这种宗法伦理而大行其道,世泽绵长。

(一)女性是父权社会的经济附庸,从而在根本上失去了交往的自由权。

在父权社会中,女性丧失了家庭财产的所有权,只得借助婚姻或血缘的关系,依附于男子,沦为家庭的奴隶。旧时有"男称丁,女称口"之说,封建时代皆以一家中"丁"的数目分配土地和担负赋税,把女性排除在外。这"计丁受田"制度最典型地说明了女性毫无经济地位的事实。女性在家庭中也没有私有财产。《礼记·内则》谓:"子妇无私货,无私畜,无私器;不敢私假,不敢私与。"这就是说,女子在出嫁前没有财产,出嫁后作为妻媳也无私有财产,甚至女子从娘家带去的财产的所有权也被剥夺了。泯灭女性的经济权力,令其成为男子的性奴隶与生育工具,已成为封建宗法约束女性,限制其社会交往的有力武器。

(二)女性被排除在政治之外,政治地位的丧失使她们失去了社会交往的主动权。

自阶级社会产生以来,"乾坤正位"便成为规范男女的理论基础。"女正位乎内,男正位乎外;男女正,天地之大义也。""……男主外,女主内……这种分工模式给两性带来的影响是巨大的。……男性在激烈的社会竞争中增长了'才干',那些成功者制造了自己的'历史',妇女不得不屈从于男人为自己设就的生活范围和既定的角色,将自己的职分降到次要的从属的地位,从而形成了妇女无权的隐忍的经历,形成了认为妇女是无能的短见的偏见,从而妇女本身也就成了无史的沉默的群体。"①妇女被禁锢在家中,服役于人,料理家务,失去了社会交往的最基本场所。就是属于统治阶级的皇后也属被禁之列,一切女性交往的主动权在这一男权社会中消失殆尽。

(三)传统女教自始至终渗透着封建伦理的观念,使女性失去了交往的话语权。

儒家思想是中国封建社会的思想基石,传统女教一向以贯彻儒家的宗法伦理观念为宗旨。在汉代以前,已出现了奴化女性的封建女教。女教轻视智育,认为"妇女只许初识柴米鱼肉数百字,多识字,有损无益也",有的竟认为"妇人识字多诲淫"。正是这种"女子无才便是德"的观点,剥夺了妇女学习文化知识的权利与机会,使她们的才智开发不出来,能力得不到培养,从而不能自立,自然也失去了交往的话语权。与此相反,女教异常重视德育,尤其是封建宗法思想和伦理道德观念。"封建社会的这些所谓女教、女学,不是真正的女子教育,而是一种货真价实的奴化教育。向女子灌输奴性服从的礼教纲常,给她们套上精神枷锁,束缚妇女的言行,限制她们的发展,以使妇女成为封建伦理道德的自觉遵行者和殉道士,使她们长期安于被压迫,被奴役的地位。"②

在漫长的历史岁月中,女性一直没有或基本没有社会交往的权利。除了我国这样一个有着两千多年封建社会历史的文明古国,在西欧和中东的一些地方也是大致的情形。在沙特阿拉伯,时至今日妇女要出门上街,还要裹上厚厚的长袍,戴上只露出眼睛的面纱,街上还要有宗教警察监督,男女之大防已到了荒唐可笑的地步。由此可见,在剥削社会,女性

---

① 高世瑜:《中国古代妇女家庭地位刍议》,载《妇女研究论丛》1996年第3期。
② 同上。

只是如同画中被人欣赏的呆板的形象,而失去了作为一个人所应具有的美丽、自由和灵气。

近代以来,特别是工业革命后,人类的劳动方式发生了根本性的变革,女性作为具有和男性同等体力、智力的人,在社会生活中的作用大为加强,伴随着妇女解放运动浪潮的兴起,女性的各项权利开始得到尊重和提高,社会交往的自由程度也得到了进一步的深入提高。17世纪的西欧,上层社会的贵妇开始开创了沙龙这一形式作为交往的重要场所。17世纪的沙龙常举办于贵妇们的内室中。她们往往身穿精致的内衣坐在床上,宾客只限于少数作家和艺术家等名流。18世纪的沙龙从内室转移到客厅里,扩大了女性交往的范围,使她们获得了一个自由的、至少也是逃避现实的空间。随着时间的推移,沙龙这种特有的贵族女性的社交形式发展为大众化的咖啡馆社交。女性的社会交往逐步向社会的各个领域扩大,由文化艺术转向丰富多彩的社会空间。

时至今日,女性有着越来越广阔的自主空间,新世纪的女性普遍会有自己的事业,努力在事业和爱情中间求取平衡,她们独立自主,自尊自立,她们会时时倾听自己的内心,诚实地面对真实的感受和欲念,选择自己想要的,不曲意承欢,不委曲求全,不刻意讨好别人而压抑自己。结婚不再是女性生活中的首选和必须。生活方式的丰富多彩,为女性提供了更为广阔的选择空间,女性结婚的年龄将越来越晚。"围城"的概念日渐淡漠,只有当两个人真正彼此适应后,他们才会走进婚姻的殿堂。还有一些女性干脆选择独身,追求更大的自由发展空间。她们有不断扩大的社交圈,只要是对自己有益的朋友,她们都不会拒绝。从朋友身上,她们能开阔眼界,学习到新的知识,参与公益活动,也为自己创造走向世界的机会。现代女性会将更多的时间和金钱花在有益健康的活动上,跑步、游泳、健身、爬山,只要是对身体有好处的事,她们都会乐此不疲。健身操、芭蕾等与音乐相关的运动将会继续风行,大多数女性每周至少会有一次这样的运动机会,她们认为体育和音乐对培养自己的气质起着重要的作用。专属女性的空间越来越多,女子美容中心、女子舍宾形体俱乐部、女子瘦身中心……这些场所不约而同在名称上突出了女性两字,毫不客气地将男人拒之门外。可以说这是一个"她世纪"。女性的交往完成了从画中到人间的转变。

二、现代女性交往的特征

传统中国的人际关系是以血缘为序列,以父子为经、以兄弟为纬的立体关系网,几乎所有相识的人都可以纳入这架网中,但不同人之间的关系却是不同的,这架立体网上不同的网结间有着远近亲疏的差别。卢作孚说:"家庭生活是中国人第一重的社会生活;亲戚邻里朋友等关系是中国人第二重的社会生活。这两重社会生活,集中了中国人的要求,范围了中国人的活动,规定了其活动的道德条件和政治上的法律制度。"传统社会圈子中,除了"家庭圈"、"亲属圈",还有邻居、朋友等以地缘为特点的社会圈,形成传统的社会关系网络以及圈内人的人情、认同、信任和圈外人的排斥、疏离、不信任等。因此,也就有了由血缘、亲缘、地缘关系所形成的"血浓于水"、"亲不亲故乡人"等人际观念。当然,在中国传统社会也有着关于大同社会的思想,如《孟子·梁惠王》上篇曰:"老吾老,以及人之老;幼吾幼,以及人之幼。"在《礼记·礼运》篇中,也有类似的观点,表现了人与人互敬互爱的社会关系。但在以自然经济为基础的社会生存环境中,这类出入相友、守望相助、疾病相扶的人际交往模式,毕竟是建立在封建宗法制度下而具有历史局限性的。如今,中国社会女性的人际交往的环境已与传统社会大相径庭。现代中国社会,尤其是作为经济与政治中心的城市,由于市场经济和高科技的发展、来自于四面八方的人口的集聚以及诸如此类的特质,使得城市人际交往多取向、多层面,女性人际关系复杂。其主要表现为:

(一)交往的匿名性和非人情性

城市人口的大规模集中,使得城市人口的异质性很强。这种异质性表现为,同为女性,社会分工却很复杂,专业化程度高而造成女性职业的不同,收入的差异,因而导致了贫富的差别。而教育程度的差异以及社会背景的差异导致了女性文化素质、生活习惯、价值观念、宗教信仰等的异质性。正是由于这种人口的集聚和异质性,使得城市人口绝大部分相互之间是陌生的。尽管从理论上讲,城市人口多,人与人之间建立联系的机会也会增多,但实际上,由于时间、精力的有限,在很大程度上,人们无法与更多的人保持与发展更进一步的关系,因而人际关系淡漠、缺少情感色彩。

（二）交往的多取向性和多层面性

在现代社会尤其大中城市,初级社会群体趋向衰落。邻里、街坊等地缘群体关系变得不那么紧密,甚至家庭关系也在弱化,而在传统社会一些必须由这类群体所承担的功能,已被现代社会的科层化组织①替代。由于社会流动性高,社会阶层结构趋向开放,加之文化世俗化、平民化,女性也在社会评价上摒弃了传统的道德标准,强化了以个人为中心的并且是具有选择性的价值观念。随着生活方式的现代化,女性的活动内容也越来越丰富、复杂,这都使得现代社会的女性人际交往活动形成多取向和多层面。

（三）交往的情感性和功利性

人际交往最基本的动机就在于希望能从交往对象那里得到自己需求的满足。在现代社会,受女性自身心理特点的影响,女性的人际交往往往更为注重情感性需求。但随着社会市场经济的发展,当代女性的人际交往显示出了新变化:交往目的不是只为了丰富生活,而更加注重寻求有利于将来事业发展的社会资源。在一定程度上说明了当代女性的人际交往中功利性需求增加的特点。这表明当代女性交往的社会化特征更加有所强化。

---

① 韦伯:《科层组织理论》。

(四）交往的广泛性与时代性

随着信息社会的来临,计算机网络的飞速发展,现代化通讯工具的普遍应用,当代女性人际交往的广泛性与时代性特点主要是通过交往方式的改变体现出来的。女性交往已经远远超出家庭和"以好朋友为主的小圈子型"传统方式。这一结果反映了当代女性交往方式及交往观念的改变,大部分的女性不再抱有狭隘的交友观念,转而追求建立更加广泛、多样的人际关系。与此同时,现代计算机、通信、网络技术为当代女性的交往提供了先进的信息传递手段,开辟了超时空的广阔天地。因此,以非直面性,身份隐蔽性,思想情感表达的随意性、自由性、超时空性为主要特征的网络交往已成为女性新型的人际交往的重要方式。

（五）交往的开放性与闭锁性

在开放性方面,女性不满足于过去狭小圈子内的交往,而是到社会相应的各个领域交往;再加上女性来自四面八方,社会生活的进一步丰富更使得女性的人际交往具有开放性。在闭锁性方面,由于女性普遍自我保护意识较强,不轻易在别人面前暴露自己的情况和弱点,避开那些可能伤害自己的人。这在有些情况下是必要的,但在朋友或者深深爱护和关心自己的亲人面前却是不必要的。

三、影响女性交往的心理因素

就心理原因而言,女性交往受到以下心理因素的影响:

（一）认知

按照认知心理学的观点,认为认知即认识。人生活在社会中,会产生对自我、对他人及对种种意义关系的认知。在人际接触中,如果没有正确的认知偏差,那么就会影响人际之间的正常交往。认知偏差主要有两种:对自我认知的偏差和对他人认知的偏差。对自我认知的两种偏差会影响女性的友谊与交往。一是过高评价自己,孤芳自赏;一是自我评价过低,自轻自贱。对自我的这两种不正确认识都会影响人际交往。

一般地说,人们大都不满足于自己的财富,却很容易欣赏自己的聪明。孤芳自赏者正是过高评价自己,过分相信自己的聪明从而导致恃才傲物。对不如己者不屑一顾,恶语相向,以己之长量人之短,以己之聪明衬人之笨拙。或者对别人的所作所为和喜好漠然置之。不屑与之交流。如此待人,谁会与你交往?人们只会避而远之。你虽处人群却备感孤单。

高估自己会影响交际,自我贬低亦如此。看不到自我的价值,自轻自贱,与人交往畏畏缩缩,认为自己这也不好,那也不行,没有主见,看别人眼色行事,见到上级点头哈腰,与同事交往,怕别人笑话,碰着邻里总赔着小心,与朋友相聚,总觉得自己低人一截。这其实是自卑心理作祟,自卑则无自信,无自信则轻视自己,轻视自己则行为畏畏缩缩。神情暗淡,一脸小心,言辞唯唯诺诺。这类自轻自残者,其实想以自己的行为来博取人们的同情,可事与愿违,人们却认为你太贱而不愿与你交往。

对他人的认知偏差一是以貌取人,二是以成见待人,三是从众,缺乏主见,人云亦云,没有个性特色。这几种认知偏差在人际交往中有不同表现。以貌取人常表现为第一印象。两个素不相识的人首次见面所形成的印象即为第一印象。这种印象主要是来自对方表情、姿态、身材、仪表、年龄、服装等方面的印象,它在对人的认识中有决定性作用。社会心理学实验表明,人们对初次印象更容易重视,对后来获得的信息往往不大注意或易忽视。第一印象好对以后的信息就会起到掩饰作用,产生正向优先效应,认为此人样样好,于是喜欢、信任他并与之接近;反之,不好的第一印象在以后的认知中就会更多地注意其缺点,甚至把优点也当作缺点,产生负向优先效应,对他人则样样看不顺眼,于是排斥、疏远、嫌弃他。这种只看表面不着实质的认知倾向容易造成对人认识的失误,从而影响人际交往。在生活中常有"久闻其名,未见其人"的事,也是一种对人认知的偏差,可称之为以信息取人。在很多时候,交往对方在未开始交往时,双方或其中一方对另一方已掌握了某些信息,从而对对方形成一个先入为主的印象,也会造成认知上的偏差。

(二)情绪

情绪,人们常称之为情感的外在表现。它在女性的交往中极为重要。情绪隐藏在交际过程中,是一种心灵的无声交谈。交往中,若没有良好的情绪状态,则直接会影响交际质量。例如在取得某些成绩或被人羡慕的情况下,沾沾自喜,得意之色溢于言表,每遇他人唯恐别人不知,言语中洋洋自得,表情眉飞色舞,甚至教导别人该如何如何等,往往导致别人的反感而不愿与之交往。与人交往,得意忘形不受欢迎,因为没有人愿与高傲狂妄的人合作共事。同样,失意忘形留给朋友的印象也并不美好。生活中难免会遇到种种困难、挫折、不幸,一个人若愁肠满腹,化形于色,那么人们会认为你过于脆弱,缺乏自制,只会给予怜悯或同情,而不会把你作为知交为你分担不幸。若遇不公正对待怒形于色,迁怒于人,人们只会认为你浅薄,缺乏内涵,那么你连怜悯或同情也得不到,只会得到别人的轻蔑,又何谈与人交往?

情绪表达没有分寸同样也会影响友谊。例如不分场合、不看对象不顾轻重恣意纵情,情感反应过分强烈,就给人以轻浮、狂妄或动机不纯等不好印象,让人对你顿生轻薄之感而不愿与你接近;反之,一个人若对喜、怒、哀、乐或对能引起情感共鸣的事无动于衷,反应冷淡,就会让人觉得你冷漠无情。试想,一个人永远是一副故作深沉的面孔,谁又愿与你交往呢?生活中到处充满了矛盾,人们的交往活动同样如此。当交际活动中有了矛盾时,急躁冲动,情绪失控,怒从心中起,恶向胆边生,剑拔弩张,如此态势,结果只会导致人际关系的恶化。

(三)态度

态度是人们对一定对象较一贯、较固定的综合性的心理反应倾向,它不是某种心理过程而是全部心理过程的具体表现,认知、情感、动机同时在其中起作用。态度在人际交往中形成,对人际交往也会产生影响。在交往中,态度给交往一方造成心理压力,因为态度总是指向并倾注于某个对象,具有压迫性。如态度和蔼、真诚、坦荡,会使人有安全感并亲而近之;反之,态度圆滑、缺乏诚意、狂妄等会使人有危机感并疏而远之。有的人在别人面前自以为是,对别人轻蔑相向,即使有求于人也表现出一副考验别人的架势,长此以往,只会引起别人的反感;有的人则缺乏诚意,如评价别人一味吹捧、奉承,极尽吹拍之能事,或者当面一套,背后一套,使人产生虚伪之感;有的人只喜欢听好话,对批评、意见不屑一听,甚至不满。如此交往态度,别人避之唯恐不及,谁还敢与你接近?哲学家斯宾诺沙说,世界上没有两片完全相同的叶子。人与人之间由于家庭、环境、教育等因素的影响不同而存在种种差异,这不足为奇。在人际交往中,若对文化、身份、地位低的人持轻视、看不起的态度,这只会导致相互间的隔阂与对立。事实上,一个看不起别人的人,也一定会被人看不起甚至遭人唾弃。《孔子家语》道:"水至清则无鱼,人至察则无徒。"一个文化、身份、地位较高的人,由于自己各方面自律严,有时就易推己及人,认为别人也应像自己一样,于是看不惯别人这,看不惯别人那,不善包容别人,待人的"弦"绷得过紧,缺乏一定的弹性,最终人际关系弄得很僵,和谁也处不好。每个人都有自己的生活方式、行为习惯,这并非是缺点或不足,当你不喜欢别人的行为方式和习惯时,大可不必表示鄙夷。留一点心灵的空间容纳别人、善待别人,你得到的不仅是朋友,还有精神上的愉悦,因为你对别人表示了理解。

(四) 个性

个性,心理学中又称之为人格,是指在一定的社会历史条件下的具体个人所具有的意识倾向性以及经常出现的较稳定的心理特征的总和,包括一个人的兴趣、爱好、思想、信念、世界观、性格、气质、能力等。每个人都有自己的个性,人际交往受到个性品质的影响。

交往中,一个人热情、诚实、高尚、正直、友好、讨人喜欢,人们易于接受他而与之交往;相反,一个冷酷、虚伪、自私、奸诈、卑劣的人就会令人生厌,于是人们回避他,疏远他。对于一个口是心非、阳奉阴违、无中生有、嫉妒诽谤、搬弄是非的人和一个诚实正派、心诚意善的人,显然人们倾向后者,更愿意与之结交。可见,良好的个性品质易于建立和谐的人际关系,不良的个性品质则会影响正常交往。但人们在性情、志趣等方面存在个性差异并不等于他们没有共同之处。例如有着共同文学爱好的两个人,性格特点相左,但交往中如果以共同的文学爱好为基点,彼此产生心理上的共鸣,把彼此相左的性格特点放到交际的次要位置,求同存异,那么交往双方也会感到其乐融融,甚至会随着彼此的相融而成为知已。如果双方丢弃彼此的共同点在个性品质上去相互指责或计较,这不仅使交往双方关系僵化,甚至会反目成仇。你看不惯别人,对别人不感兴趣,别人也看不惯你,对你不感兴趣。奥地利心理学家阿尔夫·阿德勒说:导致双方情感疏远,情感疏远就易产生隔阂。有了隔阂自然格格不入,于是你会愈感孤立,当然也得不到别人的关系与帮助,成为一个无关紧要的孤家寡人了。

第二节　女性的交往与友谊

有这样一种情感,它不需要血缘的根基,也不需要彼此的承诺。它看起来仿佛淡淡的,却会在你的一生中涓涓细流一样永不停息,亘古恒星一样永不磨灭。它,就是友谊。培养良好的人际友谊,是人际交往的直接目的。友谊,贵在真诚。真诚,若要摘取它,需要正直的人格、善良的心地、开阔的胸襟、真挚的感情。友谊,贵在包容。朋友之间,最珍贵的赠品,是原谅与宽恕。地球上最宽阔的东西是海洋,比海洋更宽阔的是天空,比天空更宽阔的是人的心灵。友谊,贵在理解,有了理解,友谊才能天长地久,有了友谊,生命才有价值。友谊,贵在永恒。永恒的友谊要经得起时间的考验,不要让时间冲洗友谊的浓度,只能让时间冲掉彼此的误会和怨恨。美国一位心理学者,从社会心理学角度,将"朋友"分成六类:一是友谊淡薄的朋友;二是友谊较前一类深,彼此间有共同的情趣,或者在学习上和工作上有联系,有接触;三是视功利重于感情的朋友;四是情谊真挚的,可以信任的朋友;五是能够与之交心的朋友;六是属于真正的知己,是绝对可以信任的朋友,悲欢与共,祸福共享。

一、女性友谊的价值

友谊是力量的源泉,在人的一生中,友谊是鼓舞人前进、促人发展的重要力量。首先,友谊是一种爱的交往,是以爱来换得爱,是相互之间给予爱。其次,友谊是一种崇高的道德力量,使人的道德情感向社会范围扩展,把自己与他人的生活、社会的发展、人类的命运联系起来,增强了社会责任感。爱因斯坦说过:"世界间最美好的东西,莫过于有几个头脑和心地都很正直的朋友。"人的生活离不开友谊,但要获得真正的友谊却不容易。友谊,它需要用忠诚去播种,用热情去灌溉,用原则去培育,用谅解去护理。就女性而言,建立良好的友谊除了其普遍价值之外,还具有独特的价值。

(一)友谊有益女性生理健康

美国心理学家开瑞·米勒博士在一份调查报告中公布,对87%的已婚女人和95%的单身女人来说,她们认为朋友之间的情谊是生命中最快乐、最满足的部分,这种情感关系也给她们带来了一种无形的心理支持力。亲密的友谊,好似一种预防性措施,相当于对免疫系统进行支持,能够降低疾病对身体的威胁,无论是头疼脑热还是心脏疾病以及各种严重的机体失调等。也就是说,一个人要保持身体健康,不仅需要锻炼身体和正确的饮食,同时更需要友谊带来的温暖和对友谊的维护。

(二)友谊有益女性心理健康

专家普遍认为,排解烦恼、缓解压力的最有效方法,就是找朋友倾诉,西方心理学家也指出,对于具有高级思维和丰富情感体验的人类来讲,语言交流是最重要的方式,女性爱倾诉,表明其心理上已有明显的压力。压力大,她们必须通过各种方式来努力减轻压力。分担性大于分享性,可以说是女性友谊的最大特点,这与心理学上的宣泄治疗是相似的。

真挚的友谊是人与人之间建立起来的具有共同的理想、志向和追求,共同的兴趣和爱好,互相理解、互相帮助、互相信任、互相尊重的一种心理相融的亲密情感。真挚的友谊应具有如下基础:第一,共同的理想和高尚的情操;第二,共同的兴趣与爱好;第三,互相理解和帮助,互相信任和尊重。

二、女性与同性的友谊

有人说,女人之间的友谊其实是很脆弱的,经不起一点考验,因为她们喜欢斤斤计较。男人遇上优秀的同性,往往会惺惺相惜,而女人看到优秀的同性往往则会嗤之以鼻地说:不就那样吗?或许也正因为此,男人们往往可以肝胆相照,而女人们似乎只能共痛苦,不能共幸福,惹得不少人都在质疑:女子之间的友谊能有多真?女性间的友谊有如下特点:

(一) 女性间的友谊更真诚

致力于妇女研究工作,同样也是女性的情感类专家沈美华认为,女性之间的友谊比较单纯,她们不会刻意去经营自己的友情,不像男性结交朋友有一定的目的,经常会凑时间聚会去联络感情。女性的友谊是一种最简单的情感需求,是感情的流露。而且女性友谊的被忽略也是被社会上的家庭格局所影响的,不少女性并不把友情放到和亲情、爱情同等的地位,她们在婚后,往往把家庭放在第一位,事业放在第二位,于是不会去刻意地结交朋友,经营友情。她们对于朋友,是合则来,不合则不来,不像男性为了经营自己的事业,往往即便自己不喜欢的朋友也会结交。事实上,我们可以看到,社会上依然也有一些能干的女性,能把家庭、事业一分为二,于是她们依然也有不少好朋友。因此笔者呼吁广大女性朋友,对待家庭和事业应该等同,不要过分注重家庭,忽略了事业的发展。女性应该让自己从家庭中走出来,去结交更多的朋友。

(二)女性友谊的分担性大于分享性

从女性发展的历史看,人类从母系社会而来,女性既承担着繁衍养育后代的天职,又担负着社会管理的责任,双重的压力使得女性更富有忍辱性和宽厚性,这种特性决定了女性一方面自强、一方面又极易自责自罪的矛盾性。这种冲突让女性心理更为脆弱,更需要支持和理解。由于男性的性别特点,他的理解程度远远不能满足女性的需要,女性只有在与自己的同类相处中才能得到共鸣,所以女性间的倾诉就较为普遍。另外,遗传基因中女人的群居性更强,对于友情的渴望程度更大。30岁以后的女性进入生命历程的多事之秋,结婚、生育这些新的经历会带给她们许多从未有过的体会,当然,烦恼和困惑也随之而来,包括对同性的感觉也会发生变化。绝大多数女人会对同性产生信任和依赖的感情,因为这是一个与自己完全相同的群体,她们能够理解和体会你的所有悲喜,并给予你最贴近的关怀和帮助。排解烦恼、缓解压力的最常用方法就是找同性朋友倾诉。分担性大于分享性,可以说是女性友谊的最大特点。

文本链接

艾娟,35岁,外企部门经理。艾娟的自述:我一直觉得女性的妒忌和小气会是友情致命的"毒药",所以很年轻时,我从来没有一个女性朋友,我只需要一个陪伴。有个女性陪伴意味着有人会在图书馆里替你占座儿;在老教授点名儿时替逃课的我应一声"到"……当然,相应的回报是我也会为她做上述的事情,或许更多比如把我新买的裙子借给她去参加舞会。工作、结婚、生育这些新的经历带给我许多从未有过的体会,当我将很多烦恼和困惑与我的男性朋友分享时,他们多数轻描淡写地打发了过去,最多也就发出一声同情。当我尝试着和女性沟通时,我发现她们能够理解和体会你所有的悲喜,并给予你最贴近的关怀和帮助。后来,我在一首加拿大女诗人的诗中,发现了 sisterhood 的最好诠释:"儿子们枝节横生,然而一个女人只延伸为另一个女人,最终我理解了你。通过你的女儿,我的母亲,她的姐妹,以及通过我自己。"我在自己30岁的时候重新回归了女性,很开心。我最好的女性朋友是我一个同事,每周的约会条例上,我们增加了"见面时不准拖家带口"。没有男人的约会,女人不仅可以暂且摆脱因男人而起的虚荣或嫉妒,而越来越会欣赏同性,同时在自由自在的氛围中,也会有难得的灵感闪现。

点评:在工作中、婚姻中,女性真切体会到了女朋友的重要。"即使最有同情心的男人,也无法完全理解女人的具体处境",《第二性》作者西蒙娜·波伏娃一语道破了 sisterhood 的精髓。正是由于女性之间的相互理解,才能使得彼此之间的沟通更开放、更顺畅,并且能够给予对方同等的回馈。

刘瑞,38岁,个体商人。刘瑞的自述:我这一辈子,没有兄弟姐妹,但是,我有一个特别要好的女性朋友。12年前,我女儿刚满一岁,丈夫提出来跟我离婚。那时候,我真是觉得天都塌了,我当时没有工作,身体也不大好,怀里抱着个嗷嗷待哺的婴儿,两眼一抹黑,完全看不到前面的路。虽然我在结婚后将所有的生活重心全放在先生身上,忽略了小姐妹的友谊,但那个时候,我的好朋友还是站出来帮我,甚至"逼"着我重新站起来,重新开始迈步走路。现在,我的女儿管她也叫妈妈,有时候,跟她比跟我还要亲。所以我觉得,女人之间也还是有友情的。它可能不像男性间的友情表现得那么频繁,但却是一种不折不扣的守望相助。前些年,她去了美国,但我们还是不定期地联络。蔡琴来开演唱会的那阵子,我特地买了两张内场票,还没来得及通知她。第二天,她的电话就"追"了过来,说是她刚下飞机,后天要和我一起去听蔡琴的唱歌会。我想我们的友谊已经超越了血缘,要是哪天我有了不测,我会将女儿托付给她。

点评：当家庭、孩子、工作差不多要淹没一个女性的全部生命时，寻找精神自我就会成为女性的内在需求。刘瑞在最挫败和失望的时候得到了朋友的帮助，真正的友情不依靠事业、祸福和身份，不依靠经历、方位和处境，它在本性上拒绝功利，拒绝归属，拒绝契约，它是独立人格之间的互相呼应和确认。它使人们独而不孤，互相解读自己存在的意义。

三、女性与异性间的友谊

女性与异性间的友谊同同性相比，是带有明显的心理差异的。女性跟同性相处时可以自然地交换意见，了解对方的想法，不必猜忌，也不必担心对方曲解自己的意思。这使得她们彼此信赖，能够尽情享受情感的滋润和乐趣，心灵的开放程度更深。当女性在男性身边的时候，行为必须改变，不得自作主张，少说话，专心听男人讲话，多给男人时间表现自己，或是在男性身上获得和建立属于自己的价值评价体系和标准。

（一）异性间的友谊有"异性相吸"作用

为什么要男女相伴走过一生？这除了繁衍生息的需要外，也是个体发展的需要，其中很大程度是心理发展的需要。异性朋友之间的交往当然不同于夫妻或情人之间的性交往，但由于对方是异性，当事人便比较容易缓解内心因苦恼造成的紧张和焦虑。这也是人际交往中异性朋友的功能之一。

（二）异性友谊使两性性格有"互补"作用

心理学发现，在人际交往中有一个"互补性"原则，男女双方的个性存在相反的差异时，往往相互吸引。一般说来，男人的刚毅和女人的温柔正好可以互补，给苦恼中的异性朋友以慰藉。

（三）异性友谊有"异类群体"作用

人们常常愿意在自己同类群体之外的交往对象那里打开自己的心

扉。比如,人们往往对外单位的人、外地人甚至陌生的人更容易袒露自己的内心世界,这是情感交往的特点所致,异类群体中的人相对来说安全系数比较高一些。两性各自分属不同的性别群体,因而也就比向同性袒露心迹更为安全些。

(四)异性朋友比夫妻有更大的相似性

虽说人们常用"心心相印"来形容夫妻关系,可是,现实的婚姻中由于家庭、教育、职业、阅历等诸多原因,常会导致夫妻在兴趣爱好、个性特征、文化素养、价值观念等方面存在较大差异。而朋友则不同,异性朋友之间的相似性使他们在各方面更容易相互沟通。

(五)异性朋友与配偶相比有较大的新异性

求新求异是人的天性。夫妻之间长时间共同生活在一起,容易磨灭彼此之间的新鲜感,削弱了新异性。而朋友之间,无论交往多密切,相互之间也有一种"外人"意识,这使朋友之间能保持心灵感应的敏锐度和彼此的热情,也会对异性诉说的苦恼给予更多的关注。

(六)异性朋友可以满足两性感情的弥散性需求

婚姻要求夫妻感情的专一性,可两性感情有其弥散性的一面。人,既有自然属性,又有社会属性,人的活动必须受社会规范的制约。婚外情通常是社会舆论所不容的,而异性朋友之间的感情体验,既没有违反社会道德,也可以满足人们对两情感情弥散性的需求。

第三节　女性交往的艺术

人际交往是一门艺术,人际交往艺术不是雕虫小技,它是在一定的知识和经验的基础上所形成的交往技能。交往艺术,是指人们在交往中对必须遵守的规则的理解、遵守和运用。一个人是否懂得交往的艺术,实则是其沟通能力(交际能力)高低的体现。如果把一个人的能力划分一下,应该包括业务能力和沟通能力(交际能力)两大类。成功学认为:业务能力是人们立足于社会的能力,而沟通能力(交际能力)则是人们可持续发展的能力。相比较而言,沟通能力(交际能力)比业务能力更能称之为成功的关键。这一观点充分说明了交往艺术的重要性。

一、女性交往的成功原则

人际交往虽是一种错综复杂的社会现象,但其存在和发展是有规律可遵循的。现代女性在处理人际关系所涉及的主要原则概括起来有以下八项。

(一)择善原则

是指建立和发展人际关系时,不能盲目从事,而要有所选择地进行。不仅要"择其善者而从之,择其不善者而弃之",而且要"两害相权,取其轻,两利相权则取其重"。善者,是指对社会、对他人、对自己无害或有益的人及其关系。在建立和发展人际关系时,首先要考虑自己与交往对象相互需要是否有益于社会、有益于他人。如果是有益的,就采取积极态度;如果是有害的,就要坚决放弃。

(二)调衡原则

是指协调平衡各种关系,使之不相互冲突与干扰。一个人的精力和时间是有限的,建立人际关系的目的是为了满足需要,不能过多或不足。过多则忙于交往,影响自己履行岗位职责,不足则会使自己陷于孤独苦闷,导致信息闭塞、孤立无援,使自己减少了发挥能力的机会与范围。所以要经常协调平衡人们的需要与时间、精力之间的关系。

(三)积极原则

是指在人际交往行为中要主动、态度要热情。即待之以礼,晓之以理。如在机关工作中,对来办事者,一请坐,二倒茶,三办事,四送出,主动认真,必有利于消除隔阂,密切关系。主动的作用还表现在文明礼貌的语言中,表现在热情的交往态度上。热情比任何暴力更容易改变别人的心意,没有热情,人际关系就会变得冷漠,暗淡无光。

(四)真诚原则

真诚是做人的基本要求,也是女性人际交往的基本原则,要以诚相待。信息反馈原理告诉我们:有良好的信息输出,才能有良好的信息反馈,实现人与人之间的心理交融。真诚是一种传统美德,"精诚所至,金石为开","良药苦口唯病者能甘之;忠言逆耳唯违者能受之","心诚则灵",这些都是对真诚及其作用的高度评价。

(五)理解原则

主要是指关系双方在人际行为中互相设身处地、互相同情和谅解。只有相互理解,才能心心相通,才有同情、关心和友爱。"人之相识,贵在相知;人之相知,贵在知心。"关系主体双方要互相了解对方的理想、抱负、人格等情况;了解彼此之间的权利、需要、义务和行为方式。要相互体谅、互相包涵、不斤斤计较、吹毛求疵。要善于"心理换位"思考,这样,不管在平常交往,还是在人际双方发生矛盾、产生冲突时,都能妥善处理之。

(六)守信原则

就是女性在人际关系中讲求信用、遵守诺言。守信乃处事立世之本,要"言必信",说真话,说话算数要"行必果",遵守诺言,实践诺言。在交往中,要不轻诺,不轻诺是守信的重要保证。要严守对方的秘密,不炫耀和披露大家不知的隐私,也不要依据自己的臆想来推测对方如何如何。在市场经济中,"信誉就是金钱"的箴言已为越来越多的人所承认和接受。

(七)平等原则

尊重他人的自尊心和感情,不干涉他人的私生活,人格平等。在交往中,情感对等、价值对等、地位对等、交往频率对等。如通信交往,次数基本对等;单位交往,科长接待科长。像对待朋友那样平等地对待交往对象,寻求相互认识、相互理解的方法,关心、体谅、理解他人。平等具体体现在政治平等、法律平等、经济平等和人格平等方面。

（八）相容原则

相容，即宽容，是指宽宏大量、心胸宽广、不计小过、容人之短、有忍耐性。相容不是随波逐流，不讲原则，容人正是为了把原则性与灵活性有机结合起来，以便更好地达到自己的远大目标。要有谦让精神，做到有理也让人；要将心比心，"己所不欲，勿施于人"；要大事清楚，小事糊涂，要严于律己，宽以待人。

交往艺术不是一朝一夕学会的，它有丰富的内涵和严格的科学性。女性要在人际交往中取得主动，更好地驾驭自己的人际交往活动，就要在交往过程中懂得运用这些技巧，成为受欢迎的魅力女性。一般而言，交往艺术的基本内容有两项：形象设计与沟通技巧。

二、女性交往中的沟通技巧

人际交往能力与社交经验的关系如此密切，如果可以提高自己的人际交往能力，人们的日常社交生活也会得到改善。人们不但可以减少与别人发生冲突，亦可以令自己和别人有更愉快的交往经验。有些人认为人际交往能力是与生俱来的特质或属性。譬如，一个社交能力高的人天生较外向、善于交际。所谓"江山易改，本性难移"，要改变人际交往能力实比移山更为艰难，但多数的心理学家并不赞同这种看法。实际上，女性在社交活动中善于运用一些交际技巧，可以有效地提高人际交往能力。

（一）辨析交往环境

对环境的辨析能力要有效地达到社交目标，便要据情势而作出相应的行为。社交环境瞬息万变，交往的对象亦有不同的特质，要适应不同社交环境、人物，便非要有精锐的观察和认知能力不可。对环境的辨析能力是社交能力的一个重要部分。一个人如果能够对情境间的细微不同之处加以区分，往往更能掌握社交环境的变化而做出合宜的行为，以适应不同性质、千变万化的环境。

这种"因时制宜"的说法，并非只是近代西方心理学所提倡。其实在中国古代典籍中亦常被提到。例如《中庸》说:"国有道,共言足以兴国;国无道,其默足以容。"这便说明了进谏及保持缄默都是合宜的处事方法,但朝臣采取哪种方法才可产生较理想的后果,却取决于他们身处的国家是有道还是无道之国。又以本章开头提及的杨修为例,他是个机智的才子,但他所服侍的主公曹操是个性格多疑的人。杨修自恃聪明而多次道破曹操的心意,故招来杀身之祸。若他的主公是个宽宏大量,知人善用的人,杨修不但不会被杀,反而会被委以重任。虽然有人会慨叹杨修生不逢时,但若以"因时制宜"的说法,杨修似乎只顾一时言语之快,却忽略对方(曹操)的思想性格,因而说出一些合乎事实但不合对方心意的话,白白地把性命断送了。由此可见,要成功地达成社交目标,便要审查客观情势的变化,因时变通,以适应各种各样的社交情境。

（二）洞察别人心理状态

洞察别人的心理状态也是社交能力重要的一环。一些人看到别人的行为时,不尝试去了解对方做事时的处境和感受,便马上从别人的行为去判断对方是一个怎样的人。这种重判断而轻了解的取向,是社交能力发展的一大障碍。要增进个人的社交能力,一方面要提高对自己及别人的需要、思想、感受的洞察力,另一方面亦要细心观察不同的情境和人物,分辨其中不同之处并加以理解分析,以加强对千变万化的社交环境的掌握。虽然心理学家认为社交能力是可以训练提高的,但要真正提高社交能力,实在不是一件容易的事,亦非一朝一夕可以做到,成功与否还是取决于一个人的动机、决心、努力与恒心。

（三）提高人际融合能力

融合于社会,首先需要调整自己的观念,勇敢地面对世界、接纳世界。当然接纳世界并不是要你消极等待和向困难屈服,更不是要你没有任何原则地去苟同消极落后的东西,甚至同流合污。而是要你用积极主动的态度去接纳现实,并有勇气和决心去消除生活中的消极现象,弘扬主旋律,尽一份当代大学生应尽的责任。

当然人际融合能力并不只是简单地体现在能否接纳世界、认同世界方面，它还是一个人的综合素质的反映。人际融合能力的强弱是与一个人的思想品德、知识技能、活动能力、创造能力、处理人际关系能力以及健康状况等密切相连的。一般来说，一个素质比较高、各方面能力比较强、身心健康的大学毕业生走上社会后，能够很快适应环境、适应工作，即使是在比较困难的条件下和比较差的环境中，也能变不利因素为有利因素，通过自己的努力取得好的成绩。

人际融合，是一种能力，一种智慧，一种艺术。美国俄亥俄州的RMI公司，一度生产滑坡，工作效率低，员工面临失业，情绪不稳。受总公司委派前来担任总经理的大吉姆·丹尼尔面临着与大家融合、并带领大家改变面貌的严峻考验。他在公司中处处张贴这样的标语："如果你看到一个人没有笑容，请把你的笑容分些给他"，"任何事情只有做起来，兴致勃勃，才能取得成功"。大吉姆还把工厂的厂徽改成一张笑脸，贴在工厂的大门上、办公用品上、员工的安全帽上。亲切感产生信任感、归属感，在没有增加投资的情况下，公司生产效率提高了80%。由是观之，与人融合，并非深不可测。一句真诚的话语，一次放松的谈心，一个会意的笑容或眼神，都可以换来健康、乐观、平和的心境，营造出宽松和谐的人际空间。关键是你有没有不断学习、不断提高这方面能力的意识。

本章小结

在当代中国，女性的人际交往不但有现代化特色，同时还具有传统文化的心理积淀特征。

女性在交往中要善于经营与同性及异性的良好友谊，以使自己身心健康。

现代女性在人际交往中要遵循择善、调衡、积极、真诚、理解等八项成功原则。

女性提高人际交往能力必须掌握良好的沟通技巧。

教学活动建议

因本章内容有很强的实践性,可在课堂上设计一些行为游戏,鼓励学生参与活动。

女性交往能力测试

1. 在你任务正紧的时候,却有同事生病住医院了,你会:

A 有空就去看望,没有空就不去了

B 只看望同你关系密切者

C 尽量挤出时间多次看望

2. 你的上司的上司邀请你共进午餐,回到办公室,你发现你的上司很好奇。你会:

A 不透露蛛丝马迹

B 告诉他详细内容

C 粗略描述,淡化内容的重要性

3. 有一位下属说:"有一件事情我本不应该告诉你,但是你有没有听到……"你会说:

A 我不想听办公室的流言

B 跟公司有关的事情我才有兴趣知道

C 谢谢你告诉我怎么回事,让我了解了此事的详情

4. 当你主持一次会议时,有一位下属一直以不相干的问题干扰会议。你会:

A 不予理睬或者放任自流

B 要求所有的下属先别提出问题,直到你把正题讲完

C 告诉该下属在预定的议程之前先别提出别的问题

5. 生活或者工作中有人对你产生依赖,你的态度是:

A 避而远之,我不喜欢结交依赖性强的朋友

B 我喜欢别人依赖我的感觉

C 一般地说,我不介意,但是我希望彼此之间能有一定的独立性

6. 当你跟上司正在谈论事情的时候,上司的秘书来说有你的电话,你会:

A 接电话,而且该说多久就说多久

B 请上司的秘书跟对方说"不在"

C 告诉对方你正在开会,待会再回电话

7. 一位朋友邀请你参加他(她)的生日聚会。可是,任何一位来宾你都不认识。你会:

A 借故推辞,告诉对方"那天已经有别的朋友邀请我了"

B 会早去一会帮助筹备聚会,然后早点离开

C 非常乐意借此机会认识他们

8. 有位员工已经连续四次在周末向你提出要提早下班,你会说:

A 今天不行,下午四点钟我要开个会

B 我不能再容许你早退了,你要顾及他人的想法

C 你对我们相当的重要,我们需要你的帮助,特别是在周末的时候

9. 表弟到你家来,你们已经很久没有见面了。可是这天晚上有一部非常精彩的电影,你会:

A 让电视开着,和表弟一起聊天

B 说服表弟与你一块看电视

C 征求表弟的意见,愿意看电视还是一块聊聊

10. 你刚好被聘用为某部门的主管,你知道还有几个人关注这个职位,上班的第一天,你会:

A 个别找人谈话以确认哪几个人有意竞争职位

B 忽略这个问题,并认为情绪的波动很快就会过去

C 做到心中有数,在工作中逐步了解每一个人的想法和特点

记分:选 A 得 3 分,选 B 得 2 分,选 C 得 1 分

参考答案：

25分以上

你沟通能力很差，因此常常会被别人误解，给别人留下不好的印象，甚至无意中给人造成过伤害。注意，你置身于众人之外，仅仅为自己活着，这会使你成为一个孤立的人。你不妨仔细检查一下你所选择的处理方式会给对方带来什么样的感受，或者使自己处于什么样的境地，要知道良好的沟通能力是维护良好的人际关系的基础。

25—15分

你非常善于沟通，与人相处愉快，你的伙伴们非常的喜欢你，你总是为别人考虑的比自己考虑的还要多，大家为有你这样一位好朋友感到幸运。因为良好的沟通能力使你能很好的表达自己的思想和情感，获得别人的理解和支持，从而与朋友、上级、同事、下级保持良好的关系。

15分以下

你有一定的沟通能力，但是你有时却因为方法不当而影响了你的人际关系。你也许不喜欢孤独一人，你需要有朋友围绕在身旁。你要反思自己与人交往和沟通中哪方面出了问题，并努力改变原来的观念和方式。

思考题

1. 什么是女性交往的特征？
2. 试述如何做受欢迎的现代女性。

案例分析

小张是某高校的部门负责人，年年轻轻就成为了学校最年轻的处级干部，在工作上小张能力超群、爱岗敬业、为人正派、待人热情，受到了上级领导的赏识。然而在单位，小张同下级和同事的关系却很紧张。据说，小张虽然能力突出，但工作作风却独断专横，听不进不同意见；凡事爱出风头，爱在外人面前表现自己；接起电话没完没了，根本注意不到别人的存在;虽然是 30 出头的年轻女性,但却不修边幅、老气横秋,常常穿成中年人的模样,还以此为美。

试问:小张到底为什么搞不好人际关系?如果你是小张,将如何改善人际关系?

课堂游戏

配 对 介 绍

目标:
- 参与者相互认识,放松自己
- 参与者介绍自己参加本课程的目的和期待

材料:无

场地:教室

时间:半小时左右

步骤:

1. 参与者两两配对,根据如下问题向同伴做自我介绍,听者同时做记录。

- 你叫什么名字?
- 你的背景和经历?
- 你为什么参加本课程,你希望从中学到什么?
- 请讲述两件最近发生的令你高兴的事情。

2. 每个参与者用 1 分钟的时间把同伴的情况介绍给大家。

提示:

本活动的关键是在全体分享时,参与者不要求介绍自己,而是介绍自己的同伴,因此,他们在等待发言时不会感到特别紧张。如果人数超过 20 人,教师要注意限定每个人的发言时间。

第十二章

女性职业生涯规划与设计

【名人名言】

　　选择职业是人生大事,因为职业决定了一个人的未来……选择职业,就是选择将来的自己。

——罗素

【本章教学目的和要求】

- 了解与职业生涯相关的基本概念,认清树立正确的价值观在女性职业生涯中所具有的重要意义。
- 理解女性职业生涯规划的内涵和意义,掌握职业生涯规划与设计的方法与步骤。
- 明确需要构建的知识和能力体系,全面培养就业竞争力。

中国有句老话,男怕入错行,女怕嫁错郎。但对今天的多数中国女性来说,选择一个恰当如意的职业已经与寻找一个般配的伴侣同样重要。甚至从某种程度上讲,她们对职业生涯的期望和努力,以及由此划出的一段人生轨迹,更体现了她们内心深处的一些独立意志。本章将主要从女性自身和外部环境两个角度,分析促成或阻碍女性职业生涯成功的影响因素。

第一节 职业生涯与价值取向

一、职业生涯的内涵

我们每个人从出生到死亡走过的漫长的人生旅途中,其实存在着不同的生命周期空间,比如有社会生命周期、生物生命周期、家庭生命周期和职业生涯周期等等。其中,对一个现代人来说,最重要、最根本的周期,就是职业生涯周期。因为在这个周期里,通过个人的职业选择、职业转换、职位晋升直到完全脱离职业,一个人完成了他对社会的独特的贡献,同时也从社会获取了相应的报酬,如金钱、地位、荣誉、友情等等。多数情况下,职业生涯占据了一个人一生中最年富力强的阶段,并对其他生命周期施加着决定性的影响,因此它对个人和家庭都有十分重要的意义。而对女性来说,她们的职业生涯周期与其他生命周期的协调适应显得更为重要,因为社会对女性的期望和女性自身的期望往往都使她们时常面临在家庭和社会或职业角色之间进行权衡和选择的尴尬局面。

正如"一千个读者心中有一千个哈姆雷特"一样,目前对职业生涯的内涵还没有统一的认识。世界各国的学者站在不同的角度对职业生涯进行了界定。如法国学者认为职业生涯"表现为连续性的分阶段、分等级的职业经历";一些美国学者则把职业生涯分为外职业生涯和内职业生涯[①];我国有学者又将职业生涯分为狭义职业生涯和广义职业生涯[②]。

我们认为,职业生涯的基本涵义是指一个人一生中的职业经历或历程,从时间看它起于就业前的职业学习和培训,止于结束或退出职业工作。这个时期在不同个体之间差异很大,对一个受过高等教育的中国职业女性来说,职业生涯的年龄跨度一般在18岁经历高考进入大学开始专业学习,到55岁从某职位上退休之间。而从结婚、生育及退休年龄等不利因素分析,我国女性的实际职业生涯平均比男性要短5—8年,这使她们在竞争中常常处于劣势。

二、职业生涯发展

在个人漫长的职业生涯中,无论男女都在时刻找寻自己职业生涯能获得发展的机会。职业生涯发展就是指一个人制定、调整、逐步实现自己的职业目标,进而发现、实现新目标的过程。对职业生涯发展的涵义可以从内容形式和时间阶段两方面来理解。

（一）职业生涯发展基本类型

一个人职业生涯发展的形式可以是多种多样的,但主要分为职务变动发展和非职务变动发展两种基本类型。

1. 职务变动发展

在工作岗位上获得晋升或者平行的调动,属于职务变动发展。晋升是外职业生涯发展的常见形式,它的意义至今仍被许多人所看重。客观地说,由于传统观念造成的社会刻板印象,女性在工作中晋升的机会要远低于男性,但也正因如此,当一个女性被升职的时候,她所受到各方面的

---

① 外职业生涯指经历一种职业的道路,包括招聘、培训、晋升、退休等阶段;内职业生涯指从事某项职业的主观所得,如知识、观念、心理素质、经验、内心感受等。该观点由美国著名职业指导专家施恩提出。

② 狭义职业生涯将其限定于直接从事职业工作这段时光,起于任职前的职业学习和培训;广义职业生涯则起于人的出生,一直到完全退出职业劳动。该观点由我国学者吴国存提出。

关注程度也是远远高于男性的。如果一个职业女性能在工作中不断获得晋升的机会,我们就会认为她的事业很成功。而平行的调动,虽然在职务级别上没有提高,但常常可以满足一个人内职业生涯发展的需要,因为我们可以在一个新岗位上学到更多的知识、经验和能力,从而为晋升做准备。同时,当一个女性被安置到一个重要的或者是被公认为需要比较复杂能力的新岗位的时候,由于被领导信任而带来的巨大的心理激励作用也是不容忽视的。总之,职务变动是我们熟悉的一种传统职业生涯发展形式。

2. 非职务变动发展

目前,随着职场变化的日新月异,非职务变动发展越来越成为职业生涯发展的重要形式。为适应激烈的市场竞争,许多组织正经历着收缩、优化、重组、外包的变化,组织不得不削减管理层的空间,这使越来越多的公司机构呈现出扁平化。这种情况下,由于没有更多高一级职位的空缺,为了留住有才干的员工,组织往往通过发展员工现有职务"责权利"的方法,让他们"在原地生长",使其职业生涯得到发展。例如,微软公司建立之初,一位女职员的主要职责只是回复电话总机、安排接待事宜以及为各类工作组提供基本的服务。而随着公司规模的扩大,她的职位虽然没有变化,但工作内容却越来越丰富且复杂化,包括组织校园招聘、各类会议和庆典活动,甚至还一手创办了公司的邮寄站和内部网络时事通讯平台。她说:"对于我们来说,唯一不变的就是一切都在变化——每天、每月、每年的变化令我们目不暇接。我发现自己必须不断地面对新人和新情况,这使我不得不认真审视自己,不得不找出那些我必须认真对待的内在资源和领域。……那些变化确实给我自己的成长带来了许多好处,尽管我并不是总能发现这一点。"[①]在现有职位上不断接受并且胜任深具挑战性的工作,是非职务变动发展的一个特点,而另一个特点则是员工确实

---

① 〔美〕卡林·卡特著:《亲历微软——一个软件帝国的平凡镜像》,孟永彪等译,北京:中国水利水电出版社2004年版。

能在这种变化中获得相应的待遇提高。微软的这位女职员就在年终的业绩测评时,获得了公司一定数量的股份作为奖励。这使她在数年后离开微软时,不仅积累了相当丰富的管理经验,而且事实上已经成为了一个富翁。

(二) 职业生涯发展阶段理论

职业生涯发展并不是一蹴而就的,每个人的一生总是要经历对职业的认知、探索、确立、维持、衰退等多个阶段,才能完成自己的职业生涯历程。国外许多职业指导专家都就此提出了比较成熟的理论,它们在职业指导实践中发挥着重要作用。比如,有人从童年期到成年早期和成熟过程中的有关职业选择的想法和行动的角度出发,将职业生涯发展分为幻想期、尝试期和现实期三个阶段①;还有人以人在不同年龄段职业生涯面临的主要任务为依据,将职业生涯发展分为职业准备阶段、进入组织阶段、职业生涯初期、职业生涯中期、职业生涯后期五个阶段②等等。如果依据我国女性职业生涯的实际情况也进行类似的阶段划分,我们会发现在人生的几个关键时期,我们的步伐都要落后于西方发达国家的女性。

1. 0—18岁之间职业预备期辅导缺失

这个时期被许多职业指导专家看作是职业生涯发展的重要准备阶段。一些发达国家的经验表明,在这个阶段,生涯辅导和职业教育的职责主要是由各级各类学校来承担的。往往在进入高校之前,青少年已经接受了5个阶段的相关教育,即从幼儿园到小学低年级的生涯认知阶段、从小学高年级到初中一二年级的生涯探索阶段、从初三到高一的生涯定向阶段、高二高三时期的生涯准备阶段和高中之后的生涯安置阶段。而由于我国传统的教育体系中缺乏生涯规划和辅导的内容设置,使我国的学

---

① 美国著名职业指导专家金斯伯格认为,人在11岁前为职业幻想期,11—17岁为职业尝试期,17岁后进入职业生涯的现实期,现实期又包括试探、具体化和专业化三个阶段。

② 美国职业指导专家格林豪斯认为,0—18岁为职业准备阶段,18—25岁为进入组织阶段,25—40岁为职业生涯初期,40—55岁为职业生涯中期,55岁到退休为职业生涯后期。

龄儿童和青少年,无论男女大多对职业缺乏想象力,而在幼儿、小学、初中时期通过各种特长班、素质班培养的所谓兴趣和能力,与其说是站在将来职业的高度,倒不如说仅仅是为了服务升学竞争的短期目标。这也可以解释为什么一旦进入高中特别是高三阶段,孩子们的一切兴趣特长通通被丢在一旁,只剩下全力应付高考这样一个单一目标的现象。因此,在宝贵的人生花季,我们的女孩子很少有机会发展自己的职业想象力,培养职业兴趣和能力,更不用说对自己将来从事的职业进行评估和选择以及接受必需的职业教育和培训了。

2. 18—25岁之间职业尝试期机会贫乏

这个时期,西方女性通常在继续求学的同时,已经学会如何以求职者的身份出现在人才市场,通过各种手段获取足量的职业信息,并在此基础上,通过尝试多种短期工作,最终为自己选择一种合适的、较为满意的职业,这样在获得学位证书后不久就能在社会上为自己找到一份工作。相比之下,由于我国高校传统的"象牙塔"式的封闭文化环境并未从根本上打破,加之传统文化形成的社会习惯势力对女性的长期束缚,多数女大学生课余的社交活动贫乏,信息闭塞。除去学校的实习安排外,她们一般很少自主地进行职业选择与尝试实践。近年在北京大学、南开大学及天津师范大学所做的专题调查发现,敢于参与社会竞争、大胆追求事业成功的女大学生在整个女生群体中只占极少数,大多数女生对事业的理解是找到一份好工作,而对家庭幸福却抱以极大期望,很多女大学生希望能做个贤妻良母。①

即使与同专业的男同学相比,情形也并不乐观。由于"在自卑与缺乏自信、不善言谈、交往不主动、担心别人不愿意等交往障碍因素方面存在显著的性别差异"②,我国的女大学生在社会实践能力、适应竞争环境能

---

① 李丽华:《失衡的学校教育情境对女大学生未来发展的影响》,西部女性网站2006年2月14日。

② 陈虎强:《男女大学生交往障碍的性别差异调查研究》,载《湖南教育学院学报》1998年3期。

力、创业能力、应付挫折能力以及关注自身心理健康等方面也显得难如人意。因此，虽然她们获得就业信息的渠道同样是依赖学校、人才招聘会和亲戚朋友或熟人介绍，但选择的余地却比男性低很多。许多女大学生认为各方面提供的就业信息不能满足她们的需要，一些人甚至表露出"不乐意做女性"的极端心态。

于是我们看到，多数女大学生仅仅带着就业指导课上学到的非常有限的职业知识就开始了自己的求职之旅。尽管许多人把大学最后一两个学期的课业放到一边，全力投入找工作，但时间对她们来说仍然显得非常紧张。她们频繁出入于学校和社会上组织的各类鱼龙混杂的人才招聘会，莽撞地投出大量的简历，尴尬地应付各单位的面试，短时间内不断地被人挑选和挑选别人，不断地体验着"失望—希望—失望"的情绪煎熬，直到最终从有限的几个职位中挑选一个，签了约才能松口气。

少数幸运的女生会在新生阶段就接受了职业生涯方面的课程，但从零起步同样给高校职业生涯设计工作带来很大难度。因为许多教师在授课过程中会发现，许多女生对即将进入的职业领域和职业生涯相关概念的认识是相当模糊和幼稚的。与男同学相比，她们对未来从事的职业更缺少自主的、明确的目标，她们不敢自己对自己负责，而更倾向于依赖别人，把决定的权力交给自己的家庭或者亲近的朋友。事实上，许多专家提醒我们，从高校到进入工作世界是人生非常重要的一个转折点。一旦迈进组织或职业的大门，便要迅速从学生转换到实习生、新手的角色，进入了职业培训阶段，虽然年龄还是在校时的二十四五岁，但任务和角色却明显不同。一旦开局不顺利，许多应届毕业生会显得相当急躁，再度轻率地选择逃离，或者跳槽，或者闭门读书准备考研，甚至一些女生以"干得好不如嫁得好"为理由，迅速走进了婚姻家庭这个封闭的小环境。而部分女大学生就业的不稳定性也使一些用人单位不敢用女大学生，从而造成恶性循环，加剧了职场对女性求职者的歧视。

近日公布的一项权威调查结果进一步说明了这个问题。国家"十五"重点课题"高等教育规模扩展与劳动力市场"课题组对2005年的大学毕业生进行了大规模的问卷调查,涉及东、中、西部地区16个省份的34所高校,其中"211工程"高校9所、一般本科院校20所、专科及高职院校5所。调查共回收有效问卷2.122万份,其中专科和高职毕业生占16.6%,本科毕业生占78.5%。课题组经过分析发现,大学毕业生的落实率有以下几大差异,其中很重要的一点就是性别之间存在差异:男性的落实率为77.1%,女性仅为71.2%。由于就业不理想,女性继续攻读研究生或出国的比例达到21.3%,比男性高出3.8个百分点。

3. 25—55岁之间职业现实期角色冲突

当一个女性进入职场,她一方面要与男性一起进行工作上的竞争与合作,另一方面她又将时刻面临工作角色与家庭角色、社会角色的冲突与挑战。《美国新闻和世界报道》近期曾经开展一项名为"影响生活质量最重要的因素"的问卷调查,结果男性和女性同时把"工作(职业)的满足感"和"家庭关系"这两个因素排在前两位,其中32%的男性选择了"工作(职业)的满足感",28%的男性选择了"家庭关系";而有33%的女性则选择了"家庭关系",28%的女性选择了"工作(职业)的满足感"。从"4%—5%"的细微差别,我们可以看到今日的美国人更加注重"工作"和"家庭"的协调关系。那么,在素有"男主外女主内"文化传统的中国,何时可以把女性的工作角色看得与家庭角色同样重要呢?似乎还有很长的路程需要我们在和谐社会的大背景下努力追赶。当今中国女性的职业发展面临着多重困境:比如她们在25—35岁职业生涯初期,正是逐步适应职业工作,不断学习职业技术,迅速提高工作能力的阶段,社会舆论却要求她们迅速结婚和生育,完成妻子和母亲的家庭角色;在35—45岁这个职业中期的危险阶段,她们本该不断学习新的知识,努力工作,并力争有所成就,社会却要求她们付出更大的精力在赡养老人、抚育子女方面,这通常导致她们职业发展的停滞、职业生涯的中断以及很大程度的职业厌倦;而在 45—55 岁职业生涯的后期,她们本该继续保持自己的职业成就,成为一名老师和前辈而受到尊重,却往往因技能过于单一、社会关系资源枯竭以及精力和身体的原因,黯然下岗、离职和退休。正像一些学者指出的那样,造成目前我国女性职业发展困境的因素很多,主要有"传统思想观念、教育、劳动力市场、工作组织及女性角色冲突"[①]等多方面,应该引起全社会的高度重视。

让人忧虑的是,当前以主流媒体传达的社会舆论中所倡导的部分观念仍然不自觉地损害着女性的职场形象。关于电影、报纸、电视剧和网络的多数研究都认为,虽然我国的媒体基本上能够反映我国妇女参与社会发展的成就和贡献,但是媒介中的女性形象也有被固定成见所"贬抑"的情况存在。例如在电视广告中,出现在工作场所的女性不仅数量少,而且形象恶劣,"她们要么为枯发发愁,要么为月经不安,要么为约会分神,要么考虑将巧克力送给哪个朋友……将女性的价值限定在其容貌、年龄、体形上,生存空间限定在家庭的贤妻良母角色上,与男性的关系限定在美丽、温柔、依顺、性感上,智力限定在追求时尚、爱情和享受上,她们极少在科技、社会事物上用脑子,天生不会逻辑思维,只会感情用事"[②]。有的媒体还有意诱导或强化女性在家庭"私"领域内寻找生活的"价值"等等。即使是一些女性媒体,由于受传统观念的延续和束缚,加之要取悦市场,仍有不少障碍女性职业发展的舆论存在。因此,如何"用正确的舆论影响女性"将是今后相当长时间内一个值得人们思考的课题。

三、职业生涯成功

每个人都在职业生涯中追求成功,但成功却不过是一种自我实现

---

① 宁本荣:《新时期女性职业发展的困境及原因分析》,载《西北人口》2005 年第 4 期。
② 刘伯红、卜卫:《我国电视广告中女性形象的研究报告》,载《中国青年》2000 年第 6 期。

的满足感。成功的含义不仅因人而异,而且对同一个人的不同职业生涯阶段来说也都不尽相同。当我们静下心来仔细思考它的时候,会发现如同幸福是一种说不清道不明的感觉一样,成功的外延和内涵也十分丰富。围绕职业生涯的成功,我们不妨问自己如下的问题:成功时一定要发生的事和一定要拥有的东西是什么?成功的时间,成功的范围,成功与健康,被承认的社会地位水准……毫无疑问,每个人的答案都是不一样的。

国外有专家总结出五种不同的职业生涯成功方向,请看看你属于哪一种:

1. 进取型——视成功为升入组织或职业的最高阶层。特别注重在群体中的地位,追求更高职务。

2. 安全型——追求认可、稳定;视成功为长期的稳定和相应不变的工作认可。

3. 自由型——追求不受控制;视成功为取得工作的最大自由度,希望有工作时间和方法上的自由,最讨厌每天报到的打卡机;

4. 攀登型——喜欢挑战、冒险的工作,愿意做创新工作,视成功为螺旋式不断上升,追求自我完善。

5. 平衡型——视成功为家庭、事业、自我事务等均衡协调发展。

需要注意的是,职业生涯成功与否,个人、家庭、组织、社会判定的标准往往存在着一定的差异。因此,对职业生涯的全面评价必须综合考虑个人、家庭、组织和社会等各方面的因素。因此,有人主张按照人际关系范围,将一个人职业生涯成功标准分为自我评价、家庭评价、组织评价和社会评价四类评价体系。如果一个人能在这四类体系中都得到肯定的评价,则其职业生涯是成功的。但从现实来看,获得四类体系全部肯定的评价将是十分困难的一件事,对一个女性来说尤其如此。因为四类评价体系的评价者不同,评价标准也各异。决定自我评价的是个人的价值观念及知识和能力,决定家庭评价的却是每一个家庭独特的文化,决定组织评价的又是一个组织自身的文化,而决定社会评价的却是社会的文明程度和社会发展进程。这样,四个评价体系由于目标不同,相互影响、相互冲撞之下,或者因个人的努力达到了某种程度的平衡,或者最终形成了对某些方面利益的牺牲。

比如,一个被媒体广泛宣传的女劳模,她本人期待在工作中能更加充分施展才华,在同事眼里她却已经是难于超越的一根"标杆",同时由于忽视了家庭的经营,她的丈夫、公婆和孩子都对她心怀不满。这样,表面上她的事业是成功的,但实际上却危机重重,如不及时调整发展策略,最终必将导致失败的后果。我们身边无数"女强人"事业兴旺发达而生活却一塌糊涂的例子往往都说明了这一点。

四、女性职业生涯中的价值取向

每个现代女性都拥有事业成功的梦想,但在实现梦想的长途跋涉中,各人的选择却大不一样。是什么原因使一些人舍却眼前的浮华热闹,长年坚持在某一学科领域默默钻研,而另一些人却不甘生活的平凡,在职场苦苦寻觅一夜成名的良机?又是什么使一些人在选择事业成功还是家庭幸福的十字路口犹豫、徘徊,而另一些人却态度果敢、勇往直前?通过对一个具体案例的探究,似乎有助于我们寻找这一类问题的答案。

文本链接

倪萍的职业生涯发展历程

1978年夏天,19岁的倪萍从青岛39中学毕业,凭借良好的文化课成绩、机敏的模仿能力及灵活多变的言语表达,顺利考入山东艺术学院,实现了童年从艺的理想。

大学期间,她先后主演了《山菊花》、《祁连山上的回声》等影片,因在电视剧《雪城》中出色地扮演了女配角姚玉慧而荣获大众电视金鹰奖。

大学毕业后,倪萍被分配到山东话剧院工作,先后担任10部话剧的女主角。1983年她被评为国家二级演员,兼任山东电影家协会副主席。1990年倪萍只身一人来到北京,在中央电视台《人与人》栏目担任第三主持人,其主持才华开始被人关注。1991年5月,她因在《综艺大观》中的出色表现,赢得了空缺4年的星光奖最佳主持人奖。此后,倪萍逐步成长为中央电视台的当家女主持人。

当许多年轻貌美的女孩子拼命"包装"自己想挤进主持人队伍的时候,倪萍却在连续主持了15年中央电视台春节联欢晚会之后,静悄悄地从央视绚烂的舞台退出,放下话筒,重新选择做一名演员。2002年,倪萍主演的《美丽的大脚》拿下国内所有的电影奖项,是她重归影视圈一个精彩的大跳。2005年,她主演的《雪花那个飘》又得了东京电影节的艺术大奖。

记者:你觉得女人最重要的是什么?

倪萍:……我觉得最重要的是要有良好的心态,因为女人在这个社会上可比的东西太多,没有好的心态的话,你可能永远找不到北,也永远找不到自己的位置。其次要有合适的工作,不一定攀高。有一个爱人,这很难,这也是非常重要的。

(以上材料由《倪萍成功素质分析》[①]一文和新华网、新浪网对倪萍近期的访谈文章综合而成)

"演员——主持人——演员",倪萍的职业生涯轨迹似乎从终点又回到了起点。许多人为倪萍不当主持人而选择做演员感到惋惜,一位网友说,以她的地位和知名度,即使不做主持人,也可以从容地隐身幕后或者

---

① 方舟主编:《中国当代名人成功素质分析报告》,北京:中国青年出版社2000年版。

进入仕途,为什么偏偏在四十多岁的年纪还要冲进满是俊男靓女的演艺圈折腾?

正处于职业生涯中期的倪萍为什么重新选定这个并不为人看好的职业目标?从她的回答我们似乎可以做这样的推测:对今日的倪萍来讲,"良好的心态"是最重要的——做演员能带给她"良好的心态"——因此她选择做演员。

恰如一些人所说,"命运不是一个机会,而是一个选择"。那么,又是什么决定了倪萍职业生涯的一次次重大选择?

当我们层层追问下去会发现,最终的答案是价值观。价值观是一种深深植根于我们内心的信念,它经常不为我们所知,却在我们一生中的每一次重大决定时影响我们的思考。在职业生涯发展的研究领域,那种一个人无论如何都不会放弃的价值观,被专家们赋予了一个形象化的名字——"职业锚"。

(一) 职业锚的涵义

一个人的生命之舟在职海上航行,起航时去到哪里或者在哪里停留其实都不会非常清楚。只有在行驶的过程中,每个人才会逐渐发现自己眼中最美丽的港湾,决定在这里停船下锚,这个地方对我们的职业生涯来说,就是最佳贡献区。而一个人只有对自己的天资和能力、动机以及需要,特别是自己的态度和价值观有了清楚的了解之后,才会意识到自己的最佳贡献区在哪里。

提出职业锚概念的美国职业指导专家施恩(Edgar H. Schein)认为,职业生涯发展实际上是一个连续不断探索发现的过程,在这个过程中,随着对自己越来越了解,就会找到个人生命成长的更加稳定的部分。因此,所谓职业锚是一个人自身的才干、动机和价值观的模式,是经历长期职场磨炼而逐渐清晰全面的自我观,它有助于一个人更好地进行职业定位。

从倪萍的身上,可以引发我们对职业锚进行更深一层的思考:

首先,职业锚的萌芽应该在一个人的早期职业生涯阶段。倪萍早期在影视和话剧表演工作中的勤奋和敬业,不仅为其积累了丰富的舞台表演经验,提高了她的综合素质,更由于业绩突出不断增强了她对自己的信心和期望,这为她日后在央视的舞台上获得更大的发展打下了坚实的基础。

其次,职业锚的发展需要个人的能力、动机和价值观的相互作用与整合。成功是一个渐进的过程,在此过程中的每一步都为个人展示自我提供了良好的机会。只有在机会来临时表现出比别人更好的品德与素质,全方位地展示你的敬业、成熟、天赋、才干等,才能受到世人的瞩目。从《人与人》到《综艺大观》再到春节晚会,一个个大型综艺节目在因倪萍而精彩的同时,也在客观上为倪萍提供了施展才华的舞台,成就了她的成功。

最后,职业锚是发展的、是动态而非静态的,它既不能提前预测,也不会永远停留在原地。作为一个成熟的职业女性,在职业生涯的中后期,随着经验和阅历的丰富、交际和视野的扩大,自知和知人的深入,完全可以根据变化了的现实条件,重新选定自己的职业锚。今日开放的中国正在迈向现代化的进程中,为广大妇女提供的舞台是如此缤纷多彩,时代要求我们在职场上不断学习、丰富自己,适应变化、发展自己,不断拓宽我们的职业生涯领域。

(二)职业锚的类型

通过前面的学习,我们知道判断一个女性的职业发展是否成功,并没有一个统一的标准。一个人在追求职业成功的过程中,无论是动机、需要、态度都不相同,因此她们寻求的职业锚也会有所不同。国外职业指导专家据此提出了有代表性的五种价值锚:技术能力型价值锚、管理能力型价值锚、安全型价值锚、自主型价值锚和创造型价值锚。不同类型的职业锚,也就是不同类型的自我观模式。

表12-1可以较为直观地说明这5种价值锚的特征:

价值锚类型	特征	主要职业	杰出女性代表
技术/能力型	强调业务工作 拒绝一般管理工作 接受在能力区内的提升 对组织的依赖性弱	工程技术、营销、财务分析、企业计划、医生、科研人员	居里夫人① 林巧稚②
管理能力型	向往担负有一定责任的管理工作 有很强的升迁动机和价值观 分析能力、沟通能力和情感能力强 对组织依赖性强	各级各类组织的一般管理工作	甘地夫人③ 吴仪④
创造型	有强烈的创造需求和欲望 意志坚定,敢于冒险 要求有自主权、管理权,但以创造为主要动机	设计师、艺术工作者、发明人、企业家	可可·夏内尔⑤ 杨澜⑥
安全/稳定型	追求安全、稳定的职业前途与和谐、温馨的家庭氛围 对组织和家庭有较强的依赖性	公务员、教师、一般公司职员	山口百惠⑦ 林徽音⑧

---

① 世界著名科学家,她和丈夫、法国科学家皮埃尔·居里在共同的工作中发现了元素的放射性,并成功提取金属态的镭。居里夫人曾两次获得诺贝尔奖,为人类科学事业做出巨大贡献。

② 我国著名医学家,协和医院妇产科教授,中国医学科学院副院长。对滋养细胞肿瘤发生及发展规律、女性盆器结核的发生及其治疗进行了深入研究,1955年选聘为中国科学院院士(学部委员)。

③ 印度政治家、首位女总理,她出身名门望族,曾四次出任印度总理。1984年被锡克人暗杀。在世界现代史上,英迪拉·甘地是担任总理职务最长的女性,先后长达14年之久。

④ 现为国务院副总理,被媒体誉为中国当代政坛"铁娘子",2004、2005年两度位列福布斯"全球百位最具影响力女性排行榜"第二。其代表中国政府在中美贸易谈判、SARS肆虐时期和治理艾滋病方面表现出的自信、果敢和智慧,使她成为中国当代政治领域"有着不可思议魅力的女性"。

⑤ 法国著名服装设计师,统治巴黎的高级时装达60年之久,她用针织面料表现一个"穷女郎"形象的创新,引起了上层社会妇女们的兴趣,促使她们摆脱当时流行的紧身样式。

⑥ 现任阳光文化影视公司董事会主席,从《正大综艺》主持人到凤凰卫视当家花旦,从中国的申奥大使到著名财经人物,杨澜书写了一个中国当代女子的人生传奇。

⑦ 日本当代著名影视歌三栖明星,出道30年魅力不减。尽管娱乐圈人气超强,但仍在事业的巅峰时期选择回归平静的家庭生活。

⑧ 我国现代著名女才子,在建筑学、文学方面均有很高造诣。建国后任清华大学建筑系教授,并参加了国徽和人民英雄纪念碑碑座设计。同时,业余创作了具有专业水准的文学作品,在京派作家圈中颇有声誉。其在事业、爱情、婚姻上的传奇经历,一直被传为佳话。

（续表）

价值锚类型	特征	主要职业	杰出女性代表
自主/独立型	希望随心所欲安排自己的工作方式,最大限度摆脱组织的约束 选择职业时决不放弃自身的自由 尽管与其他类型的职业锚有明显交叉,但自主的需要强于其他需要	咨询专家、财务顾问、工商管理方面的指导专家、自由撰稿人	张爱玲① 卜桦②

（三）工作—家庭的平衡管理

身处21世纪,一个重要的观念性变化正在为越来越多的女性接受:虽然职业生涯成功可以因选择的职业锚不同而作出不同的解释,但毫无疑问,它至少应该对我们家庭生活的成功起到积极作用,而并非相反。我们需要在职业生涯与家庭责任之间寻找平衡,因为我们能放弃一项职业,却不能放弃作为女儿、妻子和母亲这些家庭角色。相反,我们要像完成所有工作角色一样,尽力去完成好这些家庭角色,只有这样,我们的心才会真正地感到幸福和平安。因此,无论对女性本人还是她们服务的组织来说,弄清楚工作与家庭的关系,及时把工作—家庭的平衡纳入个人和组织的发展规划中去都有至关重要的意义。

对女性个人而言,在讨论维持工作与家庭平衡关系的问题时,关键的一点是适合自己。例如,是留在家里照料不足3岁的孩子还是继续攻读MBA?需要决定优先次序,同最重要的家庭成员(如丈夫)商量,根据实际情况确定5年内自己最重要的事情是什么。再比如,外出工作,丈夫在家管孩子,邻居会不会笑话丈夫是"家庭妇男"?这就要改变我们自己的传统家庭观念和模式所带来的内疚感。总之,并不存在解决家庭和工作

---

① 中国现代著名作家,其在生活和事业上表现出的特立独行的人生态度,成就了她不朽的文名。
② 当今中国著名的网络艺术家,媒体评价"因为这个人,就足以证明中国拥有世界级的flash"。卜桦毕业于中央工艺美院装饰绘画专业,其代表作《猫》是中国在国外唯一获奖的flash作品。她享受目前的状态:在家中拥有兴趣和工作的平衡,还有很多人主动找她做flash,构成她重要的经济来源。

关系的通用方式,一定要大胆试验适合自己家庭独特的解决方法,必要的时候可以考虑接受专业指导。

对女性服务的组织来说,它们首先必须切实承认工作和家庭的相互制约作用,并在此基础上及时制定相应的对策来减少家庭对员工工作施加的不利影响。目前,在西方国家,针对才能出众,又要承担养育子女任务的女性员工采取弹性工作制越来越流行。① 在家中装备电脑、传真、打印以及网络设备,就可以使许多女性的工作地点从办公室转移到家庭,非全职工作使她们既可留出更多的时间照顾家庭和子女,又不必担心丢掉自己的饭碗,确实实现了以前几代职业妇女难以想象的"坐在家中赚钱"的梦想。

第二节 科学定位与精心设计

春夏秋冬、忙忙活活,身在职场,许多人只顾低头赶路,却常常忘记了抬头看天。作为女性,你可知道,21世纪正被越来越多的有识之士称为"她世纪"?它意味着在这个世纪里,女性参与的社会分工日加广泛,女性的地位随之不断提升,将真正实现与男性的平等协调发展。

事实上,"她世纪"正快速向我们走来,其势头之猛,甚至使职业指导专家们都始料不及。即使在我国被喻为社会稀缺资源的企业家行列中,女性也正在显得光彩四射。"在一些国内外著名的国有大型企业中,有一批成功的女企业家,她们通过转制可以直接成为这些大企业的股东;同时,在一些国内外知名的大型集体企业中,也同样有一批成功的女企业家;即使在个体企业中,也存在一些亿万女富豪。"② 专家们普遍认为,女性创业"适逢其时"。

---

① 张再生编著:《职业生涯开发与管理》,天津:南开大学出版社2003年版。
② 李兰:《中国女企业家:为什么她们更容易成功》,载《中国经济时报》2003年3月12日。

与此同时,时代的机遇也要求今天的女性必须打破传统的被动思维模式,不再"迷迷瞪瞪上山,稀里糊涂过河",要及时抓住机遇,迎接挑战,在职业旅途中积极发展,努力开拓,"一步一个深深的脚窝"。而在每一个女性追求职业生涯成功的目标时,首先要做的就是重视自己的职业生涯开发与规划。

一、职业生涯开发

女性职业生涯开发是指为了提高一个女性工作者的工作成绩与效率,实现其职业生涯目标而从事的各种有计划、有系统的努力。它的根本目的在于促进一个职业女性的全面发展。就一个正在进行职业选择的女性来说,可以从自身要素开发和社会资本开发两个方面步入其职业生涯开发的历程。

(一)自身要素开发

每个女性都是一座有待开发的宝藏,但遗憾的是,我们很容易给予别人过高的估价,而对自己的价值却常常认识不清。在我们这样一个素有男尊女卑文化传统的国家里,女性在认识自我方面,似乎比男性更重视来自外界的评价,尽管这种评价常常有失公允和客观。因此身为女性,在进行自身要素开发之前,必须树立这样的强烈意识:恰如博宾斯卡所说,要有恒心尤其要有自信心。必须相信自己是有能力的,而且要不惜任何代价把这种能力发挥出来。在这个前提下,我们才能探讨一个职业女性在态度、能力和职业资本等自我要素开发方面能做些什么。

1. 态度的开发

在分析一个人职业生涯成功的原因时,几乎没有一个专家能轻视态度的影响力,甚至有人干脆喊出了"转变态度,迈向成功"。那么,什么是态度呢?它是指个体在一定环境中对一类人或事物作出积极或者消极反应的心理倾向。[①] 研究中发现,人们的工作态度在很大程度上受到价

[①] 王重鸣著:《管理心理学》,北京:人民教育出版社2001年版。

取向的影响,而当员工对具体的工作显示出积极的态度时,往往也会产生很高的工作绩效。

文本链接

她的成长是所有同龄人的榜样

小芳是公司一个美工的老乡,到公司来玩的时候,得知公司当时正缺一个前台,就毛遂自荐地过来了。当时行政主管跟我说前台招到了,我还纳闷:这个瘦弱的小姑娘明明有会计证,却应聘前台,是怎么回事?

后来发现,工作中小芳是非常尽职尽责的。网络公司在刚开始还没有做出名气之前,前台的工作大多是内务行政方面的。小芳来后,原先前台无人接待、电话错转、办公用品供应不及时这些问题再没出现,她一有空闲还主动热情地帮公司同事做一些分外的琐碎杂活。在交流中,她告诉我,她来之前是在证券公司做出纳,证券公司工作虽然很赚钱,她每周对账时看看那些大户的资金流向就能看得出他们是在出货还是进货,再找交易明细,财务上的几个小姐妹就能自己投资跟庄稳赚;但那样混乱的工作秩序肯定长不了,她不想等行业整顿时被动地出来。

我很欣赏这么年轻的小女孩能有这样的眼光和定力,就说:眼下她做的工作,比如帮市场部打字整理市场计划,帮社区编辑整理兼职版主的资料等等,都是她全面地深入了解这个公司的运作秩序、产品流程、工作内容的好机会;当她熟悉了这一切之后,她就可以从前台转到编辑或市场工作了,而且有可能比直接上手但不了解公司全部业务状况的同事做得更好。后来,小芳在工作中就有意多接触女性、情感、文学类的编辑工作,和那些编辑们学一些网络文字的辨别、版面气氛的控制、调动等工作经验和技巧。

几个月后,在公司又招募了一个前台后,她就顺利地转成公司的财务助理并做女性 BBS 的兼职编辑。又过了一阵，投资方派来财务人员后，小芳就正式成为了专职编辑。随后，一步一个脚印，小芳从专职编辑扩展到对外专栏作者的联系、管理，再到对外产品合作的洽谈、跟踪、合作伙伴的维护。同时，用了大约两三年的时间，她还完成了自己自学考试的大专、专升本的学历跳跃。

随着公司业务的扩大，人员规模也在膨胀，熟练的老员工都因对业务的熟悉而开始成批地成为业务组长、部门经理，小芳是里面最突出的。在成为市场经理一年后，因为完成业务指标优秀，同时公司也需要一个对市场和产品业务都熟悉的 leader，小芳就顺理成章地成为公司最年轻的业务总监。

（摘自宋三弦等著《我为什么不要应届毕业生》，重庆：重庆出版社 2005 年版）

案例中，小芳的晋升脚步飞快。在我们分析她的成功时，不妨提这样一个问题：在小芳职业生涯早期，作为刚入行的新人，她在承担任务和业绩表现方面是很难与公司的老员工竞争的，那么，是什么使她引起了公司领导的重视？对，是她在平凡琐碎的前台工作中表现出"尽职尽责"的良好工作态度。是良好的态度让小芳迅速融入了新团队，赢得了领导和同事们的信任，并且在与领导的交流中使自己的价值观被领导欣赏，从而得到了全面学习公司业务的难得锻炼机会。因此，在开始职业生涯之旅的时候，一个女性要努力学会并始终保持用积极的态度去工作和处理周围的人际关系，这是非常重要的。

一个人对自己的态度事实上大多来自身边人的灌输，比如父母、老师的影响，但是作为成年人，女性更应该学会选择保留或者修改来自别人提供的自身信息。去留的关键在于它们是否有助于我们取得成功和过上一个满意的生活。

假如你习惯了选择消极自我评价的态度，可以尝试用积极的心理暗示方法帮助自己摆脱这种情况:像有意识地扩大自己的优点,主动与消极的言论争辩,不轻易得出负面的结论,等等。

2. 能力的开发

一个女性无论选择什么职业总是要具有一些特定的能力的。对能力的定义,心理学家站在不同的角度给予了不同的解释。一种观点认为能力是"执行某种行动的技巧,在这种行动中,包括复杂而协调的动作和智力问题的解决"。另一种观点则认为,"能力是人类生来就有的潜能,是人们生理活动的能量"①。综合来看,能力一般包含了三方面的内容:基础能力、业务能力和素质能力。② 在能力表现方面,男女之间无疑是存在显著差异的。比如,美国妇女创业者基金会曾就男女企业家的差异问题进行过一项调查,发现在做决策时,男性企业家强调合理性,女性则力求既合理又合情;而在领导和管理风格方面,男性偏向自主、独立、竞争,而女性更注重人际交流、相互依存、合作成事,等等。

一些专家指出,女性在领导能力、谈判风格等方面甚至比男性呈现出更多优势:例如她们有能力推行远景规划,不惧怕革新陈规,在高科技时代采用友情感召的工作方式,关注顾客的偏好和勇于力排众议、标新立异等。③ 西欧产业合同协会的创始人巴巴拉·格罗甘表示:"如果你能成功地协调家里 6 岁和 4 岁的两个孩子为抢一个玩具而发生的纠纷,那你就有能力参加世界上任何一项合同的谈判。"

值得注意的是,无论从事什么职业,女性都需要培养如下三方面能力:即胜任新工作的能力,向上司证明自己具有必要技能的能力以及能迅速获得新能力的能力。因此,女性更要深入挖掘自身的优势潜能,以此搭建通往理想职位的桥梁。

如果要女性为自己开列一份潜能清单,许多人可能感到困难,甚至有

---

① 王重鸣著:《管理心理学》,北京:人民教育出版社 2001 年版。
② 基础能力包括知识、技能和技巧。业务能力包括理解力、判断力、决断力、应用力、规划力、表达力等。素质能力包括智力素质、体力素质、性格个性等。
③ 李兰:《中国女企业家:为什么她们更容易成功》,载《中国经济时报》2003 年 3 月 12 日。

人会表示"我看不到自己有什么技能"。事实并非如此,职业指导专家指出,对掌握技能的错误估计主要源于我们事先对自己的狭隘定义,比如"我是个普通学生","我待业在家","我是个家庭妇女"等等。这些强加给自己的标签会在女性求职时产生不利的影响,因为它常常蒙蔽了用人单位对女性正确的认识。因此,女性要确认那些能使自己在职场中升值、但还不为自己重视的技能,例如快速学习的能力,对细节的关注能力,做事情有始有终的能力,善于和人打成一片的能力等等。专家认为,即使是一个家庭妇女,她所擅长的家务劳动中也包含了一系列广泛的、可以迁移到许多有报酬工作中去的技能,如办公程序、人事管理、财务和采购等技能都可以列入可迁移性技能中去。

3. 职业资本的开发

一个女性从进入职业生涯的准备阶段开始就要逐渐积累自己的职业资本,主要包括职业素质、职业技能和职业阅历等方面内容。做教师还是成为医生、演艺人员,不同的职业需要不同的职业素质以及相关的专业技能。但积极勤奋、敬业乐群应该是对从业人员基本的素质要求,用己所长、精益求精是对其基本的技能要求。与此同时,在职业资本中,职业阅历正越来越为用人单位所重视。许多组织的招聘广告上会打出"有相关工作经验者优先",甚至还规定了具体的工作年限。这充分说明,职业阅历正在成为组织招聘选才的一个重要筹码。因此,女性要付出艰苦而持久的努力,使自己的职业资本保值增值。因为靠某方面单一技能和经验去处理问题的时代已经一去不复返了,活到老、学到老,终身学习将是对新时代女性的必然要求。

(二)社会资本的开发

在生活中我们常常会发现这样一种现象:一个在某行业有相当影响力的女性,即使她已经宣布退休在家,事实上也很难真正清闲下来,因为许多人会慕名登门,开出种种条件请她出山。相反,某个女性尽管具有很高的才能,但由于不善于打造自己的职业知名度和美誉度,她一旦从工作岗位上退下来,尽管身体和精力都允许,却往往不为人所知,无法发挥自己的余热。这个例子提醒我们,在现代社会,一个女性要在职业生涯中时时注意塑造自身的良好形象,不间断地进行个人公关,以此来积累自己的社会资本。

职业的社会资本开发可以从多方面进行,如外在形象的塑造,对权力关系的把握,争取领导的注意,处理好人际关系等等。下面着重谈谈女性在构建职业人际关系网方面的几个技巧[①]:

1. 构建稳固的内部圈

俗话说"三个女人一台戏",女性在交友方面往往比男性更容易,但正因如此,她们通常不注意交往对象的经营。特别是一些步入婚姻、有了孩子的女性,常常三五年内一心扑在小家庭的建设和子女的抚育上,使其交际圈子逐渐萎缩,很难维持一个良好、稳固、有力的人际关系核心。而当她们从家务事中终于能抬起头的时候,或者是遇到麻烦想到需要朋友的时候,却发现已经时过境迁,往往后悔不迭。专家提醒:一个人的职业发展离不开外力的支持,良好、稳固、有力的人际关系核心必须由十个左右你能靠得住的人组成,他们构成你的影响力内圈。与他们的交往,能激发你和他们的创造力,使彼此的灵感达到很高的境界,而这个强有力的关系需要你一个月至少维护一次。

2. 为人要慷慨大方

许多女性在交往过程中被批评"过于仔细、斤斤计较",这个评价的含义是比较复杂的,可能指经济方面,也可能是指看事物的角度,甚至指一些女性过分的自我保护。总之,我们要克服社会上特别是来自男性世界对女性交往中的负面印象,就要遵守这样的原则:不是"别人能为我做什么",而是"我能为别人做什么"。在做人态度上的慷慨大度,会帮助女性交到更多的真心朋友,以及赢得更多男性的尊重。

---

① 摘自《世界经理人文摘》2001年第2期。

3. 避免犯 7 个错误

（1）关系网络成员不要个个都像你，应多样化。

（2）不要以为你总有资格发号施令，关系网中人人平等。

（3）不要小气。当某关系帮忙后，请他吃一顿或者帮对方一个忙回敬。

（4）回电话。当你不在时，对方留言回话，一定尽快回复。

（5）不可低估私人接触的价值，盲目避嫌是愚蠢的想法。

（6）不要敷衍。朋友问你问题，如不知道答案，应当以诚相告；如知道谁能回答，应主动推荐或帮对方询问。

（7）学会区分消息和流言。无论是在你的职业生涯还是私人生活中，都决不能给流言留有任何余地。

二、职业生涯规划

有学者说，职业生涯发展是一个有机的、逐渐展开的过程，而不是一个预先设计好的过程。这话固然不错，但现实中可用于选择职业的时间却是短促的，有调查显示[①]，没有计划的求职，其成功率是难以保证的，求职成功是职业生涯的开始，而职业发展是以职业生涯规划作保障的。

（一）职业生涯规划的内涵

一个女性根据自身的主观因素和客观环境的分析，确立自己的职业生涯发展目标，选择实现这个目标的职业，以及制定相应的工作、培训和教育计划，并按照一定的时间安排有步骤地实施，这个过程就是职业生涯规划。应该看到，这个关乎女性人生方向的设计是个非常复杂的程序，它的基本特征如下：

1. 规划的动力源泉在女性自身

也许是你的家庭、你的企业或者你所处的社会环境决定了你现在或

---

① 《职业是需要规划的——对 2005 年大学生就业及职业规划方面的调查》，载《中国大学生就业》2005 年 9 期。

者将要从事的工作,但在某个岗位上是否能有一番建树,却要依靠你自身真切的需要。有的人拥有一份令人羡慕的工作却一生无所作为,而有的人却在困难得多的客观条件下绝地逢生最终出类拔萃。无数在身边上演的成功或失败的例子证明:只有怀着必胜的、义无反顾的心态投入行动,你才有可能获得成功。

2. 规划要讲究个性

职业生涯规划不是你要供职的组织强加在你身上的实施方案,而是你在内心动力的驱使下,结合社会和组织的发展利益,依据现实条件和机会所制定的个人化的发展方案。它是为你量身打造的,仅仅适合你自己。

3. 规划是一张心理合同

奋发的心灵需要激励,外力也许给你的只是一些机会和信息,记住:任何书籍、练习、培训项目和职业顾问对你个人前途的作用都还不如你自己的价值观和必胜信心的作用来得大。此类书籍或课程可能妙趣横生、引人入胜,但它们不可能永远给你以激励。心理学家指出,长期持续不断的动力只能来自于你自己的内心,它靠自我激发并保持。与自己签一纸心理合同,然后整装出发吧。

(二) 职业生涯规划的步骤

一份完整的职业生涯规划一般包括盘点自我、设定目标、目标实现策略和反馈与修正四个方面的内容。

1. 盘点自我

是什么影响了你的自我认知? 你对你喜欢的、不喜欢的、梦想、长处、短处、需要、价值观等等,是否有一个清醒的认识? 一个准确的自我剖析就是要对自己进行全面的分析,重点要分析自己的条件,特别是在性格、兴趣、特长与需求等方面。

你的职业选择部分地依赖于你的脾气秉性和性格偏好。如果你喜欢思考具有细节和结构性的问题,你可能比较适合会计、工程师、数学家、医生等职业;如果你喜欢非结构性的、需要宏观思考能力的问题,那么创造性的一些工作或者社会服务方面的工作可能更适合你。你属于多血质、胆汁质、黏液质还是抑郁质类型①?通过一些简单的心理测验,你可以迅速发现属于你的个性特点,从而选择"性之所近"的工作。当然,各种性格类型的人在每个职业都是存在的,但如果某种职业确实有悖于你的性格,可能将意味着你在这个领域将付出比别人更多的努力才能成功。

进行职业生涯设计时,充分考虑自己的职业兴趣也是必不可少的。任何人做一件自己不喜欢的事情都不会开心,而工作心情又影响着工作的质量和效益。著名导演张艺谋曾表示《摇啊摇,摇到外婆桥》是他一部失败的作品,因为当时心情极度恶劣,使他对这部影片没有一点兴趣,每天的工作都成了受罪,只想着早一点结束就离开。美国职业指导专家霍兰德按照职业兴趣把人的职业特性分成6种:现实型、探索型、艺术型、社交型、企业家型和传统型②。

在简历或面试中,你通常还被要求描述自己的特长。在找寻它们时,可以分析你曾经学习或者做过的一些事,特别是做成功的一些事,比如什么时候成功的,如何成功的?通过回答这些问题,你会不断发掘出自己的闪光点,然后列出完成这些事所需要的特长。例如,一个女大学生在课堂上就高度评价了自己的观察能力。"在宿舍里,我总是能毫不费力地发现其他人外貌、服饰或者心情上细微的变化。"

与此同时,你还要清楚自己的一些弱点,比如你所有经验或经历中欠缺的方面。对于个人的能力和经验中的欠缺,正确的态度是,认真对待,

---

① 多血质的特征是性情活跃,外部表现明显,反应敏捷,善于交际,但注意力和情绪容易转移。胆汁质的特征是直爽热情,精力旺盛,情绪体验强烈而持久,但自制力差,容易激动、急躁、易怒。黏液质的特征是安静沉稳,自制力强,反应速度慢但稳定性强,固执、冷漠。抑郁质的特征是情绪兴奋性低,但体验深刻,反应速度慢而不灵活,感受性高而耐受性低,往往多愁善感。

② 霍兰德兴趣环境(RIASEC)分类如下:现实型(R)——喜欢户外的和使用工具的工作,愿意和事物打交道,而不是和人打交道。探索型(I)——喜欢以任务为导向的工作和独立完成任务,期望解决抽象的问题和探索物质世界。艺术型(A)——喜欢在能提供自我表达的艺术氛围中工作。社交型(S)——擅长于社会交往,有责任感且关心他人的利益,对机械或物理方面的技能不感兴趣。企业家型(E)——喜欢领导、讲演和推销,对细致的工作没有耐心。传统型(C)——喜欢条理非常清晰的工作,而对艺术或物理方面的技能不感兴趣。

善于发现,努力克服弱点,并不断丰富自己的知识,提高自己的能力。如此,你新的行为表现将会使周围人很快对你刮目相看。

进行自我剖析的方法有许多,常用的主要是三种:橱窗分析法、自我测试法和计算机测试法。① 通过这些方法,你会发现你具有许多不为自己和别人了解的优点,如你的一些个性特征,像遇到困境时你比一般的女孩更容易保持镇定,像天生你就对数字敏感;或者如你的一些优秀个人品质、热情、良好的态度、自信、幽默等等。这样,你在更深的程度上了解了自己,并且在一些重要的场合能更加流畅地表达自己,你成功的机会将大大增加。

进行自我剖析,还要注意分析你所处的社会环境。它既包括大的方面,如对当前政治环境、经济环境、法律环境的分析;还包括小的方面,如对某一职业的特殊社会环境分析,某行业发展现状和趋势,以及想去的具体单位的情况等等。只有把自身因素和社会环境因素做最大限度的契合,才能在现实中趋利避害,使你的职业生涯规划更具实际意义。

2. 设定目标

职业目标包括总体目标和一个个阶段性目标。总体目标是指当前可以预见的最长远目标。一个人要度过成功、快乐的一生,在奋斗中必须有清晰的方向,定出明确的目标,然后做出有效的行为。对许多女性求职者来说,首先要敢于确定并表达心中最想要的东西。曾经为美国杜邦公司雇佣过数千员工的卡尔夫人曾经说:"在我看来,世界上最大的悲剧莫过于有太多的年轻人从来没有发现自己真正想做什么。想想看,一个人在工作中只能赚到薪水,其他的一无所获,是一件多么可悲的事情啊!"

---

① 橱窗法:心理学家把对个人的了解比成一个橱窗,分为公开我(人知己知)、隐私我(己知人不知)、潜在我(别人自己都不知)、背脊我(人知己不知)4个象限,进行自我分析时要重点了解第三象限"潜在我"和第四象限"背脊我"这两个部分。

自我测试法:通过回答有关心理测试问题来认识、了解自己。在自测时,切忌寻找标准答案,而应该怎么想就怎么答。

计算机测试法:用计算机软件来进行自我测试,主要有人格测试、智力测试、能力测试、职业倾向测试。

文本链接

小青经常参加招聘会，只要可能她都会去，却一直没有找到一份工作。是她的条件不好吗？不！她面容和身材好，本科学历，表达和沟通能力都不错。那么，为什么找不到工作呢？

结论：目标不明确。试试这个，感觉一般；到另外一家，好像也还行，再看看吧！就这样，她至今没有找到满意的工作。实际生活中，一些好高骛远、不切实际的行动注定要失败。常有一些人，特别是如今的某些大中专毕业生在择业就业时，往往眼光过高，习惯于捕风捉影赶潮流。就业标准是：工作必须轻松体面，待遇必须高标准，结果择业的路越走越窄，屡屡碰壁。前几年，一些计算机专业的人才到微软公司应聘，在一般人眼里已经是天价的待遇他们还不满意，又到多家公司屡应未聘。犹豫间，几年的时光匆匆而过，再回"微软"应聘时，正逢"微软"大量裁员，只好屈就他处。

（摘自《职业是需要规划的——对2005年大学生就业及职业规划方面的调查》，载《中国大学生就业》2005年9期）

如果你想避免这种情况在你身上发生，可以在求职前多花些时间对你感兴趣的职业进行全面的认识和了解。最好去拜访在这个职业工作了10年、20年甚至更长时间的人，通过了解他们走过的路，来帮助自己分析是否适合这个职业。

其次，要善于把总体目标分解成一个个阶段性的目标，可以从性质和时间两方面来分解。如按性质分解，可分为职务目标、工作能力目标、提高心理素质目标和工作成果目标等；按时间分解，最终目标可直到退休，长期目标可十年以上，中期目标可两年以上，短期目标可一至两年，近期目标还可以是几个月以后应实现的。例如,你的理想是成为一名律师,那么可以把法律事业当成一种长期职业目标,而把成为一名法律秘书或助理人员作为短期目标,从基层一步步做起。这些短期目标可以使你在有关的环境中从事符合你理想的工作,同时,这些经历也将积累成为你宝贵的从业经验。总之,要把长远的目标一直分解到如从今年3月1日起要干什么,到4月1日要实现些什么这样细化的程度。如此,我们就把一个美好的愿望一步步具体化、明确化了,避免走入职业设计过于理想化的误区。

3. 目标实现策略

在确定了目标之后,最重要的就是行动了。决定职业生涯目标能否实现的关键就在于缩小差距的方法及实施的方案。一般来说,缩小与目标的差距主要有三个方法:一个是教育培训,一个是讨论交流,还有一个也是最重要的,就是争取改变学习或工作的内容以及方法。当被要求在从来没做过和驾轻就熟的任务之间进行选择时,你将怎么做?职业指导专家们建议:要着重参与自己能力较差的工作,把自己能干好、从中已经学不到什么新东西的工作让给别人去干。因为在当前的知识经济时代,所谓"朝阳企业"与"夕阳企业"的划分存在太多的变数,对女性员工来说,没有什么比及时进行知识和能力结构的调整,增强自身的职场适应力,以延长你的工作生涯更重要的了。

4. 反馈与修正

俗话说"计划没有变化快",影响职业生涯规划的因素很多,有些变化是可以预期的,有些则是难以预期的。在这种情况下,要使我们的规划行之有效,就要不断对该设计进行评估与修订。修订的主要内容包括:职业的重新选择,职业生涯路线的选择,职业生涯目标的修订,实施策略计划的变更等。

在一个人职业生涯发展的过程中,职业生涯开发与规划之间有着非常密切的关系,开发是为了保证规划目标的实现,规划则是对包括开发、发展目标、步骤的一种具体安排。应该说,只有开发与规划不断地相互调适,才能更好地促进职业目标的实现。

第三节　构建合理的知识结构与能力体系

在前面两节,我们围绕女性职业生涯历程,介绍了诸如发展、成功、价值观等一些基本概念,以及设计适合女性的职业生涯发展规划的方法和步骤,应该说这些都是涉及职业女性的共性问题。这一节我们将选取女大学生这个特殊群体,讨论一下作为求职的准备阶段——在大学期间应做的一些事情。

一、树立知识性就业意识

社会发展到今天,人们求职应聘已出现体力型——技能型——智能型的发展趋势,在这个时代,追求"知识生产率"往往要比追求"劳动生产率"所产生的绩效更加令人神往。

但是,在知识经济时代,同样面临着来自社会环境的一些挑战。当你跟你的祖母或者母亲讨论关于职业的一些事情时,她们或许会告诉你:在从业之初,她们大多服从了领导的安排,然后在某一岗位或者多个岗位上勤勤恳恳地工作,直到退休,其间或者得到晋升或者停留在原地,但不管怎么说,她们是组织的人,因此可以放心地将自己的命运交给组织和领导来安排,而组织当然也有义务为她们提供长久的饭碗。但当你向正在工作着的姐姐打听职业方面的情况,或者在某个星期天自己走进人才市场的时候,你却发现,在今天,一个工作者,无论是男性还是女性,实际上都已经很难对一个组织保持这样高度的信任了。因为任何工作都可能是阶段性的,在知识经济时代,终身雇佣的"铁饭碗"不复存在,也许永远一去不返了。

我国作为当今世界发展中的人口大国,就业形势一直非常严峻。有趋势表明,在今后乃至更长远的未来,许多单位都可能无法提供给我们,那些长辈们曾轻易获得的——工作上的长久保障。它们给我们的,只能是一些富于挑战性的工作,我们将借此获得具有市场价值的技能。当你清醒地认识到这一点时,你就不会仅仅为了躲避就业高峰而选择继续深造,或者为了安全,选择那些眼下看来似乎还非常稳定的职业,而那些职业却并非是你的兴趣所在。相反,你需要做的,是在学校期间就要把握知识性就业的一些特点及规律,努力提高自己的就业指数。

(一)关于知识的新认识[①]

1. 知识是有时效性的

在知识经济时代,知识是有时效性的,知识不消费,过时也就会成为垃圾。专家提醒我们:应届毕业生要把握好时机,在就业竞争时将所学的知识在市场中营销,实现知识的最佳卖点,才能使自己在择业市场中增值。

2. 知识的数量与价格并非成正比

在知识经济时代,知识是推动社会发展、经济提升的重要内因。但知识在没有转化前只能是资源,它们只有转化成我们前面提到的职业资本,创造出生产力才有经济价值。

3. 高学历未必代表求职的高机遇

有一个比较普遍的观念也许正影响着你:学历越高,工作就越好找。但事实是,一些高学历女性正面临着更深层次的性别歧视。比如"世上共有三种人,男人女人女博士"的说法,甚至成为 2006 年中央电视台"三八"晚会讨论的一个焦点。我们认为,学历仅仅是体现一个人系统地学过什么,知识学到什么层面的一纸证明。学历的高低与人才市场的需求不同步。市场经济遵循"物以稀为贵"的法则,供求关系是人才价格的动态准星。这也就是人才市场为啥经常会爆出"钳工比博士工资高"冷门的

[①] 摘自《大学生职业生涯设计之大学生知识性就业》,北京:中国言实出版社 2004 年版。

缘故。

4. 要注重知识的附加值

许多女大学生相信：选了热门专业，工作就高枕无忧；选了冷僻专业，毕业就意味着失业。但事实上，"风水轮流转"，也许到你毕业的时候，高考时曾经的热门专业已经在三四年间逐渐降温，成为明日黄花了。应对这种市场风险的办法是：增加自己知识结构的附加值，不要片面地在某一方面求深求强，有精力的话，不妨选择一些感兴趣的辅修专业。目前，市场上双学位的人比单学位的人好找工作，跨学科读硕士、博士的人价值更高，这些都说明在市场经济条件下，复合型人才更受用人单位的欢迎。

（二）关于女大学生知识结构的再认识

同样条件下，为什么女生的就业签约率要低于男生？是不是女大学生的知识结构出了问题？2006年"三八"节这天，参加全国"两会"的代表就提出，有条件的大学可以"因女施教"，实行差别教育，优化女大学生的知识结构。他们认为通过市场的细分，可以将女大学生引向那些更加适合女人干的活儿，比如传统的护士、幼师以及社区工作。值得深思的是，对这个提案，相当多的人持有反对意见。

一方面，一些教育专家认为，"就业其实是个社会问题，不是教育的问题"。他们的理由是，从市场化、企业效益最大化的角度考虑，肯定是不利于女性就业的。因为女性的生理条件决定了其必然要比男性拥有更多的假期，面临更多的问题。所以这不是教学内容的问题，而是劳动和用工政策的问题。另一方面，对这个提案，许多女大学生和高校也不赞同，因为他们认为"差别教育会让就业面更窄"。

与此同时，一些正在实行"差别教育"的高校女子学院也受到了社会质疑。

文本链接

上海女子教育引争议

近日爆出的上海某女子中学教授家政课和女红课受到非议和质疑——认为这是不务正业。此事再次引起了人们对现代女子教育内涵和目的的思考。

上海是中国最早萌生现代女子教育观的地方,女子学校曾在我国的教育史上发挥了重要的作用。解放后,一度取消了专门的女校,但近一段时间,开办女子学校,设立女子学院,又蔚然成风。

2000年,经历了一个多世纪的风雨后,上海妇联和上海师大创办了上海市第一所专为女子开设的高等院校——女子文化学院,旨在培养具有现代意识的复合型女性人才。

2005年,同济大学女子学院在原有课程上增设了包括插花茶道(女红课)、烹调及营养保健常识、家庭装饰与布置常识、女性形象设计与气质训练等课程,供女生选修。

女子教育在上海受到不少家长的追捧,有的家长是为了女儿"在这里接受贵族气息的熏陶,将来钓上金龟婿"。

在上海师范大学的女子文化学院,课程的设置和教学计划的制定根据女性的特质进行了调整。女院的专业是汉语言文学,中国古代文学是本科的学位基础课,但和一般的中文系不同,比较重视学生的文化素质培养,提倡在感悟中汲取知识,增加女性作家和女性角色的介绍,以女性主义文学批评的眼光打量作品。针对女性逻辑抽象能力方面的欠缺,学院还增设了语言叙事逻辑,培养学生以缜密的思维从事文学写作。

女院也很重视性别意识和妇女理论教育,女性学、家庭伦理等课程告诉女孩子们如何正确认识自己、保护自己,如何正确处理家庭和工作的关系,发挥自己的优势获得更大的社会竞争力。

但针对女院的这些特色课程,周家骥教授有自己的看法:"这些特色课程同样可以对其他专业开放,似乎没有必要为加设这些课程专门开设女子学院,更像是注重于职业培训。"

上海师范大学中文系一名学生的家长也持同样观点:"女人也能撑起半边天,我女儿的偶像是谢希德。女儿应该接受综合性的全方位教育,不必将过多精力放在家政礼仪的学习上。"

（摘自华翼新闻网之《中国新闻》,2006年1月26日）

该案例向我们展示了当前办女子教育存在的一些问题。其中,最大的问题还是办学的目标不够明确。是培养所谓能钓到"金龟婿"的淑女,还是从女性自身全面发展的需要出发,培养21世纪可从事各行各业的女性人才?显然,由于目标不同,培养方向和课程设置都会有很大的差异。但从长远看,这些女子学院在培养女性性别意识和学习妇女理论方面,以及弥补女性在逻辑抽象能力、行动力等方面的天然欠缺上,无疑承担着重要的启蒙和先锋职责。

他山之石,可以攻玉。女子教育到底该怎么办,不妨也比照一下我们的近邻——韩国。在汉城市中心,成立于1886年的梨花女子大学是韩国最具威望的几所大学之一,也是世界知名的女子大学,曾经培养了包括韩国历史上第一个女总理、第一个女法务部部长等众多女性杰出人物。该校目前已设有医学院、药理学院、商学院、工程学院等14所学院,66个系,32个研究中心和13所研究生院,吸引了来自世界各地的一流学者前来讲学。有文章称"进入该大学的女孩们的学习成绩绝不亚于同类男孩子,从这里毕业的学生中不乏活跃在韩国各领域的白领、骨干和精英,韩国的女长官(部长),女议员和女CEO们"。

其实,对我国当前众多的女大学生来说,问题的焦点并不在于能否接受差别教育,她们更关心的还是社会是否能提供适宜自身全面发展的教育和职业环境。正如旧时某女校校歌中唱到的那样,"同是圆颅方趾,知识完全,道德完全,蛾眉岂让人先"。当一个女性通过受教育变得"知识完全"、"道德完全"时,社会就应给她们一个公平的就业环境。

因此,构建所谓合理的女大学生知识结构,必须以有利于她们的全面发展为前提。一个紧迫的任务是,务必促使社会主流和精英们(主要以男性利益为代表)认清一个现实:不要再把女性看作职场上男性的点缀和陪衬,或者过分强调她们的家庭角色,因为在21世纪,"没有妇女的全面发展,也就不可能有人类社会的全面发展,男女平等协调发展是科学发展观中应有之义"[①]。

二、养成终身学习的习惯

毫无疑问,要改变社会上多年形成的对女性工作者种种不利的刻板印象需要假以时日。但对在校的女大学生来说,怨天尤人是没有丝毫用处的,你所能做的,就是通过自身的刻苦努力,证明自己是课业优秀的学生,是有良好培养前途的工作者,是值得用人单位信赖的一个人。而要达到这个令人振奋的目标,就要求你必须养成终身学习的习惯。

有学者指出,在计划经济时代,学习被看作特定年龄段才需要完成的任务,比如你青少年时期需要经历的学生生涯。这就意味着,许多人从工作到退休,一直在消耗着这十几年知识积累的"老本"。但这种实践在今天显然出现了问题,一个明显的例子,就是大学教材更新的速度已经比前些年快多了,但即使如此,在你学习的时候,仍然会发现有部分章节的内容已经老化、过时了,需要教师在讲课时不断加以调整和提供新的阐释。这就是我们在前面提醒你的"知识时效性"问题。因此,你必须从现在起,就把学习看成同你每天吃饭、睡觉同样重要的一件事,它将成为你生存发展的重要组成部分,将伴随你的一生。当你30岁、40岁甚至50岁的时候,也要保有你今天的求知愿望和迫切需求。只有真正做到这一点,你

---

① 此为2005年11月在首届亚洲女性论坛上,论坛主席、国家领导人彭珮云在报告中所说。

才有了发展职业生涯的底气,才能比较顺利地度过职业生涯的各个阶段,特别是在后期成为一个受到晚辈尊重的资深专业人士。正像人们常说的那样,你可能无法改变整个社会对女性的轻视印象,但你可以改变周围人对你的轻视,恰如你熟悉的韩国励志大戏《大长今》中主人公的经历。

三、不断提高就业指数

有人说,在今天的社会,就业指数将伴随每个人的职业生涯全过程,那么,了解、掌握并提升你的就业指数,就对你有非常重要的意义。专家介绍的就业指数定律是这样的:职业道德+职业技术+职业知识=就业指数。其中,职业道德是基础,技术与知识是支撑。所以,提升就业指数可以从以下三方面入手[①]:

(一)围绕社会需求进行知识重组

身为应届毕业生,你在就业前应清醒地对自己占有的知识进行一次梳理,分清楚哪些是基础性的,哪些是实用性的,哪些是具有市场价值的,哪些是具备转化条件的,这种做法叫做知识鉴别能力。你不但要学会深化知识、转化知识,也要善于抛弃过时的知识,让各种知识按照社会需要重新组合。专家认为,张扬有经济价值的知识并学会营销,抛弃过时的知识并学会在抛弃中寻求需要,按照动态的社会需求重组知识,是就业指数提升的一个重点。

如果你在大学低年级接受过职业生涯规划方面课程训练的话,你的知识重组工作甚至可以开始得更早。因为在刚接触某门课程的时候,你可能就会判断出它对你将来的职业方向的意义,从而选择投入精力的多少,使其在你的知识结构中找到恰当的地位,扮演适宜的角色。

(二)围绕单位需要进行能力重构

用人单位是你将来的"婆家",但他们看重的可并非仅仅是你手中的这张文凭。现在多数用人单位已经把入选条件中你能做什么,能做成什

---

① 摘自《大学生职业生涯设计之顺利就业》,北京:中国言实出版社2004年版。

么,成功做过什么放在第一位。他们常常说"我们不是选择最优秀的,而是选择最合适的"。因此,你在求职之前一定要有比较清晰的求职意向,看一看招聘岗位的要求是否适合你。如那个岗位正符合你职业规划的短期目标,而你距离那个职位的要求确实还有一段距离,那么就要围绕这个新标准重构你的能力体系了。在短时间内,该提升的要提升,该充电的要充电,使你的能力水平达到与用人单位的要求基本一致。

1. 组织的用人标准研究[①]

表12-2 "百家著名企业用人标准研究"用人要素统计表(前十位)

序号	用人要素	提及企业数	占总企业比例
1	综合素质	46	46%
2	团队精神	36	36%
3	专业能力和背景	32	32%
4	创新能力	25	25%
5	适应公司文化的能力	23	23%
6	发展潜力	21	21%
7	外语(英语)能力	20	20%
8	社会实践能力与经验	18	18%
9	学习能力	17	17%
10	沟通能力	14	14%

表12-3 企业对应聘者能力、特征的重视程度(前十位)

应聘者的能力及特征	看重该项能力或特征的企业	普遍程度
创新能力	30	100.0
沟通表达能力	30	100.0
团队精神	30	100.0
忠诚度	30	100.0
工作兴趣	29	96.7
健康状况	29	96.7
外语	29	96.7
工作经验	28	93.3
计算机操作能力	28	93.3
个人信用	27	90.0

---

① 摘自《大学生职业生涯设计之培养你的就业竞争力》,北京:中国言实出版社2004年版。

通过对两表的分析可以看出，创新能力、团队精神、沟通表达能力及学习能力是用人单位最为看重的几种素质。其中，创新能力和学习能力更偏重于智商方面，而团队精神和沟通表达能力则属于情商范畴。

2. 创新和学习能力的培养

就多数女大学生来说，通常在智商方面表现的能力比男生略显不足，而在情商方面表现的能力则明显优于男生。因此，下面再谈谈对涉及智商范畴的两类特殊能力的培养。

（1）创新能力

建设创新型国家是我们今后的一个长远目标，身为"半边天"的女性理应在创新的浪潮中贡献应有的智慧和力量。创新是对前人和自我的超越，其本质是开拓进取、打破常规、进步发展。创新能力的强弱，也是区分一个人才高下的分水岭。

女生是不是比男生天生就缺乏创新的能力？只要看看历史上的女发明家和你身边众多女性在生活中表现出的层出不穷的创意，就很容易推翻这个世俗观念。对女性来说，最重要的还是要保持自信、积极的心态，相信人人可以创新，你像天赋人权一样具有创新的天分。

接下来，就要学习和掌握创新的规律了。研究者说，"一个新想法是旧的成分的新组合"，它意味着杰出的创意总是产生在不同的新的组合之中。因此，从现在开始，你思考问题的时候，就要改变由于长期的应试训练形成的寻找唯一的标准答案的老习惯。仔细想想，生活或者工作中哪有什么问题是只有一种"标准答案"的？答案不是唯一的，一切都依赖于你正在寻找的东西。你可以通过如下步骤开始你的创新之旅：

——界定问题，要明确而不限制地界定你的问题。

——界定最佳的结果并设想它如何实现。

——收集所有的材料。既然新想法是旧成分的组合，你就要设法收集所有的材料，这样才能从中寻找最好的新的解决方式。

——打破模式。一个简单的方法是，从那些能改变你思路的问题开始。

——走出你自己的领域。试着把你目前的先入之见放到一边。

——使用你所有的感官,尝试各种各样的组合。

——在潜意识中让它酝酿成熟。

——灵感爆发,或许就在你的睡梦中,它突然降临了。

——检验创意,它是否完全解决了你的问题?你是否能修正或改进它?

(2)学习的能力

你已经有了至少十年的学习经历,你是把学习当成一种乐趣还是把它看成一件苦差?如果说知识是金子的话,学习与研究的方法就是点金术。你现在掌握了多少学习的诀窍呢?

凡是有成就的人,都有爱学习、爱读书的习惯。对于你来说,面对外界光怪陆离的各种诱惑,是否还能静下心来认真地阅读和思考?当前是信息时代,你的脑袋里装进了各种各样丰富之极的信息;当前又是一个"快餐文化"盛行的时代,电视、网络无处不在,却很容易把你的思想变得简单和慵懒。想想平时老师布置的写作任务,有多少是你上网随便一搜"复制"、"黏贴"所得的就很清楚了。另外,你是不是仅仅满足于单一的专业学习呢?当你与别人聊天的时候,试一试你的话题是否丰富就能知道大概。

培养自己读书的兴趣在今天依然是非常重要的,无数的名人名言都在说着这方面的道理。另外,如今大学校园里形式多样的讲座也可以无偿为你提供不出校门就能了解天下的机会。关于听讲座的好处,北大校长许智宏就曾说过,讲座提供了"前人与后人交流的场所","在思想的激烈碰撞中,迸发的火花或许就成为照亮他们一生学术生涯的明灯"。

关于学习的方法,利用图书馆或者通过网络,你可以随便找到若干种适合你的。但对你来说,需要革新的还有一些关于学习的观念。除了前面我们一再强调的"终身学习"之外,还有"自主学习"、"素质学习"、"责任学习"、"社会学习"、"实践学习"①等等。

(三)围绕职业生涯进行个人价值重塑

专家指出,职业生涯的确立与个人价值的转化两者之间越近于匹配,就业指数就越高。因此,每个人的价值要想得到体现,第一位的问题就是在哪儿工作。从这个角度也证明了我们前面一节提出的观点:个人及早订立职业生涯发展规划,并对其进行精心设计是十分必要的。

总之,正像许多人感叹的那样,如今的职场好像一片汪洋大海,你的职业生涯是否成功将不再取决于你的领导、你的父母、你的朋友,而要靠你自己内在的罗盘与指针。在今天的社会,你与其寻求工作的保障,不如寻求工作的适应和恢复能力。你的职业发展将不再由你所在的组织决定,而更多地要受到市场的影响。恰如国外一些管理专家所说,在今天,你"要冒的风险更大了,但回报也同样更多了"②。

本章小结

职业生涯是指一个人一生中的职业经历或历程,我国职业女性职业生涯的年龄跨度一般在18岁到55岁之间。

职业生涯发展分为职务变动发展和非职务变动发展两种基本类型,今天,非职务变动发展更应引起重视。

从职业预备期、职业尝试期到职业现实期,在人生的几个关键时期,我国女性职业生涯的步伐都落后于西方发达国家的女性。

判断职业生涯成功并没有统一的标准,国外专家分别指出了五种不同方向:进取型、安全型、自由型、攀登型和平衡型。

职业选择往往取决于不同的价值取向,有代表性的五种价值锚是:技

---

① 自主学习,指把学习看作发自内心的渴望和需要,始终以积极主动的态度对待学习;素质学习,指把"学习"和"做人"联系起来;责任学习,要求学习者把自身的学习活动和社会发展紧密联系在一起;社会学习,是把学习不只看作个人的事情,也是一个集体的事情,社会组织的事情;实践学习,就是树立理论联系实际的学习观念。

② 〔美〕Paul R. Timm&Brent D. Peterson 著:《人的行为与组织管理》,钟谷兰译,北京:中国轻工业出版社2004年版。

术能力型、管理能力型、安全型、自主型和创造型。女性需要在职业生涯与家庭责任之间寻找平衡。

"她世纪"向我们走来,为女性职业生涯发展提供了宝贵的机遇。追求职业生涯成功目标时,要重视职业生涯开发与规划。

职业生涯开发包括自身要素开发和社会资本开发,职业生涯规划的动力源泉在女性自身。职业生涯规划一般包括盘点自我、设定目标、目标实现策略和反馈与修正四个方面的内容。

知识经济时代的来临,对传统的职业选择构成了一定的风险,女大学生要树立知识性就业意识,养成终身学习的习惯,不断提高自己的就业指数。

教学活动建议

邀请一位成功的女性,请她谈一谈职业生涯规划在自己发展上起的作用。

在同学们各自进行职业生涯规划的基础上,教师可重点以 1—2 位同学为例,讲评职业生涯规划方法、步骤以及容易产生的误区。

思考与实践

1. 下列态度和说法中,不利于女性职业生涯发展的有:

(1) 出头的椽子先烂,工作不可太拔尖。

(2) 事不关己,高高挂起。

(3) 我要做一名出色的员工。

(4) 注意跟异性领导保持距离,防止别人说闲话。

(5) 企业的规章制度就是为了卡人。

(6) 我的工作虽然平淡,但它对企业发展同样是重要的。

2. 通过下面两部分练习,你将增强对自己的第一印象和发现自己的兴趣。

(1) 第一印象

请仔细、诚实地填写下面的空格。尽量凭直觉回答,注意:你考虑的时间越长,越可能是对自己的真实感觉做出了修饰。

A. 我是_____

B. 我需要_____

C. 我想要_____

D. 我目前的职业生涯阶段是_____

E. 我想在下列方面改变自己_____

F. 如果未来5年内一切都顺利的话,我将从事下列工作
_____

G. 如果未来5年事情不顺利的话,我将从事下列工作
_____

H. 回顾过去的工作和社会活动,哪些是我最喜欢的,哪些是我最不喜欢的
_____

(2) 发现你的兴趣

A. 在学校里我喜欢哪些课程?_____

B. 我常阅读哪些类型的书籍或杂志?_____

C. 干什么事我最有兴趣,我是怎样使用我的闲暇时间的?
_____

D. 我做过哪些工作(包括志愿工作),我喜欢做哪些工作?
_____

3. 参考下面提供的职业生涯自我规划五步法,尝试完成你的一个小规划。

这种方法依托的是归零思考模式,即从问自己是谁开始。然后一路问下去,共有五个问题:

A. 我是谁?

B. 我想做什么？
C. 我会做什么？
D. 环境支持或允许我做什么？
E. 我的职业与生涯规划是什么？

请先准备5张白纸、一枝铅笔、一块橡皮。在每张纸的最上边分别写上以上5个问题。然后，静下心来，排除干扰，按照顺序，独立地仔细思考每一个问题并做出回答。接下来，把5张纸顺次排开，然后认真比较第一至第五张纸上的答案，将内容相同或相近的答案用一条横线连起来，你会得到几条连线，你的职业生涯就应该以此为方向。

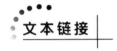

走出职业规划的误区

当你在作出一个切实可行的职业前程计划之前，我们先要解决的问题是：走出自己思想上的一些误区。

误区一：成功的关键在于运气

很多人坚信成功者是由于有好的机会，因此，他们往往幻想着被动地等待命运的安排，而不去主动地计划、经营和努力把握自己的生活。这种人心存侥幸守株待兔，只会是一无所获，更不用说有好的工作了。

误区二：做计划是父母和学校的事情，与我无关

职业前程计划是组织和个人双方都必须参与的事，最终的实现者是个人。因此，你不能期待着父母或学校为你谋划好一切，更不能抱着做一天和尚撞一天钟的态度来对待自己的未来。要学会自己动手，根据自己的兴趣、爱好、特长以及理想和目标规划自己的职业。

误区三：由老板决定升迁的快慢

如果过于迷信老板的作用在你升迁方面的影响，你会因为迎合他的

好恶而妨碍自己能力的真正成长。如果你失败了,你又会归咎于老板,而看不到问题所在,这样会使你走入歧途。

误区四:只有加班工作,才会得到赏识

有些人以为在单位的时间越长,越能显示自己的勤奋。其实,工作效率和工作业绩是最重要的,整天忙忙碌碌但不出成果,并不是一个成功的工作者。

误区五:这山望着那山高

具有这种心态,会使你总是觉得别人的工作更理想。因此总是羡慕别人,而没有想到每一个工作岗位都要建立自己的人际关系,面对新的矛盾和挑战。不管做什么工作都是不容易的,因此,要客观分析自己的工作,要有现实的态度。

(摘自李凤伟等主编《就业力——赢在起跑线的七种能力》,北京:中国纺织出版社 2004 年版)

主要参考文献及相关网站

主要参考文献

1. 李银河:《女性主义》,山东人民出版社2005年版。
2. 西蒙·波夫娃:《第二性》,西苑出版社2004年版。
3. 弗里丹:《女性的奥秘》,广东省出版集团2005年版。
4. 闵东潮主编:《国际妇女运动》,河南人民出版社1991年版。
5. 周乐诗主编:《女性学》,时事出版社2005年版。
6. 罗慧兰主编:《女性学》,中国国际广播出版社2002年版。
7. 刘霓主编:《西方女性学:起源、内涵与发展》,社会科学文献出版社2001年版。
8. 魏国英主编:《女性学概论》,北京大学出版社2000年版。
9. 韩贺男、张健主编:《女性学导论》,教育科学出版社2005年版。
10. 刘士圣:《中国古代妇女史》,青岛出版社1991年版。
11. 《马克思恩格斯选集》第4卷,人民出版社1972年版。
12. 陈东原:《中国妇生活史》,上海文艺出版社1928年版。
13. 陈贻焮主编:《增订注释全唐诗》(第三册),文化艺术出版社2001年版。
14. 许嘉璐主编:《汉书》,汉语大词典出版社2004年版。
15. 章惠康、易孟醇主编:《后汉书今注今译》,岳麓书社1998年版。
16. 沙知主编:《敦煌契约文书辑校》,江苏古籍出版社1998年版。
17. 胡伟希主编:《论世变之亟——严复集》,辽宁人民出版社1994年版。
18. 刘巨才:《中国近代妇女运动史》,中国妇女出版社1989年版。
19. 《孙中山全集》第1卷,中华书局1981年版。
20. 中华全国妇女联合会主编:《五四时期妇女问题文选》,中国妇女出版社1981

21. 郑新蓉、杜芳琴主编:《社会性别与妇女发展》,陕西人民教育出版社 2000 年版。

22. 李慧英主编:《社会性别与公共政策》,当代中国出版社 2002 年版。

23. 沈奕斐:《被建构的女性——当代社会性别理论》,上海人民出版社 2005 年版。

24. 在国际劳工组织成员中提高社会性别主流化能力中国项目组,提高社会性别主流化能力指导手册,中国社会出版社,2004 年版.

25. 祖嘉合主编:《女性的价值选择》,北京大学出版社 2000 年版。

26. 高兆明:《对个体"社会角色化"的诘问》,浙江社会科学出版社 1999 年版。

27. 杜芳琴:《中国社会性别的历史文化寻踪》,天津社会科学出版社 1993 年版。

28. 吴小英:《科学、文化与性别:女性主义的诠释》,中国社会科学出版社 2000 年版。

29. 叶奕乾:《图解心理学》,江西人民出版社 1982 年版。

30. 杨湘岚主编:《新中国妇女参政的足迹》,中共党史出版社 1998 年版。

31. 谭琳主编:《1995—2005 年:中国性别平等与妇女发展报告》,社会科学文献出版社 2006 年版。

32. 王金玲主编:《中国妇女发展报告》,社会科学文献出版社 2006 年版。

33. 李银河:《女性权力的崛起》,中国社会科学出版社 1997 年版。

34. 乌昌祯、邓丽主编:《妇女权益保障法 100 问》,中国妇女出版社 2005 年版。

35. 南希·辛迪曼:《女性健康指南》,李金树等译,海南出版社 2000 年版。

36. 彭贤贵等编著:《女性健康图典》,重庆大学出版社 2000 年版。

37. 王火主编:《我与健康》,中国工商出版社 2003 年版。

38. 罗斯·霍恩:《现代医疗批判》,上海三联书店 2005 年版。

39. 端木源:《心灵健身——超越亚健康时代》,中国工人出版社 2003 年版。

40. Pamela Maraldo:《健康女人》,王丹译,文汇出版社 2000 年版。

41. 薛智主编:《青年女性成功训练教程》,中国青年出版社 2002 年版。

42. 董慧华编著:《职业女性的资本》,中国物价出版社 2003 年版。

43. 杜琴芳、王政主编:《社会性别》,天津人民出版社 2004 年版。

44. 罗娜·李顿勃:《女人,天生就能赢》,新华出版社 2005 年版。

45. 沈奕斐：《被构建的女性》，上海人民出版社 2005 年版。

46. 慧新编著：《成功开发人生潜能》，西南财经大学出版社 2003 年版。

47. 李福芝、李慧编著：《现代家政学概论》，机械工业出版社 2004 年版。

48. 塞缪尔·斯迈尔斯：《品格的力量》，北京图书馆出版社 2001 年版。

49. 凤雏：《每个孩子都是天才》，海潮出版社 2001 年版。

50. 卢苏伟：《看见自己的天才》，作家出版社 2005 年版。

51. 纪康保编著：《别跟自己过不去》，中国盲文出版社 2003 年版。

52. 李开复：《做最好的自己》，人民出版社 2005 年版。

53. 连淑芳主编：《思想道德修养》，上海大学出版社 2003 年版。

54. 龚乐进：《素质教育下教师道德》，人民教育出版社 2001 年版。

55. 兰迪·吉尔伯特：《谁说失败不是福》，电子工业出版社 2003 年版。

56. 凌越：《感谢折磨你的人》，天津教育出版社，2005 年.

57. 丁文：《家庭学》，山东人民出版社 2003 年版。

58. 顾建华、张占国主编：《美学与美育词典》，学苑出版社 1999 年版。

59. 王文博主编：《现代应用学入门》，中国纺织出版社 2001 年版。

60. 刘忠孝、陈桂芝主编：《思想道德修养概论》，东北林业大学出版社 2003 年版。

61. 周忠厚主编：《当代青年实用美学手册》，北京出版社 1990 年版。

62. 南希·蔷、蒋蓝：《身体传奇》，四川人民出版社 2004 年版。

63. 紫夫、子游：《女人本色》，海天出版社 2005 年版。

64. 张再生编著：《职业生涯开发与管理》，南开大学出版社 2004 年版。

65. Diane Sukiennik 等：《职业指导》（第七版），中国劳动社会保障出版社 2005 年版。

66. 共青团中央学校部、中国青少年研究中心主编：《大学生职业生涯设计》，中国言实出版社 2004 年版。

67. 李家华等主编：《职业指导》，高等教育出版社 2005 年版。

68. 回春茹：《女性学研究与当代女大学生的培养》，载《中华女子学院学报》2004 年第 1 期。

69. 郭玉峰：《中国古代贞节的结构、演变及其实质》，载《天津社会科学》2002 第 5 期。

70. 中国妇女研究会:《女职工权利及社会性别平等基础知识》,载《妇女研究参考资料(一)》2001年12月。

71. 王政:《浅议社会性别学在中国的发展》,载《社会学研究》2001年第5期。

72. 郑晓:《浅谈女性的角色冲突与心理冲突》,见宁波工会网 2003-01-10。

73. 郑显文:《律令制下唐代妇女的法律地位》,载《吉林师范大学学报(人文社科版)》2004年第3期。

74. 赵崔莉:《明代妇女的法律地位》,载《安徽师范大学学报(人文社会科学版)》2004年第1期。

75. 西同华:《中国古代妇女地位低下原因剖析》,载《鲁行经院学报》2001年第2期。

76. 周安平:《性别平等的法律进路之批判》,载《法商研究》2004年第3期。

77. 《谈谈个人社会化的几个问题》,http://www.txwm.com/BBS3742.vhtml。

78. 《女人应善待自己》,http://article.hongxiu.com/a/2005-12-27。

79. 《女性成才的心理障碍是什么》,http://www.cnhan.com/gb/content/2001-03-09。

相关网站

社会性别与发展在中国	http://www.china-gad.org
中山大学性别教育论坛	http://genders.zsu.edu.cn
中国妇女研究网	http://www.wsic.ac.cn
妇女与社会性别研究网	http://www.chinagender.org
香港平等机会委员会	http://www.eoc.org.hk
两性视野	http://www.alleyeshot.com
台湾大学妇女研究室	http://ccms.ntu.edu.tw/~wrp/
反对家庭暴力网	http://www.stopdv.org.cn
妇女观察	http://www.un.org/womenwatch/
中国妇女网	http://www.women.org.cn
中华女子学院网	http://www.cwu.edu.cn/
中华女性网	http://www.china-woman.con
中国性别与法律网	http://www.genderandlaw.org

妇女/社会性别学学科发展网	http://www.chinagender.org/
北京大学法学院妇女法律研究与服务中心	http://www.woman-legalaid.org.cn
宪政知识网	http://www.xianzheng.com/
瑞丽女性网	http://www.rayli.com.cn

后　　记

历时近一年时间的《21世纪创新系列教材》之一《女性新概念》，经过全体编委的共同努力，终于与广大读者见面了。本教材的雏形是《女性学》，说起这本教材的出版，可能与其他教材不尽相同，有其必然性和偶然性。

说其必然，一是由于广大女性的觉醒、社会地位的提高、社会性别教育的不断深入人心，客观上需要女性学等相关理论的指导；二是在开设女性学课程时，许多人心存疑虑：女性学算不算一门课程，其主要内容是什么？在大学——特别是理、工、农、医类专业的大学，开设这门课程有无必要？是否符合当代大学生的需求？说到底就是该不该开设女性学课程？这些问题，不仅在学生中，就是在一些教师中也存有疑虑。然而，事实胜于雄辩，大学生的行动就是最好的回答。女性学在黑龙江中医药大学开设选修课的第一天，学生爆满，以至于不得不临时增加了许多椅子。我们对选修女性学的220多名学生进行了调查，统计结果显示：95%的大学生对女性学非常感兴趣，渴望获得这方面的知识，但女性学到底是一门什么性质的课程、要解决哪些问题，同学们还不清楚。这一事实充分说明，大学生以及社会上的不同群体，都需要这一类能够帮助女性认识和提高自己、帮助男性了解和理解女性、进而促进两性之间的和谐相处、实现社会和谐发展的书籍。

说其偶然，是由于女性学这门课程开出后，除了在大学生中引起较大反响以外，还受到了社会各界以及许多新闻媒体的关注。北京大学出版社综合编辑室主任杨书澜女士、魏冬峰女士了解到这一情况，诚恳相邀，热情鼓励,大力支持,这样才使我们这些耕耘在祖国北疆高教热土上、具有不同学科和专业背景的中青年女性学者走到一起。带着女性特有的执著和热情,带着对女性学研究的热爱与追求,在美丽的冰城哈尔滨,在自己繁重的教学、科研、管理工作之余,冒严寒,顶酷暑,挑灯夜战,精雕细琢,几易其稿,以自己的赤诚之心,向广大读者奉献出这本饱含真情的《女性新概念》。

本教材从社会性别视角出发,较为系统地介绍了西方女权主义运动及其代表人物、中国女性发展历史、性别差异与社会性别以及女性社会角色等内容,较为深入地介绍了女性的政治权利与经济地位、女性与法律、女性潜能的开发、女性健康、女性与恋爱、婚姻、家庭、女性与审美、女性与交往以及女性职业生涯规划与设计等当代女性必须应对的问题。本教材内容广泛,形式活泼,深入浅出,可读性强,着重回答了女性、特别是女大学生关心的理论和实践问题。本教材不仅可以作为相关人文社会科学专业的基本教材,也可以作为理、工、农、医等其他专业的选修教材或辅修教材,还可以作为广大社会工作者、妇女专业工作者的工具书或参考资料,更可以成为不同年龄阶段、不同阶层女性茶余饭后、幽雅阅读的首选书籍。正是从这个意义上讲,本教材不失为一桌丰盛的、专为当代中国女性提供精神营养的"食疗药膳"。

本教材由王宇提出编写思路并拟定编写提纲。各章的编撰者分别为:第一章《绪论》,王宇(黑龙江中医药大学);第二章《中国女性发展历史》,韩艳华(黑龙江中医药大学);第三章《性别差异与社会性别》,郭砾(黑龙江省妇联婚姻家庭研究所);第四章《女性社会角色》,陆岩、张桂华(哈尔滨理工大学);第五章《女性的政治权利与经济地位》,马英华(黑龙江中医药大学);第六章《女性与法律》,王晶(黑龙江大学);第七章《女性健康》,王宜静(黑龙江中医药大学);第八章《女性的优势与潜能》,宗丽华(黑龙江中医药大学);第九章《女性与恋爱、婚姻、家庭》,第一节、第四节,袁敏,第二节、第三节,吴金秋(黑龙江大学);第十章《女性与审美》,

郝秀艳(哈尔滨工业大学);第十一章《女性与交往》,张艳君(哈尔滨师范大学);第十二章《女性职业生涯规划与设计》,周乔木(黑龙江中医药大学)。初稿完成后,由王宇负责统稿,马英华、周乔木、王晶协助,对各章进行修改,并最后定稿。

本教材在编写过程中,得到了各方面的大力支持,黑龙江中医药大学的领导和同志们——特别是田文媛教授、匡海学教授、程伟教授、常存库教授、佟子林教授、刘翰德教授等都给予了热情的鼓励。编委的亲友们也给予了深切的理解和支持。在此,我们对所有关心、支持、帮助本教材编写、出版的人们表示深深的谢意。

我们在本教材的编写过程中,参考、借鉴了近年来国内外专家学者的相关研究成果,在此一并表示衷心感谢。

由于编委水平、能力有限,对一些问题的研究还有待于进一步深化,加之时间仓促,本教材的缺点和不足可能在所难免,恳请专家、同行和广大读者赐教。

王 宇
2006年7月于哈尔滨松花江畔